가족관련 법률적 해결과 생활법률 지식

편저 김창범

법문 북스

가족관련 법률적 해결과 생활법률 지식

편저 **김창범**

법문 북스

머리말

가족제도는 가족의 구성 또는 기능 등으로 나타나는 사회의 가장 중요한 단위인 사회제도입니다. 가족제도를 통해서 인류가 형성되었으며, 인간은 가족이란 지반을 떠나서는 살 수 없습니다. 우리나라에서 가부장적 가족제도는 이미 삼국시대에 이루어졌으며, 고려 중기 이후부터는 중국 「당률(當律)」의 영향을 받아 의례상, 법률상으로 엄격해졌습니다.

조선시대의 혼인은 부모의 뜻으로 이루어지고 대부분 중매혼이었으며, 가족에는 혈연적 조직이나 유교적인 엄격한 예의와 가율(家律)이 있었습니다. 가부장제를 중심으로 가계계승과 가산상속·양자제도·부부간의 지위·결혼과 이혼의 조건·문벌 등이 시대에 따라 차이가 있습니다.

일제강점기에는 조선총독부가 조선민사령을 개정하여 1923년 7월 1일에 민적법을 폐지하고 일본식 호적제도를 시행했는데, 이를 통해 일본의 이 제도가 한국에 이식되었습니다. 호주제도는 가부장제 가족제도와 봉건적인 토지경제 및 유교사상에 그 근간을 두고 있습니다. 봉건적인 토지경제체제의 붕괴와 사회발전에 따라, 남녀평등의 정신에 입각하여 호주는 점차 관념적이고 상징적인 존재로 바뀌게 되었습니다.

호주제(戶主制)는 가족 관계를 호주와 그의 가족으로 구성된 가(家)를 기준으로 정리하던 2007년 12월 31일 이전의 민법의 가(家) 제도 또는 호적제도를 말합니다. 이는 호주를 중심으로 호적에 가족집단을 구성하고 이를 아버지에서 아들로 이어지는 남계혈통을 통해 대대로 영속시키는 제도였습니다. 이와 같은 호주제는 헌법재판소의 헌법불합치 결정과 2005년 3월의 민법 개정에 따라 2008년 1월 1일에 폐지되었습니다. 2008년 이후 개인의 가족관계는 가족관계등록법이 시행되어 가(家)가 아닌 개인을 기준으로 가족관계등록부에 작성하게 되어 있습니다. 가족관계등록부에는 가족관계에 관한 것, 기본적 신분사항에 관한 것(출생, 국적 관련, 친권, 한정치산, 금치산, 친생부인, 개명 등), 혼인에 관한 것, 입양에 관한 것, 친양자 입양에 관한 것 등이 기록됩니다.

이 책에서는 이와 같이 복잡하고 다양한 가족관계 등록절차, 즉 예전에는 호적제도로 운영되었던 국민이라면 누구나 등록해야 하는 가족관계등록제도와 출생·혼인·이혼·개명·성과 본의 변경신고, 인지·입양 및 파양·사망 및 실종신고 등 가족관계를 등록하는 방법과 증명서 발급방법, 가족관계등록부 정정방법 등에 대한 자세한 절차를 관련 서식과 함께 상담사례들을 알기 쉽게 풀이하여 체계적으로 정리하여 수록하였습니다.

이러한 자료들은 대법원의 최신 판결례 및 각종 양식, 법제처의 생활법령, 대한법률구조공단의 상담사례 및 서식과 한국가정법률상담소의 알기 쉬운 가족법 등을 참고하였으며, 이를 종합적으로 정리·분석하여 일목요연하게 편집하였습니다. 여기에 수록된 상담사례들은 개인의 법률문제 해결에 도움을 주고자 게재하였으며, 개개의 문제에서 발생하는 구체적 사안은 동일하지는 않을 수 있으므로 참고자료로 활용하시기 바랍니다.

이 책이 가족관계 등록절차를 잘 몰라서 억울하게 과태료처분을 받으신 분이나 손해를 당한 분, 또 이들에게 조언을 하고자 하는 실무자에게 큰 도움이 되리라 믿으며, 열악한 출판시장임에도 불구하고 흔쾌히 출간에 응해주신 법문북스 김현호 대표에게 감사를 드립니다.

2020. 1.
편저자 드림

목 차

제1장 가족관계등록이란 무엇입니까?

제2장 출생관련 신고는 어떤 방법으로 하나요?

제3장 입양 및 파양에 관련된 신고는 어떻게 하나요?

제4장 혼인신고 및 혼인취소신고는 어떻게 하나요?

제5장 이혼 및 친권자지정 관련 신고는 어떻게 하나요?

제6장 사망 및 실종신고는 어떻게 하나요?

제7장 개명 및 성·본의 변경신고는 어떻게 하나요?

제8장 가족관계등록부의 창설관련 신고는 어떻게 하나요?

제9장 가족관계등록부의 정정 또는 불복신청은 어떻게 하나요?

제10장 가족관계등록부의 폐쇄는 어떻게 하나요?

제11장 과태료처분 등은 왜 하나요?

부록: 가족관계 등록 등에 관한 법률 / 501

가족관계등록이란 무엇입니까?

제1장 가족관계등록이란 무엇입니까?

1. 가족관계등록제도의 의의

1-1. 가족관계등록의 의의

"가족관계등록"이란 국민의 출생·혼인·사망 등 가족관계의 발생 및 변동사항에 관한 등록과 그 증명에 관한 사항을 등록부에 기록하는 것을 말합니다(가족관계의 등록 등에 관한 법률 제1조 참조).

1-2. 가족관계등록제도의 처리기관

① 가족관계의 발생 및 변동사항에 관한 등록과 그 증명에 관한 사무는 대법원이 관장합니다.

② 권한의 위임

　1) 대법원장은 등록사무의 처리에 관한 권한을 시·읍·면의 장(도농복합형태의 시에 있어서 동지역에 대해서는 시장, 읍·면지역에 대해서는 읍·면장)에게 위임합니다.

　2) 이 중 특별시 및 광역시와 구를 둔 시에서 시, 시장 또는 시의 사무소란 각각 구, 구청장 또는 구의 사무소를 말하고, 광역시의 군지역은 읍·면, 읍·면의 장 또는 읍·면의 사무소를 말합니다.

　3) 대법원장은 등록사무의 감독에 관한 권한을 시·읍·면의 사무소 소재지를 관할하는 가정법원장에게 위임합니다.

2. 가족관계등록제도와 관련된 개념

2-1. 가족관계등록부에 기록

"가족관계등록부에 기록"이란 시(구)·읍·면의 장 또는 가족관계등록관이 국민의 출생·혼인·사망 등 가족관계의 발생 및 변동사항을 전산정보처리조직에 의해 등록부에 기록하는 것을 말합니다.

2-2. 가족관계등록부사항

"가족관계등록부사항"이란 등록기준지의 지정 또는 변경, 정정에 관한 사항, 가족관계등록부 작성 또는 폐쇄에 관한 기록사항을 말합니다.

2-3. 특정등록사항

① "특정등록사항"이란 본인·부모(양부모 포함)·배우자자녀(양자 포함)란에 기록되는 성명, 출생연월일, 주민등록번호, 성별, 본에 관한 기록사항을 말합니다.

② 다만, 가족으로 기록될 사람이 외국인인 경우에는 성명, 출생연월일, 국적, 외국인등록번호(외국인등록을 하지 않은 외국국적동포는 국내거소신고번호), 성별에 관한 기록사항을 말합니다.

2-4. 일반등록사항

"일반등록사항"이란 출생에서부터 사망에 이르기까지 본인의 등록부에 기록하는 가족관계등록부사항 특정등록사항 이외의 모든 신분변동에 관한 기록사항을 말합니다.

2-5. 호적등록폐지 및 가족관계등록제도의 시행

① 헌재 2005. 2. 3. 2001헌가9 등 [호주제의 헌법불합치]

> 호주제는 당사자의 의사나 복리와 무관하게 남계혈통 중심의 가(家)의 유지와 계승이라는 관념에 뿌리박은 특정한 가족관계의 형태를 일방적으로 규정·강요함으로써 개인을 가족 내에서 존엄한 인격체로 존중하는 것이 아니라 가의 유지와 계승을 위한 도구적 존재로 취급하고 있는데, 이는 혼인·가족생활을 어떻게 꾸려나갈 것인지에 관한 개인과 가족의 자율적 결정권을 존중하라는 「헌법」 제36조제1항에 부합하지 않는다.
>
> 오늘날 가족관계는 한 사람의 가장(호주)과 그에 복속하는 가속(家屬)으로 분리되는 권위주의적인 관계가 아니라, 가족원 모두가 인격을 가진 개인으로서 성별을 떠나 평등하게 존중되는 민주적인 관계로 변화하고 있고, 사회의 분화에 따라 가족의 형태도 모(母)와 자녀로 구성되는 가족, 재혼부부와 그들의 전혼소생자녀로 구성되는 가족 등으로 매우 다변화되었으며, 여성의 경제력 향상, 이혼율 증가 등으로 여성이 가구주로서 가장의 역할을 맡는 비율이 점증하고 있다.
>
> 호주제가 설사 부계혈통주의에 입각한 전래의 가족제도와 일정한 연관성을 지닌다고 가정하더라도, 이와 같이 그 존립의 기반이 붕괴되어 더 이상 변화된 사회환경 및 가족관계와 조화되기 어렵고 오히려 현실적 가족공동체를 질곡하기도 하는 호주제를 존치할 이유를 찾아보기 어렵다.
>
> 호주제의 골격을 이루는 심판대상조항들이 위헌으로 되면 호주제는 존속하기 어렵고, 그 결과 호주를 기준으로 가(家)별로 편제토록 되어 있는 현행 「호적법」이 그대로 시행되기 어려워 신분관계를 공시증명하는 공적 기록에 중대한 공백이 발생하게 되므로, 호주제를 전제하지 않는 새로운 호적체계로 「호적법」을 개정할 때까지 심판대상조항들을 잠정적으로 계속 적용케 하기 위해 헌법불합치결정을 선고한다.

② 헌법재판소의 위와 같은 불합치결정으로 호주제가 폐지되었고, 이를 대체한 새로운 신분등록제도로 가족관계등록제도가 시행되었습니다.

2-5. 호적등본과 가족관계등록부의 차이점

기재사항	호적등본 기재 여부	가족관계등록부 기재 여부
가족의 본적	동일한 본적 기재	개인별 등록기준지 선택 가능
조모, 형제자매, 손자	O	×
배우자의 부모	O	×
입양·파양 관계	O	입양관계증명서에만 기재

Q 2008. 1. 1.부터 현행 호적제도가 폐지되고 새롭게 가족관계등록제도가 시행되었다고 하는데 어떤 내용인지요?

A 호적은 호주를 기준하여 가(家)단위로 가족관계의 신분과 그 변동사항을 편제함으로써 개인의 존엄과 양성평등의 원칙에 어긋난다는 비판이 있었습니다. 또한 호적제도는 호적등본이라는 하나의 증명서에 본인은 물론 가족전체의 신분에 관한 사항이 모두 기재되어 있고 그 발급신청인도 본적만 알고 있으면 부당한 목적이 없는 한 발급받을 수 있어 민감한 개인정보가 부당하게 노출되는 등의 문제가 있었습니다.

이에 헌법재판소는 호주제는 당사자의 의사나 복리와 무관하게 남계혈통 중심의 가(家)의 유지와 계승이라는 관념에 뿌리박은 특정한 가족관계의 형태를 일방적으로 규정·강요함으로써 개인을 가족 내에서 존엄한 인격체로 존중하는 것이 아니라 가의 유지와 계승을 위한 도구적 존재로 취급하고 있는데, 이는 혼인·가족생활을 어떻게 꾸려나갈 것인지에 관한 개인과 가족의 자율적 결정권을 존중하라는 헌법 제36조 제1항에 부합하지 않는다는 이유로 헌법불합치 결정을 내렸습니다(헌법재판소 2005. 2. 3. 선고 2001헌가9 등 결정).

또한, 개정 민법(2005. 3. 31. 법률 제7427호로 개정되고 2008. 1. 1.부터 시행)에서도 호주제를 폐지하면서 동시에 호주제를 전제로 한 폐가·분가·복적 등의 호적 관련 규정을 삭제하였으며, 이에 맞추어 현행 호적법을 대체할 가족관계의 등록 등에 관한 법률이 새롭게 제정되어 2008. 1. 1.부터 시행되었습니다.

가족관계의 등록 등에 관한 법률의 주요사항을 살펴보면 다음과 같습니다.

첫째, 종래 호적제도에서는 호주를 중심으로 가족이 하나의 호적부에 편성되어, 하나의 증명서에 본인은 물론 가족전체의 신분에 관한 사항이 모두 기재되어 있어 개인정보 보호에 취약하였습니다. 그러나 새로운 가족관계등록제도에서는 각 개인별로 한 사람마다 하나의 가족관계등록부가 작성되며, 본인 이외의 가족의 정보보호를 강화했습니다.

가족관계등록부는 기본증명서, 가족관계증명서, 혼인관계증명서, 입양관계증명서, 친양자 입양관계증명서로 구분되며, '기본증명서'에는 출생, 국적관련, 친권, 친생부인, 개명 등 본인의 신분상 변동 사항이 기재됩니다. 따라서 본인의 이혼, 혼인, 입양 관계는 기본증명서에 나타나지 않습니다. '가족관계증명서'에는 현재 배우자와 본인을 중심으로 부모, 자녀의 3대만 표시되므로, 형제자매의 개인정보 및 형제자매의 신상변동으로 인하여 생길 수 있었던 불이익을 방지하였습니다.

또한 2008. 1. 1.부터 시행된 개정 민법에서 신설된 친양자제도는 자녀의 복리를 위하여 양자를 법률상 완전한 친생자로 인정하는 제도이므로, 친양자인 사실은 기본증명서와 가족관계증명서 및 입양증명서에도 나타나지 않으며 오로지 친양자 입양관계증명서에만 나타나도록 하였고, 이를 발급받기 위해서는 가족은 물론 본인일지라도 일정한 제한이 따르도록 하였습니다. 본인의 경우는 성년이 되어야만 하며, 혼인의 무효 또는 취소사유에 해당하는 친족관계를 파악하기 위한 경우, 법원의 사실조회촉탁 또는 수사기관의 수사목적으로 신청한 경우에 한하여 예외적으로 발급할 수 있도록 하여 엄격한 정보보호를 하고 있습니다.

둘째, 본적지를 폐지하고 등록기준지를 개인별로 정할 수 있도록 하였으며 그 변경도 자유롭게 할 수 있도록 하였습니다. 따라서 호적제도처럼 가족들이 모두 호주의 본적을 따르지 않고 개인별로 정할 수 있으므로 같은 가족이라도 등록기준지를 달리할 수 있습니다.

셋째, 가족관계등록부의 발급과 관련하여 원칙적으로 본인, 직계존속, 직계비속, 배우자, 형제자매만이 발급받을 수 있도록 하였으며, 제3자가 가족관계등록부의 발급을 받고자 할 경우에는 법률에서 특별히 허용한 경우 외에는 발급권자의 위임을 받아야 발급을 받을 수 있도록 하였습니다. 가족관계등록부를 발급받기 위하여는 본적 대신 성명, 주민등록번호 또는 생년월일을 알아야만 발급을 받을 수 있습니다.

그 밖에 인지에 따른 국적취득, 귀화, 국적회복, 국적판정으로 대한민국 국적을 취득한 경우에는 법무부장관이 해당 등록관서에 통보하면 등록관서가 직접 가족관계등록부를 작성하게 하여 호적법상의 신고주의에 따른 신호적편제 누락의 문제점을 시정하였으며, 혼인당사자 일방이 혼인신고를 할 경우 불출석한 당사자의 신분증 또는 인감증명서를 제출토록 하여 신고요건을 강화하였으며, 가정법원의 이혼의사확인서등본을 첨부한 경우에는 증인 2인의 연서가 있는 것으로 보아 이혼신고를 할 수 있도록 하였고, 사망신고의 신고인을 친족 및 동거인 외에 동장이나 통장 또는 이장도 포함함으로써 독거노인 등에 대한 사망신고가 손쉽게 이루어지도록 하였습니다.

■ **협의이혼을 하려고 하는데, 자녀의 성을 엄마의 성이나 재혼하는 새 아빠의 성으로 변경하면 자녀의 가족관계증명서에는 어떻게 표시되나요?**

Q 협의이혼을 하려고 하는데, 자녀의 성을 엄마의 성이나 재혼하는 새 아빠의 성으로 변경하면 자녀의 가족관계증명서에는 어떻게 표시되나요?

A 단순히 자녀의 성을 변경하는 것만으로는 친생부모와의 친족관계에 변동을 가져오지 않습니다. 즉, 자녀의 가족관계증명서에는 성의 변경으로 인해 친아빠의 성과 다르게 되었더라도 여전히 친아빠가 부(父)로 기재되어 발급됩니다. 따라서 자녀의 가족관계증명서에 새 아빠를 부(父)로 표시하려면 친양자 입양재판을 거쳐 친아빠와의 친족관계를 종료시켜야 합니다.

■ **호적이 가족관계등록으로 바뀌었던데, 다른 제도인가요?**

Q 호적이 가족관계등록으로 바뀌었던데, 다른 제도인가요?

A 네, 호주제에 대한 헌법재판소의 헌법불합치결정으로 호주제는 폐지되었고, 이를 대체한 새로운 신분등록제도가 가족관계등록제도입니다.

◇ 가족관계등록이란 ?
① "가족관계등록"이란 국민의 출생·혼인·사망 등 가족관계의 발생 및 변동사항에 관한 등록과 그 증명에 관한 사항을 등록부에 기록하는 것을 말합니다.
② 종전 호적이 존재하는 사람의 등록기준지는 종전 호적의 본적이 됩니다.
③ 종전 호적이 존재하는 사람의 등록기준지는 종전 호적의 본적이 됩니다.

◇ 호적등본과 가족관계등록부의 차이점

기재사항	호적등본 기재 여부	가족관계등록부 기재 여부
가족의 본적	동일한 본적 기재	개인별 등록기준지 선택 가능
조모, 형제자매, 손자		×
배우자의 부모		×
입양·파양 관계		입양관계증명서에만 기재

3. 가족관계등록부의 발급 및 열람

3-1. 가족관계등록부의 작성

가족관계등록부(이하 "등록부"라 함)는 전산정보처리조직에 의해 입력·처리된 가족관계
등록사항에 관한 전산정보자료를 등록기준지에 따라 개인별로 구분해 작성합니다.

3-2. 등록기준지(본적)

3-2-1. 종전 호적이 존재하는 경우

① 종전 호적이 존재하는 사람의 등록기준지는 종전 호적의 본적이 됩니다.

② 호적에서의 본적과 가족관계등록제도에서의 등록기준지

   1) 폐지된 호적법에 따르면 호적은 시(구), 읍, 면의 구역 내에 본적을 정하는 사람
에 대해 호주를 기준으로 가(家)별로 이를 편제하는 것을 말합니다.

   2) 호적은 호주제를 기본으로 하는데, 호주제를 규정한 민법 제781조제1항 본문은
헌재 2005. 2. 3. 2001헌가9 헌법불합치결정으로 폐지되었고, 이후 호적의 본적은
등록기준지로 변경되었습니다.

3-2-2. 종전 호적이 존재하지 않는 경우

출생 또는 그 밖의 사유로 처음으로 등록을 하는 경우의 등록기준지는 다음과 같습니다.

① 당사자가 자유롭게 정하는 등록기준지

② 출생의 경우 부 또는 모의 특별한 의사표시가 없는 때에는, 자녀가 따르는 성과 본
을 가진 부 또는 모의 등록기준지

③ 외국인이 국적취득 또는 귀화한 경우 그 사람이 정한 등록기준지

④ 국적을 회복한 경우 국적회복자가 정한 등록기준지

⑤ 가족관계등록창설의 경우 별도의 의사표시가 없는 때에는 가족관계등록을 창설하려
는 사람이 신고한 주민등록지

⑥ 부 또는 모가 외국인인 경우 별도의 의사표시가 없는 때에는 대한민국 국민인 부 또
는 모의 등록기준지

3-3. 등록기준지의 변경

당사자는 등록기준지를 자유롭게 변경할 수 있는데, 새롭게 변경하려는 등록기준지의
시(구)·읍·면의 장에게 변경신고를 해야 합니다.

[서식] 등록기준지변경신고서

<table>
<tr><td colspan="3" align="center">등록기준지변경신고서
(년 월 일)</td><td colspan="4">※ 신고서 작성 시 아래의 작성 방법을 참고하고, 선택항목에는 '영표(○)'로 표시하기 바랍니다.</td></tr>
<tr><td rowspan="5">①등록부</td><td rowspan="2">성 명</td><td>한 글</td><td>(성) / (명)</td><td>주민등록
번 호</td><td colspan="2">-</td></tr>
<tr><td>한 자</td><td>(성) / (명)</td></tr>
<tr><td>변경 전
등록기준지</td><td colspan="4"></td></tr>
<tr><td>변경 후
등록기준지</td><td colspan="4"></td></tr>
<tr><td>주 소</td><td colspan="4"></td></tr>
<tr><td colspan="2">②기타사항</td><td colspan="5"></td></tr>
<tr><td rowspan="3">③
신
고
인</td><td>성명</td><td colspan="2">㊞ 또는 서명</td><td>주민등록번호</td><td colspan="2">-</td></tr>
<tr><td>자격</td><td colspan="5">１본인 ２법정대리인 ３기타(자격:)</td></tr>
<tr><td>주소</td><td colspan="2"></td><td>전화</td><td>이메일</td><td></td></tr>
<tr><td colspan="2">④제출인 성 명</td><td colspan="2"></td><td>주민등록번호</td><td colspan="2">-</td></tr>
</table>

작 성 방 법

※ **본 신고는 새롭게 변경하고자하는 등록기준지 등록관서에 하여야 합니다.**
①란 : 현재의 등록기준지와 새로운 등록기준지를 기재합니다.
②란 : 신고인이 의사무능력자인 경우에 법정대리인이 신고하는 취지 등 가족관계등록부에
　　　기록을 분명하게 하는데 특히 필요한 사항을 기재합니다.
④란 : 제출인(신고인이 작성한 신고서를 신고인이 아닌 사람이 제출할 경우만 기재)의 성명
　　　및 주민등록번호를 기재합니다.[접수담당공무원은 신분증과 대조]

첨 부 서 류

※ 아래 1항은 가족관계등록관서에서 전산으로 그 내용을 확인할 수 있는 경우 첨부를 생
　략합니다.
1. 가족관계등록부의 기본증명서 1통.
2. 신분확인[가족관계등록예규 제443호에 의함]
　- 신고인이 출석한 경우 : 신분증명서
　- 신고인 불출석, 제출인 출석의 경우 : 제출인의 신분증명서 및 신고인의 신분증명서
　　또는 서명공증 또는 인감증명서(신고인의 신분증명서 없이 신고서에 신고인이 서명한
　　경우 서명공증, 신고서에 인감 날인한 경우는 인감증명)
　- 우편제출의 경우 : 서명공증 또는 인감증명서(신고서에 서명한 경우 서명공증, 인감을
　　날인한 경우는 인감증명서)

3-4. 등록사항별 증명서의 발급 및 열람

3-4-1. 등록사항별 일반증명서의 종류 및 기재사항

증명서의 종류	기재 사항	
	공통 사항	개별 사항
가족관계증명서	본인의 등록기준지·성명·성별·본·출생연월일 및 주민등록번호	- 부모의 성명·성별·본·출생연월일 및 주민등록번호(입양의 경우 양부모를 부모로 기록. 다만, 단독입양한 양부가 친생모와 혼인관계에 있는 때에는 양부와 친생모를, 단독입양한 양모가 친생부와 혼인관계에 있는 때에는 양모와 친생부를 각각 부모로 기록함) - 배우자, 생존한 현재의 혼인 중의 자녀의 성명·성별·본·출생연월일 및 주민등록번호
기본증명서		본인의 출생, 사망, 국적상실에 관한 사항
혼인관계증명서		배우자의 성명·성별·본·출생연월일 및 주민등록번호 , 현재의 혼인에 관한 사항
입양관계증명서		친생부모·양부모 또는 양자의 성명·성별·본·출생연월일 및 주민등록번호, 현재의 입양에 관한 사항
입양관계증명서		친생부모·양부모 또는 친양자의 성명·성별·본·출생연월일 및 주민등록번호, 현재의 친양자 입양에 관한 사항

3-4-2. 등록사항별 증명서의 발급

① 본인 또는 배우자, 직계혈족은 등록사항별 증명서의 기록사항 중 일부사항을 증명하는 증명서를 발급받을 수 있습니다.

② 본인에 의한 발급신청

등록사항별 증명서의 발급신청은 시(구)·읍·면의 장에게 등록부 등의 기록사항 등에 관한 증명신청서를 제출하면 됩니다. 본인이 청구하는 경우에는 신청서를 작성하지 않을 수 있습니다.

③ 대리인에 의한 발급신청

대리인이 본인 또는 배우자, 직계혈족(이하 "본인 등"이라 함)의 위임을 받아 청구하는 경우에는 본인 등의 위임장과 주민등록증·운전면허증·여권 등의 신분증명서 사본을 신청서와 함께 제출해야 합니다.

④ 제3자에 의한 발급신청

다음 중 어느 하나에 해당하는 경우(이하 "이해관계인"이라 함)에는 본인 등이 아닌 경우에도 등록사항별 증명서의 발급을 신청할 수 있습니다.

1) 국가, 지방자치단체가 직무상 필요에 따라 문서로 신청하는 경우로서 근거 법령과 사유를 기재한 신청기관의 공문 및 관계공무원의 공무원증을 첨부한 경우

2) 소송, 비송, 민사집행·보전의 각 절차에서 필요한 경우로서 이를 소명하는 자료를 첨부한 경우

3) 다른 법령에서 본인 등에 관한 등록사항별 증명서를 제출하도록 요구하는 경우로서 이를 소명하는 자료 및 관계 법령에 따른 정당한 권한이 있는 사람임을 확인할 수 있는 자료를 첨부한 경우

4) 민법상의 법정대리인(미성년후견인, 성년후견인, 대리권을 수여받은 한정·특정후견인, 유언집행자, 상속재산관리인, 부재자재산관리인 등)이 이를 소명하는 자료와 신청인의 신분증명서를 첨부한 경우

5) 채권·채무 등 재산권의 상속과 관련해 상속인의 범위를 확인하기 위해서 등록사항별 증명서가 필요한 경우로서 이를 소명하는 자료와 신청인의 신분증명서를 첨부한 경우

6) 보험금 또는 연금의 수급권자를 결정하기 위해 신청대상자에 대한 등록사항별 증명서가 필요한 경우

7) 공익사업을 수행할 때 토지 등의 소유자의 상속인을 확인할 필요가 있는 경우

⑤ 발급수수료

등록사항별 증명서 및 제적등본의 수수료는 통당 1,000원이고, 제적초본의 수수료는 통당 500원 입니다.

3-4-3. 등록사항별 증명서의 인터넷 발급

① 등록사항별 증명서는 본인 또는 배우자, 부모, 자녀의 신청으로 인터넷을 통해 발급받을 수 있습니다.

② 인터넷에 의한 등록부등의 기록사항 열람, 등록사항별 증명서 발급, 제적부의 열람 및 제적 등·초본 발급 수수료는 무료입니다.

3-4-4. 등록사항별 증명서의 무인발급기 발급

① 등록사항별 증명서는 신청인 스스로 입력해 등록사항별 증명서를 발급받을 수 있는 무인증명서발급기를 이용해 발급받을 수 있는데, 이는 본인확인절차를 거쳐 오직 본인만 발급받을 수 있습니다.

② 무인증명서발급기를 이용해 발급되는 등록사항별 증명서 및 제적 등본의 수수료는 통당 500원이고, 제적초본의 수수료는 통당 300원 입니다.

3-4-5. 등록사항별 증명서의 열람

① 이해관계인은 가족관계등록 서류를 등록사무담임자가 보는 앞에서 열람해야 합니다.

② 호적용지로 작성된 제적부와 시(구)·읍·면에 있는 신고 서류의 열람 수수료는 건당 200원입니다.

📖 Summary (요점정리)

■ 가족관계등록법에 따라 발급받을 수 있는 증명서의 종류는?

가족관계등록부에는 가족관계 및 기본적 신분사항과 출생, 혼인, 입양, 친양자 입양, 사망 등에 관한 것 등이 기록된다. 그리고 이에 대한 증명서를 발급할 때에는 증명 대상에 따라 가족관계증명서, 기본증명서, 혼인관계증명서, 입양관계증명서, 친양자입양관계증명서 등 5종류로 나뉜다.

■ 가족관계증명서에 나타나는 가족관계는?

본인의 부모, 배우자 및 자녀로 한정되고 이들의 이름, 생년월일, 주민등록번호 등 가족관계 특정에 필요한 사항이 기재된다. 입양의 경우 양부모를 부모로 기록한다. 다만, 단독입양한 양부가 친생모와 혼인관계에 있는 때에는 양부와 친생모를, 단독입양한 양모가 친생부와 혼인관계에 있는 때에는 양모와 친생부를 각각 부모로 기록한다.

■ 기본증명서는?

본인의 출생, 사망, 국적상실·취득 및 회복, 친권, 한정치산, 금치산, 친생부인, 개명 등 개인의 기본적 신분사항에 관한 증명이다.

■ 혼인관계증명서는?

혼인 및 이혼에 관한 사항을 증명하는 것으로 본인과 배우자의 성명, 출생년월일, 주민등록번호 등이 기재된다.

■ 입양관계증명서는?

친생부모, 양부모 또는 양자의 인적사항 및 입양, 파양에 관한 사항을 증명하는 것이다.

■ 친양자입양관계증명서는?

친양자입양관계를 증명하는 것으로 본인 및 친생부모, 양부모 또는 친양자의 인적사항 및 파양에 관한 사항이 기재된다.

■ 가족관계등록부의 각 증명서를 발급받을 수 있는 사람들의 범위는?

가족관계등록부의 각 증명서는 본인, 직계존속, 직계비속, 배우자, 형제자매의 경우에만 발급받을 수 있다. 또한 친양자입양관계증명서는 친양자가 성년이 된 때 등 제한적인 경우에만 발급받을 수 있다. 제3자는 법률에서 특별히 허용한 경우를 제외하고는 위 발급권자들의 위임을 받아야 발급받을 수 있다.

■ 일부사항증명서 발급은?

과거의 신분관계 중 개인의 사생활 침해 가능성이 큰 기록사항을 배제한 채 등록사항별 증명서를 발급받을 수 있다. 일부사항증명은 가족관계증명서(혼인 외 또는 전혼자녀, 사망한 자녀 등은 나타나지 않음), 기본증명서(기아발견, 인지, 성본 창설 및 변경, 개명 등이 나타나지 않음), 혼인관계증명서(혼인취소, 이혼 등은 나타나지 않음), 입양관계증명서(입양취소, 파양 등은 나타나지 않음), 친양자관계입양증명서(친양자입양취소, 파양 등은 나타나지 않음) 발급 시 신청할 수 있다.

[서식] 가족관계 등록사항별 증명서 교부 등 신청서

가족관계 등록사항별 증명서 교부 등 신청서			
신청 대상자¹	성 명		(한자 :)
	등록기준지²	※뒷면 작성방법 5.에 해당하는 경우 등록기준지의 기재 없이 주민등록번호로도 신청할 수 있습니다.	
	주민등록번호	-	
신청내용	1. 일반증명서		2. 상세증명서
	①가족관계증명서…………( )통 ②기본증명서………………( )통 ③혼인관계증명서…………( )통 ④입양관계증명서…………( )통 ⑤친양자입양관계증명서…( )통		①가족관계증명서…………( )통 ②기본증명서………………( )통 ③혼인관계증명서…………( )통 ④입양관계증명서…………( )통 ⑤친양자입양관계증명서…( )통
	3. 특정증명서³ ①기본증명서(특정-친권.후견)………………( )통		
	4. 신고서류기재사항증명……………………………………( )건		
	5. 수리 · 불수리 증명……………………………………( )건		
	6. 열람(신고서류)_____년___월___일 접수_____신고		

	7. 종전「호적법」에 따른 제적
	   본 적 :_____
	   호 주 :_____
	   대상자 :_____의
		①제적등본 ……………( )통	

		②제적초본 ……………( )통	
		③제적부열람 …………( )건	
주민등록번호 공개신청여부 (뒷부분6자리)	□ 전부공개 □ 신청대상 자 본인만 공개	공개 신청 사유	□1.신청대상자의 주민등록번호를 정확하게 기재한 경우 □2.신청인이 신청대상자 본인 또는 본인의 부모, 양부모, 배우자, 자녀 및 그 대리인인 경우 □3.가족관계등록관서 출석 신청인이 재판상 필요를 소명 □4.공무원 등이 공용목적임을 소명한 경우
청구사유			
소명자료			
아포스티유 신청을 위한 증명서 발급정보 전송에 관한 동의 여부⁴		증명서 발급정보 전송에 동의합니다.□	
신 청 인	성명	㉑ 또는 서명	주민등록번호⁵	-
	주소		신청인 자격	의
			휴대전화번호 등	
위 임 인	성명		주민등록번호⁵	-
	위임을 받은 경우 위임인의 성명 및 주민등록번호를 기재하여야 합니다(위임장은 별도 첨부)			

20   년   월   일

○○시·(구)·읍·면장   귀하

※ 수수료	① 등록사항별 증명서 또는 제적 등본 1통당 1,000원, 제적초본 1통당 500원 ② 신고서류 열람 · 증명(신고서류기재사항증명, 수리 · 불수리 증명 등), 제적부 열람 1건당 200원 ③ 수수료 면제 대상자에 해당할 경우에는 수수료 면제(뒷면 참조)

1. 공동상속처럼 신청대상이 수인일 때 신청 대상자란에 "별지와 같음"이라고 기재한 후 별지 서식을 이용하여 기재할 수 있으며, 이 경우 신청서와 별지를 간인(서명)하여야 합니다.
2. 신청서를 작성하는 경우에는 대상자의 성명과 등록기준지를 정확히 기재하여야 합니다. 다만, 본인, 배우자, 직계혈족과 그 대리인의 경우와 뒷면 작성방법 5.의 경우에는 대상자의 성명과 주민등록번호로도 청구할 수 있으나, 우편으로 청구할 때에는 등록기준지를 반드시 기재하여야 합니다.
3. 본인의 현재 유효한 친권.후견에 관한 사항을 확인하고자 할 경우에는 특정증명서 교부를 신청하여야 합니다.
4. 아포스티유란 국내에서 발급한 문서를 다른 국가에 제출하여 증명서 역할을 수행할 수 있도록 한 국제협약으로서, 주한 공사나 영사의 확인 없이협약국가에서 공문서의 효력을 인증받습니다.
5. 신청인 또는 위임인이 외국인인 경우 외국인등록번호(국내거소신고번호 또는 출생연월일)를 기재하시기 바랍니다.
※ 법 제117조 3호:제14조 제1항.제2항 및 제42조를 위반하여 거짓이나, 그 밖의 부정한 방법으로 다른 사람의 신고서류를 열람하거나 신고서류에 기재되어 있는 사항 또는 등록부등의 기록사항에 관한 증명서를 교부받은 사람은 3년 이하의 징역 또는 1천만원 이하의 벌금에 처하게 됩니다.법제11조 제6항을 위반하여 발급대상이 아닌 사람에게 고의로 발급한 사람도 같은 처벌을 받습니다.
※ 발급관서가 "시"인 경우에는 "구"가 설치되지 않은 시를 말합니다.

1. 본인이 청구하는 경우에 신청서를 작성하지 아니할 수 있으나, 본인 등의 대리인이 위임을 받아 청구하는 경우에는 신청서에 본인 등이 서명 또는 날인한 위임장과 신분증명서(주민등록증, 운전면허증, 여권, 외국인등록증, 국내거소신고증, 국제운전면허증, 외국국가기관 명의의 신분증, 주민등록번호 및 주소가 기재된 장애인등록증 등)사본을 제출하여야 합니다. 다만, 다음 각 항에 해당하여 소명자료를 제출하는 경우에는 본인 등이 아닌 경우에도 본인 등의 위임 없이 증명서의 교부를 신청할 수 있습니다.

> ① 국가, 지방자치단체가 직무상 필요 및 법령상 근거에 따라 문서로 신청하는 경우
> ② 소송, 비송, 민사집행, 보전 등의 각 절차에서 필요한 경우
> ③ 다른 법령에서 본인 등에 관한 증명서를 제출하도록 요구하는 경우
> ④ 민법상의 법정대리인(후견인, 유언집행자, 상속재산관리인, 부재자재산관리인)
> ⑤ 채권.채무 등 재산권의 상속과 관련하여 상속인의 범위를 확인하기 위한 경우
> ⑥ 보험금 또는 연금의 수급권자를 결정하기 위하여 필요한 때
> ⑦「공익사업을 위한 토지 등의 취득 및 보상에 관한 법률」에 따라 토지 등의 소유자의 상속인을 확인할 필요가 있는 경우

※ 청구사유란 및 신청인의 자격란은 구체적으로 아래 예와 같이 기재하며, 신청인란의 기재를 하지 않거나, 청구사유를 기재하여야 할 사람이 청구사유를 기재하지 않은 경우 또는 신청인이나 청구사유를 허위로 기재한 경우에는 등록사항별 증명서 또는 제적부의 열람 및 등.초본을 발급받을 수 없습니다.
  예) 청구사유 : 가사소송관련(○○○의 ○○사건)법원제출용, **신청인의 자격** : 본인의 부, ○○○의 대리인

2. 친양자입양관계증명서(신고서류의 열람 포함)는 다음 각 호의 어느 하나에 해당하는 경우에 한하여 발급을 청구 할 수 있습니다.

> ① 성년자가 본인의 친양자입양관계증명서를 신청하는 경우
> ② 친양자의 친생부모·양부모가 본인의 친양자입양관계증명서를 신청하는 경우에는 친양자가 성년자임을 소명한 때
> ③ 혼인당사자가「민법」제809조의 친족관계를 파악하고자 하는 경우
> ④ 법원의 사실조회 촉탁이 있거나 수사기관이 규칙 제23조 제5항에 따라 문서로 신청하는 경우
> ⑤「민법」제908조의4에 따라 입양취소를 하거나 같은 법 제908조의5에 따라 파양을 할 경우
> ⑥「입양특례법」제16조에 따라 입양취소를 하거나 같은 법 제17조에 따라 파양을 할 경우
> ⑦ 친양자의 복리를 위하여 필요함을 친양자의 양부모가 구체적으로 소명할 때
> ⑧ 친양자입양관계증명서가 소송, 비송, 민사집행.보전의 각 절차에서 필요한 경우
> ⑨ 채권.채무 등 재산권의 상속과 관련하여 상속인의 범위를 확인하기 위한 경우
> ⑩ 가족관계등록부가 작성되지 않은 채로 사망한 사람의 상속인의 친양자입양관계증명서가 필요한 경우
> ⑪ 법률상의 이해관계를 소명하기 위하여 친양자의 친생부모.양부모의 친양자입양관계증명서를 신청하는 경우 그 해당 법령과 구체적인 소명자료 및 필요 이유를 제시하는 경우

3. **주민등록번호 공개신청여부란**은 다음 각 호의 어느 하나에 해당하는 경우에 한하여 공개신청 여부와 그 사유를 선택하며, 그 밖의 경우에는 기재하지 않습니다.

> ① 시(구).읍.면 및 동의 사무소에 출석한 신청인이 신청대상자의 주민등록번호를 정확하게 기재하여 해당 증명서의 교부를 청구하는 경우
> ② 신청서의 신청인란에 기재된 신청인이 본인 또는 그 부모, 양부모, 배우자, 자녀인 경우
> ③ 시(구).읍.면 및 동의 사무소에 출석한 신청인이 소송, 비송, 민사집행.보전 등의 각 절차에서 필요함을 소명하는 자료(예 : 법원의 재판서, 보정명령서 등)를 첨부하여 증명서의 교부를 청구하는 경우
> ④ 국가·지방자치단체의 공무원(「공익사업을 위한 토지 등의 취득 및 보상에 관한 법률」제8조에 따른 사업시행자의 직원을 포함한다)이, 공용 목적임을 소명하는 자료(예: 공문서, 재결서 등)를 첨부하여 증명서의 교부를 청구하는 경우

※「주민등록법」제7조의4에 따라 주민등록번호를 변경한 사람이 본인의 변경된 주민등록번호를 특정인에게 공개하지 않도록 신청한 경우에는 위 공개신청사유 제①,②호에 해당하는 경우에도 주민등록번호 뒷부분 6자리 숫자의 공개가 제한됩니다.

4. 위 3.의 규정에도 불구하고 다음 각 호의 어느 하나에 해당하는 경우에는 주민등록번호 뒷부분 6자리 숫자의 공개를 제한하지 아니합니다.
  ① 종전「호적법 시행규칙」부칙(2004. 10. 18) 제3조에 규정된 이미지 전산 제적부 등
  ② 종전「호적법」에 따른 호적용지로 작성된 제적부

5. 아래의 경우 시(구).읍.면.동의사무소에 직접 출석하여 신청대상자의성명과 주민등록번호를 기재하고 신청인의 신분증사본을 첨부하면 **제적 등의 열람 및 등.초본, 등록사항별 증명서**의 발급을 청구할 수 있습니다.
  - 위 제1.의 ①,②,③,⑥,⑦ 및 제2의 ⑧,⑨에 따라 청구하는 경우 법원의 보정명령 등 법령으로 정한 소명자료를 제출한 때 및 상속인이 상속관계의 확인을 위하여 청구하는 때

※**수수료 면제**(가족관계의 등록 등에 관한 규칙 제28조 제4항)

① 국가나 지방자치단체의 공무원으로 직무상 필요에 의하여 청구하는 경우
② 「국민기초생활보장법」 제2조 제2호의 수급자가 청구하는 경우
③ 「독립유공자예우에 관한 법률」 제6조에 따라 등록된 독립유공자와 그 유족(선순위자만 해당된다)이 청구하는 경우
④ 「국가유공자 등 예우 및 지원에 관한 법률」 제6조에 따라 등록된 국가유공자와 그 유족(선순위자만 해당된다)이 청구하는 경우
⑤ 「고엽제후유의증 환자지원 등에 관한 법률」 제4조에 따라 등록된 고엽제후유의증환자 등이 청구하는 경우
⑥ 「참전유공자예우 및 단체설립에 관한 법률」 제5조에 따라 등록된 참전군인 등이 청구하는 경우
⑦ 「5·18민주유공자 예우에 관한 법률」 제7조에 따라 등록 결정된 5·18민주유공자와 그 유족(선순위자만 해당된다)이 청구하는 경우
⑧ 「특수임무수행자 지원 및 단체설립에 관한 법률」 제3조 제3호에 따라 등록된 특수임무공로자와 그 유족(선순위자만 해당된다)이 청구하는 경우
⑨ 출생신고인에게 기록일부터 2주일 이내에 출생사건 본인의 기본증명서를 최초 1회 발급하는 경우
⑩ 다른 법률에 수수료를 면제하는 규정이 있는 경우

<별지>

신청 대상자	성 명	(한자 :　　　　　)	
	등록기준지		
	주민등록번호	－	

신청내용	1. 일반증명서	2. 상세증명서
	①가족관계증명서 …………(　)통 ②기본증명서 …………(　)통 ③혼인관계증명서 …………(　)통 ④입양관계증명서 …………(　)통 ⑤친양자입양관계증명서 ……(　)통	①가족관계증명서 …………(　)통 ②기본증명서 …………(　)통 ③혼인관계증명서 …………(　)통 ④입양관계증명서 …………(　)통 ⑤친양자입양관계증명서 ……(　)통
	3. 특정증명서 ①기본증명서(특정-친권.후견)……………………(　)통	
	4. 신고서류기재사항증명……………………………………(　)건	
	5. 수리 · 불수리 증명……………………………………(　)건	
	6. 열람(신고서류) _____년___월___일 접수 _____신고	
	7. 종전「호적법」에 따른 제적 본 적 : _____ 호 주 : _____ 대상자 : _____의_____	①제적등본……………(　)통 ②제적초본……………(　)통 ③제적부열람……………(　)건

신청 대상자	성 명	(한자 :　　　　　)	
	등록기준지		
	주민등록번호	－	

신청내용	1. 일반증명서	2. 상세증명서
	①가족관계증명서 …………(　)통 ②기본증명서 …………(　)통 ③혼인관계증명서 …………(　)통 ④입양관계증명서 …………(　)통 ⑤친양자입양관계증명서 ……(　)통	①가족관계증명서 …………(　)통 ②기본증명서 …………(　)통 ③혼인관계증명서 …………(　)통 ④입양관계증명서 …………(　)통 ⑤친양자입양관계증명서 ……(　)통
	3. 특정증명서 ①기본증명서(특정-친권.후견)……………………(　)통	
	4. 신고서류기재사항증명……………………………………(　)건	
	5. 수리 · 불수리 증명……………………………………(　)건	
	6. 열람(신고서류) _____년___월___일 접수 _____신고	
	7. 종전「호적법」에 따른 제적 본 적 : _____ 호 주 : _____ 대상자 : _____의_____	①제적등본……………(　)통 ②제적초본……………(　)통 ③제적부열람……………(　)건

신청 대상자	성 명	(한자 :　　　　　)	
	등록기준지		
	주민등록번호	－	

신청내용	1. 일반증명서	2. 상세증명서
	①가족관계증명서 …………(　)통 ②기본증명서 …………(　)통 ③혼인관계증명서 …………(　)통 ④입양관계증명서 …………(　)통 ⑤친양자입양관계증명서 ……(　)통	①가족관계증명서 …………(　)통 ②기본증명서 …………(　)통 ③혼인관계증명서 …………(　)통 ④입양관계증명서 …………(　)통 ⑤친양자입양관계증명서 ……(　)통
	3. 특정증명서 ①기본증명서(특정-친권.후견)……………………(　)통	
	4. 신고서류기재사항증명……………………………………(　)건	
	5. 수리 · 불수리 증명……………………………………(　)건	
	6. 열람(신고서류) _____년___월___일 접수 _____신고	
	7. 종전「호적법」에 따른 제적 본 적 : _____ 호 주 : _____ 대상자 : _____의_____	①제적등본……………(　)통 ②제적초본……………(　)통 ③제적부열람……………(　)건

■ 최근 가족관계등록법이 개정되어 가족관계증명서 발급이 달라졌다고 들었습니다. 어떤 부분이 달라진 것인지요?

Q 최근 가족관계등록법이 개정되어 가족관계증명서 발급이 달라졌다고 들었습니다. 어떤 부분이 달라진 것인지요?

A 2016. 5. 29. 개정되어 2016. 11. 30. 시행된 '가족관계의 등록 등에 관한 법률'에 따라 등록부등의 기록사항은 일반증명서와 상세증명서 및 특정증명서로 발급되게 되었습니다(가족관계의 등록 등에 관한 법률 제15조 제1항 및 4항). 이번 개정으로 인하여, 개인정보보호에 맞춰 이혼이나 개명 등 민감한 개인정보를 제외하고 현재의 신분관계 등 필수적인 정보만 드러나는 일반증명서 발급이 원칙이 되었습니다.

즉, 상세증명서에는 ① 가족관계증명서의 경우 '모든 자녀의 성명·성별·본·출생연월일 및 주민등록번호', ② 기본증명서의 경우 '국적취득 및 회복 등에 관한 사항', ③ 혼인관계증명서의 경우 혼인 및 이혼에 관한 사항, ④ 입양관계증명서의 경우 입양 및 파양에 관한 사항, ⑤ 친양자입양관계증명서의 경우 친양자 입양 및 파양에 관한 사항의 정보가 기재되어 공시되며(동법 제15조 제3항), 통상적으로 사용되게 되는 일반 증명서에선 위와 같은 사항이 공개되지 않습니다.

■ **가족관계등록부 등의 기록사항에 관한 증명서 교부청구권이 형제자매에도 있나요?**

Q 저는 최근 정보공개청구절차를 통해 이복형제인 甲이 저의 가족관계증명서와 혼인관계증명서를 발급받았음을 알게 되었습니다. 가족관계등록부 등의 기록사항에 관한 증명서에는 제 가족관계, 주민등록번호 등의 개인정보가 담겨있는데, 평소 왕래가 있던 것도 아닌 甲이 제 증명서를 발급받을 수 있다는 것이 이해가 가지 않습니다. 형제자매의 증명서 발급을 막을 수 있는 방법은 없는지요?

A 현재 가족관계의 등록 등에 관한 법률 제14조 제1항 본문은 "본인 또는 배우자, 직계혈족, 형제자매(이하 이 조에서는 "본인등"이라 한다)는 제15조에 규정된 등록부등의 기록사항에 관하여 발급할 수 있는 증명서의 교부를 청구할 수 있고, 본인등의 대리인이 청구하는 경우에는 본인등의 위임을 받아야 한다."고 규정하여, 증명서의 교부청구권자가 본인과 배우자, 직계혈족, 형제자매임을 밝히고 있습니다.

본 조항의 취지는 본인이 스스로 가족관계등록법상 각종 증명서를 발급받기 어려운 경우 형제자매를 통해 증명서를 간편하게 발급받게 하고, 형제자매가 자신의 친족 · 상속 등과 관련된 권리의무관계를 증명하기 위한 기초자료로서 본인의 신분정보가 기재되어 있는 각종 증명서를 쉽고 편리하게 발급받을 수 있도록 하기 위한 것인데, 가족구성원 개인의 프라이버시 보호에 미흡하다는 비판이 제기되고 있었습니다.

헌법재판소는 종전에도 오늘날 가족관계에 있어서는 구성원 간의 신뢰와 유대감에 기초한 공동체로서의 가족에 대한 존중도 중요하지만, 가족원 모두가 독립적 인격체인 개인으로서 존중되어야 한다는 점도 중요하다(헌재 2005. 2. 3. 2001헌가9등 참조)고 밝힌바 있었는데, 최근 귀하와 같은 사안에서 ① 개인정보가 유출되거나 오남용될 경우 정보의 주체에게 가해지는 타격은 크므로 증명서 발급을 신청할 수 있는 사람의 범위는 가능한 한 축소하여야 한다. 이는 가족 구성원 사이의 유대감과 신뢰를 근거로 하여 가족 구성원 중 일방에게 타방의 신분정보가 기록된 가족관계등록법상의 각종 증명서에 대한 교부청구권을 부여하는 경우에도 마찬가지인 점, ② 형제자매 사이의 유대와 신뢰는 경우에 따라 부부관계나 부모 · 자녀 사이의 그것에 비해 약할 수 있어, 형제자매가 언제나 가족관계등록법상의 각종 증명서에 나타난 본인에 대한 개인정보를 본인을 위해서만 사용하리라는 보장이 없다는 점, ③ 비교법적으로도 독일과 프랑스의 입법례는 신분증명서 교부청구권과 관련하여 배우자와 직계혈족에게는 본인과 같은 지위를 부여하지만, 형제자매에게는 정당한 이익이 있다는 것을 소명하라고 요구하거나 증명서 교부청구권을 인정하지 않고 있다는 점, ④ 현재 법원 전자가족관계등록 시스템을 통한 증명서 발급이 가능하도록 하고 있으므로, 본인이 형제자매를 통해 증명서를 발급받을 필요성은 크지 않은 점, ⑤ 그것이 불가능한 경우라도 본인은 위임을 통해 형제자매를 대리인으로 삼아 증명서를 발급받을 수 있는 점(제14조 제1항), ⑥ 형제자매는 가족관계등록법 제14조 제1항 단서 각호가 소송·비송·민사집행의 각 절차에서 필요한 경우(제2호), 다른 법령에서 본인 등에 관한 증명서를 제출하도록 요구하는 경우(제3호), 그 밖에 대법원규칙으로 정하는 정당한 이해관계가 있는 사람이 신청하는 경우(제4호)에는 제3자도 각종 증명서의 교부를 청구할 수 있다고 규정하여, 친족·상속 등과 관련된 권리의무관계를 증명하기 위한 기초자료 수집이라는 목적은 충분히 달성할 수 있는 점 등을 들어 당해 조항이 청구인의 개인정보자기결정권을 침해하여 위헌임을 밝힌 바 있습니다(헌재 2016. 6. 30. 2015헌마924).

따라서 현재는 형제자매에게 가족관계등록부 등의 기록사항에 관한 증명서 교부청구권이 인정되지 않아, 가족관계등록법 제14조 제1항 단서 각호에 해당하는 사유가 없는 한 형제자매는 본인의 증명서를 발급받지 못한다 할 것입니다.

■ 며느리의 등록사항별 증명서도 발급받을 수 있나요?

Q 며느리의 등록사항별 증명서도 발급받을 수 있나요?

A 등록사항별 증명서를 발급청구 할 수 있는 사람은 본인, 배우자, 직계혈족까지 허용하고 있습니다. 따라서 이에 해당되지 않는 사람은 비록 「민법」상의 가족이라고 할지라도 발급청구를 할 수 없습니다. 다만, 본인으로부터 위임장을 받아 제출하면 발급 청구를 할 수 있습니다.

이러한 제한은 종전 호적제도에서 광범위한 정보의 원칙적 공개라는 발급요건의 완화로 인해 발생할 수 있었던 개인정보침해의 문제를 가족관계등록제도에서는 미리 방지하고자 하는 개인정보보호의 측면을 더욱 강조한 것이라고 할 수 있습니다.

■ 증명서 등 발급 수수료가 너무 비싸지 않나요?

Q 호적등본은 1통에 600원 이었는데, 등록사항별 증명서는 각 통당 1000원이고 5통을 발급받으려면 5,000원이 필요합니다. 증명서 등 발급 수수료가 너무 비싸지 않나요?

A 증명서 수수료가 과거에 비해 상당히 높아졌다는 지적이 있을 수 있습니다. 그러나, 여권사실증명과 토지이용계획확인원의 발급수수료는 각 1,000원, 건설기계등록원부 수수료는 등록지 관외 1,500원이며, 자동차등록원부도 등록지 관외에서 발급시 수수료는 1,300원입니다. 다른 민원서류 발급 수수료와 비교해 볼 때, 가족관계 등록사항별 증명서는 등록기준지 관내, 관외를 불문하고 수수료가 1,000원인 점을 고려하면 발급 수수료가 그렇게 높은 수준이 아니라고 할 수 있습니다.

더우기 5가지 증명서 중 대부분의 법률적 또는 사회적 수요에 필요한 증명서는 1, 2개 정도의 증명서(가족, 기본 또는 가족, 혼인)로 충분할 것으로 보입니다. 실제 발급 수수료는 1000원~2000원 정도의 수수료라고 할 수 있고, 개인 발급자의 경우 수년에 한 번 정도 발급받는 정도이므로 급격한 인상이라고는 볼 수 없을 것입니다.

한편 가족관계등록사무비용은 국가가 부담하게 되어 보조금형식으로 배분을 하게 되었으나 현실적으로 배정할 보조금의 액수가 턱없이 부족하여 업무를 처리하는 시(구), 읍, 면의 담당 공무원의 인건비 충당도 어려운 실정입니다.

가족관계등록사무가 국가사무화 되면서 발급수수료 수입도 원칙적으로는 국가로 귀속되어야 하나 보조금의 배분이 부족함을 고려하여 자치단체의 수입으로 귀속되게 하였으며, 그리고 발급수수료 인상은 일정부분은 수익자부담 원칙과 열악한 지방재정상황도 고려하여 결정된 것입니다.

■ 등록부 등의 기록사항 등에 관한 증명신청서의 필수기재 항목은 무엇인가요?

Q 등록부 등의 기록사항 등에 관한 증명신청서(이하"증명신청서")의 필수기재 항목은 무엇인가요?

A 가족관계등록부 등록사항별 증명서, 제적등·초본 등의 발급을 청구하는 경우 증명신청서는 모든 사항을 기재하여야 합니다. 다만, 대상자의 성명과 등록기준지(제적등·초본의 경우 본적)는 반드시 기재하여야 하며 다만, 본인, 배우자, 직계혈족의 경우에는 예외적으로 대상자의 성명과 주민등록번호로도 청구할 수 있습니다(형제자매 제외).

■ 등록부 등의 기록사항 등에 관한 증명신청서를 본인, 배우자, 형제자매 및 직계혈족이 제출한 경우에 그 자격에 대한 확인을 어떻게 하나요?

Q 등록부 등의 기록사항 등에 관한 증명신청서(이하"증명신청서")를 본인, 배우자, 형제자매 및 직계혈족이 제출한 경우에 그 자격에 대한 확인을 어떻게 하나요?

A 본인의 경우에는 신분증명서를 제시받아 확인을 할 수 있으며, 배우자, 형제자매 및 직계혈족이 증명신청서에 신분증명서를 첨부하여 청구하는 경우에는 먼저 증명신청서를 접수받은 발급 담당공무원이 전산정보시스템에 의하여 신분관계를 확인하여 발급하여야 합니다. 그러나 전산정보시스템에 의하여 신분관계를 확인할 수 없는 때에는 증명신청서를 제출한 청구인이 신분관계를 확인할 수 있는 소명자료를 첨부하여야 합니다.

■ **형제자매 본인의 위임없이는 증명서를 발급받을 수 없다고 합니다. 단순히 확인만 하고 싶은 사안임에도 발급받을 수 없는 건지요?**

Q 형제자매가 혼인은 했는지, 배우자와 조카들을 확인하고 싶어 형제자매의 가족관계증명서를 발급받고 싶은데 이제는 형제자매 본인의 위임없이는 증명서를 발급받을 수 없다고 합니다. 단순히 확인만 하고 싶은 사안임에도 발급받을 수 없는 건지요?

A 헌법재판소는 2016년 6월 30일 재판관 6:3의 의견으로 형제자매에게 가족관계등록부 등의 기록사항에 관한 증명서 교부청구권을 부여하는 '가족관계의 등록 등에 관한 법률' 제14조 제1항 본문 중 '형제자매' 부분은 개인정보자기결정권을 침해하여 헌법에 위반된다고 선고하였으므로(헌재 2016. 6. 30.선고 2015헌마924 결정), 동 법률조항의 '형제자매' 부분은 효력을 상실하게 되었습니다.
따라서 형제자매의 등록사항별 증명서(제적 등·초본 포함)를 발급받을 수 없게 되었습니다. 다만, 형제자매가 '본인 등의 위임을 받아 청구하는 경우' 또는 '본인 등의 위임 없이 청구할 수 있는 경우'에 해당할 때에는 등록사항별 증명서를 발급받을 수 있습니다.

■ **증명서 등의 열람 및 발급을 소송대리인이 청구하는 경우에 본안의 소장에 첨부한 소송위임장 사본을 소명자료로 제출하여 청구할 수 있나요?**

Q 증명서 등의 열람 및 발급을 소송대리인(변호사 등)이 청구하는 경우에 본안의 소장에 첨부한 소송위임장 사본을 소명자료로 제출하여 청구할 수 있나요?

A 당사자가 소송을 제기하기 위하여 사건을 소송대리인(변호사 등)에게 위임을 한 경우 소송대리인도 본인, 배우자, 형제자매 및 직계혈족의 범위에 포함되지 않는 제3자로 보며 따라서 본안의 소송위임장과는 별도로 위임자의 신분증명서 사본이나 인감증명서를 첨부한 등록사항별 증명서 발급에 관한 위임장을 제출하여야 합니다. 다만, 본안의 소장에 제출한 소송위임장에 등록사항별 증명서 발급에 관한 특별한 위임을 받은 사항이 있는 경우에는 그 소송위임장의 사본에 위임자의 신분증명서 사본을 첨부하여 청구할 수 있습니다.

Q 제3자가 증명서 등을 청구하는 경우에 등록부 등의 기록사항 등에 관한 증명신청서에 첨부된 위임장에 위임인의 자격을 소명하는 자료는 어떻게 확인하나요?

A 제3자가 증명서 등을 청구하는 경우에는 위임장을 첨부하여야 하며 위임장에 위임인의 서명이 되어 있는 때에는 위임인의 신분증명서 사본을 첨부하여야 하며, 위임장에 날인이 되어 있는 때에는 위임인의 인감증명서나 신분증명서 사본을 첨부하여 청구할 수 있습니다. 다만, 위임장에 인감증명서가 첨부된 경우에는 위임장의 날인과 동일한지 여부를 확인하여야 합니다(가족관계의 등록 등에 관한 규칙 제19조제1항, 가족관계등록예규 제12호 제2조제3항).

■ 가족관계증명서를 발급받아 봤더니 옛날에 사망한 배우자와 자녀가 기재되지 않았는데 그 이유가 무엇입니까?

Q 가족관계증명서를 발급받아 봤더니 옛날에 사망한 배우자와 자녀가 기재되지 않았는데 그 이유가 무엇입니까?

A 가족관계증명서에는 가족관계등록부가 작성된 배우자와 자녀만 기재되어 발급됩니다. 즉, 가족관계의 등록 등에 관한 법률 부칙 제3조제1항에 따라 사망한 배우자와 자녀의 가족관계등록부는 작성되지 않았기 때문에 2008. 1. 1. 이전에 사망한 배우자와 자녀는 가족관계증명서에 기재되지 않는 것입니다. 이렇게 2008. 1. 1.이 되기 전에 사망한 배우자, 자녀를 기재하지 않은 이유는 사망한 배우자, 자녀에 관한 정보는 제적등본을 발급받으면 확인할 수 있기 때문입니다.

■ 증명서 등의 열람 및 발급을 청구하는 경우에 증명신청서에 그 청구권자의 자격을 소명하는 자료는 무엇인가요?

Q 증명서 등의 열람 및 발급을 청구하는 경우에 "등록부 등의 기록사항 등에 관한 증명신청서"에 그 청구권자의 자격을 소명하는 자료는 무엇인가요?

A 등록사항별 증명서의 교부신청은 등록부 등의 기록사항 등에 관한 증명신청서(이하"증명신청서")에 그 신청사유 등을 기재하여 제출하여야 합니다. 다만, 본인이 청구하는 경우에는 증명신청서를 작성하지 않을 수 있고, 대리인이 본인, 배우자, 직계혈족 및 형제자매(이하"본인 등")의 위임을 받아 청구하는 때에는 본인 등의 위임장과 인감증명서 또는 주민등록증·운전면허증·여권 등의 신분증명서 사본을 제출하여야 합니다(가족관계의 등록 등에 관한 규칙 제19조 제1항, 가족관계등록예규 제12호 제2조제3항).

출생관련 신고는 어떤 방법으로 하나요?

제2장 출생관련 신고는 어떤 방법으로 하나요?

1. 출생신고

1-1. 출생신고란?

"출생신고"란 신생아 출생 시 가족관계등록부 및 주민등록에 등록하기 위해 시(구)·읍·면의 장에게 신고하는 것을 말합니다.

1-2. 출생신고 의무자

① 혼인 중 출생자

　혼인 중 출생자의 출생신고는 부(父) 또는 모(母)가 해야 합니다.

② 혼인 외 출생자

　1) 혼인 외 출생자의 출생신고는 모(母)가 해야 합니다.

　2) 부(父)가 인지하지 않은 혼인 외 출생자라도 부의 성과 본을 알 수 있으면 부의 성과 본을 따를 수 있습니다. 다만, 부의 성명이 그 자녀의 일반등록사항란 및 특정등록사항란의 부(父)란에 기재되지 않습니다.

③ 제3자에 의한 신고

　1) 부 또는 모가 신고할 수 없는 경우에는 다음 중 어느 하나에 해당하는 사람이 그 순위에 따라 신고를 해야 합니다.

　　- 동거하는 친족

　　- 분만에 관여한 의사·조산사 또는 그 밖의 사람

　2) 신고의무자가 출생 후 1개월 이내에 신고를 하지 않아 자녀의 복리가 위태롭게 될 우려가 있는 경우에는 검사 또는 지방자치단체의 장이 출생신고를 할 수 있습니다.

1-3. 신고기한

① 출생신고는 출생 후 1개월 이내에 해야 합니다.

② 신고의무자가 정당한 사유 없이 출생신고를 기간 내에 하지 않은 경우에는 5만원 이하의 과태료가 부과됩니다.

2. 출생신고하기

2-1. 신고장소

① 출생신고는 출생지에서 할 수 있습니다.

② 출생신고는 출생자의 등록기준지 또는 신고인의 주소지나 현재지에서 할 수 있는데, 신고인의 관할 시(구)·읍·면의 사무소에 하면 됩니다).

③ 다만, 외국에 거주하거나 체류하는 대한민국 국민의 경우 재외국민 가족관계등록사무소에서도 할 수 있습니다.

④ 시의 경우 동사무소에 출생신고를 하면 동장이 시장을 대행해 신고서를 수리하고, 시장에게 신고서를 송부합니다.

2-2. 출생신고 신청서 작성

① 출생신고는 출생신고서에 다음 사항을 기재해야 합니다.

  1) 자녀의 성명·본·성별 및 등록기준지

  2) 자녀의 혼인 중 또는 혼인 외의 출생자의 구별

  3) 출생의 연월일시 및 장소

  4) 부모의 성명·본·등록기준지 및 주민등록번호(부 또는 모가 외국인인 경우 그 성명·출생연월일·국적 및 외국인등록번호)

  5) 부모가 혼인신고 시 모의 성과 본을 따르기로 하는 협의가 있는 경우에는 그 사실

  6) 자녀가 복수국적자(複數國籍者)인 경우 그 사실 및 취득한 외국 국적

② 첨부서류

  1) 출생증명서

  2) 자녀의 출생 당시 모가 한국인임을 증명하는 서면

  3) 자녀가 이중국적자인 경우 취득한 국적을 소명하는 자료

  4) 신고인의 신분증명서

  5) 부·모의 혼인관계증명서(가족관계등록관서에서 행정정보공동이용이 가능한 경우에는 제출 생략)

③ 출생신고 전에 자녀가 사망한 경우에는 출생신고와 동시에 사망신고를 해야 합니다.

[서식] 출생신고서

<table>
<tr>
<td colspan="5" rowspan="2">출 생 신 고 서
(년   월   일)</td>
<td colspan="4">※ 신고서 작성 시 뒷면의 작성 방법을 참고하고, 선택항목에는 '영표(○)'로 표시하기 바랍니다.</td>
</tr>
<tr><td colspan="4"></td></tr>
<tr>
<td rowspan="13">①
출
생
자</td>
<td rowspan="2">성명</td>
<td>*한글</td>
<td colspan="2">(성) / (명)</td>
<td>본</td>
<td></td>
<td rowspan="2">*성별</td>
<td>①남</td>
<td>*①혼인중의 출생자</td>
</tr>
<tr>
<td>한자</td>
<td colspan="2">(성) / (명)</td>
<td>(한자)</td>
<td></td>
<td>②여</td>
<td>*②혼인외의 출생자</td>
</tr>
<tr>
<td colspan="2">*출생일시</td>
<td colspan="7">년 월 일 시 분(출생지 시각: 24시각제)</td>
</tr>
<tr>
<td colspan="2">*출생장소</td>
<td colspan="7">①자택 ②병원 ③기타</td>
</tr>
<tr>
<td colspan="2">부모가 정한 등록기준지</td>
<td colspan="7"></td>
</tr>
<tr>
<td colspan="2">*주소</td>
<td colspan="4"></td>
<td colspan="2">세대주 및 관계</td>
<td>의</td>
</tr>
<tr>
<td colspan="2">자녀가 복수국적자인 경우 그 사실 및 취득한 외국 국적</td>
<td colspan="7"></td>
</tr>
</table>

<table>
<tr>
<td rowspan="4">②
부
모</td>
<td>부</td>
<td>성명</td>
<td>(한자:)</td>
<td>본(한자)</td>
<td></td>
<td>*주민등록번호</td>
<td>-</td>
</tr>
<tr>
<td>모</td>
<td>성명</td>
<td>(한자:)</td>
<td>본(한자)</td>
<td></td>
<td>*주민등록번호</td>
<td>-</td>
</tr>
<tr>
<td colspan="2">*부의 등록기준지</td>
<td colspan="5"></td>
</tr>
<tr>
<td colspan="2">*모의 등록기준지</td>
<td colspan="5"></td>
</tr>
<tr>
<td colspan="8">혼인신고시 자녀의 성·본을 모의 성·본으로 하는 협의서를 제출하였습니까?
예□ 아니요□</td>
</tr>
</table>

③친생자관계 부존재확인판결 등에 따른 가족관계등록부 폐쇄 후 다시 출생신고하는 경우

<table>
<tr>
<td rowspan="2">폐쇄등록부상 특정사항</td>
<td>성 명</td>
<td></td>
<td>주민등록번호</td>
<td></td>
</tr>
<tr>
<td>등록기준지</td>
<td colspan="3"></td>
</tr>
</table>

<table>
<tr>
<td colspan="5">④기타사항</td>
<td colspan="3"></td>
</tr>
<tr>
<td rowspan="4">⑤
신
고
인</td>
<td>*성 명</td>
<td colspan="2"></td>
<td>㉑ 또는 서명</td>
<td>주민등록번호</td>
<td colspan="2">-</td>
</tr>
<tr>
<td>*자 격</td>
<td colspan="6">①부 ②모 ③동거친족 ④기타(자격:)</td>
</tr>
<tr>
<td>주 소</td>
<td colspan="6"></td>
</tr>
<tr>
<td>*전 화</td>
<td colspan="2"></td>
<td>이메일</td>
<td colspan="3"></td>
</tr>
<tr>
<td>⑥ 제출인</td>
<td>성 명</td>
<td colspan="2"></td>
<td colspan="2">주민등록번호</td>
<td colspan="2">-</td>
</tr>
</table>

※ 타인의 서명 또는 인장을 도용하여 허위의 신고서를 제출하거나, 허위신고를 하여 가족 관계등록부에 실제와 다른 사실을 기록하게 하는 경우에는 **형법에 의하여 처벌**받을 수 있습니다. **눈표(*)로 표시한 자료**는 국가통계작성을 위해 통계청에서도 수집하고 있는 자료입니다.

※ 아래 사항은 **「통계법」 제24조의2에 의하여 통계청에서 실시하는 인구동향조사입니다.** 「통계법」제32조 및 제33조에 의하여 성실응답의무가 있으며 개인의 비밀사항이 철저히 보호되므로 사실대로 기입하여 주시기 바랍니다.

※ 첨부서류 및 출생자 부모의 국적은 국가통계작성을 위해 통계청에서도 수집하고 있는 자료입니다.

㉮ 최종 졸업학교	부	①학력 없음 ②초등학교 ③중학교 ④고등학교 ⑤대학(교) ⑥대학원 이상
	모	①학력 없음 ②초등학교 ③중학교 ④고등학교 ⑤대학(교) ⑥대학원 이상

※아래 사항은 신고인이 기재하지 않습니다.

읍면동접수	가족관계등록관서 송부	가족관계등록관서 접수 및 처리
	*주민등록번호	
	년 월 일(인)	

작 성 방 법

※ 등록기준지:각 란의 해당자가 외국인인 경우에는 그 국적을 기재합니다.
※ 주민등록번호:각 란의 해당자가 외국인인 경우에는 외국인등록번호(국내거소신고번호 또는 출생연월일)를 기재합니다.
①란 : 출생자의 이름에 사용하는 한자는 대법원규칙이 정하는 범위내의 것(인명용 한자)으로, 이름자는 5자(성은 포함 안 됨)를 초과해서는 안 되며, 사용가능한 인명용 한자는 대한민국 법원 전자민원센터에서 확인할 수 있습니다.
     : 출생일시는 24시각제로 기재합니다. (예: 오후 2시 30분 → 14시 30분)
     : 우리나라 국민이 외국에서 출생한 경우에는 그 현지 출생시각을 서기 및 태양력으로 기재하되, 서머타임 실시기간 중 출생하였다면 그 출생지 시각 옆에 "(서머타임 적용)"이라고 표시합니다.
     : 자녀가 복수국적자인 경우 그 사실 및 취득한 외국 국적을 기재합니다.
     : 출생장소는 최소 행정구역의 명칭(시·구의 '동', 읍·면의 '리') 또는 도로명주소의 '도로명'까지만 기재하여도 됩니다.
②란 : 부(父)에 관한 사항-혼인외 출생자를 모(母)가 신고하는 경우에는 기재하지 않으며, 전혼 해소 후 100일 이내에 재혼한 여자가 재혼성립 후 200일 이후, 직전 혼인의 종료 후 300일 이내에 출산하여 모가 출생신고를 하는 경우에는 부의 성명란에 "부미정"으로 기재합니다.
③란 : 친생자관계 부존재확인판결, 친생부인판결 등으로 가족관계등록부 폐쇄 후 다시 출생신고하는 경우에만 기재합니다.
④란 : 아래의 사항 및 가족관계등록부에 기록을 분명하게 하는 데 특히 필요한 사항을 기재합니다.
     - 후순위 신고의무자가 출생신고를 하는 경우:선순위자(부모)가 신고를 못하는 객관적인 이유(예: 부 모 사망, 행방불명 등)
     - 출생 전에 태아인지 한 사실 및 태아인지 신고한 관서
     - 외국에서 출생한 경우: 현지 출생시각을 한국시각으로 환산하여 정하여지는 출생일시를 기재합니다. 그 현지 출생시각이 서머타임이 적용된 시각인 경우에는 그에 관한 사실을 기재합니다.
     - 외국인인 부(父)의 성을 따라 외국식 이름으로 외국의 등록관서에 등재되어 있으나 한국식 이름으로 출생신고 하는 경우: 외국에서 신고된 성명
⑥란 : 제출인(신고인이 작성한 신고서를 신고인이 아닌 사람이 제출할 경우만 기재)의 성명 및 주민등록번호를 기재합니다.[접수담당공무원은 신분증과 대조]
※ 아래 사항은 「통계법」 제24조의2에 의하여 **통계청에서 실시하는 인구동향조사입니다.**
㉮란 : 교육부장관이 인정하는 모든 정규교육기관을 기준으로 기재하되, 각급 학교의 재학 또는 중퇴자는 최종 졸업한 학교의 해당번호에 '영표(○)'로 표시합니다.
     <예시> 대학교 3학년 재학(중퇴) → ④ 고등학교에 '영표(○)'로 표시

첨 부 서 류

1. 출생증명서 등 1통(다음 중 하나).
   - 의사나 조산사가 작성한 출생증명서
   - 의사나 조산사가 아닌 사람으로서 분만에 직접 관여한 자가 모의 출산사실을 증명할 수 있는 자료 등을 첨부하여 작성한 출생사실을 증명하는 서면(가족관계등록예규 제501호 별지 서식)
   - 국내 또는 외국의 권한 있는 기관에서 발행한 출생사실을 증명하는 서면(외국어의 경우 번역문 첨부)
   - 가정법원의 확인서 등본
   ※ **아래 2항 및 3항은 가족관계등록관서에서 전산으로 그 내용을 확인할 수 있는 경우 첨부를 생략합니다.**
2. 출생자의 부(父) 또는 모(母)의 혼인관계증명서 1통.
   - 부(父)가 혼인외의 자를 출생신고하는 경우에는 반드시 모(母)의 혼인관계증명서 첨부.
   - 출생자의 모의 가족관계등록부가 없거나 등록이 되어 있는지가 분명하지 아니한 사람인 경우에는 그 모가 유부녀(有夫女)가 아님을 공증하는 서면 또는 2명 이상의 인우인 보증서.
3. 자녀의 출생 당시 모(母)가 한국인임을 증명하는 서면(예: 모의 기본증명서) 1통 (1998. 6. 14. 이후 외국인 부와 한국인 모 사이에 출생한 자녀의 출생신고를 하는 경우).
4. 자녀의 출생 당시에 대한민국 국민인 부(父) 또는 모(母)의 가족관계등록부가 없거나 분명하지 아니한 사람인 경우 부(父) 또는 모(母)에 대한 성명, 출생연월일 등 인적사항을 밝힌 우리나라의 관공서가 발행한 공문서 사본 1부(예: 여권, 주민등록등본, 그 밖의 증명서).
5. 자녀가 복수국적자인 경우 취득한 국적을 소명하는 자료 1부.
6. 신분확인[가족관계등록예규 제443호에 의함]
   - 신고인이 출석한 경우 : 신분증명서
   - 제출인이 출석한 경우 : 신고인의 신분증명서 사본 및 제출인의 신분증명서
   - 우편제출의 경우 : 신고인의 신분증명서 사본
   ※ 신고인이 성년후견인인 경우에는 6항의 서류 외에 성년후견인의 자격을 증명하는 서면도 함께 첨부해야 합니다.

2-3. 부·모 중 한국인이 부(父)인 경우의 출생신고

2-3-1. 혼인 중 출생자인 경우

① 부 또는 그 밖의 출생신고 의무자(국내에 거주하는 외국인 모 포함)가 신고를 하면 가족관계등록부가 작성됩니다.

② 특정등록사항란에 부모의 성명이 기록됩니다.

2-3-2. 혼인 외 출생자인 경우

① 부의 출생신고만으로는 가족관계등록부가 작성되지 않습니다.

② 미성년자 : 외국인에 대한 인지절차에 따라 부가 인지신고를 한 다음, 자녀가 「국적법」에 따라 법무부장관에게 신고함으로써 국적을 취득한 후 국적취득통보가 된 때 가족관계등록부를 작성할 수 있습니다.

③ 성년인 사람 : 법무부장관으로부터 귀화허가를 받은 후 귀화허가통보가 된 때 가족관계등록부를 작성할 수 있습니다.

2-4. 부·모 중 한국인이 모(母)인 경우의 출생신고

2-4-1. 혼인 중 출생자인 경우

① 자녀는 모 또는 그 밖의 출생 신고의무자(국내에 거주하는 외국인 부 포함)가 신고를 하면 가족관계등록부가 작성됩니다.

② 특정등록사항란에 부모의 성명이 기록됩니다.

2-4-2. 혼인 외 출생자인 경우

① 자녀는 모 또는 그 밖의 출생 신고의무자(국내에 거주하는 외국인 부 포함)가 신고를 하면 가족관계등록부가 작성됩니다.

② 다만, 모의 성과 본을 따르며, 부는 표시할 수 없습니다.

③ 부의 인지가 있으면 그 인지신고에 따라 그 사유를 기록하고 부의 국적을 취득하면 국적상실신고 또는 국적상실통보에 따라 가족관계등록부는 폐쇄됩니다.

[서식] 출생확인 신청서

출생확인 신청서

신청인   성   명   (주민등록번호: -   )
                  등록기준지
                  주   소

사건본인   성   명
                  출생연월일
                  등록기준지
                  주   소

신청취지

가족관계의 등록 등에 관한 법률 제44조의2제1항에 따라 출생증명서 등을 첨부할 수 없는 경우에 해당하여 별지와 같이 사건본인○○○의 출생을 확인한다. 라는 확인을 구함.

신청이유

년   월   일

신청인 :   (서명 또는 날인)

_____**법원 귀중**

첨부서류

1. 가족관계의 등록 등에 관한 법률 제44조제4항에 따른 출생증명서 또는 서면을 첨부할 수 없는 사유를 소명할 수 있는 자료
2. 사건본인의 모의 성명·출생연월일·등록기준지를 소명할 수 있는 자료
3. 사건본인의 모와 사건본인 사이에 혈연관계가 있음을 소명할 수 있는 자료
4. 신청인의 가족관계증명서 1통, 주민등록등본 1통

■ **이혼 전 출생한 혼인 외의 자(子)의 출생신고는 어떻게 하나요?**

Q 甲녀는 乙남과 이혼신고 없이 사실상의 이혼으로 장기간 별거하던 중 丙남과 사이에서 丁을 낳은 후 乙과 이혼신고하고 丙과 재혼하였습니다. 현재까지 가족관계등록이 되어있지 않은 丁을 丙을 父로 하는 출생신고에 의해 가족관계등록부를 작성할 수 있는지요?

A 위 사안에서 丁은 甲과 乙의 혼인 중 출생한 자이므로 법률상 乙의 친생자로 추정됩니다(민법 제844조 제1항). 따라서 설령 甲과 乙이 사실상 이혼으로 장기간 별거상태에 있었다고 하더라도 친생추정이 미치고 친생추정은 판결에 의해서만 번복될 수 있으므로 소송을 거치지 않은 출생신고에 의해 곧바로 丁을 丙을 부로 하여 가족관계등록부에 등재할 수는 없습니다.

한편 판례는 민법 제844조 제1항 의 친생추정은 반증을 허용하지 않는 강한 추정이므로, 이와 같은 추정을 번복하려면 부가 민법 제846조 , 제847조 에서 규정하는 친생부인의 소를 제기하여 그 확정판결을 받아야 하고, 이러한 친생부인의 소가 아닌 민법 제865조 소정의 친생자관계부존재확인의 소에 의하여 그 친생자관계의 부존재확인을 구하는 것은 부적법하다고 하면서(대법원 2000. 8. 22. 선고 2000므292 판결) 다만 '사실상 이혼으로 장기간 별거상태'에 있어 처(妻)가 부(夫)의 (子)를 포태할 수 없음이 외관상 명백한 경우에는 친생추정이 미치지 않고 이 경우에는 친생부인의 소를 제기하지 않고 친생자관계부존재확인소송을 통해 친생자 관계를 부정할 수 있다고 하였습니다. (대법원 1988. 5. 10. 선고 88므85 판결, 1997. 2. 25. 선고 96므1663 판결, 2000. 8. 22. 선고2000므292 판결).

한편 2005.3.31. 개정 전 민법은 친생부인의 소의 원고적격을 부에게만 인정하여 특별한 사정이 있는 경우 외에는 부가 친생부인의 소를 제기하지 않으면 어느 누구도 친생자가 아님을 다툴 수가 없게 하여 혈연진실주의에 반하는 문제점이 있었는데, 2005. 3. 31. 법률 제7427호로 개정된 「민법」 제847조는 친생부인의 사유가 있음을 안 날부터 2년 내에 부와 처 모두에게 친생부인의 소를 제기할 수 있도록 하여 이와 같은 문제를 해소하였습니다.

따라서 우선 甲은 乙 또는 丁을 상대로 친생부인의 소를 제기한 후(민법 제847조, 가족관계의 등록 등에 관한 법률 제47조) 친생부인의 판결이 확정되면 丙의 인지를 거쳐 丙을 부로 하여 출생신고를 해야 합니다. 乙을 부로 하여 우선 출생신고를 한 후에 친생부인의 소의 확정을 기다려서 다시 부를 丁으로 정정하는 방법도 있으나 그렇게 되면 丁의 가족관계등록부가 복잡해지고 성과 본이 바뀌게 되므로 친생부인의 소의 확정을 거쳐 처음부터 생부를 부로 하여 출생신고를 하는 것이 보다 유리한 방법이라고 사료됩니다.

다만, 丁이 출생한 지 2년이 지났다면 甲은 친생부인의 소를 제기할 수 없으므로 친생추정이 미치지 않음을 주장하여 친생자관계부존재확인소송을 제기하여야 할 것으로 보입니다.

■ 혼인 중 출생자의 출생신고의무자인 부 또는 모가 신고를 할 수 없는 경우, 같이 거주 중인 제 어머니가 출생신고를 대신 할 수 있는지요?

Q 저와 제 아내는 맞벌이 중이라 얼마 전 태어난 딸의 출생신고를 하러 갈 여유가 없습니다. 같이 거주 중인 제 어머니가 출생신고를 대신 할 수 있는지요?

A 가족관계의 등록 등에 관한 법률 제46조에 의하여 혼인 중 출생자의 출생신고는 부 또는 모가 하여야 하고, 부 또는 모가 신고를 할 수 없는 경우에는 ① 동거친족, ② 분만에 관여한 의사·조산사 또는 그 밖의 사람이 순위에 따라 신고를 하여야 하며, 동거친족 등의 후순위신고의무자가 신고를 하는 경우에는 신고서에 선순위신고의무자가 신고를 할 수 없는 사유, 즉 '신고불능사유'를 기재하여야 합니다(가족관계등록예규 제95호).

이때 '신고불능사유'는 부모가 사망하거나 행방불명된 경우와 같이 신고를 할 수 없는 객관적인 사유를 의미하므로, 이러한 객관적 신고불능사유에 해당하지 아니하면 부 또는 모가 출생신고를 하여야 하고 동거친족 등은 출생신고의무자가 될 수 없습니다(가족관계등록선례 제201305-2호). 다만, 출생신고서는 등록관서에 반드시 출석하여 제출하여야 하는 것은 아니므로, 신고인의 신분증명서 사본을 첨부하여 우편으로 제출하거나 다른 사람에게 제출하도록 할 수 있습니다.

따라서 맞벌이를 하고 있다는 것은 신고불능사유에 해당하지 않기 때문에 귀하께서는 신분증명서 사본을 첨부하여 우편으로 제출하거나 다른 사람에게 대신 제출하도록 하여야 할 것입니다.

Q 저와 제 아내는 맞벌이 부부로, 현재 딸의 출생신고를 하지 못하고 있습니다. 출생신고를 언제까지 해야 하는지, 출생신고를 늦게 했을 때 불이익이 있는지 궁금합니다.

A 가족관계의 등록 등에 관한 법률 제46조 제1항은 신고의무자와 관련, "혼인 중 출생자의 출생의 신고는 부 또는 모가 하여야 한다."고 규정하고 있고 동법 제44조 제1항은 출생신고는 출생 후 1개월 이내에 해야 함을 밝히고 있습니다.

출생 신고의 의무가 있는 사람이 정당한 사유 없이 기간 내에 하여야 할 신고 또는 신청을 하지 아니한 때에는 5만원 이하의 과태료가 부과될 수 있으며(동법 제122조), 신고의무자가 위 기간 내에 신고를 하지 아니하여 자녀의 복리가 위태롭게 될 우려가 있는 경우에는 검사 또는 지방자치단체의 장이 출생의 신고를 할 수 있습니다(동법 제46조 제4항).

■ 이중으로 출생신고를 한 경우, 처벌을 받는지요?

Q 甲은 출생 당시 부모의 출생신고로 이미 주민등록이 되어 있었으나, 그 사실을 숨기고 출생신고를 다시 하였는데 「가족관계의 등록 등에 관한 법률」상의 출생신고를 하게 된 것이 주민등록법상에서 금지하고 있는 이중출생신고를 한 것에 해당하여 처벌을 받을 수도 있는지요?

A 주민등록법 제10조 제1항은 "주민은 다음 각 호의 사항을 그 거주지를 관할하는 시장·군수 또는 구청장에게 신고하여야 한다."라고 규정하면서 성명·성별·생년월일 등의 사항에 대한 신고의무를 부과하고 있고, 같은 조 제2항은 "누구든지 제1항의 신고를 이중으로 할 수 없다."라고 규정하고 있으며, 같은 법 제14조 제1항은 "이 법에 따른 신고사항과 「가족관계의 등록 등에 관한 법률」에 따른 신고사항이 동일한 경우에는 「가족관계의 등록 등에 관한 법률」에 따른 신고로써 이 법에 따른 신고를 갈음한다."라고 규정하고 있습니다. 한편, 같은 법 제37조 제3호는 '제10조 제2항을 위반한 자나 주민등록 또는 주민등록증에 관하여 거짓의 사실을 신고 또는 신청한 자'는 3년 이하의 징역 또는 1천만원 이하의 벌금에 처하도록 하고 있습니다.

甲의 경우 이중신고로 인한 처벌문제가 발생할 수 있는바, 이에 관하여 판례는 "주민등록법 제13조의2 제1항(현행 제14조 제1항)은 호적법(현행 가족관계의 등록 등에 관한 법률, 이하 같음)에 의한 신고사항과 주민등록법에 의한 신고사항이 동일한 경우 호적법에 의한 신고와 별도로 주민등록법에 의한 신고를 이중으로 하는 불편을 덜어주고, 호적부(현행 가족관계등록부, 이하 같음)와 주민등록부를 관장하는 행정기관 상호간에는 통지절차를 통하여 호적부와 주민등록부의 기재내용을 일치시키고자 하는 취지의 규정으로서, 이는 호적법에 의한 신고를 한 경우에는 동일한 사항에 관하여 주민등록법에 의한 신고를 이중으로 하지 않아도 된다는 의미일 뿐, 호적법에 의한 신고를 주민등록법에 의한 신고행위와 동일시하거나 호적법에 의한 신고를 주민등록법 제10조 제2항에서 금하는 이중신고로 볼 수 있다는 규정은 아님이 분명하므로, 이미 주민등록이 되어 있는 사람이 호적법에 의한 출생신고를 하였다고 하더라도 이로써 곧 주민등록법상의 이중신고를 한 것으로 볼 수는 없다."라고 하였습니다(대법원 2006. 9. 14. 선고 2006도3398 판결). 따라서 甲의 이중출생신고가 주민등록법 상 처벌되는 이중신고에는 해당하지 않을 것으로 보입니다.

■ 외국에서 혼인절차를 마치고 자녀를 출산하여 출생신고를 하였으나 현재까지 한국에서는 혼인신고를 하지 않은 경우 출생신고가 수리되는지요?

Q 저는 베트남 국적의 아내와 베트남에서 혼인을 마치고 자녀를 출산하여 베트남에서 출생신고를 하였습니다. 아직까지 한국에서는 혼인신고를 하지 않았는데, 이 경우 아들에 대한 출생신고가 가능한지요?

A 국제사법 제36조 제2항은 "혼인의 방식은 혼인거행지법 또는 당사자 일방의 본국법에 의한다. 다만, 대한민국에서 혼인을 거행하는 경우에 당사자 일방이 대한민국 국민인 때에는 대한민국 법에 의한다."고 규정하고 있습니다.

따라서 혼인거행지인 베트남의 법이 정하는 방식에 따른 혼인절차를 마친 경우라면 그 혼인은 유효하게 성립하고, 별도로 대한민국에서 혼인신고를 하지 않더라도 혼인의 성립에는 아무런 영향이 없습니다. 그러므로 귀하의 경우 출생한 자녀는 혼인중의 자로서 출생과 동시에 한국국적을 취득하였으므로(국적법 제2조 제1항 제1호) 출생신고의무자(국내에 거주하는 베트남인 모 포함)로부터 혼인증서등본 및 출생증명서나 베트남법의 방식에 의해 출생신고한 사실을 증명하는 서면 등을 첨부한 출생신고가 있다면 수리될 것입니다. 이 때, 출생신고가 수리된다면 자녀의 가족관계등록부가 작성되고 특정등록사항란에 부모를 기록하여 귀하의 가족관계등록부의 특정등록사항란에도 자녀가 기록되어 서로 연결될 것입니다.

한편, 출생신고를 수리한 시(구), 읍, 면의 장은 혼인신고의 신고기간이 경과하도록 혼인신고가 없는 경우라면 신고의무자에 대하여 혼인신고 할 것을 최고하여야 하고 최고를 하여도 신고를 하지 아니한 때라면 위 혼인증서등본에 기하여 감독법원의 허가를 받아 직권으로 혼인사유를 기록할 수도 있습니다(가족관계의 등록 등에 관한 법률 제38조).

Q 甲은 혼인 외 자 乙에 대한 출생신고시 모를 불상으로 신고하였습니다. 이러한 신고가 수리될지 궁금합니다.

A 가족관계의 등록 등에 관한 법률 제46조 제2항은 "혼인 외 출생자의 신고는 모가 하여야 한다."고 규정하고 있습니다. 따라서 혼인 외 출생자의 신고의무자는 모이고, 부는 인지신고를 하여야 하는 것이 원칙입니다. 또한 동법 제44조는 출생신고서의 기재사항으로 '부모의 성명·본·등록기준지 및 주민등록번호'를, 가족관계의 등록 등에 관한 규칙 제38는 출생증명서의 기재사항으로 '모의 성명 및 출생연월일'을 기재하도록 규정하고 있으므로, '모'는 출생사실의 유무 판단에 필요불가결한 사항이라 할 것이어서, 부가 혼인 외의 자에 대하여 모를 불상으로 출생신고 하는 것은, '법률상 기재하여야 할 사항으로서 특히 중요하다고 인정되는 사항을 기재하지 아니한 경우'에 해당하므로(동법 제29조 단서), 모를 불상으로 신고한 신고서는 수리되지 않을 것이라고 보는 것이 과거 확립된 실무의 방침이었습니다(가족관계등록선례 201106-2).

다만, 가족관계의 등록 등에 관한 법률 제57조 1항은 "부가 혼인 외의 자녀에 대하여 친생자출생의 신고를 한 때에는 그 신고는 인지의 효력이 있다."고 규정하고 있었는데, 최근 제2항이 신설되어(일명 사랑이법), 모의 성명·등록기준지 및 주민등록번호를 알 수 없는 경우에는 부의 등록기준지 또는 주소지를 관할하는 가정법원의 확인을 받아 제1항에 따른 신고를 할 수 있게 되었습니다. 동시에 가족관계의 등록 등에 관한 규칙 제87조의2는 위와 같은 경우 부가 출생신고를 할 때에는 가정법원의 확인서등본을 첨부하여야 한다고 정하고 있으므로, 甲은 가정법원의 확인서등본을 첨부하여 乙에 대한 출생신고를 할 수 있고, 신고가 수리될 것입니다.

■ 출생신고서를 등록관서에 대리인이 제출한 경우, 위와 같은 위임에 의한 출생신고는 적법합니까?

Q 20살의 甲女는 최근 혼인외 자녀를 출산하였습니다. 혼인외자녀에 대한 출생신고를 등록관서에 하여야 하나, 미혼모라는 사실 때문에 변호사 나성실에게 출생신고를 위임하였고, 나성실은 출생증명서를 첨부한 출생신고서를 등록관서에 대리인으로서 제출하였습니다. 위와 같은 위임에 의한 출생신고는 적법합니까?

A 위임에 의한 출생신고로서는 부적법하지만, 사자에 의한 출생신고서 제출로서는 적법한 출생신고라고 할 것입니다. 출생신고와 같은 보고적 신고는 말로 하는 신고의 경우에만 위임대리가 가능하고 서면으로 하는 경우에는 위임대리가 허용되지 아니합니다(가족관계의 등록등에 관한 법률 제31조 제1항). 즉 대리인이 등록관서에 출석해서 말로 신고내용을 진술하면 시(구)·읍·면의 장이 이를 신고서에 기재하는 방식의 구술에 의한 신고에만 위임이 가능하다는 것입니다. 위 사안의 경우는 변호사 나성실이 대리인으로 출생신고서를 제출한 것으로 보이므로 이는 동법 제31조 제1항이 규정한 위임대리에 의한 보고적 신고로서는 부적법합니다. 다만 서면에 의한 보고적 신고의 경우 사자에 의한 제출이 가능하므로 사자에 의한 신고서 제출로 인정할 수 있을 것입니다.

Q 17살의 甲女는 최근 혼인외 자녀를 출산하였습니다. 미성년자인 미혼모 甲女는 혼인외 자녀를 자신이 양육하겠다는 결심을 하고서 등록관서에 혼인외자녀에 대한 출생신고서를 제출하였습니다. 미성년자인 갑녀는 출생신고를 할 신고능력이 있습니까?

A 신고하여야 할 사람이 미성년자 또는 금치산인 때에는 친권자 또는 후견인을 신고의무자로 합니다. 다만, 미성년자 또는 금치산자가 신고를 하여도 됩니다(가족관계의 등록등에 관한 법률 제26조 제1항). 신고능력은 유효한 신고를 할 수 있는 능력으로서 '의사능력이 있는 자'는 원칙적으로 신고능력이 인정되기 때문입니다. 따라서 17살의 甲女는 의사능력만 있다면 출생신고를 할 수 있습니다.

Q 미혼의 甲女는 유부남과 사통하여 혼인 외 자를 출산하였으나 출생신고를 하지 못하고 지내던 중 아이의 취학연령에 이르러서야 아이의 출생신고를 하려한다. 다만 출생신고서에 첨부할 '출생을 증명할 만한 서면'인 의사 작성의 출생증명서를 첨부할 수가 없는 상황이어서, 유전자검사서를 대신 첨부하고자 하는데 출생신고서에서 모자관계가 일치한다는 내용의 사설감정기관의 유전자검사서를 첨부하여 출생신고를 할 수 있는지요?

A 가족관계등록부 존재신고사안과 관련하여 대법원 선례는 유전자검사서는 모자관계를 소명하는 자료가 될 수 없다는 입장입니다. 따라서 출생신고 역시도 이에 준하여 판단될 것으로 보입니다(선례 200910-1참조), 이는 출생증명서는 통상분만에 관여한 자가 작성한 것이어서 그 신뢰성을 높이 평가받는 반면 사설기관의 유전자검사결과서의 경우는 드물기는 하지만 잘못된 데이터가 도출될 가능성이 있기 때문인 것으로 보입니다.

■ 한자로 출생신고를 하겠다면 일단 한글로만 기재한 후 해당 한자를 감독법원에 보고하여 해당 이름한자가 인명용한자에 포함된다면 사용이 가능한지요?

Q 甲은 최근 태어난 아들 乙의 출생신고를 등록관서에 하였으나, 등록관서에서 을남의 이름한자가 가족관계의 등록 등에 관한 규칙 별표의 '인명용 한자'에 포함되어 있지 아니하다는 이유로 을남의 이름한자를 기재할 수 없고, 다만 해당 이름한자로 출생신고를 하겠다면 일단 한글로만 기재한 후 해당 한자를 감독법원에 보고하여 해당 이름한자가 인명용한자에 포함된다면 사용이 가능할 것이란 설명을 들었습니다. 그렇다면 한글이름으로 기재한 이후에 인명용 한자에 해당 한자가 포함된다는 판단을 받게 될 경우에 '정정절차'를 거쳐서 한자이름을 기재해야하는 번거로움이 있지 않은지, 그럴 경우라면 출생신고 불수리자체를 다퉈야하는 것이 아닌지 甲은 궁금해 하고 있습니다.

A 출생신고시 자녀의 이름한자는 규칙에서 규정하고 있는 '인명용 한자'만을 사용할 수 있습니다. 다만 1991. 4. 1. 이후에 출생 신고된 자녀의 이름이 출생신고시에는 인명용 한자가 아닌 한자로 신고된 관계로 가족관계등록부의 성명란에 출생자의 이름이 한글로 기록되었으나 그 신고된 한자가 종전 호적법 시행규칙 및 가족관계의 등록 등에 관한 규칙의 개정으로 추가된 인명용 한자에 포함된 경우에는 출생신고인(신고인에게 사고가 있을 때에는 다른 출생신고의무자)의 추후보완신고에 의해 종전에 한글로 기록된 이름을 한글과 한자로 함께 기록할 수 있습니다(예규 제322호)

Q 갑은 중국국적인 조선족 을과 사이에 2010년 한국에서 출생한 혼외자 병에 대한 출생신고를 하였습니다. 등록관서는 병에 대해 등록부를 작성했습니다. 병의 등록부를 말소하는 방법은 무엇인지요?

A 한국인 부와 중국인 모 사이에 혼인 외 자는 중국국적이고, 국적법 제3조에 따른 인지에 의한 국적취득의 방법으로 한국적을 취득한 것이 아니므로 한국국적이 아닙니다. 따라서 가족관계법 제18조 제2항에 따라 법원의 허가를 받아 등록부를 폐쇄하고 부의 등록부에서 그 자녀를 말소하면 될 것입니다.

Q 자녀의 출생신고를 했는데 나중에 확인해 보니 등록기준지의 한자가 잘못 기재되었습니다. 어떻게 해야 하나요?

A 등록부의 기록이 법률상 무효인 것이거나 그 기록에 착오 또는 누락이 있는 경우이므로 가족관계등록법 제18조에 다른 직권정정의 사유이며, 한편 동법 제104조에 따라 관할 가정법원에 가족관계등록부 정정허가신청을 하여 법원의 허가를 받아 시(구)·읍·면의 장에게 정정신청을 하는 방법으로도 가능합니다.

3. 인지신고

3-1. 인지신고란?

① "인지신고"란 혼인 외의 출생자를 그의 생부 또는 생모가 자기의 자녀라고 인정하고, 시(구)·읍·면의 장에게 신고하는 것을 말합니다.

② 인지의 종류

  1) 임의인지

    "임의인지"란 생부 또는 생모가 스스로의 의사로 인지하는 것을 말하는데, 임의인지는 신고함으로써 효력이 발생하는 창설적 신고로서 인지의 효력은 출생 시로 소급해 발생합니다.

  2) 재판상 인지

    "재판상 인지"란 부모의 의사와는 관계없이 법원의 재판(조정)을 통해 인지의 효력을 발생시키는 경우를 말하며, 혼인 외의 출생자와 부 또는 모와의 사이에 법률상 친자관계를 형성함을 목적으로 하는 인지청구소송의 판결을 통해 이루어집니다.

3-2. 인지신고 적격자 및 의무자

① 인지의 신고인

  1) 임의인지

    임의인지는 창설적 신고이므로 신고의무자는 없고 신고적격자만 있습니다. 즉, 부 또는 모가 신고적격자가 되며 대리인에 의한 신고는 할 수 없습니다.

  2) 재판상인지

    신고의무자는 인지청구의 소를 제기한 자 또는 조정을 신청한 자이며, 그 상대방도 신고를 할 수는 있으나 의무는 아닙니다.

② 인지된 태아가 사산된 경우

  인지된 태아가 사체로 분만된 경우 출생신고의무자가 사산신고의무자입니다.

③ 태아의 인지

  태내에 있는 자녀를 인지하는 것으로 부(父) 또는 모(母)가 신고적격자입니다.

④ 유언에 의한 인지

  유언에 의해 인지를 하는 경우 유언집행자가 신고적격자입니다.

⑤ 재판에 의한 인지

  인지의 재판이 확정된 경우 소를 제기한 사람이 신고의무자입니다.

3-3. 신고기한

① 유언에 의한 인지신고

유언에 의한 인지신고는 유언집행자가 그 취임일부터 1개월 이내에 해야 합니다.

② 인지된 태아가 사산된 경우의 사산신고

인지된 태아가 사체로 분만된 경우 출생신고 의무자는 그 사실을 안 날부터 1개월 이내에 사산신고를 해야 합니다.

③ 재판에 의한 인지신고

1) 인지의 재판이 확정된 경우 소송을 제기한 사람은 재판의 확정일부터 1개월 이내에 인지신고를 해야 합니다.

2) 신고의무자가 정당한 사유 없이 인지신고를 기간 내에 하지 않은 경우에는 5만원 이하의 과태료가 부과됩니다.

3-4. 인지신고하기

3-4-1. 신고장소

① 인지신고는 출생자의 등록기준지 또는 신고인의 주소지나 현재지에서 할 수 있는데, 신고인의 관할 시(구)·읍·면의 사무소에 하면 됩니다.

② 다만, 외국에 거주하거나 체류하는 대한민국 국민의 경우 재외국민 가족관계등록사무소에서도 할 수 있습니다.

③ 부가 혼인 외의 자녀에 대해 친생자 출생신고를 한 경우 그 신고는 인지의 효력이 있습니다.

3-4-2. 인지신고 신청서 작성

① 인지신고는 인지신고서에 다음 사항을 기재해야 합니다.

1) 자녀의 성명·성별·출생연월일·주민등록번호 및 등록기준지(자녀가 외국인인 경우에는 그 성명·성별·출생연월일·국적 및 외국인등록번호)

2) 사망한 자녀를 인지할 경우에는 사망연월일, 그 직계비속의 성명·출생연월일·주민등록번호 및 등록기준지

3) 부가 인지할 경우에는 모의 성명·등록기준지 및 주민등록번호

4) 인지 전의 자녀의 성과 본을 유지할 경우 그 취지와 내용

5) 가정법원에 의해 친권자가 정해진 경우에는 그 취지와 내용

② 첨부서류
   1) 친권을 행사할 사람이 정해진 경우에는 내용을 증명하는 서류[(예시):공증된 합의서 등]
   2) 재판에 의한 경우 재판서의 등본 및 확정증명서
   3) 유언에 의한 경우 유언서 등본 또는 유언녹음을 기재한 서류

[서식] 인지(친권자지정)신고서

인지(친권자지정)신고서 (년 월 일)						※ 신고서 작성 시 뒷면의 작성 방법을 참고하고, 선택항목에는 '영표(○)'로 표시하기 바랍니다.			
① 피 인 지 자	성 명	한글	(성) / (명)	본 (한자)		성 별	1남 2여		
		한자	(성) / (명)			주민등록번호	-		
						출생연월일			
	등록기준지								
	주 소								
	모의성명 및 등록기준지	(성) / (명)			주민등록번호		-		
		등록기준지							
② 인 지 자	성명	한글	(성) / (명)		주 민 등 록 번 호		-		
		한자	(성) / (명)						
	등록기준지								
③인지판결확정일자 ( )			년 월 일	법원명			법원		
④동의자 (성년후견인)			㊞ 또는 서명	주 민 등 록 번 호			-		
⑤ 친권자	1부 2모	성명		주민등록 번호			-		
	3부모	성명		주민등록 번호			-		
	지정 일자		년 월 일	지정 원인	1 협의 2 ( )법원의 재판				
⑥성,본 계속사용	원인 일자		년 월 일	원인	1 협의 2 ( )법원의 재판				
⑦기타사항									
⑧ 신 고 인	성 명		㊞ 또는 서명	주민등록번호		-			
	자 격	1 부 2 모 3 유언집행자 4 소 제기자 5 소의 상대방 6 기타(자격:)							
	주 소								
	전 화		이메일						
⑨제출인	성 명		주민등록번호		-				

소 장

원 고 ○ ○ ○(주민등록번호)
               등록기준지 : ○○시 ○○구 ○○길 ○○
               주소 : ○○시 ○○구 ○○길 ○○(우편번호)
               미성년자이므로 법정대리인
               친권자 모 □ □ □(주민등록번호)
               등록기준지 : ○○시 ○○구 ○○길 ○○
               주소 : ○○시 ○○구 ○○길 ○○(우편번호)

피 고 △ △ △(주민등록번호)
               등록기준지 : ○○시 ○○구 ○○길 ○○
               주소 : ○○시 ○○구 ○○길 ○○(우편번호)

인지청구의 소

청 구 취 지

1. 피고는 원고를 친생자로 인지한다.
2. 소송비용은 피고의 부담으로 한다.
라는 판결을 구합니다.

청 구 원 인

1. 원고의 생모 □□□는 우연한 기회에 피고를 알게 되어 피고와 내연관계를 맺고 원고를 혼인외자로 출생하였습니다.
2. 피고는 원고가 출생 후 원고를 보살피며 생모 □□□와 아예 동거까지 하였으나 원고가 ○살 때부터 원고 및 생모에 대한 태도가 변하여 아무런 도움을 주지 않고 있습니다.
3. 원고는 아직 미성년자이고 원고의 생모도 또한 지병으로 거동이 불편하여 생활능력이 없으므로 피고에게 원고를 인지하여 줄 것을 요청했으나 피고는 이에 응하지 않으므로 신분관계를 명확히 하기 위하여 이 청구에 이른 것입니다.

입 증 방 법

1. 갑 제1호증   가족관계증명서(원고)
1. 갑 제2호증   기본증명서(원고)
1. 갑 제3호증   주민등록등본

첨 부 서 류

1. 위 입증서류   각 1부
1. 소장부본   1부
1. 송달료납부서   1부

20○○년   ○월   ○일

원 고 ○ ○ ○
원고는 미성년자이므로
법정대리인 친권자 모 : □ □ □ (서명 또는 날인)

○ ○ 가 정 법 원 귀 중

■ 참 고 ■

제출법원	부 또는 모의 보통재판 적소재지 가정법원	제 척 기 간	※ 아래(1)참조
원고적격	자와 그 직계비속 또는 법정대리인	상 대 방	- 부 또는 모 - 검 사
제출부수	소장원본 1부 및 상대 방 수만큼의 부본	관련법규	가사소송법 제26조, 민법 제863조
불복절차 및 기간	- 항소(가사소송법 제19조제1항) - 판결정본이 송달된 날로부터 14일이내(가사소송법 제19조제1항)		
비 용	- 인지액 : 20,000원(☞가사소송 및 비송사건수수료표) - 송달료 : 당사자수×3,700원(우편료)×12회분		

※ (1) 제 척 기 간

1. 생존중인 부 또는 모를 상대로 한 인지청구에는 제척기간 없음
2. 그러나 부 또는 모가 사망한 때에는 그 사망을 안 날로부터 2년내 검사를 상대로 인지 청구소송을 제기하여야 함(민법 제864조)

[서식] 인지무효확인 청구의 소

소   장

원 고   정 ○ ○ (원 성명 김 ○ ○)

　　　　　　　　19○○년 ○월 ○일생

　　　　　　　　등록기준지　○○시 ○○구 ○○길 ○○

　　　　　　　　주소　○○시 ○○구 ○○길 ○○ (우편번호)

　　　　　　　　전화　○○○ - ○○○○

　　　　　　　　원고는 미성년자이므로 법정대리인

　　　　　　　　친권자 모 김 □ □

　　　　　　　　등록기준지 및 주소 : 원고와 같음

피 고   정 △ △

　　　　　　　　19○○년 ○월 ○일생

　　　　　　　　등록기준지　○○시 ○○구 ○○길 ○○

　　　　　　　　주소　○○시 ○○구 ○○길 ○○ (우편번호)

　　　　　　　　전화　○○○ - ○○○○

인지무효확인청구의 소

청 구 취 지

1. 피고가 20○○. ○. ○. ○○시 ○○구청장에게 신고하여 한 원고에 대한 인지는 무효임을 확인한다.
2. 소송비용은 피고가 부담한다.
라는 판결을 구합니다.

청 구 원 인

1. 원고는 원고의 생모인 김□□과 소외 박□□ 사이에 출생한 모의 혼인외 출생자인데 생부인 소외 박□□가 인지를 하지 않아 생모인 친권자 위 김□□의 출생신고에 의하여 모의 성과 본을 따라 성명은 김○○로 하여 모의 호적에 자로 입적된 것입니다.
2. 피고는 원고가 출생하고 나서 원고의 생모와 관계를 맺은 사실도 있었으나, 두 사람 사이에는 태어난 자녀가 없었으며 결혼을 할만한 정신적,

경제적 여유도 없었기에 원고의 생모와 피고는 헤어지기로 하였습니다.

3. 그러나 피고는 계속하여 결혼을 요구하였고, 이에 원고의 생모는 결혼할 수 없음을 설득하던 중, 피고가 원고와 원고의 생부 부지중에 20○○. ○. ○. 원고의 본래 이름인 김○○의 성을 정○○로 정정하여 원고를 자신의 호적에 자로 입적하였습니다.

4. 따라서 위 입적은 원고와 피고 사이에 친생자관계가 존재하지 않음에도 불구하고 원고의 의사에 반한 피고의 일방적인 허위의 사실에 기한 인지이므로 원고는 민법 제862조에 의하여 청구취지와 같은 판결을 구하고자 이건 청구에 이른 것입니다.

입 증 방 법

1. 갑 제1호증   기본증명서(원고)
1. 갑 제2호증   가족관계증명서(원고)
1. 갑 제3호증   진술서(생모 김□□)

첨 부 서 류

1. 위 입증방법   각 1통
1. 소장부본   1통
1. 납 부 서   1통

20○○년   ○월   ○일
원 고 정 ○ ○의
친권자 모 김 □ □ (서명 또는 날인)

○ ○ 가 정 법 원 귀 중

제출법원	1. 자(子)의 보통재판적소재지 가정법원 2. 자(子)가 사망한 때에는 그 최후 주소지 가정법원	관련법규	가 사 소 송 법 제26, 28조
제기권자	(가사소송법 제28, 23조) - 당사자 - 법정대리인 - 4촌 이내의 친족		
상 대 방	(가사소송법 제28, 24조) - 인지자 및 피인지자의 일방이 소를 제기할 때에는 인지자는 피인지자를, 피인지자는 인지자를 상대방으로 함 - 제3자가 소를 제기할 때에는 인지자 및 피인지자를 상대방으로 하고, 일방이 사망한 때에는 그 생존자를 상대방으로 함 - 제1항 및 제2항의 규정에 의하여 상대방이 될 자가 사망한 때에는 검사를 상대방으로 함		
제출부수	소장원본 1부 및 피고 수만큼의 부본 제출		
불복절차 및 기간	- 항소(가사소송법 제19조제1항) - 판결정본이 송달된 날로부터 14일이내(가사소송법 제19조제1항)		
비 용	- 인지액 : 20,000원(☞가사소송 및 비송사건수수료표) - 송달료 : 당사자수× 3,700원(1회송달료) ×12회분		
인지무효 사 유	혼인이외의 자에 대하여 법률상의 부모자 관계가 형성된 것으로 호적기재가 이루어져 있으나 그 성립과정에 하자가 있는 경우		

(관련판례)

일제에 의해 만들어진 호적에 등재되기를 거부하고 사망하여 2009. 3. 19. 가족관계등록부가 창설된 독립유공자 단재 신채호 선생의 가족관계등록부에, 직계비속인 손자가 가족관계를 등재하기 위하여 제기한 인지청구를 인용한 사례(서울가정법원 2009. 8. 12. 선고 2009드단37483 판결).

[서식] 친생자관계부존재확인 청구의 소(이중등록부 정정 목적)

소   장

원 고   ○ ○ ○
　　　　　　　　19○○년 ○월 ○일생
　　　　　　　　등록기준지 　○○시 ○○구 ○○길 ○○
　　　　　　　　주소 　○○시 ○○구 ○○길 ○○ (우편번호)
　　　　　　　　전화 　○○○ - ○○○○

피 고   1. 김 △ △
　　　　　　　　19○○년 ○월 ○일생
　　　　　　　　등록기준지 　○○시 ○○구 ○○길 ○○
　　　　　　　　주소 　○○시 ○○구 ○○길 ○○ (우편번호)
　　　　　　　　전화 　○○○ - ○○○○
　　　　　2. 이 △ △
　　　　　　　　19○○년 ○월 ○일생
　　　　　　　　등록기준지 　○○시 ○○구 ○○길 ○○
　　　　　　　　주소 　○○시 ○○구 ○○길 ○○ (우편번호)
　　　　　　　　전화 　○○○ - ○○○○

친생자관계부존재확인청구의 소

청 구 취 지

1. 피고 김△△와 피고 이△△ 사이에는 친생자관계가 존재하지 아니함을
   확인한다.
2. 소송비용은 피고들의 부담으로 한다.

청 구 원 인

1. 피고 이△△의 출생 등
가. 피고 이△△은 19○○. ○. ○. ○○도 ○○군 ○○면 ○○리 ○○에서
　　父 박□□와 母 정□□ 사이의 4남 2녀 중 막내로 출생하였고, 본적 ○
　　○도 ○○군 ○○면 ○○리 ○○, 호주 박□□의 호적에 박□□라는 이
　　름으로 등재되었습니다.

나. 그런데 한국전쟁 때 피고 이△△은 부모와 네 명의 오빠를 모두 잃어 현재 피고 이△△의 혈육으로는 원고만 남게 되었습니다.

다. 이 호적은 가족관계 등록 등에 관한 법률 시행에 따라 등록기준지 ○○도 ○○군 ○○면 ○○리 ○○, 가족관계등록부로 작성되었습니다.

2. 이중등록부의 기재경위

가. 피고 이△△은 한국전쟁 때인 12세 무렵 졸지에 고아가 되어 서울에 올라가 식모생활을 하면서 본건 등록부 상 부모로 기재되어 있는 소외 망 이□□, 피고 김△△ 부부를 알게 되었습니다.

나. 위 이□□, 김△△ 부부는 19○○. ○. ○. 위 박□□의 이름을 피고 이△△으로 정하여 자신의 딸로 호적에 입적시키게 되었고 피고 이△△의 출생일은 19○○. ○. ○.로 신고하였던 것입니다. 그 후 위 이□□은 19○○. ○. ○. 사망하였습니다.

다. 이 호적 또한 가족관계 등록 등에 관한 법률 시행으로 등록기준지 ○○시 ○○구 ○○동 ○○번지, 가족관계등록부로 작성되었습니다.

라. 결국 피고 이△△은 박□□이라는 이름으로 소외 망 박□□과 망 정□□의 자로 가족관계등록부에 등재되어 있는 한편 이△△이라는 이름으로 소외 망 이□□, 피고 김△△의 자로도 가족관계등록부에 등재되어 있는 상황입니다.

3. 결론

이에 피고 이△△의 언니로서 이해관계인인 원고는(대법원 80므60 전원합의체판결, 90므347 판결), 피고 이△△의 이중등록부를 정리하기 위하여 피고 김△△ 및 피고 이△△을 상대로 친생자관계부존재확인을 받기 위하여 이 사건 청구에 이른 것입니다.

입 증 방 법

1. 갑 제1호증의 1, 2, 3 제적등본, 가족관계증명서, 기본증명서(친생부의 신고)
1. 갑 제2호증의 1, 2, 3 제적등본, 가족관계증명서, 기본증명서(피고의 신고)
1. 갑 제3호증   인우보증서 및 보증인의 주민등록초본
1. 갑 제4호증   원고, 피고들 각 주민등록초본

첨 부 서 류

1. 위 입증방법   각 1통
1. 소장부본   2통

```
1. 납부서                                        1통

              20○○년   ○월   ○일
        원   고   ○   ○   ○  (서명 또는 날인)

 ○ ○ 지 방 법 원 ○○지원  귀 중
```

(관련판례)

갑과 을은 법률상 부부로서 혼인기간 중에 출생한 병을 갑의 친자로 출생신고 하였는데, 그 후 유전자형 검사에서 병이 갑의 친자가 될 수 없다는 결과가 나오자, 갑이 을과 이혼한 후 정과 혼인하여 정이 갑과 병 사이에 친생자관계부존재확인을 구한 사안이다. 갑과 을이 이미 이혼하여 혼인관계가 파탄에 이른 점, 이후 갑과 병은 서로 교류하지 않고 지냈었고, 병이 성과 본을 변경하였는바, 갑과 병 사이의 사회적, 정서적 유대관계가 단절된 것으로 보이는 점, 유전자검사에서 갑과 병 사이에 친생자관계가 성립하지 않는다는 결과가 나온 점 등을 종합하면, 병이 갑의 친생자로 추정되지 않으므로, 정이 친생자관계부존재확인의 소의 방법에 의하여 갑과 병 사이의 친생자관계의 부존재확인을 구할 이익이 있다고 한 사례이다 (서울가정법원 2018. 10. 30. 선고 2018르31218 판결).

[서식] 친생자관계부존재확인 청구의 소(출생신고 잘못으로 인한)

소 장

원 고   ○ ○ ○
　　　　　　　19○○년 ○월 ○일생
　　　　　　　등록기준지 ○○시 ○○구 ○○길 ○○
　　　　　　　주소 ○○시 ○○구 ○○길 ○○ (우편번호)
　　　　　　　전화 ○○○ - ○○○○

피 고   1. 김 △ △
　　　　　　　19○○년 ○월 ○일생
　　　　　　　등록기준지 ○○시 ○○구 ○○길 ○○
　　　　　　　주소 ○○시 ○○구 ○○길 ○○ (우편번호)
　　　　　　　전화 ○○○ - ○○○○
　　　　　　2. 정 △ △
　　　　　　　19○○년 ○월 ○일생
　　　　　　　등록기준지 ○○시 ○○구 ○○길 ○○
　　　　　　　주소 ○○시 ○○구 ○○길 ○○ (우편번호)
　　　　　　　전화 ○○○ - ○○○○

친생자관계부존재확인청구의 소

청 구 취 지

1. 피고 정△△와 망 정□□(주민등록번호 : 000000-0000000, 등록기준지 : ○○시 ○○구 ○○동 ○○) 및 피고 김△△ 사이에는 각각 친생자관계가 존재하지 아니함을 확인한다.
2. 소송비용은 피고들이 부담한다.
라는 판결을 구합니다.

청 구 원 인

1. 피고 김△△과 소외 망 정□□는 부부사이였고, 원고는 동 부부의 7남매 중 차남이며, 피고 정△△는 위 부부사이의 차녀로 호적에 등재된 자입니다.
2. 하지만 피고 정△△와 피고 김△△, 소외 망 정□□와의 사이에는 각 친생관계가 존재하지 아니하고, 단지 위 정□□의 4촌 형수인 박□□ 가 성명불

상인 피고 정△△를 입양하려 할 때 피고 정△△가 출생신고가 되어 있지 아니하고 위 박□□가 남편 없이 혼자 생활하던 관계로 출생신고를 하기 곤란하여 위 피고 김△△와 소외 망 정□□가 대신 동인들간의 자로 출생신고를 한 사실이 있을 뿐입니다.

3. 이에 원고는 위와 같이 잘못 신고된 호적을 바로 잡고자 이 사건 청구에 이르게 된 것입니다.

입 증 방 법

1. 갑 제1호증	가족관계증명서
1. 갑 제2호증	기본증명서(망 정□□)
1. 갑 제3호증	사실확인서(4촌형수 박□□)
1. 갑 제4호증	인감증명서

첨 부 서 류

1. 위 입증방법	1통
1. 소장부본	2통
1. 납부서	1통

20○○년 ○월 ○일

원 고 ○ ○ ○ (서명 또는 날인)

○ ○ 지 방 법 원 ○○지원 귀 중

(관련판례)

갑과 을이 부모를 알 수 없는 병을 데려와 함께 키우며 병을 을의 호적에 입적시키고 출생신고를 하였는데, 을 등이 병을 상대로 갑과 병 사이에 친생자관계 부존재확인을 구한 사안에서, 갑과 병 사이에는 개별적인 입양의 실질적 요건이 모두 갖추어져 있고, 갑에게 을과 공동으로 양부모가 되는 것이 아니라면 단독으로는 양모도 되지 않았을 것이란 의사, 즉 을과 병 사이의 입양이 불성립, 무효, 취소, 혹은 파양되는 경우에는 갑도 병을 입양할 의사가 없었을 것이라고 볼 특별한 사정도 찾아볼 수 없으며, 입양 신고 대신 병에 대한 친생자출생신고가 이루어진 후 호적제도가 폐지되고 가족관계등록제도가 시행됨으로써 갑의 가족관계등록부에는 병이 갑의 자녀로 기록되었고, 병의 가족관계증명서에도 갑이 병의 모로 기록되어 있는 점 등에 비추어, 갑과 병 사이에는 양친자관계가 성립할 수 없다고 본 원심판결에 법리오해의 잘못이 있다(대법원 2018. 5. 15. 선고 2014므4963 판결).

[서식] 친생자관계부존재확인 청구의 소(혈액형검사 결과)

소   장

원 고   ○ ○ ○

        19○○년 ○월 ○일생

        등록기준지   ○○시 ○○구 ○○길 ○○

        주소   ○○시 ○○구 ○○길 ○○ (우편번호)

        전화   ○○○ - ○○○○

피 고   △ △ △

        20○○년 ○월 ○일생

        등록기준지   ○○시 ○○구 ○○길 ○○

        주소   ○○시 ○○구 ○○길 ○○ (우편번호)

        전화   ○○○ - ○○○○

        피고는 미성년자이므로 법정대리인

        친권자 모 □ □ □

        등록기준지 및 주소 : 피고와 같음

친생자관계부존재확인청구의 소

청 구 취 지

1. 원고와 피고 사이에는 친생자관계가 존재하지 아니함을 확인한다.
2. 소송비용은 피고가 부담한다.
라는 판결을 구합니다.

청 구 원 인

1. 피고는 현재 호적상 원고의 아들로 등재되어 있습니다.
2. 그런데 원고와 피고의 생모인 청구외 □□□은 그 혈액형이 모두 A형으로 B형이 나올 수 없는데도 불구하고, 피고는 혈액형검사 결과 B형임이 밝혀졌습니다.
3. 뿐만 아니라, 피고는 외모를 보더라도 원고와 닮은 데가 없습니다.
4. 그러므로 원고는 진실한 친자관계로 정정하기 위하여 이 청구를 하게 된 것입니다.

입 증 방 법

1. 갑제1호증   가족관계증명서
1. 갑제2호증   기본증명서
1. 갑제3호증   주민등록표등본
1. 갑제4호증   혈액형검사결과

첨 부 서 류

1. 위 입증방법   1통
1. 소장부본   1통
1. 납 부 서   1통

20○○년 ○월 ○일
위 원고 ○ ○ ○ (서명 또는 날인)

○ ○ 가 정 법 원 귀 중

(관련판례)

갑과 을은 법률상 부부로서 자녀를 두고 있는 상태에서, 가족수당을 추가로 더 받기 위하여 허무인인 병을 허위로 출생신고해서 갑과 을의 가족관계등록부에 두 번째 자로 등재하였는데, 갑이 가족관계등록부상 갑과 을 사이의 자로 기재되어 있는 병은 실재하지 않는 허무인이므로 잘못된 가족관계등록부를 정정하기 위하여 갑 및 을과 병 사이의 친생자 관계의 부존재 확인을 구한 사안에서, 가사소송법 제2조에 규정되어 있는 가사소송사건으로 판결을 받게 되어 있는 사항은 친족법 또는 상속법상 중대한 영향을 미치는 것으로 보아 그와 같은 사항에 관하여는 가족관계의 등록 등에 관한 법률(이하 '법'이라고 한다) 제107조에 따라 확정판결에 의하여서만 가족관계등록부의 정정신청을 할 수 있고, 가사소송법 제2조에 의하여 판결을 받을 수 없는 사항에 관한 가족관계등록부의 정정은 법 제104조에 따라 법원의 허가를 얻어 정정을 신청할 수 있는바, 실재하지 아니한 자를 상대로 한 출생신고가 수리되어 가족관계등록부에 기재된 경우 가족관계등록부를 정리하는 것에 관하여는 직접적인 쟁송 방법이 가사소송법은 물론이고 다른 법률이나 대법원규칙에도 정하여진 바가 없을 뿐만 아니라 허무인을 상대로 소를 제기할 수도 없으므로, 이와 같은 사항에 관한 가족관계등록부의 정정은 법 제104조에 따라 처리할 수밖에 없다는 이유로, 갑 및 을과 병 사이의 친생자 관계 부존재 확인 청구의 소는 각 부적법하다(부산가정법원 2017. 5. 12. 선고 2016드단 211947 판결).

[서식] 유전자검사신청(수검명령신청)

유전자(DNA)검사촉탁신청서

사 건   2000드단 0000 친생자관계부존재확인
원 고   ○○○
피 고   ○○○

  위 사건에 관하여 원고는 그 주장 사실을 입증하기 위하여 다음과 같이 검사대상자들에 대한 유전자(DNA)감정을 신청하오니, 이를 채택하여 주시기 바랍니다.

다 음

1. 증명할 사실
  검사대상자 간에 친자관계가 없음을 증명하기 위함입니다.
2. 검사대상자의 인적사항
 가. ○○○ (주민등록번호)
    ○○시 ○○구 ○○길 ○○(우편번호)
    전화.휴대폰번호:
 나. ○○○ (주민등록번호)
    ○○시 ○○구 ○○길 ○○(우편번호)
    전화.휴대폰번호:
3. 감정사항
    - 검사대상자들간의 친자관계 존부
4. 감정인에 관한 의견
    - 귀원이 지정한 감정인
※ 유전자검사에 대하여 검사대상자들의 협조를 구하기 어려워 이에 부득이 원고 소송대리인이 유전자검사신청(수검명령신청)을 하게 된 것이므로 귀원에서 이를 채택하여 주시고 원고에게 감정비용 예납을 명하여 주시면, 감정비용을 예납하여 유전자검사절차를 진행하겠습니다.

20○○.　○.　○.
위 원고　○○○　(서명 또는 날인)

○ ○ 가 정 법 원 귀 중

제 출 법 원	수소법원	신 청 기 간	변론기일이나 준비절차기일에 하는 것이 원칙이나 그 기일전에도 할 수있음(가사소송법 12조, 민사소송법 제262조제2항, 제305조)
제 출 부 수	신청서 1부		
감정의의의	감정은 특별한 학식경험을 가진 자에게 그 전문적 지식 또는 그 지식을 이용한 판단을 소송상 보고시켜, 법관의 판단능력을 보충하기 위한 증거조사임		
감정의 대상	법규 : 외국법규, 관습 사실판단 : 교통사고원인, 노동능력의 상실정도, 필적.인영의 동일성, 토지.가옥의 임대료, 공사비, 혈액형, 정신장애의 유무 및 정도 등		
기 타	감정인이 성실히 감정할 수 없는 사정이 있는 때에는 당사자는 기피할 수 있음. 다만, 당사자가 감정인의 감정사항에 관한 진술있기 전에 기피의 원인이 있음을 알았을 때에는 감정의 진술있은 후에는 기피를 하지 못함(민사소송법 제309조)		

[서식] 친자 감정신청서

감 정 신 청 서

사 건   20○○ 드단 ○○○호 친생자관계존부확인
원 고   신 ○ ○ 외 1
피 고   박 △ △ 외 1

　이 사건에 관하여 원고는 그 주장 사실을 입증하기 위하여 아래와 같이 감정을 신청합니다.

- 아　　래 -

1. 감정 대상
　　o 원고 김 ○ ○ (주민등록번호)
　　o 원고 신 ○ ○ (주민등록번호)
　　o 피고 박 △ △ (주민등록번호)
2. 감정 사항
　　원고 김○○가 피고 박△△의 친생자가 아니라 원고 신○○의 친생자 인지여부
3. 감정인 : 귀원이 적의 선정한 감정인

20○○. ○. ○.

위 원고들 소송 대리인
변호사 ○ ○ ○ (서명 또는 날인)

○ ○ 가 정 법 원(가사제○단독) 귀중

■ 혼인외 출생자가 가족관계등록부가 작성되기 전에 사망한 부를 인지자로 하는 인지판결을 받은 경우에 인지신고를 할 수 있는지요?

Q 저는 甲과 乙 사이의 혼인외 출생자로, 현재 일본에 출생등록이 되어 있지만 한국에는 출생신고가 되어 있지 않습니다. 최근 사망한 부 甲을 인지자로 하는 인지판결을 법원으로부터 받았는데 인지신고가 가능한지요.

A 귀하께서는 국적법 제2조 1항 1호에 의해서 출생과 동시에 대한민국의 국적을 취득하셨고, 가족관계의 등록 등에 관한 법률 제46조 제2항은 "혼인 외 출생자의 신고는 모가 하여야 한다"고 규정하고 있습니다. 따라서 신고의무자인 귀하의 모친이 일본국 관공서 발행의 출생계등본과 그 번역문을 첨부하여 출생신고를 하고, 그에 따라 가족관계등록부가 작성되어야 판결에 따른 인지신고를 할 수 있습니다(가족관계등록선례 제200805-5호). 만일 귀하의 생모가 이미 사망한 경우에는 가정법원의 허가를 받아 가족관계등록부를 창설하여야 판결에 따른 인지신고를 할 수 있습니다.

■ **생모와는 혼인외의 자로 출생신고를 하여 가족관계등록부는 새로 작성되었지만, 비정하게 자식을 버린 생부의 인지를 막을 방법이 없나요?**

Q 저의 생부는 생모와 저를 버렸고, 당시 고등학생이었던 생모는 의뢰인을 키울 수 없어 복지원에 저를 맡겼습니다. 제가 간암말기에 재산이 조금 있고 미혼입니다. 생모와는 혼인외의 자로 출생신고를 하여 가족관계등록부는 새로 작성되었지만, 비정하게 자식을 버린 생부의 인지를 막을 방법이 없나요?

A 생부가 혼인 외 자를 임의인지시 인지신고서는 법정기재사항을 기재해서 신고하면 족합니다. 다만 생부가 혼인 외 자를 임의 인지할 대에는 모의 성명, 주민등록번호, 등록기준지를 기재하여야 하므로, 이러한 모의 인적사항을 기재하지 아니한 모 불상의 인지는 등록관서에서 실무상 수리하지 아니합니다. 따라서 생부가 생모의 인적사항을 알고 있다면 임의인지를 함에 있어서 아무런 장애가 없다할 것입니다. 우리 현행법규상 생부의 인지에 모의 동의나 성년인 피인자의 동의를 요건으로 규정하고 있지 않으므로, 비정한 생부의 임의인지를 특별히 저지할 법적 수단은 없다고 할 것입니다.

입양 및 파양에 관련된 신고는
어떻게 하나요?

제3장 입양 및 파양에 관련된 신고는 어떻게 하나요?

1. 입양신고 방법

1-1. 입양신고란?

① "입양신고"란 법률적으로 친자관계를 인정해 혈연적 친자관계가 없는 사람에게 혼인 중의 출생자와 같은 지위를 취득하도록 하기 위해 시(구)·읍·면의 장에게 신고하는 것을 말합니다.

② 입양을 위한 가정법원의 허가

   1) 미성년자의 입양

   - 미성년자를 입양하려는 사람은 가정법원의 허가를 받아야 합니다.

   - 가정법원은 양자가 될 미성년자의 복리를 위해 그 양육 상황, 입양의 동기, 양부모(養父母)의 양육능력, 그 밖의 사정을 고려해 입양 허가를 하지 않을 수 있습니다.

   2) 법정대리인의 동의 또는 승낙

   - 양자가 될 사람이 13세 이상의 미성년자인 경우에는 법정대리인의 동의를 받아 양자가 될 사람이 입양을 승낙합니다.

   - 양자가 될 사람이 13세 미만인 경우에는 법정대리인이 양자가 될 사람을 대신해 입양을 승낙합니다.

③ 입양의 효력

   양자는 입양된 때부터 양부모의 친생자와 같은 지위를 가지지만 입양 전의 친족관계는 존속합니다.

1-2. 입양신고자

① 원칙적으로 입양신고자는 당사자인 양친과 양자입니다.

② 양자가 13세 미만인 경우

   양자가 13세 미만인 경우 입양신고는 입양을 승낙한 법정대리인이 해야 합니다.

1-3. 신고기한

입양은 가족관계의 등록 등에 관한 법률에 따라 신고함으로써 그 효력이 생기므로 신고기간이 별도로 존재하지는 않습니다.

1-4. 입양신고하기

1-4-1. 신고장소

① 입양신고는 입양자의 등록기준지 또는 신고인의 주소지나 현재지에서 할 수 있는데, 신고인의 관할 시(구)·읍·면의 사무소에 하면 됩니다.

② 다만, 외국에 거주하거나 체류하는 대한민국 국민의 경우 재외국민 가족관계등록사무소에서도 할 수 있습니다.

③ 한국에서 양친이 한국인이고 양자가 외국인인 경우에는 한국법에 따라 입양신고를 해야 합니다.

④ 외국에 있는 한국인이 입양을 하려는 경우에는 한국법이나 행위지법에 따라 입양을 할 수 있습니다.

⑤ 한국인이 행위지법에 따라 입양을 한 경우에는 입양증서를 작성하고 3개월 이내에 그 지역을 관할하는 재외공관장에게 그 증서의 등본을 제출해야 합니다. 다만, 입양당사자인 한국인의 등록기준지 시(구)·읍·면에 우편을 이용해 제출하거나 귀국 후 직접 제출할 수도 있습니다.

1-4-2. 입양신고 신청서 작성

① 입양신고는 입양신고서에 다음 사항을 기재해야 합니다.

  1) 당사자의 성명·본·출생연월일·주민등록번호·등록기준지(당사자가 외국인인 경우에는 그 성명·출생연월일·국적 및 외국인등록번호) 및 양자의 성별

  2) 양자의 친생부모의 성명·주민등록번호 및 등록기준지

② 첨부서류

  1) 입양동의서

  2) 입양동의 또는 입양승낙에 대한 가정법원의 허가서 등본

  3) 부모의 동의를 갈음하는 심판이 있는 경우에는 가정법원의 심판서

  4) 양친이 외국인인 경우 그 국적을 증명하는 서면

  5) 양자가 외국인인 경우, 그 자녀의 본국법이 해당 신분행위의 성립에 자녀 또는 제3자의 승낙이나 동의 등을 요건으로 하는 때에는 그 요건을 갖추었음을 증명하는 서면

  6) 신고인의 신분증명서

  7) 입양당사자의 가족관계등록부의 기본증명서, 가족관계증명서 및 입양관계증명서 (가족관계등록관서에서 전산정보로 확인이 가능한 경우에는 제출 생략)

📖 Summary (요점정리)

■ 미성년자를 입양하는 방법

자가 될 사람의 입양승낙과 부모의 동의를 받고, 가정법원의 허가를 받아야 한다.

1) 입양의 승낙

양자가 될 13세 이상의 미성년자인 경우에는 법정대리인의 동의를 받아 입양을 승낙하고, 양자가 될 사람이 13세 미만인 경우에는 법정대리인이 양자가 될 사람을 갈음하여 입양을 승낙해야 한다. 다만 법정대리인이 정당한 이유 없이 승낙을 거부하는 경우, 친권상실선고를 받은 경우, 법정대리인의 소재를 알 수 없는 등의 사유로 승낙을 받을 수 없는 경우에는 승낙이 없더라도 가정법원은 입양허가를 할 수 있다.

2) 부모의 동의

입양에 대한 친생부모의 동의도 받아야 하는데, 부모가 미성년자 자녀를 대신하여 입양에 대한 동의 또는 승낙을 한 경우, 친권상실 선고를 받은 경우, 부모의 소재를 알 수 없는 등의 사유로 동의를 받을 수 없는 경우에는 부모의 동의 요건이 면제될 수 있다. 또한 ① 부모가 3년 이상 자녀에 대한 부양의무를 이행하지 아니한 경우, ② 부모가 자녀를 학대 또는 유기하거나 그 밖에 자녀의 복리를 현저히 해친 경우에는 부모가 미성년자 입양에 대한 동의를 거부하더라도 가정법원이 입양의 허가를 할 수 있다

3) 가정법원의 허가

가정법원의 허가를 받아야 한다. 가정법원은 양자가 될 미성년자의 복리를 위하여 그 양육 상황, 입양의 동기, 양부모의 양육능력, 그 밖의 사정을 고려하여 입양의 허가를 하지 않을 수 있다. 가정법원의 허가를 받으면 '가족관계등록 등에 관한 법률'에서 정한 바에 따라 신고함으로써 입양의 효력이 생긴다.

■ 성년자를 입양하는 방법

자가 될 사람이 성년인 경우 입양에 대한 부모의 동의를 받고, 입양신고를 함으로써 입양의 법적 효력이 발생한다. 입양신고서에 해당사항을 기재하고 이를 양친이나 양자의 등록기준지 또는 신고인의 주소지나 현재지에 신고하면 된다. 다만, 부모의 소재를 알 수 없는 등의 사유로 부모 동의를 받을 수 없는 경우에는 입양 동의를 받지 않아도 된다. 부모가 정당한 이유 없이 동의를 거부하는 경우에 양부모가 될 사람이나 양자가 될 사람의 청구에 따라 부모의 동의를 갈음하는 심판을 할 수 있다.

■ 피성년후견인을 입양하는 방법

피성년후견인은 성년후견인의 동의를 받아 입양을 하거나 양자가 될 수 있고, 이 경우 가정법원의 허가를 받아야 한다. 가정법원의 허가를 받지 않은 경우 그 입양은 무효가 된다. 성년후견인 또는 부모가 정당한 이유없이 동의를 거부하는 경우에도 가정법원은 입양을 허가할 수 있다.

■ 입양 후 양자의 성은?

일반 입양의 경우 입양하더라도 자녀의 성과 본이 양친의 성과 본으로 바뀌지는 않는다. 친양자로 입양될 경우에는 혼인 중의 출생자로 보므로 양친의 성으로 바뀌게 된다. 입양특례법에 따라 입양한 때에는 친양자 입양의 효력이 생기므로 양친의 성을 따르게 된다. 한편 입양을 한 경우 자녀의 복리를 위해 필요하다면 법원에 성과 본의 변경을 청구 할 수 있다.

■ 입양의 효력은?

양자는 입양된 때부터 양부모의 친생자와 같은 지위를 가진다. 양부모가 양자의 친권자가 된다.

■ 입양될 경우 친생부모와 관계는?

양자가 되더라도 친생부모와 자녀 간의 관계는 유지되므로, 친생부모에 대한 재산 상속권과 부양의무가 있다. 그러나 친양자의 경우에는 친양자 입양 전의 친족관계가 종료하게 되어 친생부모와의 관계도 단절된다.

■ 당사자 사이에 입양의 합의가 없는 경우에는?

무효이다. 미성년자 입양 시 가정법원의 허가를 받지 않은 경우, 13세 미만의 미성년자 입양 시 법정대리인의 승낙 없이 입양된 경우, 존속이나 연장자를 입양한 경우 등도 입양 무효사유에 해당한다.

■ 입양 취소사유는?

부모의 동의 없이 입양된 경우, 입양 당시 양부모와 양자 중 어느 한쪽에게 악질(惡疾)이나 그 밖에 중대한 사유가 있음을 알지 못한 경우, 사기 또는 강박으로 인하여 입양의 의사표시를 한 경우 등에는 가정법원에 입양취소 청구를 할 수 있다. 다만 가정법원은 입양의 취소사유가 있는 경우라도 미성년자의 복리를 위하여 양육 상황, 입양 동기, 양부모의 양육능력, 그 밖의 사정을 고려하여 입양을 취소하지 않을 수 있다.

[서식] 입양신고서

입 양 신 고 서 (년 월 일)	※ 신고서 작성 시 뒷면의 작성 방법을 참고하고, 선택항목에는 '영표(○)'로 표시하기 바랍니다.

구분			양 부				양 모		
① 양 친	성명	한글	(성) / (명)	본 (한자)		한글	(성) / (명)	본 (한자)	
		한자	(성) / (명)	출생연 월일		한자	(성) / (명)	출생연 월일	
		주민등록번호			-	주민등록번호			-
	등 록 기준지								
	주소								

② 양 자	성명	한글	(성) / (명)	본(한자)		주민등록번호		-
		한자	(성) / (명)	성 별	①남②여	출생 연월일		
	등록기준지							
	주 소							

③양자의 친생부모	부	성명		등록기준지	
				주민등록번호	-
	모	성명		등록기준지	
				주민등록번호	-

④기타사항			
⑤입양허가법원		허가일자	년 월 일

⑥ 동 의 자	부	성명		㊞ 또는 서명
	모	성명		㊞ 또는 서명
	부모 동의를 갈음하는 심판 법원		심판일자	년 월 일
	부모의 동의를 받을 수 없는 사유			
	양자의 배우자	㊞ 또는 서명	주민등록번호	-

⑦ 신 고 인	양부		㊞ 또는 서명	전 화	
				이메일	
	양모		㊞ 또는 서명	전 화	
				이메일	
	양자		㊞ 또는 서명	전 화	
				이메일	
	법정 대리인	① 부모	부	㊞ 또는 서명	전 화
					이메일
			모	㊞ 또는 서명	전 화
					이메일
		②후견인		㊞ 또는 서명	전 화
					이메일

⑧신고인 출석여부	① 양부 ② 양모 ③ 양자 ④ 법정대리인(①부 ②모 ③후견인)
⑨제출인	성 명		주민등록번호	-

※ 타인의 서명 또는 인장을 도용하여 허위의 신고서를 제출하거나, 허위신고를 하여 가족관계등록부에 부실의 사실을 기록하게 하는 경우에는 형법에 의하여 5년 이하의 징역 또는 1천만 원 이하의 벌금에 처해집니다.

작성방법

※등록기준지:각 란의 해당자가 외국인인 경우에는 그 국적을 기재합니다.

※주민등록번호:각 란의 해당자가 외국인인 경우에는 외국인등록번호(국내거소신고번호 또는 출생연월일)를 기재합니다.

①란 및 ②란:법 제25조제2항에 따라 주민등록번호란에 주민등록번호를 기재한 때에는 출생연월일의 기재를 생략할 수 있습니다.

④란:아래의 사항 및 가족관계등록부에 기록을 분명하게 하는데 특히 필요한 사항을 기재합니다.
- 양자가 될 자가 13세 미만인 경우 법정대리인이 그를 갈음하여 입양을 승낙하고 이를 신고하는 때에는 그 사유
- 민법 제869조제3항에 따라 가정법원이 법정대리인의 승낙없이 입양을 허가한 경우에는 그 사유

⑤란:양자가 될 사람이 미성년자이거나, 피성년후견인이 입양을 하거나 양자가 되는 경우에는 가정법원의 허가를 받아야 하고, 이 경우 입양허가법원 및 허가일자를 기재합니다.

⑥란:동의자란의 기재요령은 다음과 같습니다.
- 가정법원의 입양허가를 받은 경우 동의자란은 기재하지 않습니다.
- 양자가 될 사람이 성년인 경우에는 부모의 동의를 받아야 하고, 부모가 정당한 이유없이 동의를 거부하는 경우에는 그에 갈음하는 가정법원의 심판을 받아야 합니다. 다만 부모의 소재를 알 수 없는 등의 사유로 동의를 받을 수 없는 경우에는 그 사유를 기재합니다.
-배우자 있는 자가 양자가 될 때에는 다른 한쪽의 동의를 받아야 합니다.

⑦란:양자란에는 양자가 될 자가 기명날인(또는 서명)하며, 다만 양자가 될 자가 13세 미만인때에는 양자란에는 기재하지 않고 법정대리인이 법정대리인란의 해당 항목번호에 '영표○'으로 표시한 후 기명날인(또는 서명)합니다. 그러나 민법 제869조제3항에 따라 가정법원이 법정대리인의 승낙없이 입양을 허가한 경우에는 법정대리인란을 기재하지 않습니다.

⑨란:제출인(신고인이 작성한 신고서를 신고인이 아닌 사람이 제출할 경우만 기재)의 성명 및 주민등록번호를 기재합니다.[접수담당공무원은 신분증과 대조]

첨부서류

※ **아래1항은 가족관계등록관서에서 전산으로 그 내용을 확인할 수 있는 경우 첨부를 생략합니다.**

1. 입양당사자의 가족관계등록부의 기본증명서, 가족관계증명서 및 입양관계증명서 각 1통.

2. 입양에 대한 가정법원의 허가서 등본 및 확정증명서 각 1부(양자가 될 사람이 미성년자이거나, 피성년후견인이 입양을 하거나 양자가 되는 경우).

3. 입양동의서 1부(입양에 대하여 부모 또는 배우자의 동의가 필요한 경우, 다만 동의한 사람이 입양신고서의 "동의자"란에 성명과 주민등록번호를 기재하고 서명 또는 날인한 때에는 제외).

4. 양자가 될 자가 성년자로서 부모의 동의서를 첨부하지 아니한 경우
- 부모의 동의에 갈음하는 가정법원의 심판서 또는 부모의 소재를 알 수 없는 등의 사유로 동의를 받을 수 없음을 소명하는 자료(예시 : 주민등록 말소. 거주불명 등본)

5. 사건본인이 외국인인 경우
   - 한국 방식에 의한 입양:국적을 증명하는 서면(여권 또는 외국인등록증) 사본
   - 외국 방식에 의한 입양:입양증서 등본 1부 및국적을 증명하는 서면(여권 또는 외국인등록증)사본 1부
6. 양자가 될 자가 외국인인 경우, 그 자녀의 본국법이 해당 신분행위의 성립에 자녀 또는 제3자의 승낙이나 동의 등을 요건으로 하는 경우에는 그 요건을 갖추었음을 증명하는 서면.
7. 신분확인[가족관계등록예규 제443호에 의함]
   ① 일반적인 입양신고
      -신고인이 출석한 경우 : 신고인 모두의 신분증명서
      -신고인 불출석, 제출인 출석의 경우 : 제출인의 신분증명서 및 신고인 모두의 신분증명서 또는 서명공증 또는 인감증명서(신고인의 신분증명서 없이 신고서에 신고인이 서명한 경우 서명공증, 신고서에 인감 날인한 경우는 인감증명)
      -우편제출의 경우 : 신고인 모두의 서명공증 또는 인감증명서(신고서에 서명한 경우 서명공증, 인감을 날인한 경우는 인감증명서)
   ② 보고적인 입양신고(증서등본에 의한 입양 포함)
      - 신고인이 출석한 경우 : 신분증명서
      - 제출인이 출석한 경우 : 제출인의 신분증명서
      - 우편제출의 경우 : 신고인의 신분증명서 사본
※ 신고인이 성년후견인인 경우에는 7항의 ② 서류 외에 성년후견인의 자격을 증명하는 서면도 함께 첨부해야 합니다.
※ 양자가 13세 미만인 입양에 있어서 법정대리인의 출석 또는 신분증명서의 제시가 있거나 인감증명서의 첨부가 있으면 신고인의 신분증명서 제시 또는 인감증명서의 첨부가 있는 것으로 볼 수 있습니다.

[서식] 입양취소청구의 소(사기)

소　　　장

원　고　　1. 김　○　○(○○○)
　　　　　　　　19○○. ○. ○.생
　　　　　　　　등록기준지 : ○○시 ○○구 ○○길 ○○
　　　　　　　　주소 : ○○시 ○○구 ○○길 ○○(우편번호)
　　　　　　2. 이　○　○(○○○)
　　　　　　　　19○○. ○. ○.생
　　　　　　　　등록기준지 : ○○시 ○○구 ○○길 ○○
　　　　　　　　주소 : ○○시 ○○구 ○○길 ○○(우편번호)

피　고　　△　△　△(△ △ △ △)
　　　　　　　　19○○. ○. ○.생
　　　　　　　　등록기준지 : ○○시 ○○구 ○○길 ○○
　　　　　　　　주소 : ○○시 ○○구 ○○길 ○○(우편번호)

입양취소청구의 소

청 구 취 지

1. 원고들과 피고사이에 20○○. ○. ○. ○○구청장에게 신고하여 한 입양은 이를 취소한다.
2. 소송비용은 피고의 부담으로 한다.
라는 판결을 구합니다.

청 구 원 인

1. 원고들은 부부로서 슬하에 자녀를 두고 있지 않아 피고를 입양하여 20○○. ○. ○. ○○ ○○구청장에게 입양신고를 하였습니다.
2. 원고들은 피고의 사촌인 소외 □□□로부터 피고를 소개받아 입양하게 되었는데 피고는 ○○대학교를 졸업하고 미국에서 경영학 박사학위를 받아 장래가 유망하므로 원고 김○○가 경영하고 있는 무역업체에서 일을 도와줄 수 있을 뿐만 아니라 장차 원고 김○○의 사업을 물려받을 수 있다고 생각하여 입양하게 되었습니다.

또한, 피고는 20○○. ○. ○. 원고들과 소외 □□□이 함께 만난 자리에서 미국에서 받은 학위를 보여 준 적이 있었습니다.

3. 그런데, 입양 후 피고는 원고 김○○의 회사에서 일을 하기 위해서는 친구들과 동업한 사업에서 진 빚을 정리할 돈이 필요하다고 하여 3차례에 걸쳐 원고들이 ○○○만원을 피고에게 준 사실이 있는 바, 원고들은 피고의 행동이 의심스러워 소외 □□□를 추궁하였더니 피고는 ○○대학교와 미국에서 경영학박사학위를 받은 사실이 없으며, 원고들로부터 가져간 돈도 피고의 노름빚을 갚는데 사용한 것으로 드러났습니다.

4. 따라서 원고들은 피고와 소외 □□□의 기망행위에 의하여 입양의 의사표시를 하게 되었고, 위와 같은 기망행위를 입양 후 알게 되었으므로 입양의 취소를 구하여 본 소 청구에 이르게 된 것입니다.

첨 부 서 류

1. 가족관계증명서	1통
1. 입양관계증명서	1통
1. 주민등록등본(원고, 피고)	각 1통
1. 소장부본	1통
1. 납부서	1통

20○○년   ○월   ○일

원   고   1. 김 ○ ○ (서명 또는 날인)

2. 이 ○ ○ (서명 또는 날인)

○ ○ 가 정 법 원 귀 중

제출법원	양부모 중 1인의 보통재판적소재지 가정법원	제척기간	※ 아래(1)참조
제기권자	- 미성년자 : 양부모, 양자, 그 법정대리인 또는 직계혈족 - 부모 또는 직계존속의 동의없이 양자 : 동의권자 - 미성년자가 적법한 동의없이 양자 : 양자, 법정대리인, 동의권자 - 피성년후견인이 성년후견인의 동의없이 양자를 하거나 양자 : 피성년후견인, 성년후견인 - 배우자와 공동으로 하지 아니하고 양자를 하거나 배우자의 동의없이 양자 : 배우자 - 양친자의 일방에게 악질 기타 중대한 사유가 있음을 알지 못한 경우 : 양친자의 타방 - .사기 또는 강박으로 인하여 입양의 의사표시 : 입양의 의사표시를 한 자		

※ (1) 제 척 기 간

1. 미성년자가 한 입양은 그 미성년자가 성년에 달한 때
2. 미성년자가 동의없이 양자가 된 경우는 양자가 성년에 달한 후 3월을 경과하거나 사망한 때
3. 후견인이 가정법원의 허가없이 피후견인을 양자한 경우는 후견의 종료로 인한 관리계산의 종료 후 6월
4. 피성년후견인이 성년후견인의 동의없이 양자를 하거나 양자된 자는 성년후견개시 심판의 취소 있은 후 3월
5. 부모나 직계존속의 동의없는 양자와 부부공동입양에 위반한 양자는 그 사유있음을 안 날로부터 6월, 그 사유가 있은 날로부터 1년
6. 양친자의 일방에 악질 기타 중대한 사유가 있음을 알지 못한 양자는 그 사유있음을 안 날로부터 6월
7. 사기 또는 강박으로 인하여 입양의 의사표시를 한 양자는 그 사유를 안 날로부터 3월을 경과한 때에는 입양의 취소를 청구할 수 없음.

소   장

원   고   ○   ○   ○(○ ○ ○)
               19○○년 ○월 ○일생
               등록기준지 : ○○시 ○○구 ○○길 ○○번지
               주소 : ○○시 ○○구 ○○길 ○○번지(우편번호)
               원고는 미성년자이므로
               법정대리인 친권자 부   □ □ □

피   고   △   △   △(△ △ △)
               19○○년   ○월   ○일생
               등록기준지 : ○○시 ○○구 ○○길 ○○번지
               주소 : ○○시 ○○구 ○○길 ○○번지(우편번호)
               피고는 미성년자이므로
               법정대리인 친권자 모   □ □ □

입양취소청구의 소

청 구 취 지

1. 원고와 피고 사이에 19○○. ○. ○. ○○ ○○구청장에게 신고하여 한 입양은 이를 취소한다.
2. 소송비용은 피고의 부담으로 한다.
라는 판결을 구합니다.

청 구 원 인

1. 피고는 원고의 형인 망 □□□의 자식으로 원고의 7살된 조카입니다. 원고의 형 □□□가 19○○. ○. ○. 불의의 교통사고로 사망하자 원고의 형수인 □□□는 생계를 위하여 직장에 다녀야 하였으므로 19○○. ○월경 원고의 부모에게 피고를 위탁하게 되었습니다.
2. 원고의 부모님은 손자인 피고를 무척이나 귀여워하셨고 피고와 피고의 모친의 장래를 생각하여 피고를 원고의 양자로 들이기를 원하게 되었습니다. 원고는 당시 나이 만 16세로 고등학생이어서 법적인 지식도 없었고 피고도 원고를 잘 따르고 하여 원고는 피고를 양자로 하는 문제에 대하여 반대하지 않았습니다. 당시 피고의 모친인 위 □□□는 피고가 성년이 될 때

까지 양육비를 부담하기로 약속하였습니다. 이에 따라 19○○. ○. ○. 피고를 원고의 양자로 신고하게 되었습니다.

3. 그러나 피고의 모친인 위 □□□는 19○○. ○○. ○. 서울에서 큰 식당을 운영하는 □□□와 재혼을 하게 되었습니다. 재혼 후 경제적 능력이 훨씬 나아졌음에도 그동안 지급하던 양육비를 지급하지 않을 뿐 아니라 피고를 돌보지도 않고 있습니다. 원고는 현재 만 18세로 아직도 학생으로서 피고를 부양할 능력이 되지 않고 원고의 부모 역시 피고를 부양할 만한 경제적인 여유가 없습니다.

4. 따라서 원고는 피고와의 입양을 취소하여 피고의 친모인 위 □□□가 피고를 양육하였으면 합니다. 민법 제866조는 성년에 달해야만 양자를 할 수 있다고 규정하고 있고 이 규정에 위반하면 가정법원에 입양취소를 청구할 수 있다고 동법 제884조에 규정하고 있습니다. 입양신고 당시 원고는 만 16세였고 현재 나이도 만 18세로 성년에 달하지 않았으므로 동법 제889조에 의한 입양취소청구권도 소멸되지 않았는바 피고와의 입양을 취소하고자 이 사건 청구에 이른 것입니다.

입 증 방 법

1. 갑 제1호증	가족관계증명서(본가)
1. 갑 제2호증	기본증명서(망 □□□)
1. 갑 제3호증	가족관계증명서(양가)
1. 갑 제4호증	입양관계증명서
1. 갑 제5호증	기본증명서(원고)
1. 갑 제6호증	주민등록등본(원고, 피고)

첨 부 서 류

1. 위 입증방법	각 1통
1. 소장부본	1통
1. 납부서	1통

20○○년 ○월 ○일

원 고 ○ ○ ○

미성년자이므로

법정대리인 부 □ □ □ (서명 또는 날인)

○ ○ 가 정 법 원 귀 중

(관련판례)

입양은 기본적으로 입양 당사자 개인 간의 법률행위이다. 구 민법(2012. 2. 10. 법률 제 11300호로 개정되기 전의 것)상 입양의 경우 입양의 실질적 요건이 모두 구비되어 있다면 입양신고 대신 친생자출생신고를 한 형식상 잘못이 있어도 입양의 효력은 인정할 수 있다. 입양과 같은 신분행위에서 '신고'라는 형식을 요구하는 이유는 당사자 사이에 신고에 대응하는 의사표시가 있었음을 확실히 하고 또 이를 외부에 공시하기 위함인데, 허위의 친생자출생 신고도 당사자 사이에 법률상 친자관계를 설정하려는 의사표시가 명백히 나타나 있고 양친자 관계는 파양에 의하여 해소될 수 있다는 점을 제외하면 법률적으로 친자관계와 똑같은 내 용을 가지므로, 허위의 친생자출생신고는 법률상 친자관계의 존재를 공시하는 신고로서 입양 신고의 기능을 한다고 볼 수 있기 때문이다(대법원 2018. 5. 15. 선고 2014므4963 판결).

[서식] 입양무효확인의 소(입양합의없이 신고한 경우)

소　　　　장

원　고　○　○　○ (金○○)

　　　　　　　19○○년 ○월 ○일생

　　　　　　　등록기준지　　○○시 ○○구 ○○길 ○○

　　　　　　　주소　　○○시 ○○구 ○○길 ○○(우편번호)

　　　　　　　전화　　○○○ - ○○○○

피　고　1. 김　△　△ (金△△)

　　　　　　　19○○년 ○월 ○일생

　　　　2. 정　△　△ (鄭△△)

　　　　　　　19○○년 ○월 ○일생

　　　　　　　피고들의 등록기준지 : 원고와 같음

　　　　　　　피고들의 주소 : ○○시 ○○구 ○○길 ○○(우편번호)

　　　　　　　피고들의 특별대리인　□　□　□

　　　　　　　주소 : ○○시 ○○구 ○○길 ○○

　　　　　　　우편번호 : ○○○○○

입양무효확인의 소

청 구 취 지

1. 원고와 피고들 사이의 20○○. ○. ○. ○○시 ○○구청장에게 신고한 입양은 무효임을 확인한다.
2. 소송비용은 피고들의 부담으로 한다.

라는 판결을 구합니다.

청 구 원 인

1. 피고들은 입양관계증명서 상 20○○. ○. ○. 원고에게 입양된 양 신고 되어있습니다.
2. 그러나 사실은 피고들의 생부인 소외 김□□는 20○○. ○. ○. 원고 및 피고들의 생모인 소외 박□□과 상의없이 일방적으로 피고들을 원고의 양자로 하는 입양신고를 함으로서 입양관계증명서와 기본증명서 및 가족관계증명서 상 그와 같이 등재된 것입니다.
3. 그러므로 원고와 피고들 사이의 위 입양신고는 당사자 사이에 입양의 합의 없이 이루어진 것으로서 그로 인한 입양은 무효라고 할 것이므로 그 확인을 구하고자 이 사건 소제기에 이르게 된 것입니다.

입 증 방 법

1. 갑제 1호증의 1, 2   각 가족관계증명서
1. 갑제 2호증의 1, 2   각 입양관계증명서
1. 갑제 3호증의 1, 2   각 기본증명서

첨 부 서 류

1. 소장부본   1통
1. 위 입증방법   각 1통
1. 납부서   1통

20○○년 ○월 ○일
위 원고 ○ ○ ○ (서명 또는 날인)

○ ○ 가 정 법 원 귀 중

■ 참 고 ■

제출법원	1. 양부모중 1인의 보통재판적 소재지 가정법원 2. 양부모가 모두 사망한 때에는 그중 1인의 최후 주소지의 가정법원	관 련 법 규	가사소송법 제30,31조 민법 제883조
제기권자	- 당사자 - 법정대리인 - 4촌 이내의 친족(가사소송법 제31, 23조)		
상 대 방	- 양친자중 일방이 원고가 될 때에는 다른 일방을 상대방으로 함 - 제3자가 원고가 될 경우에는 양친자 쌍방을 상대방으로, 일방이 사망하였으면 생존자를 상대방으로 함. - 양친자가 모두 사망하였으면 검사를 상대방으로 함.(가사소송법 제31, 24조)		
제출부수	소장원본 1부 및 피고 수만큼의 부본 제출		
불복절차 및 기간	- 항소(가사소송법 제19조제1항) - 판결정본이 송달된 날로부터 14일이내(가사소송법 제19조제1항)		
비 용	- 인지액 : 20,000원(☞가사소송 및 비송사건수수료표) - 송달료 : 당사자수× 3,700원(1회송달료) ×12회분		
입양무효 사 유	1. 당사자간에 입양에 대한 합의가 없는 때 2. 미성년자를 입양하려는 자가 가정법원의 허가를 받지 못한 때 3. 피성년후견인이 입양을 하거나 양자가 되는 경우로서 가정법원의 허가를 받지 못한 때 4. 양자가 될 자가 13세 미만임에도 법정대리인의 승낙이 없었던 때 5. 존속 또는 연장자를 양자로 한 때		

■ 부부공동입양에 있어서 양모와 양자의 가족관계등록부에 입양사유를 기재할 수 있는지요?

Q 저희 부부는 과거 丙을 공동입양하였습니다. 그런데 당시 양부모공동입양임에도 불구하고 호적상 입양사유가 남편 甲과 丙의 신분사항란에만 기재되고, 丙의 부모란에는 양부만 기재되었습니다. 지금이라도 저와 丙의 가족관계등록부에 입양사유를 기재하고 싶은데 가능할지요?

A 양부모공동입양임에도 불구하고 호적상 입양사유가 양부와 양자의 신분사항란에만 기재되고, 양자의 부모란에는 양부만 기재된 경우, 그 호적을 기초로 작성된 양부의 가족관계등록부상 가족관계증명서와 입양관계증명서에는 양자의 인적사항과 입양사유가, 양자의 가족관계등록부상 가족관계증명서와 입양관계증명서에는 양부의 인적사항과 입양사유가 기록되나 양모의 가족관계증명서와 입양관계증명서에는 양자의 인적사항과 입양사유가 기록되지 않습니다. 다만, 입양사유는 양친과 양자의 가족관계등록부에 모두 기록하여야 하므로(가족관계등록예규 제43호), 이 경우 당사자를 비롯한 이해관계인은 등록기준지를 관할하는 시(구) · 읍 · 면의 장에게 제적부(호적용지로 작성된 제적부를 포함)를 첨부하여 양모와 양자의 가족관계등록부에 대한 직권정정을 신청할 수 있고, 그 신청을 받은 시(구) · 읍 · 면의 장은 가족관계의 등록 등에 관한 규칙 제60조 제2항 제1호를 준용하여 양모와 양자의 가족관계등록부에 입양사유를 직권으로 기록하고 이를 감독법원에 보고하여야 할 것입니다.

(관련판례)
갑이 을과 결혼하여 태어난 병을 그들의 자로 출생신고를 하였다가, 을과 협의이혼을 하면서 양육의 어려움 등을 이유로 병을 갑의 부모의 친양자로 입양시켰는데, 이후 갑과 정이 결혼하고 장차 외국에서의 생활을 계획하면서 법원에 병을 그들의 양자로 입양하는 것에 대한 허가를 신청한 사안에서, 친양자 관계를 그대로 둔 채 갑이 병을 입양하는 것은 가족관계등록부상 언니가 동생을 입양하는 것이고 사실상으로도 생모가 친자의 양모가 되는 것이어서 합리성을 크게 벗어나며, 재판상 파양을 통해 갑이 병의 친모 지위를 되찾고, 정이 병을 입양 또는 친양자로 입양하는 절차도 있으므로, 청구인들의 신청을 받아들이기 어렵다고 한 사례(대전가정법원 2014. 4. 1. 자 2014느단225 심판).

■ 이미 사망한 양부와의 사이에서도 입양관계를 단절할 방법이 있나요?

Q 저는 자녀가 없는 부부에게 입양된 양자로서 성년이 되어 양부모와 양자 모두 입양관계를 종료하려는 마음이 있었으나, 실행에 옮기지 못하고 있던 중에 양부가 사망하였습니다. 양모와는 친생자관계부존 재확인소송을 통해 양모와 남남이 되었으나, 이미 사망한 양부와의 사이에서도 입양관계를 단절할 방법이 있나요?

A 생존 중인 양모와의 사이에서는 파양이 가능하나 사망한 양부와의 사이에서는 파양이 불가능합니다.

2. 친양자 입양 신고방법

2-1. 친양자 입양신고란?

① "친양자(親養子)입양신고"란 입양을 통해 양자를 부부의 혼인 중 출생자가 되도록 하기 위해 시(구)·읍·면의 장에게 신고하는 것을 말합니다.

② 입양과 친양자 입양의 구별

	입양	친양자 입양
근거	민법 제866조 ~ 제908조	민법 제908조의2 ~ 제908조의8
성립요건	협의	재판
자의 성과 본	친생부의 성과 본 유지	양부의 성과 본으로 변경
친생부모와의 관계	유지	종료
효력	친생부모와의 관계는 친권을 제외하고 변함없음	재판확정시부터 친생부모와의 법적인 관계 종료

③ 친양자 입양을 위한 요건

친양자를 입양하려는 사람은 다음의 요건을 갖추어 가정법원에 친양자 입양을 청구해야 합니다.

1) 3년 이상 혼인 중인 부부로서 공동으로 입양할 것(다만, 1년 이상 혼인중인 부부의 한쪽이 그 배우자의 친생자를 친양자로 하는 경우 제외)

2) 친양자가 될 사람이 미성년자일 것

3) 친양자가 될 사람의 친생부모가 친양자 입양에 동의할 것(다만, 부모가 친권상실 선고를 받거나 소재를 알 수 없는 등 그 밖의 사유로 동의할 수 없는 경우 제외)

4) 친양자가 될 사람이 13세 이상인 경우에는 법정대리인의 동의를 받아 입양을 승낙할 것

5) 친양자가 될 사람이 13세 미만인 경우에는 법정대리인이 그를 대신해 입양을 승낙할 것

④ 양자가 부부 중 어느 한 쪽의 친생자인 경우

양자가 부부 중 어느 한쪽의 친생자일 경우에는 이미 친자관계가 성립되어 있기 때문에 입양을 할 수 없습니다. 그러므로 부부공동입양이 아닌 친생자관계가 없는 다른 배우자 일방이 단독으로 입양을 하는 방식으로 입양을 하면 됩니다.

⑤ 친양자 입양의 효력

친양자는 부부의 혼인 중의 출생자가 되고, 친양자의 입양이 확정되면 친양자의 입양 전 친족관계는 종료합니다. 다만, 양자가 부부 중 어느 한 쪽의 친생자로 다른 배우자가 단독으로 입양한 경우에는 배우자 및 그 친족과 친생자간의 친족관계는 존속합니다.

2-2. 친양자 입양 신고의무자

친양자 입양신고는 친양자를 입양하려는 사람이 해야 합니다.

2-3. 신고기한

① 친양자 입양신고는 친양자 입양재판의 확정일부터 1개월 이내에 해야 합니다.
② 신고의무자가 정당한 사유 없이 친양자 입양신고를 기간 내에 하지 않은 경우에는 5만원 이하의 과태료가 부과됩니다.

2-4. 친양자 입양 신고하기

2-4-1. 신고장소

① 친양자 입양신고는 입양자의 등록기준지 또는 신고인의 주소지나 현재지에서 할 수 있는데, 신고인의 관할 시(구)·읍·면의 사무소에 하면 됩니다.
② 다만, 외국에 거주하거나 체류하는 대한민국 국민의 경우 재외국민 가족관계등록사무소에서도 할 수 있습니다.

2-4-2. 친양자 입양신고 신청서 작성

① 친양자 입양신고는 입양신고서에 다음 사항을 기록해 입양신고를 하는 경우와 동일하게 신청하면 됩니다.
    1) 당사자의 성명·본·출생연월일·주민등록번호·등록기준지(당사자가 외국인인 경우에는 그 성명·출생연월일·국적 및 외국인등록번호) 및 양자의 성별
    2) 양자의 친생부모의 성명·주민등록번호 및 등록기준지
② 첨부서류
    1) 친양자 입양재판의 재판서 등본 및 확정증명서
    2) 양친이 외국인인 경우 그 국적을 증명하는 서면
    3) 양자가 외국인인 경우, 그 자녀의 본국법이 해당 신분행위의 성립에 자녀 또는 제3자의 승낙이나 동의 등을 요건으로 하는 경우에는 그 요건을 갖추었음을 증명하는 서면
    4) 신고인의 신분증명서
    5) 입양당사자의 가족관계등록부의 기본증명서, 가족관계증명서 및 입양관계증명서 (가족관계등록관서에서 전산정보로 확인이 가능한 경우에는 제출 생략)
③ 친양자 입양신고를 하면 시(구)·읍·면의 장은 기존 친양자의 가족관계등록부를 폐쇄하고, 친양자에 대한 가족관계등록부를 새로이 재작성하게 됩니다.

📖 Summary (요점정리)

■ 친양자 입양의 요건은?

① 3년 이상 혼인 중의 부부로서 공동으로 입양해야 한다. 재혼가정의 경우에는 1년 이상 혼인 중이면 가능하다. 친양자로 될 자는 미성년자로서, 13세 이상인 경우에는 법정대리인의 동의를 받아 입양을 승낙해야 되고 13세 미만인 경우에는 법정대리인이 친양자로 될 자를 갈음하여 입양을 승낙해야 한다. 또한 친양자로 될 자의 친생부모가 친양자 입양에 동의해야 한다.

② 다만, 친권자 아닌 법정대리인이 정당한 이유 없이 동의 또는 승낙을 거부하는 경우, 친생부모가 자신에게 책임이 있는 사유로 3년 이상 자녀에 대한 부양의무를 이행하지 아니하고 면접교섭을 하지 아니한 경우, 친생부모가 자녀를 학대 또는 유기하거나 그 밖에 자녀의 복리를 현저히 해친 경우에는 법정대리인이나 친생부모의 동의 또는 승낙 없이도 친양자입양이 가능하다.

③ 가정법원은 친양자로 될 사람의 복리를 위하여 그 양육상황, 친양자 입양의 동기, 양부모의 양육능력, 그 밖의 사정을 고려하여 친양자 입양이 적당하지 아니하다고 인정하는 경우에는 친양자입양청구를 기각할 수 있다.

■ 친양자 입양시 친생부모의 동의는?

반드시 받아야 한다. 그러나 부모가 친권상실의 선고를 받거나 소재를 알 수 없거나 그 밖의 사유로 동의할 수 없는 경우에는 예외가 될 수 있다. 또한 친생부모가 자신에게 책임이 있는 사유로 3년 이상 자녀에 대한 부양의무를 이행하지 아니하고 면접교섭을 하지 아니한 경우, 친생부모가 자녀를 학대 또는 유기하거나 그 밖에 자녀의 복리를 현저히 해친 경우 등에는 친생부모의 동의 없이도 법원의 허가를 받아 친양자 입양이 가능하다.

■ 친양자로 입양될 경우에는?

혼인중의 출생자로 보기 때문에 양자는 양친의 성과 본을 따르고, 가족관계등록부에도 양친의 친생자로 기록된다. 친양자 입양이 확정되면 종전의 친족관계는 종료되므로 친생부모와의 상속, 부양관계도 발생하지 않는다. 친양자 입양 사실은 친양자입양관계증명서에 나타나게 되는데, 친양자가 성년이 되어 신청하는 경우 등 제한적인 경우에만 교부청구가 가능하다.

■ 자신에게 책임 없는 사유로 친양자 입양에 동의할 수 없어서 자녀가 친양자 입양이 된 경우는?

친생의 부 또는 모는 친양자 입양의 사실을 안 날로부터 6개월 내에 양부모 중 1인의 주소지 가정법원에 친양자입양의 취소를 청구할 수 있다. 친양자 입양 취소청구가 있을 때 가정법원은 친양자의 복리를 위하여 그 양육상황, 친양자 입양 취소의 동기, 양친과 친생부모의 양육능력 그 밖의 사정을 참작하여 적당하지 않은 경우에는 취소청구를 기각할 수 있다. 친양자 입양 취소의 재판이 확정되면 친양자관계는 소멸하고 입양 전의 친족관계가 부활한다.

■ 양친이 친양자를 학대할 경우는?

양친, 친양자, 친생의 부 또는 모나 검사는 양친이 친양자를 학대 또는 유기하거나 친양자의 복리를 현저히 해하는 경우에 가정법원에 친양자의 파양을 청구할 수 있다. 친양자 파양의 재판이 확정된 때에는 친양자와 양친 및 그 친족과의 관계는 소멸하고 입양 전의 친족관계가 부활한다.

■ 친양자의 양친에 대한 패륜행위가 있을 때는?

패륜행위로 인하여 친양자관계를 유지시킬 수 없게 된 때에는 가정법원에 파양을 청구할 수 있다. 가정법원은 친양자의 복리를 위하여 그 양육상황, 친양자 입양 및 파양의 동기, 양친과 친생부모의 양육능력, 그 밖의 사정을 참작하여 적당하지 않은 경우에는 파양청구를 기각할 수 있다.

[서식] 친양자입양신고서

친양자입양신고서 (년 월 일)	※ 신고서 작성 시 아래의 작성 방법을 참고하고, 선택항목 에는 '영표(○)'로 표시하기 바랍니다.

구 분		양 부			양 모		
① 양 친	성명	한 글	(성) / (명)	본 (한자)	한 글 (성) / (명)	본 (한자)	
		한 자	(성) / (명)	출생 연월일	한 자 (성) / (명)	출생 연월일	
		주민등록번호		-	주민등록번호	-	
	등 록 기준지						
	주소						

② 친 양 자	성명	한글	(성) / (명)	본(한자)		주민등록번호		-
		한자	(성) / (명)	성 별	①남 ②여	출생연월일		
	등록기준지							
	주 소							
	종전의성(姓)	한글		한자	종전의본(本)	한글		한자
	변경된성(姓)	한글		한자	변경된본(本)	한글		한자

③친양자의 친생부모	부	성 명		등 록 기 준 지	
				주민등록번호	-
	모	성 명		등 록 기 준 지	
				주민등록번호	-

④기타사항	

⑤재판확정일자	년 월 일	법원명	

⑥신고인	성 명	㉑ 또는 서명	주민등록번호	-
	자 격	①소 제기자 ②소의 상대방 ③기타(자격 :)		
	주 소			
	전 화		이메일	

⑦제출인	성 명		주민등록번호	-

작 성 방 법

※ 이 신고서는「민법」제908조의2에 따른 친양자 입양의 재판 또는 「입양특례법」 제15조에 따른 입양의 재판이 확정되어 친양자 입양신고를 하는 경우에 작성하여야 합니다.
※ 등록기준지:각 란의 해당자가 외국인인 경우에는 그 국적을 기재합니다.
※ 주민등록번호:각 란의 해당자가 외국인인 경우에는 외국인등록번호(국내거소신고번호 또는 출생연월일)를 기재합니다.
①란 및 ②란:법 제25조제2항에 따라 주민등록번호란에 주민등록번호를 기재한 때에는 출생연월일의 기재를 생략할 수 있습니다.
④란:가족관계등록부에 기록을 분명하게 하는데 특히 필요한 사항을 기재하며 혼인신고 시 자녀가 모의 성.본을 따르기로 협의하였는지 여부도 기재합니다.
⑥란:친양자입양의 재판이 확정된 경우에는 소 제기자 또는 소의 상대방 단독으로 신고할 수 있습니다. 이 경우에는 해당 항목번호에 '영표(○)'로 표시한 후 기명날인(또는 서명)합니다.
⑦란:제출인(신고인이 작성한 신고서를 신고인이 아닌 사람이 제출할 경우만 기재)의 성명 및 주민등록번호를 기재합니다.[접수담당공무원은 신분증과 대조]

첨 부 서 류

※ **아래 1항은 가족관계등록관서에서 전산으로 그 내용을 확인할 수 있는 경우 첨부를 생략합니다.**
1. 친양자입양당사자의 가족관계등록부의 기본증명서, 가족관계증명서 각 1통.
2. 친양자입양 재판의 등본 및 확정증명서 각 1부.
3. 사건본인이 외국인인 경우:국적을 증명하는 서면(여권 또는 외국인등록증) 사본
4. 신분확인[가족관계등록예규 제443호에 의함]
 -신고인이 출석한 경우 : 신분증명서
 -제출인이 출석한 경우 : 제출인의 신분증명서
 -우편제출의 경우 : 신고인의 신분증명서 사본
※ 신고인이 성년후견인인 경우에는 4항의 서류 외에 성년후견인의 자격을 증명하는 서면도 함께 첨부해야 합니다.

※ 타인의 서명 또는 인장을 도용하여 허위의 신고서를 제출하거나, 허위신고를 하여 가족관계등록부에 부실의 사실을 기록하게 하는 경우에는 형법에 의하여 5년 이하의 징역 또는 1천만 원 이하의 벌금에 처해집니다.

[서식] 친양자 입양청구서(공동입양)

친양자 입양의 심판청구

청 구 인   1. ○ ○ ○(주민등록번호 :   -   )
            주소 : ○○시 ○○구 ○○길 ○○○○번지
            등록기준지 : ○○시 ○○면 ○○길 ○번지
            전화번호 :
         2. △ △ △(주민등록번호 :   -   )
            주소 및 등록기준지 위와 같음
            전화번호 :

사 건 본 인   □ □ □(주민등록번호 :   -   )
            사건본인들 주소는 위와 같음
            등록기준지 □□광역시 □□구 □□길 □□번지

청 구 취 지

사건본인들을 청구인들의 친양자로 한다.
라는 심판을 구합니다.

청 구 원 인

1. 청구인들은 3년 이상 혼인 중인 부부로서 공동으로 사건본인을 친양자로 입양하고자 합니다.
2. 청구인 ○○○와 사건본인은 먼 친족 사이로서 사건본인의 부모가 20○○ 년 ○월 ○일 사고로 모두 사망한 이후 현재까지 청구인들이 사건본인을 잘 양육하고 있습니다.
3. 청구인들은, 사건본인이 더 행복하고 구김살 없게 자랄 수 있도록 하기 위하여, 사건본인을 친양자로 입양하는 것이 좋겠다고 생각하여 이 사건 청구를 하게 되었습니다.
4. 이 사건 청구와 관련된 사항(가사소송규칙 제62조의2 규정 사항)은 별지 목록 기재와 같습니다.

첨 부 서 류

        1. 청구 관련 사항 목록   1통
        2. 가족관계증명서(사건본인)   1통

3. 기본증명서(사건본인)   1통
4. 혼인관계증명서(청구인들)   1통
5. 주민등록등본(청구인들 및 사건본인)   각 1통
   (다만 청구인들과 사건본인이 함께 주민등록이 되어 있는
   경우2는 1통만 제출하면 됩니다)
6. 친양자 입양 동의서(친생부모) 및 인감증명서   각 1통
   (단 인감증명서는 작성자가 직접 제출하지 않는 경우에만
   필요합니다)
7. 법정대리인의 동의를 받은 사건본인의 입양승낙서(13세 이
   상) 및 인감증명서   각 1통
   (단 인감증명서는 작성자가 직접 제출하지 않는 경우에만
   필요합니다)
8. 법정대리인의 입양승낙서(13세 미만) 및 인감증명서 각 1통
   (단 인감증명서는 작성자가 직접 제출하지 않는 경우에만
   필요합니다)

20○○. ○. ○.
위 청구인 ○ ○ ○ (서명 또는 날인)

○ ○ 가 정 법 원{○○지방법원(지원)} 귀 중

<청구 관련 사항 목록>

구 분		내 용 (□에 √ 표시를 하거나 해당 사항을 기재하십시오.)		
1. 친양자로 될 자의 친 생부모가 친양자 입양 에 동의하였는지 여부	부 (父)	□ 동의함 □ 동의하지 아니함	동의할 수 없는 사정(「민법」제908 조의2제1항 제3호 단서, 제2항 각 호 참조)	
		이 름	주 소	
	모 (母)	□ 동의함 □ 동의하지 아니함	동의할 수 없는 사정(「민법」제908 조의2제1항 제3호 단서, 제2항 각 호 참조)	
		이 름	주 소	
2. 친양자로 될 자에 대 하여 친권을 행사하는 자로서 부모 이외의 자의 이름과 주소	□ 있음	이 름	주 소	
		□ 해당 없음		
3. 친양자로 될 자의 부 모의 후견인의 이름과 주소	□ 있음	이 름	주 소	
		□ 해당 없음		
4. 「민법」제908조의2제1 항 제4호 및 제5호에 의한 법정대리인의 동 의 또는 입양승낙	□ 동의함 □ 승낙함 □ 동의 또는 승낙 하지 아니함	동의 또는 승낙할 수 없는 사정 (「민법」제908조의2 제2항 각호 참 조)		

※ 유의사항
1. '친생부모가 동의를 할 수 없는 사정'은 「민법」제908조의2 제1항 제3호 단서의 '친권상
실, 소재불명, 기타'이고, 제2항 각호의 '부양의무불이행, 면접교섭불이행, 학대, 유기 등'
입니다.
2. '친양자로 될 자에 대하여 친권을 행사하는 자로서 부모 이외의 자'는, 사건본인의 부 또
는 모가 결혼하지 아니한 미성년자인 경우(즉 혼인하지 않은 미성년자가 자를 출산한 경
우)에 이에 대신하여 친권을 대행하는 그 미성년자의 친권자(민법 제910조) 또는 후견인
(민법 제948조) 등입니다.

■ 친양자 입양제도는 어떤 제도입니까?

Q 친양자 입양제도는 어떤 제도입니까?

A 친양자 입양은 자녀의 복리를 위해 양자를 양부모와 법적으로 완전한 친생자로 인정하는 제도입니다. 따라서 친양자로 입양되면 친생부모와의 친족관계 및 상속관계는 모두 종료되고 양부모와의 법률상 친생자관계를 새롭게 형성하며, 성과 본도 양부의 성과 본으로 변경할 수 있습니다. 친양자입양을 하기 위해서는 친양자가 될 자가 15세 미만이고 그 친생부모의 입양 동의를 얻어 반드시 가정법원의 친양자 입양 재판을 거쳐야 합니다. 한편, 일반 입양과 달리 협의상 파양을 할 수 없고 엄격한 제한 요건 하에서 재판상 파양을 할 수 있을 뿐입니다.

(관련판례)

외조부모가 외손녀를 친양자로 입양하고자 한 사안에서, 비록 친양자 입양의 형식적 요건은 모두 갖추고 있지만 가족질서의 혼란이 초래될 것이 분명하고, 친양자 입양의 동기가 사건본인의 복리보다는 생모의 복리를 실현하기 위한 것이라는 등 양육상황·친양자 입양의 동기·그 밖의 모든 사정을 고려하여 볼 때 친양자로 될 자의 복리를 위하여 친양자 입양이 적당하지 아니하다(울산지방법원 2010. 9. 16. 자 2010브21 결정).

■ 친양자로 입양한 자녀가 그 사실을 알게 될까봐 걱정인데 가족관계등록부를 발급받을 때 이 사실을 알게 될 것 같은데, 숨길 수는 없나요?

Q 친양자로 입양한 자녀가 그 사실을 알게 될까봐 걱정입니다. 가족관계등록부를 발급받을 때 이런 사실을 알게 될 것 같은데, 이를 숨길 수는 없나요?

A 친양자 입양은 양자의 성과 본까지 변경해 법률상 완전한 친생자관계를 형성하는 것입니다. 따라서 친양자 입양사실은 원칙적으로 공개되지 않고 다른 증명서와 달리 가족은 물론 본인도 발급이 제한됩니다. 친양자 입양관계증명서는 다음에 해당하는 경우에만 예외적으로 발급받을 수 있습니다.

① 성년자가 본인의 친양자 입양관계증명서를 신청하는 경우로서 성년자임을 신분증명서로 소명하는 경우

② 친양자의 친생부모·양부모가 본인의 친양자 입양관계증명서를 신청하면서 친양자가 성년자임을 소명하는 경우

③ 혼인당사자가 혼인의 무효 또는 취소사유에 해당하는 친족관계를 파악하기 위해 신청하는 경우로서 출석한 양당사자 및 그 신분증명서로 가족관계등록사무담당 공무원이 혼인의사 및 혼인적령임을 확인한 경우

④ 법원의 사실조회촉탁이 있거나 수사기관이 수사상 필요에 따라 문서로 신청하는 경우

⑤ 입양취소를 하거나 파양을 하는 경우로서 이에 관한 법원의 접수증명원이 첨부된 경우

⑥ 친양자의 복리를 위해 필요함을 친양자의 양부모가 구체적으로 소명자료를 첨부해 신청하는 경우

⑦ 친양자 입양관계증명서가 소송, 비송, 민사집행·보전의 각 절차에서 필요한 경우로서 소명자료를 첨부해 신청하는 경우

⑧ 채권·채무 등 재산권의 상속과 관련해 상속인의 범위를 확인하기 위해서 사망한 사람의 친양자 입양관계증명서가 필요한 경우로서 소명자료를 첨부해 신청하는 경우

⑨ 가족관계등록부가 작성되지 않은 채로 사망한 사람의 상속인의 친양자 입양관계증명서가 필요한 경우로서 법률상의 이해관계에 대한 소명자료를 첨부해 신청하는 경우

⑩ 법률상의 이해관계를 소명하기 위해 친양자의 친생부모·양부모의 친양자 입양관계증명서를 신청하는 경우로서 그 해당 법령과 그에 따른 구체적인 소명자료 및 필요이유를 제시해 신청하는 경우

■ 친양자 입양을 신청하려고 하는 데, 친부의 동의서를 반드시 받아야 하는지요?

Q 친양자 입양을 신청하려고 하는 데 친부의 동의서를 반드시 받아야 하는지요, 그리고 대상자의 연령을 15세 미만으로 제한한 것은 부당한 규정이 아닌가요?

A 친양자 입양의 요건에 대하여는 민법 제908조의2에서 규정하고 있습니다. 친양자 입양의 법적효과는 친양자입양재판이 확정됨으로써 친양자와 친생부모와의 친족관계가 종료되는 등 그 효과가 중대하기 때문에 친생부모의 의사를 최대한 존중해야 한다는 취지가 바로 이 동의 요건입니다. 이 동의 요건으로 인해 친양자 입양제도의 취지가 반감될 수 있을 수도 있으나, 민법 제908조의2제1항제3호 후단처럼 친권이 상실된 부모나 사망 그 밖의 사유로 동의할 수 없는 경우에는 동의를 요하지 않는다는 예외를 인정하고 있으므로 친양자 입양제도의 취지를 어느 정도 보완할 수 있을 것입니다.

■ 판결후에 신고를 하지 않으면 친양자 입양의 효력이 발생하지 않는 것이 아닌지요?

Q 제가 법원의 친양자입양허가판결을 받았으나, 막상 위 판결을 받고 몇 일이 지나자 혈연이 아닌 타인을 자신의 혼외 중의 자와 같은 양자로 들이는 것에 거부감이 듭니다. 위 판결후에 신고를 하지 않으면 친양자 입양의 효력이 발생하지 않는 것이 아닌지요?

A 친양자입양을 인용하는 심판이 확정되면 친양자입양의 효력이 발생하므로(민법 제908의3조), 심판확정 이후에는 당사자의 친양자입양신고와 상관없이 당사자 사이에 친양자입양관계가 성립한 것입니다.

■ 친양자 입양을 한 후 친생부모가 아이를 너무 보고 싶어 할 경우 면접교섭권이 인정되나요?

Q 친양자 입양을 한 후 친생부모가 아이를 너무 보고 싶어 할 경우 면접교섭권이 인정되나요?

A 친양자 입양이 확정되면 종래의 친족관계는 종료되기 때문에 친생부모의 면접교섭권은 인정될 수 없습니다. 친생부모의 면접교섭권을 인정하게 되면 친양자로 하여금 양부모를 유일의 친부모처럼 여기고 정서적으로 건전한 성장할 수 있게 한다는 친양자제도의 취지에 반하기 때문입니다.

■ 양부가 양자를 친양자로 입양할 수 있는지요?

Q 양부가 양자를 친양자로 입양할 수 있는지요?

A 일반 입양의 요건과 친양자 입양의 요건은 모두 친생부모의 동의를 받아야 하는데 친양자 입양의 요건은 일반입양의 요건보다 엄격하고 가정법원의 입양재판에 거쳐 보통양자를 친양자로 입양할 수 있습니다. 그러나 양부모 이외의 사람이 다른 사람의 보통양자인 자녀를 친양자 입양하려면 친생부모와 양부모의 동의를 모두 받아야 합니다.

■ 친양자로 입양한 자녀가 그 사실을 알게 된다면 친양자 제도의 취지상 친양자 본인에게 바람직하지 않을 것 같은데 이에 대한 대책은 없나요?

Q 친양자로 입양한 자녀가 그 사실을 알게 된다면 친양자 제도의 취지상 친양자 본인에게 바람직하지 않을 것 같은데 이에 대한 대책은 없나요?

A 친양자 입양은 양자의 성과 본까지 변경하여 법률상 완전한 친생자관계를 형성하고 친양자입양사실을 원칙적으로 공개하지 아니하므로 다른 증명서와 달리 가족은 물론 본인도 발급이 제한됩니다. 친양자입양관계증명서는 친양자 본인이 성년이 되거나 혼인당사자가 혼인의 무효 또는 취소사유에 해당하는 친족관계를 파악하고자 하는 경우, 법원의 사실조회촉탁이나, 수사기관의 수사목적으로 신청한 경우에 한하여 예외적으로 발급할 수 있습니다.

■ 일반입양과 친양자 입양은 어떤 차이가 있나요?

Q 일반입양과 친양자 입양은 어떤 차이가 있나요?

A

	일반입양	친양자 입양
근거	민법 제866조부터 제908조	민법 제908조의2부터 8까지
성립요건	협 의	재 판
자녀의 성과 본	친생부의 성과 본 유지	양부의 성과 본으로 변경
친생부모와의 관계	유지	종료
효력	입양시부터 혼인중의 자로 간주되지만 친생부모와의 관계에서도 친권을 제외하고는 변함이 없음	재판확정시부터 혼인중의 자로 간주되며 동시에 친생부모와의 법적인 관계가 모두 종료

■ 친양자 입양을 하고자 하는데 신청서 양식을 확인할 수 있는 방법과 신청서를 제출하는 방법 그리고 그 절차는 어떻게 되나요?

Q 친양자 입양을 하고자 하는데 신청서 양식을 확인할 수 있는 방법과 신청서를 제출하는 방법 그리고 그 절차는 어떻게 되나요?

A 친양자 입양은 민법 제908조의2에 요건이 규정되어 있습니다. 즉, 친양자 입양허가는 '라류 가사비송사건'으로써 청구비용은 사건본인 1명당 5,000원의 인지수수료와 청구인수 × 3,020원 × 8회분의 우편송달료를 납부하여야 하고, 관할법원은 친양자가 될 자의 주소지 가정법원(가정법원 또는 가정지원이 설치되지 아니한 지역은 해당 지방법원 또는 지방법원 지원)에 친양자입양심판청구서를 제출하여 그 허가를 받은 후에 친양자 입양신고를 시(구)·읍·면의 장에게 하여야 합니다. 다만, 친양자 입양허가를 신청한 경우에 그 허가 여부는 신청서를 심리하는 해당 법관이 신청서와 소명자료를 근거로 판단해야 하는 재판에 관한 사항입니다. 참고로 친양자입양심판청구서 양식은 대법원 홈페이지 전자민원센터의 양식모음(가사)에서 확인할 수 있습니다.

■ 전혼중에 낳은 아이를 새 아빠가 될 사람이 친양자 입양을 하려고하는데 친권은 저에게 있고 아이의 친부는 사망한 경우 어떻게 하면 되나요?

Q 재혼을 준비하고 있는데 제가 전혼중에 낳은 아이를 새 아빠가 될 사람이 친양자 입양을 하려고 합니다. 친권은 저에게 있고 아이의 친부는 사망했습니다. 어떻게 하면 되나요?

A 친양자 입양은 혼인중의 부부가 공동으로 하여야 하고 부부의 일방이 그 배우자의 친생자를 친양자로 하는 경우에는 1년 이상의 혼인관계에 있어야 합니다. 또한 친양자가 될 자의 친생부모의 동의를 얻어 관할 가정법원에 친양자입양재판을 청구해야 하지만 아이의 친부가 사망한 때에는 모의 동의를 받아 청구할 수 있습니다(민법 제908조의2제1항).

3. 파양신고방법

3-1. 파양신고란?

① "파양신고"란 입양으로 발생한 친족관계를 소멸시키기 위해 시(구)·읍·면의 장에게 신고하는 것을 말합니다.

② 파양의 종류

  1) 협의상 파양

    양부모와 양자는 협의해 파양을 할 수 있습니다. 다만 양자가 미성년자 또는 피성년후견인인 경우에는 협의를 통한 파양을 할 수 없습니다.

  2) 재판상 파양

    양부모, 양자 또는 파양 청구권자는 다음 중 어느 하나에 해당하는 경우 가정법원에 파양을 청구할 수 있습니다.

  - 양부모가 양자를 학대 또는 유기하거나 그 밖에 양자의 복리를 현저히 해친 경우

  - 양부모가 양자로부터 심히 부당한 대우를 받은 경우

  - 양부모나 양자의 생사가 3년 이상 분명하지 않은 경우

  - 그 밖에 양친자관계를 계속하기 어려운 중대한 사유가 있는 경우

3-2. 파양 청구권자

3-2-1. 양자가 13세 미만인 경우

① 미성년자를 대신해 입양을 승낙한 법정대리인이 양자를 대신해 파양을 청구할 수 있습니다.

② 파양을 청구할 수 있는 사람이 없는 경우에는 양자의 친족이나 이해관계인이 가정법원의 허가를 받아 파양을 청구할 수 있습니다.

3-2-2. 양자가 13세 이상인 경우

① 미성년자의 부모로서 입양에 동의를 한 친생부모의 동의를 받아 파양을 청구할 수 있습니다.

② 부모가 사망하거나 그 밖의 사유로 동의할 수 없는 경우에는 동의 없이 파양을 청구할 수 있습니다.

3-2-3. 피성년후견인인 경우

① 양부모나 양자가 피성년후견인인 경우에는 성년후견인의 동의를 받아 파양을 청구할

수 있습니다.
② 검사는 미성년자나 피성년후견인인 양자를 위해 파양을 청구할 수 있습니다.

3-2-4. 파양청구권의 시효

파양 청구권자는 재판상 파양의 청구원인(양부모나 양자의 생사가 분명하지 않은 경우 제외)이 있음을 안 날부터 6개월, 그 사유가 있었던 날부터 3년이 지나면 파양을 청구할 수 없습니다.

3-3. 파양신고자

① 협의에 의한 파양의 신고자는 당사자인 양친과 양자입니다.
② 재판에 의한 파양신고 의무자는 파양소송을 제기한 사람입니다.

3-4. 신고기한

① 재판에 의한 파양은 재판의 확정일로부터 1개월 이내에 신고를 해야 합니다.
② 신고의무자가 정당한 사유 없이 파양신고를 기간 내에 하지 않은 경우에는 5만원 이하의 과태료가 부과됩니다.

3-5. 파양신고하기

3-5-1. 신고장소

① 파양신고는 파양자의 등록기준지 또는 신고인의 주소지나 현재지에서 할 수 있는데, 신고인의 관할 시(구)·읍·면의 사무소에 하면 됩니다.
② 다만, 외국에 거주하거나 체류하는 대한민국 국민의 경우 재외국민 가족관계등록사무소에서도 할 수 있습니다.

3-5-2. 파양신고 신청서 작성

① 파양신고는 파양신고서에 다음 사항을 기재해야 합니다.
　　1) 당사자의 성명·본·출생연월일·주민등록번호 및 등록기준지(당사자가 외국인인 경우에는 그 성명·출생연월일·국적 및 외국인등록번호)
　　2) 양자의 친생부모의 성명·등록기준지 및 주민등록번호
② 첨부서류
　　1) 재판에 의한 경우 재판의 등본 및 확정증명서

2) 신고인의 신분증명서

3) 파양당사자의 가족관계등록부의 입양관계증명서(가족관계등록관서에서 전산정보로
   확인이 가능한 경우에는 제출 생략)

📖 Summary (요점정리)

■ 양부모와 양자가 파양을 원할 경우는?

양자가 미성년자 또는 피성년후견인인 경우를 제외하고 협의하여 파양할 수
있다. 피성년후견인인 양부모는 성년후견인의 동의를 받아 협의 파양할 수
있다. 파양협의 후 파양신고서를 작성하여 양부모나 양자의 등록기준지, 신고
인의 주소지 또는 현재지에 신고하면 입양으로 인해 발생했던 친족관계는 소
멸한다.

■ 재판상 파양사유는?

양부모가 양자를 학대 또는 유기하거나 그 밖에 양자의 복리를 현저히 해친
경우, 양부모가 양자로부터 심히 부당한 대우를 받은 경우, 양부모나 양자의
생사가 3년 이상 분명하지 아니한 경우, 그 밖에 양친자관계를 계속하기 어
려운 중대한 사유가 있는 경우 등에는 파양청구를 할 수 있다.

[서식] 파양신고서

<table>
<tr><td colspan="3" align="center">파 양 신 고 서
(년 월 일)</td><td colspan="4">※ 신고서 작성 시 뒷면의 작성 방법을 참고하고, 선택
항목에는 '영표(○)'로 표시하기 바랍니다.</td></tr>
<tr><td colspan="2">구 분</td><td colspan="2">양 부</td><td colspan="3">양 모</td></tr>
</table>

구 분			양 부			양 모	
①양친	성명	한글	(성) / (명)	본(한자)	한글	(성) / (명)	본(한자)
		한자	(성) / (명)	출생연월일	한자	(성) / (명)	출생연월일
		주민등록번호	-		주민등록번호	-	
	등록기준지						
	주소						
②양자	성명	한글	(성) / (명)	본(한자)		주민등록번호	
		한자	(성) / (명)	출생연월일		-	
	등록기준지						
	주소						
③양자의 친생부모	부	성명		등록기준지			
				주민등록번호	-		
	모	성명		등록기준지			
				주민등록번호	-		
④기타사항							
⑤재판확정일자		년 월 일			법원명		

⑥동의자 (성년후견인)		㊞ 또는 서명	주민등록번호	-

⑦신고인	양부		㊞ 또는 서명	전 화	
				이메일	
	양모		㊞ 또는 서명	전 화	
				이메일	
	양자		㊞ 또는 서명	전 화	
				이메일	
	①소 제기자 ②소의 상대방		㊞ 또는 서명	전 화	
				이메일	

⑧신고인 출석여부	① 양부 ② 양모 ③ 양자 ④ 소 제기자 ⑤ 소의 상대방		
⑨제출인	성 명	주민등록번호	-

※ 타인의 서명 또는 인장을 도용하여 허위의 신고서를 제출하거나, 허위신고를 하여 가족
관계등록부에 부실의 사실을 기록하게 하는 경우에는 형법에 의하여 5년 이하의 징역 또
는 1천만 원 이하의 벌금에 처해집니다.

※등록기준지:각 란의 해당자가 외국인인 경우에는 그 국적을 기재합니다.

※주민등록번호:각 란의 해당자가 외국인인 경우에는 외국인등록번호(국내거소신고번호
　　　　　　　 또는 출생연월일)를 기재합니다.

①란 및 ②란:법 제25조제2항에 따라 주민등록번호란에 주민등록번호를 기재한 때에는
　　　　　　 출생연월일의 기재를 생략할 수 있습니다.

④란:가족관계등록부에 기록을 분명하게 하는데 특히 필요한 사항을 기재합니다.

⑤란:재판상 파양의 경우 재판확정일자 및 법원명을 기재합니다.

⑥란:피성년후견인인 양부모가 성년후견인의 동의를 받아 협의상 파양을 할 경우 기재합니다
　　 [단 양자가 미성년자이거나 피성년후견인인 경우에는 협의상 파양을 할 수 없습니다].

⑦란:양자란은 파양을 하는 양자가 기명날인(또는 서명)하며, 파양의 재판이 확정된 경우
　　 에는 소 제기자 또는 소의 상대방이 단독으로 신고할 수 있습니다. 이 경우에도
　　 해당 항목번호에 '영표(○)'로 표시한 후 기명날인(또는 서명)합니다.

⑨란:제출인(신고인이 작성한 신고서를 신고인이 아닌 사람이 제출할 경우만 기재)의 성명
　　 및 주민등록번호를 기재합니다.[접수담당공무원은 신분증과 대조]

※ 아래 1항은 가족관계등록관서에서 전산으로 그 내용을 확인할 수 있는 경우 첨부를 생략합니다.

1. 파양당사자의 가족관계등록부의 입양관계증명서 각 1통.

2. 재판상 파양의 경우 판결등본 및 확정증명서 각 1부.

3. 파양의 조정(화해)성립의 경우 조정(화해)조서등본 및 그 송달증명서 각 1부.

4. 피성년후견인인 양부모가 성년후견인의 동의를 받아 협의상 파양을 할 경우 성년후견
　 인의 동의서(다만 동의한 성년후견인이 "동의자"란에 성명과 주민등록번호를 기재하
　 고 서명 또는 날인한 때에는 제외) 및 성년후견인의 자격을 증명하는 서면

5. 사건본인이 외국인인 경우
　 - 한국 방식에 의한 파양: 협의파양의 경우국적 증명 서면(여권 또는 외국인등록증) 사본
　　 재판파양의 경우 국적 증명 서면(여권 또는 외국인등록증) 사본
　 - 외국 방식에 의한 파양:파양증서 등본 1부 및국적 증명 서면(여권 또는 외국인등록증) 사본 1부

6. 신분확인[가족관계등록예규 제443호에 의함]
　① 재판상 파양(증서등본에 의한 파양 포함)
　　 - 신고인이 출석한 경우 : 신분증명서
　　 - 제출인이 출석한 경우 : 제출인의 신분증명서
　　 - 우편제출의 경우 : 신고인의 신분증명서 사본

※ 신고인이 성년후견인인 경우에는 6항의 ① 서류 외에 성년후견인의 자격을 증명하는
　 서면도 함께 첨부해야 합니다.

　② 협의파양의 경우
　　 - 신고인이 출석한 경우 : 신고인 모두의 신분증명서
　　 - 신고인 불출석, 제출인 출석의 경우 : 제출인의 신분증명서 및 신고인 모두의 신분
　　　 증명서 또는 서명공증 또는 인감증명서(신고인의 신분증명서 없이 신고서에 신고인
　　　 이 서명한 경우 서명공증, 신고서에 인감 날인한 경우 인감증명)
　　 - 우편제출의 경우 : 신고인 모두의 서명공증 또는 인감증명서(신고서에 서명한 경우
　　　 서명공증, 인감을 날인한 경우는 인감증명서)

파 양 무 효 확 인 청 구

원   고   ○ ○ ○(양자)
　　　　　19○○년 ○월 ○일생
　　　　　등록기준지　　○○시 ○○구 ○○길 ○○
　　　　　주소　　○○시 ○○구 ○○길 ○○(우편번호)
　　　　　전화　　○○○ - ○○○○

피   고   1. 김 △ △(양부)
　　　　　19○○년 ○월 ○일생
　　　　　등록기준지　　○○시 ○○구 ○○길 ○○
　　　　　주소　　○○시 ○○구 ○○길 ○○(우편번호)
　　　　　전화　　○○○ - ○○○○
　　　　2. 이 △ △(양모)
　　　　　19○○년 ○월 ○일생
　　　　　등록기준지　　○○시 ○○구 ○○길 ○○
　　　　　주소　　○○시 ○○구 ○○길 ○○(우편번호)
　　　　　전화　　○○○ - ○○○○

파양무효확인청구의 소

청 구 취 지

1. 원고와 피고들 사이의 파양(20○○년 ○월 ○일 ○○구청장 접수)은 무효임
   을 확인한다.
2. 소송비용은 피고들의 부담으로 한다.
라는 판결을 구합니다.

청 구 원 인

1. 원고는 원래 ○○구 ○○동 ○○번지 최□□(부)와 조□□(모) 사이에서 출
   생한 자입니다.
2. 생가의 형편으로 19○○년 ○월경 양부모에게 인계되어 부양을 받아오다가
   19○○년 ○월 ○일 입양신고를 마치고 현재까지도 같이 살고 있습니다.

3. 그런데 원고 자신도 모르는 사이에 20○○년 ○월 ○일 협의 파양된 것으로 호적부에 기재된 것을 알게 되었습니다.

4. 그러므로 이를 알아본 즉 피고들이 이민을 가려면 양자가 있으면 장남을 데려갈 수 없다는 말을 듣고 원고와의 협의 없이 편의상 그렇게 한 것이라고 합니다.

5. 따라서 원고는 피고들과 하등의 협의 파양한 사실이 없으므로 이건 청구에 이른 것입니다.

입 증 방 법

1. 갑 제1호증   입양관계증명서
1. 갑 제2호증   가족관계증명서
1. 갑 제3호증   협의파양서(위조)
1. 갑 제4호증   주민등록등본
1. 갑 제5호증   진술서(피고)

첨 부 서 류

1. 위 입증방법   각 1통
1. 소장부본   1통
1. 납 부 서   1통

20○○년   ○월   ○일
원 고   ○ ○ ○ (서명 또는 날인)

○ ○ 가 정 법 원 귀 중

[서식] 파양취소청구의 소

소   장

원 고   ○ ○ ○(○○○)
          19○○년 ○월 ○일생
          등록기준지 : ○○시 ○구 ○길 ○○번지
          주소 : ○○시 ○○구 ○○길 ○○번지

피 고   △ △ △(△△△)
          19○○년 ○월 ○일생
          등록기준지 : ○○도 ○○군 ○○면 ○○길 ○○번지
          주소 : ○○시 ○○구 ○○길 ○○번지(○○동, ○○아파트)

파양취소청구의 소

청 구 취 지

1. 원고와 피고 사이에 20○○. ○. ○. ○○ ○○구청장에게 신고하여 한 파
   양은 이를 취소한다.
2. 소송비용은 피고의 부담으로 한다.
라는 판결을 구합니다.

청 구 원 인

1. 원고는 소외 망 □□□의 자로서 초등학교 1년인 19○○. ○. ○.경 친척
   인 피고로부터 양자로 되어 달라는 부탁을 받은 부모의 동의하에 19○○.
   ○. ○. 입양신고를 필하고 피고의 양자가 되어 살아온 사실이 있습니다.
2. 피고는 20○○. ○. ○. 원고에게 현재 피고가 운영하고 있는 사업장이 자
   금 문제로 많은 어려움을 겪고 있으며, 수명의 채권자들이 함께 살고있는
   가옥과 대지 및 집안 내 가재도구에 대한 강제집행 절차를 진행중에 있으
   므로 이렇게 되면 원고를 포함한 가족 모두가 오갈 데 없는 신세가 될 것
   이니 원고가 일정금원을 보태 취득한 위 부동산과 가재도구에 대한 강제
   집행을 면하기 위해서라도 우선 형식상 파양을 하고 이것은 어디까지나
   형식에 불과한 것이어서 양친자관계는 사실상 종전과 다름이 없고 위 채
   무변제 책임을 피할 수 있을 것이라는 감언이설로 원고를 기만하여,

3. 이에 속은 원고로 하여금 20○○. ○. ○. 파양신고서를 작성케 하는 방법으로협의상 파양의사를 표시하기 이르렀고, 피고가 동 신고서류를 20○○. ○. ○. ○○ ○○구청장에게 신고한 바 있습니다.

4. 원고는 피고가 위 신고를 한 이후 잠시 다른 곳에 있던 원고를 다시 찾겠다고약속했던 피고로부터 별다른 연락이 없자 그 동안의 사정을 조사해 본 결과 피고가 외국에 나가있던 친자인 소외 □□□를 불러들여 함께 살고 있으며, 위 부동산도 파양신고를 한 당일 그에게 증여를 한 사실을 알게 되었으며, 채무가 많이 있다는 것도 모두 허위인 사실임을 알게 되었습니다.

5. 결국 피고는 그 동안 원고와 함께 이룩한 위 재산을 빼돌리기 위해 원고를 기망하여 협의파양의 의사표시를 하게 한 것이므로 청구취지와 같은 판결을 구하고자 이 건 청구에 이른 것입니다.

입 증 방 법

1. 갑 제1호증   파양신고서
1. 갑 제2호증   부동산등기사항전부증명서
1. 갑 제3호증   입양관계증명서
1. 갑 제4호증   가족관계증명서
1. 갑 제5호증   주민등록등본(양부모)

첨 부 서 류

1. 위 입증방법   각 1통
1. 소장부본   1통
1. 납부서   1통

20○○년   ○월   ○일
원   고   ○ ○ ○ (서명 또는 날인)

○ ○ 가 정 법 원 귀 중

소   장

원   고   ○ ○ ○(○○○)
19○○년 ○월 ○일생
등록기준지 : ○○도 ○○군 ○○면 ○○길 ○○번지
주소 : ○○시 ○○구 ○○길 ○○번지(○○동, ○○아파트)

피   고   △ △ △(△△△)
19○○년 ○월 ○일생
등록기준지 : ○○시 ○구 ○길 ○○번지
주소 : ○○시 ○○구 ○○길 ○○번지

파양청구의 소

청 구 취 지

1. 원고와 피고 사이에 19○○. ○. ○. ○○군수에게 신고하여 한 입양은 이를 파양한다.
2. 소송비용은 피고의 부담으로 한다.
라는 판결을 구합니다.

청 구 원 인

1. 원고는 소외 ○○○○주식회사 해외 파견 근로자로서 19○○. ○. ○.경부터 사우디아라비아에 파견되어 근로를 하던 사이 처가 사망을 하였고 망처와의 사이에 자녀가 없는 상태에서 직무상 형편으로 후처를 맞이하지 못하던 중 국내에 돌아와 현재의 처와 재혼을 하였으나 처의 불임으로 자식을 갖지 못하였는바, 원고는 과거 부모를 일찍이 여의고 형제 없이 살아온 이유로 남달리 가족에 대한 애착이 강하였는데, 따라서 자식에 대한 욕심 또한 많을 수밖에 없었고 이러한 외로움을 견디지 못하여 당시 초등학교 1년인 사촌동생의 자인 피고를 양자로 맞게 되었으며 19○○. ○. ○. 입양신고를 필하고 어려운 가정형편 속에서도 피고의 양육에 정성을 다하여 그것으로 삶의 보람을 느끼며 최선을 다해 대학까지 교육시키며 오늘날 피고와 같은 장성한 한 청년으로 길러냈습니다.

2. 피고가 한때 미성년일 때 원고와 원고의 처인 소외 망 □□□가 친부모가
아니란 사실을 알게 되면서 가출을 하는 등 원고를 잘 따르지 않을 때도
있었으나, 피고를 양자로 맞이하게 된 원고의 뜻을 알게 되면서부터 원고
의 기대에 크게 어긋나지 않게 올바른 청년으로 장성하는 듯 보였습니다.
그런데 피고는 2년전 대학을 졸업하면서 별다른 직장을 얻지 못하고 놀던
중 유학을 빙자하여 원고로부터 금 ○○○만원을 가져간 후 친구들과 어울
려 경마장에서 동 금원을 탕진하고, 작년부터는 상습적으로 도박을 하면서
수차에 걸쳐 원고로부터 금 ○ ○○만원을 가져가 탕진하여 이를 타이르고
만류하던 원고에게 입에 담지 못할 욕설을 하고 폭행을 가하여 전치 12주
에 이르는 상해를 입힌 사실이 있으며, 현재는 유부녀와 동거를 하면서 20
○○. ○. ○. 원고를 찾아와 결혼자금으로 돈을 요구하여 잘못을 타이르는
원고에게 심한 폭언과 함께 폭행을 가하여 전치 6주의 상해를 입히는 등
전혀 원고를 어버이로 섬기지 않고 제멋대로 하고 있습니다.
피고는 위와 같은 실정이므로, 원고는 이미 피고와 양친자관계를 유지한
것을 단념하였으며 혼자서 평온하게 노후를 보내겠다는 생각에서 피고에게
양친자 관계를 종료할 것을 수차 요구하였으나 이에 응하지 않고 있어 청
구취지와 같은 판결을 구하고자 이 건 청구에 이른 것입니다.

입 증 방 법

1. 갑 제1호증   상해진단서
1. 갑 제2호증   가족관계증명서(피고)
1. 갑 제3호증   입양관계증명서
1. 갑 제4호증   주민등록등본(원고, 피고)

첨 부 서 류

1. 위 입증방법   각 1통
1. 소장부본   1통
1. 납부서   1통

20○○년   ○월   ○일
원   고   ○ ○ ○ (서명 또는 날인)

○ ○ 가 정 법 원 귀 중

4. 친양자 파양 신고방법

4-1. 친양자 파양신고란?

① "친양자 파양신고"란 입양으로 발생한 친족관계를 소멸시키고 입양 전 친족관계를 부활시키기 위해 시(구)·읍·면의 장에게 신고하는 것을 말합니다.

② 친양자 파양의 청구원인

친양자 파양에 있어서는 파양의 협의상 파양이나 재판상파양의 청구원인이 적용되지 않습니다. 양친, 친양자, 친생의 부 또는 모나 검사는 다음 중 어느 하나의 사유가 있는 경우 가정법원에 친양자의 파양(罷養)을 청구할 수 있습니다.

  1) 양친이 친양자를 학대 또는 유기(遺棄)하거나 그 밖에 친양자의 복리를 현저히 해하는 경우

  2) 친양자의 양친에 대한 패륜(悖倫)행위로 인해 친양자관계를 유지시킬 수 없게 된 경우

③ 친양자 파양 청구에 대한 법원의 판단

가정법원은 친양자의 양친에 대한 패륜(悖倫)행위로 친양자관계를 유지시킬 수 없음을 이유로 제기된 파양청구에 대해 친양자의 양육상황, 친양자 입양의 동기, 양부모의 양육능력, 그 밖의 사정을 고려해 친양자 파양이 적당하지 않다고 인정되는 경우에는 청구를 기각할 수 있습니다.

④ 친양자 파양의 효력

친양자가 파양되면 친양자 관계는 소멸하고 입양 전의 친족관계가 부활합니다.

4-2. 친양자 파양신고 의무자

친양자 파양의 신고의무자는 친양자 파양소송을 제기한 사람입니다.

4-3. 신고기한

① 친양자 파양은 재판의 확정일로부터 1개월 이내에 신고를 해야 합니다.

② 신고의무자가 정당한 사유 없이 친양자 파양신고를 기간 내에 하지 않은 경우에는 5만원 이하의 과태료가 부과됩니다

4-4. 친양자 파양 신고하기

4-4-1. 신고장소

① 친양자 파양의 신고는 파양자의 등록기준지 또는 신고인의 주소지나 현재지에서 할

수 있는데, 신고인의 관할 시(구)·읍·면의 사무소에 하면 됩니다.

② 다만, 외국에 거주하거나 체류하는 대한민국 국민의 경우 재외국민 가족관계등록사무소에서도 할 수 있습니다.

4-4-2. 친양자 파양신고 신청서 작성

① 친양자 파양신고는 파양신고와 동일한 파양신고서에 다음 사항을 기재해야 합니다.

  1) 당사자의 성명·본·출생연월일·주민등록번호 및 등록기준지(당사자가 외국인인 경우에는 그 성명·출생연월일·국적 및 외국인등록번호)

  2) 친양자의 친생부모의 성명·등록기준지 및 주민등록번호

② 첨부서류

  1) 재판에 의한 경우 재판의 등본 및 확정증명서

  2) 신고인의 신분증명서

  3) 파양당사자의 가족관계등록부의 입양관계증명서(가족관계등록관서에서 전산정보로 확인이 가능한 경우에는 제출 생략)

[서식] 친양자파양신고서

<table>
<tr><td colspan="2" rowspan="2">친양자파양신고서
(　　년　　월　　일)</td><td colspan="8">※ 신고서 작성 시 아래의 작성 방법을 참고하고, 선택항목에는 '영표(○)'로 표시하기 바랍니다.</td></tr>
<tr></tr>
<tr><td colspan="2">구 분</td><td colspan="4">양　부</td><td colspan="4">양　모</td></tr>
<tr><td rowspan="10">①양친</td><td rowspan="5">성명</td><td>한글</td><td>(성)　/　(명)</td><td>본
(한자)</td><td></td><td>한글</td><td>(성)　/　(명)</td><td>본
(한자)</td><td></td></tr>
<tr><td>한자</td><td>(성)　/　(명)</td><td>출생
연월일</td><td></td><td>한자</td><td>(성)　/　(명)</td><td>출생
연월일</td><td></td></tr>
<tr><td colspan="2">주민등록번호</td><td colspan="2">-</td><td colspan="2">주민등록번호</td><td colspan="2">-</td></tr>
<tr><td colspan="2">등록
기준지</td><td colspan="3"></td><td colspan="3"></td></tr>
<tr><td colspan="2">주소</td><td colspan="3"></td><td colspan="3"></td></tr>
<tr><td rowspan="2">성명</td><td>한글</td><td colspan="2">(성)　/　(명)</td><td colspan="2">본(한자)</td><td colspan="2">주민등록번호</td><td></td></tr>
<tr><td>한자</td><td colspan="2">(성)　/　(명)</td><td colspan="2">출생연월일</td><td colspan="2">-</td><td></td></tr>
<tr><td colspan="2">등록기준지</td><td colspan="6"></td></tr>
<tr><td colspan="2">주 소</td><td colspan="6"></td></tr>
<tr><td>종전의
성(姓)</td><td>한글</td><td></td><td>한자</td><td></td><td>종전의
본(本)</td><td>한글</td><td></td><td>한자</td></tr>
<tr><td rowspan="1">②친양자</td><td>부활된
성(姓)</td><td>한글</td><td></td><td>한자</td><td></td><td>부활된
본(本)</td><td>한글</td><td></td><td>한자</td></tr>
<tr><td colspan="2" rowspan="4">③
부활되는
(양)부모</td><td rowspan="2">(양)부</td><td>성명</td><td colspan="2"></td><td colspan="2">등록기준지</td><td colspan="2"></td></tr>
<tr><td></td><td colspan="2"></td><td colspan="2">주민등록번호</td><td colspan="2">-</td></tr>
<tr><td rowspan="2">(양)모</td><td>성명</td><td colspan="2"></td><td colspan="2">등록기준지</td><td colspan="2"></td></tr>
<tr><td></td><td colspan="2"></td><td colspan="2">주민등록번호</td><td colspan="2">-</td></tr>
<tr><td colspan="2">④기타사항</td><td colspan="8"></td></tr>
<tr><td colspan="2">⑤재판확정일자</td><td colspan="4">　　년　　월　　일</td><td>법원명</td><td colspan="3"></td></tr>
<tr><td colspan="2" rowspan="4">⑥신고인</td><td>성 명</td><td colspan="3">　　　　　㊞ 또는 서명</td><td>주민등록번호</td><td colspan="3">-</td></tr>
<tr><td>자 격</td><td colspan="6">①소 제기자　②소의상대방　③기타(자격 :　　　　)</td></tr>
<tr><td>주 소</td><td colspan="6"></td></tr>
<tr><td>전 화</td><td colspan="3"></td><td>이메일</td><td colspan="2"></td></tr>
<tr><td colspan="2">⑦제출인</td><td>성 명</td><td colspan="3"></td><td>주민등록번호</td><td colspan="3">-</td></tr>
</table>

작성방법

※ 이 신고서는「민법」제908조의5에 따른 친양자 파양의 재판 또는「입양특례법」제17조에 따른 파양의 재판이 확정되어 친양자 파양신고를 하는 경우에 작성하여야 합니다.

※ 등록기준지:각 란의 해당자가 외국인인 경우에는 그 국적을 기재합니다.

※ 주민등록번호:각 란의 해당자가 외국인인 경우에는 외국인등록번호(국내거소신고번호 또는 출생연월일)를 기재합니다.

①란 및 ②란:법 제25조제2항에 따라 주민등록번호란에 주민등록번호를 기재한 때에는 출생연월일의 기재를 생략할 수 있습니다.

③란:친양자입양 전에 일반입양관계가 형성되었다면 친양자파양시에 종전 일반입양한 양부모관계가 부활합니다.

④란:가족관계등록부에 기록을 분명하게 하는데 특히 필요한 사항을 기재합니다.

⑥란:친양자파양의 재판이 확정된 경우에는 소 제기자 또는 소의 상대방 단독으로 신고할 수 있습니다. 이 경우에는 해당 항목번호에 '영표(○)'로 표시한 후 기명날인(또는 서명)합니다.

⑦란:제출인(신고인이 작성한 신고서를 신고인이 아닌 사람이 제출할 경우만 기재)의 성명 및 주민등록번호를 기재합니다.[접수담당공무원은 신분증과 대조]

첨부서류

※ **아래 1항은 가족관계등록관서에서 전산으로 그 내용을 확인할 수 있는 경우 첨부를 생략합니다.**

1. 친양자파양당사자의 가족관계등록부의 기본증명서, 친양자입양관계증명서 각 1통.
2. 친양자파양 재판의 등본 및 확정증명서 각 1통.
3. 사건본인이 외국인인 경우:국적을 증명하는 서면(여권 또는 외국인등록증) 사본
4. 신분확인[가족관계등록예규 제443호에 의함]
 - 신고인이 출석한 경우 : 신분증명서
 - 제출인이 출석한 경우 : 제출인의 신분증명서
 - 우편제출의 경우 : 신고인의 신분증명서 사본

※ 신고인이 성년후견인인 경우에는 4항의 서류 외에 성년후견인의 자격을 증명하는 서면도 함께 첨부해야 합니다.

※ 타인의 서명 또는 인장을 도용하여 허위의 신고서를 제출하거나, 허위신고를 하여 가족관계등록부에 부실의 사실을 기록하게 하는 경우에는 형법에 의하여 5년 이하의 징역 또는 1천만 원 이하의 벌금에 처해집니다.

■ 이미 사망한 양부와의 사이에서도 파양할 방법이 있나요?

Q 저는 자녀가 없는 부부에게 입양된 양자로서 성년이 되어 양부모와 양자 모두 입양관계를 종료하려는 마음이 있었으나, 실행에 옮기지 못하고 있던 중에 양부가 사망하였습니다. 양모와는 친생자관계부존재확인소송을 통해 양모와 남남이 되었으나, 이미 사망한 양부와의 사이에서도 입양관계를 단절할 방법이 있나요?

A 생존 중인 양모와의 사이에서는 파양이 가능하나 사망한 양부와의 사이에서는 파양이 불가능합니다.

(관련판례)

당사자가 입양의 의사로 친생자 출생신고를 하고 거기에 입양의 실질적 요건이 구비되어 있다면 형식에 다소 잘못이 있더라도 입양의 효력이 발생하고, 이 경우 허위의 친생자 출생신고는 법률상 친자관계인 양친자관계를 공시하는 입양신고의 기능을 하는데, 여기서 입양의 실질적 요건이 구비되어 있다고 하기 위해서는 입양의 합의가 있을 것, 15세 미만자는 법정대리인의 대낙이 있을 것, 양자는 양부모의 존속 또는 연장자가 아닐 것 등 민법 제883조 각 호에서 정한 입양의 무효사유가 없어야 함은 물론 감호·양육 등 양친자로서 신분적 생활사실이 수반되어야 한다(대구지방법원 2012. 4. 27. 선고 2011르1534 판결).

5. 입양취소 신고방법

5-1. 입양취소신고

5-1-1. 입양취소신고란?

"입양취소신고"란 입양을 취소해야 할 원인이 발생해 법원의 판결을 받은 경우 입양을 취소시키기 위해 시(구)·읍·면의 장에게 신고하는 것을 말합니다.

5-1-2. 입양취소의 원인

입양이 다음 중 어느 하나에 해당하는 경우 가정법원에 그 취소를 청구할 수 있습니다.

1) 성년이 되지 않은 사람이 입양을 한 경우
2) 양자가 13세 미만으로 법정대리인의 동의를 받지 않은 입양일 경우
3) 법정대리인의 소재를 알 수 없는 등의 사유로 입양에 대한 동의 또는 승낙을 받지 않은 채 입양된 경우
4) 미성년자인 양자가 부모의 동의 없이 입양된 경우
5) 성년인 양자가 부모의 동의 없이 입양된 경우
6) 피성년후견인이 성년후견인의 동의 없이 입양을 하거나 양자가 된 경우
7) 배우자가 있는 사람이 다른 배우자의 동의 없이 입양을 하거나 양자가 된 경우
8) 입양 당시 양부모와 양자 중 어느 한쪽에게 악질(惡疾)이나 그 밖에 중대한 사유가 있음을 알지 못한 경우
9) 사기 또는 강박으로 인해 입양의 의사표시를 한 경우

5-1-3. 입양취소 청구권자

① 양부모가 미성년자인 경우

양부모, 양자와 그 법정대리인 또는 직계혈족은 성년이 되지 않은 사람이 입양을 한 경우 입양의 취소를 청구할 수 있습니다.

② 양자가 13세 미만인 경우

법정대리인의 동의를 받지 않은 입양일 경우 양자나 동의권자는 입양의 취소를 청구할 수 있습니다.

③ 양자가 미성년자인 경우

미성년자인 양자가 부모의 동의 없이 입양된 경우 양자나 동의권자는 입양의 취소를 청구할 수 있습니다.

④ 양자가 성년인 경우

성년인 양자가 부모의 동의 없이 입양된 경우 동의권자는 입양의 취소를 청구할 수 있습니다.

⑤ 피성년후견인인 경우

　　피성년후견인이 성년후견인의 동의 없이 입양을 하거나 양자가 된 경우 피성년후견인이나 성년후견인은 입양의 취소를 청구할 수 있습니다.

⑥ 동의 또는 승낙이 없는 입양인 경우

　　법정대리인의 소재를 알 수 없는 등의 사유로 입양에 대한 동의 또는 승낙을 받지 않은 채 입양된 경우 양자나 동의권자는 입양의 취소를 청구할 수 있습니다. 배우자가 있는 사람이 다른 배우자의 동의 없이 입양을 하거나 양자가 된 경우 배우자는 입양의 취소를 청구할 수 있습니다.

5-1-4. 입양취소 청구권의 시효

① 성년이 되지 않은 사람이 입양을 한 경우 양부모가 성년이 되면 이를 이유로 한 입양의 취소를 청구하지 못합니다.

② 양자가 성년이 된 후 3개월이 지나거나 사망을 하면 ① 13세 미만인 양자가 법정대리인의 동의 없이 입양된 것, ② 법정대리인의 소재를 알 수 없는 등의 사유로 입양에 대한 동의 또는 승낙을 받지 않은 채 입양된 것, ③ 미성년자인 양자가 부모의 동의 없이 입양된 것을 이유로 한 입양의 취소를 청구하지 못합니다.

③ 양자가 사망하면 성년인 양자가 부모의 동의 없이 입양된 것을 이유로 한 입양의 취소를 청구하지 못합니다.

④ 성년후견개시의 심판이 취소된 후 3개월이 지나면 성년후견인의 동의를 받지 않고 피성년후견인이 입양을 하거나 양자된 것을 이유로 한 입양의 취소를 청구하지 못합니다.

⑤ 입양취소 청구권자의 입양취소청구권(양부모가 미성년자인 경우 제외)은 그 사유가 있음을 안 날부터 6개월, 그 사유가 있었던 날부터 1년이 지나면 그 취소를 청구하지 못합니다.

⑥ 입양 당시 양부모와 양자 중 어느 한쪽에게 악질(惡疾)이나 그 밖에 중대한 사유가 있음을 알지 못한 채 입양을 한 경우 양부모와 양자 중 어느 한 쪽이 그 사유가 있음을 안 날부터 6개월이 지나면 그 취소를 청구하지 못합니다.

5-1-5. 입양취소 청구에 대한 법원의 판단

가정법원은 입양취소가 될 미성년자의 복리를 위해 그 양육 상황, 입양의 동기, 양부모(養父母)의 양육능력, 그 밖의 사정을 고려해 입양취소의 허가를 하지 않을 수 있습니다.

5-1-6. 입양취소의 효력

입양취소의 효력은 소급하지 않습니다.

5-2. 입양취소 신고의무자

입양취소의 신고의무자는 입양취소소송을 제기한 사람입니다.

5-3. 신고기한

① 재판에 의한 입양취소는 재판의 확정일로부터 1개월 이내에 신고해야 합니다.
② 신고의무자가 정당한 사유 없이 입양취소신고를 기간 내에 하지 않은 경우에는 5만 원 이하의 과태료가 부과됩니다.

5-4. 입양취소 신고하기

5-4-1. 신고장소

① 입양취소신고는 입양이 취소되는 양자의 등록기준지 또는 신고인의 주소지나 현재지에서 할 수 있는데, 신고인의 관할 시(구)·읍·면의 사무소에 하면 됩니다.
② 다만, 외국에 거주하거나 체류하는 대한민국 국민의 경우 재외국민 가족관계등록사무소에서도 할 수 있습니다.

5-4-2. 입양취소신고 신청서 작성

① 입양취소신고는 입양취소신고서에 다음 사항을 기재해야 합니다.
    1) 당사자의 성명·본·출생연월일·주민등록번호 및 등록기준지(당사자가 외국인인 경우에는 그 성명·출생연월일·국적 및 외국인등록번호)
    2) 양자의 친생부모의 성명·등록기준지 및 주민등록번호
② 첨부서류
    1) 재판에 의한 경우 재판의 등본 및 확정증명서
    2) 신고인의 신분증명서
    3) 입양취소당사자의 가족관계등록부의 기본증명서, 입양관계증명서(가족관계등록관서에서 전산정보로 확인이 가능한 경우에는 제출 생략)

[서식] 입양취소신고서

<table>
<tr><td colspan="4" rowspan="2">입 양 취 소 신 고 서
(년   월   일)</td><td colspan="7">※ 신고서 작성 시 아래의 작성 방법을 참고하고, 선택항목
에는 '영표(○)'로 표시하기 바랍니다.</td></tr>
<tr></tr>
<tr><td colspan="2">구 분</td><td colspan="4">양 부</td><td colspan="5">양 모</td></tr>
<tr><td rowspan="5">①
양
친</td><td rowspan="4">성명</td><td>한
글</td><td>(성) / (명)</td><td>본
(한자)</td><td></td><td>한
글</td><td>(성)   / (명)</td><td>본
(한자)</td><td></td></tr>
<tr><td>한
자</td><td>(성) / (명)</td><td>출생연
월일</td><td></td><td>한
자</td><td>(성)   / (명)</td><td>출생연
월일</td><td></td></tr>
<tr><td colspan="2">주민등록번호</td><td colspan="2">-</td><td colspan="2">주민등록번호</td><td colspan="2">-</td></tr>
<tr></tr>
<tr><td colspan="2">등록
기준지</td><td colspan="8"></td></tr>
<tr><td colspan="2">주소</td><td colspan="8"></td></tr>
<tr><td rowspan="4">②
양
자</td><td rowspan="2">성명</td><td>한
글</td><td>(성)   / (명)</td><td>본(한자)</td><td></td><td colspan="3">주민등록번호</td></tr>
<tr><td>한
자</td><td>(성)   / (명)</td><td>출생연월일</td><td></td><td colspan="3">-</td></tr>
<tr><td colspan="2">등록기준지</td><td colspan="7"></td></tr>
<tr><td colspan="2">주 소</td><td colspan="7"></td></tr>
<tr><td colspan="2" rowspan="2">③양자의
친생부모</td><td>부</td><td>성명</td><td colspan="3">등록기준지</td><td colspan="3"></td></tr>
<tr><td colspan="7">주민등록번호   -</td></tr>
<tr><td colspan="2" rowspan="2"></td><td>모</td><td>성명</td><td colspan="3">등록기준지</td><td colspan="3"></td></tr>
<tr><td colspan="7">주민등록번호   -</td></tr>
<tr><td colspan="4">④기타사항</td><td colspan="7"></td></tr>
<tr><td colspan="4">⑤재판확정일자</td><td colspan="4">년   월   일</td><td>법원명</td><td colspan="2"></td></tr>
<tr><td colspan="2" rowspan="5">⑥신고인</td><td colspan="2">성 명</td><td colspan="4">⑩ 또는 서명</td><td>주민등록번호</td><td colspan="2">-</td></tr>
<tr><td colspan="2">자 격</td><td colspan="7">①소 제기자   ②소의 상대방   ③기타(자격 :   )</td></tr>
<tr><td colspan="2">주 소</td><td colspan="7"></td></tr>
<tr><td colspan="2">전 화</td><td colspan="3"></td><td>이메일</td><td colspan="3"></td></tr>
<tr><td colspan="4">⑦제출인</td><td colspan="2">성 명</td><td colspan="5">주민등록번호</td></tr>
</table>

- 124 -

※등록기준지:각 란의 해당자가 외국인인 경우에는 그 국적을 기재합니다.
※주민등록번호:각 란의 해당자가 외국인인 경우에는 외국인등록번호(국내거소신고번호 또
　　　　　　　는 출생연월일)를 기재합니다.
①란 및 ②란:법 제25조제2항에 따라 주민등록번호란에 주민등록번호를 기재한 때에는 출
　　　　　　생연월일의 기재를 생략할 수 있습니다.
④란:아래의 사항 및 가족관계등록부에 기록을 분명하게 하는데 특히 필요한 사항을 기재
　　　합니다.
　　　- 신고사건으로 신분의 변경이 있게 되는 사람이 있을 경우에는 그 사람의 성명, 출
　　　　생연월일, 등록기준지 및 신분변경의 사유
⑦란:제출인(신고인이 작성한 신고서를 신고인이 아닌 사람이 제출할 경우만 기재)의 성명
　　　및 주민등록번호를 기재합니다.[접수담당공무원은 신분증과 대조]

**※ 아래 1항은 가족관계등록관서에서 전산으로 그 내용을 확인할 수 있는 경우 첨부를 생
략합니다.**
1.입양취소당사자의 가족관계등록부의 기본증명서, 입양관계증명서 각 1통.
2. 판결의 경우 입양취소판결등본 및 확정증명서 각 1부.
3.신분확인[가족관계등록예규 제443호에 의함]
　- 신고인이 출석한 경우 : 신분증명서
　- 제출인이 출석한 경우 : 제출인의 신분증명서
　- 우편제출의 경우 : 신고인의 신분증명서 사본
　※ 신고인이 성년후견인인 경우에는 3항의 서류 외에 성년후견인의 자격을 증명하는 서면도 함께
　　첨부해야 합니다.
4. 사건본인이 외국인인 경우:국적을 증명하는 서면(여권 또는 외국인등록증) 사본

※ 타인의 서명 또는 인장을 도용하여 허위의 신고서를 제출하거나, 허위신고를 하여 가족관계등록부
　에 부실의 사실을 기록하게 하는 경우에는 형법에 의하여 5년 이하의 징역 또는 1천만 원 이하의
　벌금에 처해집니다.

6. 친양자 입양취소 신고방법

6-1. 친양자 입양취소신고

6-1-1. 친양자 입양취소신고란?

"친양자 입양취소신고"란 친양자 입양이 취소된 경우 시(구)·읍·면의 장에게 신고하는 것을 말합니다.

6-1-2. 친양자 입양의 취소원인

① 친양자로 될 사람의 친생(親生)의 아버지 또는 어머니는 자신에게 책임이 없는 사유로 친권상실선고를 받거나 소재를 알 수 없었거나 그 밖의 사유로 동의를 할 수 없었던 경우 가정법원에 그 취소를 청구할 수 있습니다.

② 친양자 입양에 있어서는 일반적인 입양취소의 원인이 있다 하더라도 입양취소를 청구할 수 없습니다.

6-1-3. 친양자 입양취소 청구에 대한 법원의 판단

가정법원은 친양자의 복리를 위해 그 양육상황, 친양자 입양의 동기, 양부모의 양육능력, 그 밖의 사정을 고려해 친양자 입양취소가 적당하지 않다고 인정되는 경우에는 취소청구를 기각할 수 있습니다.

6-1-4. 친양자 입양취소의 효력

① 친양자의 입양이 취소되면 친양자 관계는 소멸하고 입양 전의 친족관계가 부활합니다.

② 친양자 입양취소의 효력은 소급하지 않습니다.

6-2. 친양자 입양취소의 신고의무자

친양자취소의 신고의무자는 친양자 입양취소소송을 제기한 사람입니다.

6-3. 신고기한

① 재판에 의한 친양자 입양취소는 재판의 확정일로부터 1개월 이내에 신고를 해야 합니다.

② 신고의무자가 정당한 사유 없이 친양자 입양취소신고를 기간 내에 하지 않은 경우에는 5만원 이하의 과태료가 부과됩니다.

6-4. 친양자 입양취소 신고하기

6-4-1. 신고장소

① 친양자 입양취소신고는 입양이 취소되는 양자의 등록기준지 또는 신고인의 주소지나 현재지에서 할 수 있는데, 신고인의 관할 시(구)·읍·면의 사무소에 하면 됩니다.

② 다만, 외국에 거주하거나 체류하는 대한민국 국민의 경우 재외국민 가족관계등록사무소에서도 할 수 있습니다.

6-4-2. 입양취소신고 신청서 작성

① 친양자 입양취소신고는 친양자 입양취소신고서에 다음 사항을 기재해야 합니다.
  1) 당사자의 성명·본·출생연월일·주민등록번호 및 등록기준지(당사자가 외국인인 경우에는 그 성명·출생연월일·국적 및 외국인등록번호)
  2) 친양자의 친생부모의 성명·등록기준지 및 주민등록번호

② 첨부서류
  1) 재판에 의한 경우 재판의 등본 및 확정증명서
  2) 신고인의 신분증명서
  3) 친양자 입양취소당사자의 가족관계등록부의 기본증명서, 친양자 입양관계증명서 (가족관계등록관서에서 전산정보로 확인이 가능한 경우에는 제출 생략)

[서식] 친양자입양취소신고서

친양자입양취소신고서 (년 월 일)	※ 신고서 작성 시 아래의 작성 방법을 참고하고, 선택항목 에는 '영표(○)'로 표시하기 바랍니다.

구 분		양 부				양 모			
① 양 친	성명	한 글	(성) / (명)	본 (한자)		한 글	(성) / (명)	본 (한자)	
		한 자	(성) / (명)	출생연 월일		한 자	(성) / (명)	출생연 월일	
		주민등록번호		-		주민등록번호		-	
	등 록 기준지								
	주소								
② 친 양 자	성명	한글	(성) / (명)	본(한자)			주민등록번호		
		한자	(성) / (명)	출생연월일				-	
	등록기준지								
	주 소								
	종전의 성(姓)		한글	한자		종전의 본(本)	한글		한자
	부활된 성(姓)		한글	한자		부활된 본(本)	한글		한자
③부활되는 (양)부모	(양) 부	성명		등 록 기 준 지					
				주민등록번호			-		
	(양) 모	성명		등 록 기 준 지					
				주민등록번호			-		
④기타사항									
⑤재판 확정일자		년 월 일		법원명					
⑥신고인	성 명		㉑ 또는 서명	주민등록번호		-			
	자 격	1️⃣소 제기자 2️⃣소의 상대방 3️⃣기타(자격 :)							
	주 소								
	전 화			이메일					
⑦제출인	성 명			주민등록번호		-			

※ 이 신고서는 「민법」 제908조의4에 따른 친양자 입양취소의 재판 또는 「입양특례법」 제16조에 따른 입양취소의 재판이 확정되어 친양자 입양취소신고를 하는 경우에 작성하여야 합니다.

※ 등록기준지:각 란의 해당자가 외국인인 경우에는 그 국적을 기재합니다.

※ 주민등록번호:각 란의 해당자가 외국인인 경우에는 외국인등록번호(국내거소신고번호 또는 출생연월일)를 기재합니다.

①란 및 ②란:법 제25조제2항에 따라 주민등록번호란에 주민등록번호를 기재한 때에는 출생연월일의 기재를 생략할 수 있습니다.

③란:친양자입양 전에 일반입양관계가 형성되었다면 친양자입양의 취소 시에 종전 일반입양한 양부모관계가 부활합니다.

④란:아래의 사항 및 가족관계등록부에 기록을 분명하게 하는데 특히 필요한 사항을 기재합니다. -신고사건으로 신분의 변경이 있게 되는 사람이 있을 경우에는 그 사람의 성명, 출생연월일, 등록기준지 및 신분변경의 사유

⑦란:제출인(신고인이 작성한 신고서를 신고인이 아닌 사람이 제출할 경우만 기재)의 성명 및 주민등록번호를 기재합니다.[접수담당공무원은 신분증과 대조]

※ **아래 1항은 가족관계등록관서에서 전산으로 그 내용을 확인할 수 있는 경우 첨부를 생략합니다.**
1. 친양자입양취소당사자의 가족관계등록부의 기본증명서, 친양자입양관계증명서 각 1통.
2. 친양자입양취소 재판의 등본 및 확정증명서 각 1통.
3. 신분확인[가족관계등록예규 제443호에 의함]
 - 신고인이 출석한 경우 : 신분증명서
 - 제출인이 출석한 경우 : 제출인의 신분증명서
 - 우편제출의 경우 : 신고인의 신분증명서 사본
※ 신고인이 성년후견인인 경우에는 3항의 서류 외에 성년후견인의 자격을 증명하는 서면도 함께 첨부해야 합니다.
4. 사건본인이 외국인인 경우:국적을 증명하는 서면(여권 또는 외국인등록증) 사본

※ 타인의 서명 또는 인장을 도용하여 허위의 신고서를 제출하거나, 허위신고를 하여 가족관계등록부에 부실의 사실을 기록하게 하는 경우에는 형법에 의하여 5년 이하의 징역 또는 1천만 원 이하의 벌금에 처해집니다.

[서식] 친양자 입양 취소 청구의 소

소　　　　장

원　고　○　○　○ (주민등록번호)
　　　　　　　등록기준지 : ○○시 ○○구 ○○길 ○○번지
　　　　　　　주소 : ○○시 ○○구 ○○길 ○○번지(우편번호)

피　고　1. △　△　△ (주민등록번호, 양부)
　　　　　　　등록기준지 : ○○시 ○○구 ○○길 ○○번지
　　　　　　　주소 : ○○시 ○○구 ○○길 ○○번지(우편번호)
　　　　2. □　□　□ (주민등록번호, 양모)
　　　　　　　등록기준지 : ○○시 ○○구 ○○길 ○○번지
　　　　　　　주소 : ○○시 ○○구 ○○길 ○○번지(우편번호)
　　　　3. ◇◇◇ (주민등록번호, 친양자)
　　　　　　　등록기준지 : ○○시 ○○구 ○○길 ○○번지
　　　　　　　주소 : ○○시 ○○구 ○○길 ○○번지(우편번호)

친양자입양취소청구의 소

청 구 취 지

○○법원 20 느 호 사건에 관하여 위 법원이 20 . . . 한 심판에 의하여 피고 1. △ △ △, 피고 2. □ □ □와 피고 3.◇◇◇ 사이에 성립한 친양자 입양은 이를 취소한다.
라는 판결을 구합니다.

청 구 원 인

1. 원고는 피고 3.◇◇ 의 친생의 부인데, 최근 피고 3.◇◇ 이 피고 1.◇△△ △와 피고 2. □ □ □의 친양자로 입양되어 있다는 사실을 알게 되었습니다.
2. 원고는 20○○. . . 피고 3.◇◇ 과 함께◇○○시 인근 캠핑장에 갔다가, 위 피고 3.◇◇◇을 잃어버린 이후 경찰서에 실종선고를 접수하였던 사실이 있습니다.
3. 한편, 피고 3.◇◇ 은 아동보호시설에 보호되고 있던 중,◇○○법원 20 느 호 심판에 의하여 원고에게 친양자로 입양되었고, 원고는 위 사실을 20

○○. . . 알게 되었습니다.

4. 피고 3.◇◇ 의 친생의 아버지인 원고는 피고 1.◇△ △ △, 피고 2. □ □
□가 피고 3.◇◇◇을 친양자로 입양할 당시 책임질 수 없는 사유로 인하여
민법 제908조의 2 제1항 단서에 따른 동의를 할 수 없었다고 할 것인바,
민법 제908조의 4에 따라 친양자 입양의 취소를 구하는 바입니다.

입 증 방 법

1. 갑 제1호증	가족관계증명서(원고)
1. 갑 제2호증	친양자입양관계증명서(피고3.)
1. 갑 제3호증	주민등록등본(피고1. 또는 피고2.)

첨 부 서 류

1. 위 입증방법	각 1통
1. 소장부본	1통
1. 납부서	1통

20○○년   ○월   ○일
원   고   ○ ○ ○ (서명 또는 날인)

○ ○ 가 정 법 원 귀 중

(관련판례 1)

갑이 을을 입양할 목적으로 허위로 친생자 출생신고를 한 후 양육하다가 을을 상대로 친생
자관계부존재확인소송을 제기하여 '갑과 을은 파양한다'는 내용의 조정(이하 '파양조정'이라
한다)이 성립되었는데, 을이 친생자관계를 양친자관계로 정정하기 위한 절차 없이 파양신고
를 하여 가족관계등록부상 제적 당시의 주민등록정보가 여전히 남아 있는 사안에서, 제반
사정에 비추어 갑이 입양의 의사로 친생자 출생신고를 하고 입양의 실질적 요건이 구비되었
으므로 갑과 을 사이의 양친자관계가 성립되어 파양조정 시까지 계속되었고, 나아가 파양신
고는 장래효만 있는 신고이고 양친자관계의 존부는 파양조정의 선결문제에 불과하므로 파양
조정 자체만으로는 등록부정정신청을 할 수 없고 다시 친생자관계를 양친자관계로 정정하기
위한 절차가 필요한데, 양친자관계의 존부는 친족법상 또는 상속법상 중대한 영향을 미치는
사항으로서 친생자관계를 양친자관계로 정정하기 위해서는 양친자관계존재확인판결이 필요
하므로, 갑과 을 사이에 조정에 의한 파양이 이루어져 양친자관계가 종료하였다고 하더라도
을로서는 가족관계 등록내용을 정정하기 위하여 갑과 을 사이에 양친자관계가 존재하였다는
과거의 법률관계에 대한 확인을 구할 법률상 이익이 있다(대구지방법원 2012. 4. 27. 선고
2011르1534 판결).

(관련판례 2)

당사자가 입양의 의사로 친생자 출생신고를 하고 거기에 '입양의 실질적 요건'이 모두 구비되어 있다면 그 형식에 다소 잘못이 있더라도 입양의 효력이 발생하고, 양친자관계는 파양에 의하여 해소될 수 있는 점을 제외하고는 법률적으로 친생자관계와 똑같은 내용을 갖게 되므로, 이 경우 허위의 친생자 출생신고는 법률상의 친자관계인 양친자관계를 공시하는 입양신고의 기능을 발휘한다. 그리고 '입양의 실질적 요건'이 구비되어 있다고 하기 위해서는 입양의 합의가 있을 것, 15세 미만자는 법정대리인의 대낙이 있을 것, 양자는 양부모의 존속 또는 연장자가 아닐 것 등 민법 제883조 각 호 소정의 입양 무효사유가 없어야 함은 물론 감호·양육 등 양친자로서의 신분적 생활사실이 반드시 수반되어야 한다(대법원 2001. 5. 24. 선고 2000므1493 전원합의체 판결, 대법원 2010. 3. 11. 선고 2009므4099 판결 등 참조).(대법원 2011. 9. 8. 선고 2009므2321 판결)

제4장

혼인신고 및 혼인취소신고는
어떻게 하나요?

제4장 혼인신고 및 혼인취소신고는 어떻게 하나요?

1. 혼인신고방법

1-1. 혼인신고

1-1-1. 혼인신고란?

"혼인신고"란 법적으로 인정된 남녀 간의 결합을 위해 혼인사실을 시(구)·읍·면의 장에게 신고하는 것을 말합니다.

1-1-2. 혼인신고자

혼인신고자는 혼인을 하려는 당사자 입니다.

1-1-3. 신고기한

혼인은 가족관계의 등록 등에 관한 법률에 따라 신고함으로써 그 효력이 생기므로 신고기간이 별도로 존재하지는 않습니다.

> **(참고) 혼인으로 발생하는 권리와 의무**
> ① 부부는 동거하며 서로 부양하고 협조해야 합니다. 그러나 정당한 이유로 일시적으로 동거하지 않는 경우에는 서로 인용해야 합니다.
> ② 미성년자가 혼인을 한 때에는 성년자로 봅니다.
> ③ 부부는 일상의 가사에 관해 서로 대리권이 있습니다.
> ④ 부부의 공동생활에 필요한 비용은 당사자간에 특별한 약정이 없으면 부부가 공동으로 부담합니다.

1-2. 혼인신고하기

1-2-1. 신고장소

① 혼인신고는 신고인의 등록기준지 또는 주소지나 현재지에서 할 수 있는데, 신고인의 관할 시(구)·읍·면의 사무소에 하면 됩니다.
② 다만, 외국에 거주하거나 체류하는 대한민국 국민의 경우 재외국민 가족관계등록사무소에서도 할 수 있습니다.

1-2-2. 혼인신고 신청서 작성

① 혼인신고는 혼인신고서에 다음 사항을 기재해야 합니다.

1) 당사자의 성명·본·출생연월일·주민등록번호 및 등록기준지(당사자가 외국인인 경우에는 그 성명·출생연월일·국적 및 외국인등록번호)

2) 당사자의 부모와 양부모의 성명·등록기준지 및 주민등록번호

3) 부모가 혼인신고 시 모의 성과 본을 따르기로 협의한 경우에는 그 사실

4) 8촌 이내의 혈족(친양자의 입양 전 혈족 포함) 사이에서는 혼인을 하지 못하므로 이러한 근친혼에 해당되지 않는다는 사실

5) 성년자인 증인 2인이 연서할 것

② 첨부서류

1) 혼인동의서(미성년자 또는 피성년후견인 혼인에서 신고서 동의란에 기재하고 서명 또는 날인한 경우 예외) 및 성년후견인의 자격을 증명하는 서면(피성년후견인의 혼인에 성년후견인이 동의하는 경우만 해당)

2) 사실혼관계존재확인의 재판에 의한 혼인신고의 경우 그 재판서의 등본과 확정증명서(조정·화해성립의 경우 조정·화해조서 및 송달증명서)

3) 혼인 당사자 중 어느 한쪽이 전쟁이나 사변(事變)으로 전투에 참가하거나 전투수행을 위한 공무(公務)에 종사함으로 인해 혼인신고를 하지 못하고 사망한 경우에 관한 특칙(特則)을 규정한 「혼인신고특례법」에 의한 혼인의 경우 심판서의 등본 및 확정증명서

4) 혼인신고 당사자가 외국인으로 한국방식에 의해 혼인한 경우 외국인의 혼인성립요건구비증명서(중국인 경우 미혼증명서) 원본 및 국적을 증명하는 서면(여권 또는 외국인등록증) 사본

5) 혼인신고 당사자가 외국인으로 외국방식에 의해 혼인한 경우 혼인증서등본 및 국적을 증명하는 서면(여권 또는 외국인등록증)사본

6) 부모가 혼인신고 시 모의 성과 본을 따르기로 협의한 경우 협의사실을 증명하는 혼인당사자의 협의서(「민법」 제781조제1항 단서)

7) 신고인이 출석한 경우 : 신고인 모두의 신분증명서

8) 신고인 불출석, 제출인 출석의 경우 : 제출인의 신분증명서 및 신고인 모두의 신분증명서 또는 서면공증 또는 인감증명서(신고인의 신분증명서 없이 신고서에 신고인이 서명한 경우 서면공증, 신고서에 인감 날인한 경우 인감증명)

9) 우편제출의 경우 : 신고인 모두의 서면공증 또는 인감증명서(신고서에 서명한 경우 서면공증, 인감을 날인한 경우는 인감증명서)

10) 혼인 당사자의 가족관계등록부의 기본증명서, 혼인관계증명서, 가족관계증명서(가족관계등록 관서에서 확인이 가능한 경우에는 제출 생략)

1-3. 외국인과 결혼한 경우의 가족관계등록부의 처리방법

① 한국인이 남자인 경우

혼인신고를 접수한 시(구)·읍면의 장은 처가 혼인신고로 한국의 국적을 취득하는 것이 아니므로 남편의 가족관계등록부 일반등록사항란에 혼인사유만을 기록했다가 나중에 귀화통보가 있으면 처의 가족관계등록부를 작성합니다.

② 한국인이 여자인 경우

서면을 접수한 처의 등록기준지 시(구)·읍면의 장은 처의 가족관계등록부 일반등록사항란에 혼인사유를 기록하고, 후에 처가 외국 국적을 취득해 한국 국적을 상실하면 국적상실신고 등에 의해 처의 가족관계등록부를 폐쇄합니다.

📖 Summary (요점정리)

■ 부모의 동의 없이 혼인할 수 있는 나이는?
남녀 모두 만 19세가 넘으면 자유롭게 혼인할 수 있다. 혼인을 할 수 있는 나이는 남녀모두 18세로 미성년자가 혼인할 경우에는 부모나 미성년후견인의 동의를 얻어야 한다.

■ 혼인신고는?
혼인신고를 해야만 법률상 부부로 인정받을 수 있다. 혼인신고서 양식에 따라 증인 2명이 연서한 서면으로 해야 되며, 혼인당사자의 기본 증명서, 혼인관계증명서 가족관계증명서 각 1통을 첨부하여 전국 어디서나(시,읍,면) 신고할 수 있다.

■ 자녀가 어머니의 성과 본을 따르도록 하려면?
혼인당사자 사이에 자녀의 성과 본을 어머니의 성과 본으로 따르기로 합의한 경우에는 혼인 신고 시 혼인신고서에 그사실을 기재하고 협의서를 첨부하여야 한다.

■ 동성동본자 사이의 혼인은?
성과 본이 같더라도 8촌 이내의 혈족(친양자의 입양전의 혈족을 포함)만 아니면 혼인할 수 있다. 따라서 8촌 이내의 혈족사이의 혼인은 금지되며, 또한 6촌 이내의 혈족의 배우자, 배우자의 6촌 이내의 혈족, 배우자의 4촌 이내의 혈족의 배우자인 인척이거나 이러한 인척이었던 자, 6촌 이내의 양부모계의 혈족이었던 자와 4촌 이내의 양부모계의 인척이었던 자 사이에서의 혼인 역시 금지된다.

■ 남편 혹은 아내 모르게 부부 일방이 진 빚은?
가족들과 먹고 입고 사는 생활비 때문에 빚을 졌을 때에는 한쪽이 비록 몰랐다 하더라도 서로 갚아줄 책임이 있지만, 혼자 낭비하느라고 진 빚이라면 남편 혹은 아내는 이를 갚아줄 책임이 없다.

■ 부부 일방 명의로 취득한 재산의 소유는?
혼인 전부터 가지고 있던 재산과 혼인 중 각자 상속, 증여받은 재산은 각자의 소유로 인정된다. 누구의 소유에 속한 것인지 분명하지 않은 재산은 부부의 공동재산으로 추정되며, 혼인 중 형성된 재산은 부부의 협력으로 이루어진 공동재산으로 보아 이혼 시 재산분할이 인정된다.

■ 배우자가 심한 질병을 숨기고 결혼했다면?

혼인생활을 지속하기 어려울 정도로 심한 질병이 있는 것을 모르고 결혼했다면 그런 사실을 안 날로부터 6개월 이내에 가정법원에 혼인취소를 청구할 수 있다. 또한 사기나 강박에 의해 혼인을 한 경우에는 사기당한 것을 안 날 혹은 강박을 면한 날로부터 3개월 이내에 혼인취소를 청구할 수 있다.

■ 동의 없이 일방적으로 한 혼인신고는?

상대방의 동의 없이 일방적으로 한 혼인신고는 무효이다. 또한 혼인당사자의 의사와 상관없이 제3자가 한 혼인신고도 무효이다. 본인 의사와 상관없이 일방적으로 혼인신고가 되었을 경우 혼인무효소송을 제기할 수 있다.

■ 부부 간 의무는?

부부는 동거하면서 서로 부양하고 협조하여야 하며, 정조를 지킬 의무가 있다.

■ 부부재산계약은?

혼인을 앞둔 부부가 자유로운 의사로 혼인 중의 재산관계를 규율하기 위하여 재산에 관한 약정을 혼인 성립 전에 체결할 수 있고, 정당한 사유가 있는 경우에 법원의 허가를 얻어 혼인 중 그 내용을 변경할 수 있다.

■ 친족의 범위는?

친가와 외가를 구분하지 않고 8촌까지의 혈족은 모두 친족이 된다. 또 남녀가 혼인함으로써 새로이 생기는 친족관계가 인척인데 4촌 이내의 인척도 친족의 범위에 포함된다.

[서식] 혼인신고서

혼 인 신 고 서	※ 신고서 작성 시 뒷면의 작성 방법을 참고하고, 선택항
(년 월 일)	목에는 '영표(○)'로 표시하기 바랍니다.

구 분			남 편(부)		아 내(처)	
①혼인당사자(신고인)	성명	한글	*(성) / (명)	㉑ 또는 서명	*(성) / (명)	㉑ 또는 서명
		한자	(성) / (명)		(성) / (명)	
	본(한자)		전화		본(한자) 전화	
	출생연월일					
	*주민등록번호		-		-	
	*등록기준지					
	*주소					
②부모(양부모)	부 성명					
	주민등록번호		-		-	
	등록기준지					
	모 성명					
	주민등록번호		-		-	
	등록기준지					
③외국방식에 의한 혼인성립일자			년 월 일			
④성·본의 협의			자녀의 성·본을 모의 성·본으로 하는 협의를 하였습니까? 예☐아니요☐			
⑤근친혼 여부			혼인당사자들이 8촌이내의 혈족사이에 해당됩니까? 예☐아니요☐			
⑥기타사항						

⑦증인	성 명		㉑ 또는 서명	주민등록번호	-
	주 소				
	성 명		㉑ 또는 서명	주민등록번호	-
	주 소				

⑧동의자	남편	부	성명	㉑ 또는 서명	후견인	성명	㉑ 또는 서명
		모	성명	㉑ 또는 서명		주민등록번호	-
	아내	부	성명	㉑ 또는 서명		성명	㉑ 또는 서명
		모	성명	㉑ 또는 서명		주민등록번호	-

⑨신고인 출석여부	① 남편(부)	② 아내(처)
⑩제출인 성명		주민등록번호 -

- 140 -

※ 타인의 서명 또는 인장을 도용하여 허위의 신고서를 제출하거나, 허위신고를 하여 가족관계등록부에 실제와 다른 사실을 기록하게 하는 경우에는 **형법에 의하여 처벌**받을 수 있습니다. **눈표(*)로 표시한 자료**는 국가통계작성을 위해 통계청에서도 수집하고 있는 자료입니다.

※ 아래 사항은 「**통계법」 제24조의2**에 의하여 **통계청에서 실시하는 인구동향조사**입니다. 「통계법」제32조 및 제33조에 의하여 성실응답의무가 있으며 개인의 비밀사항이 철저히 보호되므로 사실대로 기입하여 주시기 바랍니다.

※ 첨부서류 및 혼인당사자의 국적은 국가통계작성을 위해 통계청에서도 수집하고 있는 자료입니다.

인 구 동 향 조 사

㉮ 실제 결혼 생활 시작일			년 월 일부터 동거		
㉯혼인 종류	남편	①초혼 ②사별 후 재혼 ③이혼 후 재혼	아내	①초혼 ②사별 후 재혼 ③이혼 후 재혼	
㉰최종 졸업학교	남편 (부)	①학력 없음 ②초등학교 ③중학교 ④고등학교 ⑤대학(교) ⑥대학원 이상	아내 (처)	①학력 없음 ②초등학교 ③중학교 ④고등학교 ⑤대학(교) ⑥대학원 이상	
㉱직업	남편 (부)	①관리직 ②전문직 ③무직 ④서비스직 ⑤판매직 ⑥농림어업 ⑦기능직 ⑧장치·기계 조작 및 조립 ⑨단순노무직 ⑩군인 ⑪학생·가사무직	아내 (처)	①관리직 ②전문직 ③사무직 ④서비스직 ⑤판매직 ⑥농림어업 ⑦기능직 ⑧장치·기계 조작 및 조립 ⑨단순노무직 ⑩군인 ⑪학생·가사무직	

※등록기준지:각 란의 해당자가 외국인인 경우에는 그 국적을 기재합니다.
※주민등록번호:각 란의 해당자가 외국인인 경우에는 외국인등록번호(국내거소신고번호 또는 출생연월일)를 기재합니다.
※①,②란 및 ⑤,⑦란은 신고인 모두가 기재하며, 나머지 란(③,④,⑥,⑧)은 해당되는 사람만 기재합니다.
※주민등록전입신고는 본 가족관계등록신고와는 따로 하여야 합니다.
②란:혼인당사자가 양자인 경우 양부모의 인적사항을 기재합니다.
③란:외국방식에 의한 혼인증서등본제출의 경우 혼인성립일을 기재합니다.
④란:「민법」제781조 제1항의 단서에 따라 자녀의 성.본을 모의 성•본으로 하는 협의가 있는 경우에는 그러한 사실을 표시합니다.
⑤란:혼인당사자들이「민법」제809조 제1항에 따른 근친혼에 해당되지 아니한다는 사실[8촌이내의 혈족(친양자의 입양 전의 혈족을 포함한다)]을 표시합니다.
⑥란:아래의 사항 및 가족관계등록부에 기록을 분명하게 하는데 특히 필요한 사항을 기재합니다.
 - 사실상 혼인관계 존재확인의 재판에 의한 혼인신고(양 당사자가 생존한 경우에 소제기자만 신고 가능)의 경우에는 재판법원 및 확정일자
 - 부모의 혼인으로 인하여 혼인중의 자의 신분을 취득한 자녀가 있을 경우에는 그 자녀의 성명, 등록기준지
⑦란:증인은 성년자이어야 합니다.
⑧란:미성년자 또는 피성년후견인(2018. 6. 30.까지는 금치산자 포함)이 혼인하는 경우에 동의내용을 기재합니다.
⑩란:제출인(신고인이 작성한 신고서를 신고인이 아닌 사람이 제출할 경우만 기재)의 성명 및 주민등록번호를 기재합니다.[접수담당공무원은 신분증과 대조]
※ 아래 사항은「통계법」제24조의2에 의하여 **통계청에서 실시하는 인구동향조사입니다.**
㉠란:결혼일자와 관계없이 실제 부부가 결혼(동거)생활을 시작한 날을 기입합니다.
㉡란:교육부장관이 인정하는 모든 정규교육기관을 기준으로 기재하되 각급 학교의 재학 또는 중퇴자는 최종 졸업한 학교의 해당번호에 '영표(○)'로 표시합니다. <예시> 대학교 3학년 재학(중퇴) → ④ 고등학교에 '영표(○)'로 표시
㉢란:결혼할 당시의 주된 직업을 기준으로 기재합니다.

①관리자:정부,기업,단체또는그내부 부서의정책과활동을기획,지휘및조정(공공및기업고위직 등)
②전문가및관련종사자:전문지식을 활용한 기술적 업무(과학,의료,복지,교육,종교,법률,금융,예술,스포츠 등)
③사무종사자:관리자,전문가 및 관련종사자를 보조하여 업무추진(행정,경영,보험,감사,상담·안내·통계 등)
④서비스종사자:공공안전,신변보호,돌봄,의료보조,미용,혼례및장례,운송,여가,조리와 관련된 업무
⑤판매종사자:영업활동을 통해 상품이나 서비스판매(인터넷,상점,공공장소등),상품의광고.홍보,계산·정산등
⑥농림·어업숙련종사자:작물의재배.수확,동물의번식.사육,산림의경작·개발,수생동.식물번식및양식 등
⑦기능원및관련기능종사자:광업,제조업,건설업에서 손과 수공구를 사용하여 기계 설치 및 정비,제품가공
⑧장치·기계조작및조립종사자:기계를 조작하여 제품생산.조립,산업용기계·장비조작,운송장비의운전등
⑨단순노무종사자:주로 간단한 수공구의 사용과 단순하고 일상적이며 육체적노력이 요구되는 업무
⑩군인:의무복무를 포함하여,현재 군인신분을 유지하고 있는 경우(국방분야에 고용된 민간인과 예비군은 제외)
⑪학생·가사·무직:교육기관에 재학하며 학습에만 전념하거나,전업주부이거나,특정한 직업이 없는 경우

※ 아래 1항은 가족관계등록관서에서 전산으로 그 내용을 확인할 수 있는 경우 첨부를 생략합니다.
1. 혼인 당사자의 가족관계등록부의 기본증명서, 혼인관계증명서, 가족관계증명서 각 1통.
2. 혼인동의서[미성년자 또는 피성년후견인(2018. 6. 30.까지는 금치산자 포함)이 혼인하는 경우, 단 신고서 동의란에 기재하고 서명 또는 날인한 경우는 예외] 및 성년후견인의 자격을 증명하는 서면(피성년후견인의 혼인에 성년후견인이 동의하는 경우만)

3. 사실상 혼인관계 존재확인의 재판이 확정되어 혼인신고를 하는 경우 그 재판서의 등본과 확정증명서 각 1부[조정,화해성립의 경우 조정(화해)조서 및 송달증명서 각 1부].
4. 혼인신고특례법에 의한 혼인의 경우 심판서의 등본 및 확정증명서 1부.
5. 사건본인이 외국인인 경우
 - 한국방식에 의한 혼인의 경우 : 외국인의 혼인성립요건구비증명서(중국인인 경우 미혼증명서) 원본 및 국적을 증명하는 서면(여권 또는 외국인등록증) 사본 각 1부
 - 외국 방식에 의해 혼인한 경우 : 혼인증서등본 1부 및 국적을 증명하는 서면(여권 또는 외국인등록증) 사본 1부
6. 「민법」제781조 제1항의 단서에 따라 자녀의 성.본을 모의 성·본으로 하는 협의를 한 경우에는 협의사실을 증명하는 혼인당사자의 협의서(가족관계등록예규 제414호 별지1 양식) 1부.
7. 신분확인[가족관계등록예규 제443호에 의함]
① 일반적인 혼인신고
 - 신고인이 출석한 경우 : 신고인 모두의 신분증명서
 - 신고인 불출석, 제출인 출석의 경우 : 제출인의 신분증명서 및 신고인 모두의 신분증명서 또는 서명공증 또는 인감 증명서(신고인의 신분증명서 없이 신고서에 신고인이 서명한 경우 서명공증, 신고서에 인감 날인한 경우 인감증명)
 - 우편제출의 경우 : 신고인 모두의 서명공증 또는 인감증명서(신고서에 서명한 경우 서명공증, 인감을 날인한 경우는 인감증명서)
② 보고적인 혼인신고(증서등본에 의한 혼인신고)
 - 신고인이 출석한 경우 : 신분증명서
 - 제출인이 출석한 경우 : 제출인의 신분증명서
 - 우편제출의 경우 : 신고인의 신분증명서 사본
※ 신고인이 성년후견인인 경우에는 7항의 ② 서류 외에 성년후견인의 자격을 증명하는 서면도 함께 첨부해야 합니다.
※ 사실상 혼인관계 존재확인의 재판이 확정되어 혼인신고를 하는 경우에는 출석한 신고인(소제기자)의 신분확인으로 불출석한 신고인의 신분확인에 갈음할 수 있습니다.

[서식] 위자료 등 청구의 소(사실혼 파기)

소　　장

원　　고　　○　○　○(○　○　○) (주민등록번호)
　　　　　　　19○○. ○. ○.생
　　　　　　　등록기준지 : ○○시 ○○군 ○○읍 ○○길 ○○
　　　　　　　주소 : ○○시 ○○구 ○○길 ○○(우편번호)

피　　고　　△　△　△(△　△　△) (주민등록번호)
　　　　　　　19○○. ○. ○.생
　　　　　　　등록기준지 : ○○시 ○○군 ○○면 ○○길 ○○
　　　　　　　주소 : ○○시 ○○구 ○○길 ○○(우편번호)

위자료 등 청구의 소

청 구 취 지

1. 피고는 원고에게 위자료로서 금 ○○○원 및 이에 대한 이 사건 소장 부본
　송달일 다음날부터 다 갚는 날까지 연 15%의 비율에 의한 금원을 지급하라.
2. 피고는 원고에게 별지목록 기재 각 부동산 중 2분의 1지분에 관하여 재산
　분할을 원인으로 하는 소유권이전등기절차를 이행하라.
3. 소송비용은 피고의 부담으로 한다.
라는 판결 및 제1항에 대한 가집행의 선고를 구합니다.

청 구 원 인

1. 원고는 배우자와 사별한 후 홀몸으로 생활하다가 19○○. ○.경 역시 배우
　자와 사별하고 홀로 ○남 ○녀를 양육하며 살아가던 피고를 만나 위 시기부
　터 동거하며 사실상의 혼인관계를 시작하였습니다.
2. 원고는 부동산 중개일을 하였고, 피고는 식육점을 경영하며 생계를 유지해
　왔습니다. 원고는 집을 한 채 갖는 것이 소원이라는 피고의 말을 들어주기
　위해두 사람이 함께 모은 재산으로 19○○. ○. ○. ○○시 ○구 ○○길
　○○ 소재 주택과 토지를 매수한 후 같은 해 ○. ○. 피고의 명의로 소유
　권이전등기를 마쳤습니다.
　그 후 위 주택은 피고의 전혼의 자인 소외 □□□에게 맡겨 두고 원고와 피
　고는 ○○시 ○구 ○○길 ○○에서 함께 거주하며 식육점을 경영하였고,

원고는 아파트 경비일까지 하며 생계를 이어갔습니다. 19○○. ○.경 원고
와 피고는 식육점을 정리하고 위 ○○시 ○구 ○○길 ○○로 주거를 옮겼
습니다.

그런데 언제부터인가 피고는 원고의 월급을 모두 챙기면서 원고에게는 용
돈도 전혀 주지 않아 갈등이 생기기 시작하였습니다. 19○○. ○.경 원고
가 피고에게 용돈을 전혀 주지 않는다고 항의를 하자 피고는 바로 그날부터
동인의 딸 방으로 옮겨 각방을 쓰게 되었습니다.

그 때부터 피고와 위 □□□는 추운 겨울에 원고의 방으로 들어오는 전기
를 절단해 버려 원고로 하여금 추위에 떨게 하고 심지어 원고의 방문을
잠가 밖으로 나오지 못하게 하는 등 심히 부당한 대우를 계속하다가, 위
□□□는 19○○. ○.경 원고에게 '마귀와는 한 집에서 같이 살 수 없다'
고 폭언을 하며 원고를 집에서 내쫓았고 피고도 위 □□□에게 동조하면
서 원고와의 사실혼을 부당하게 파기하였습니다.

원고는 집에서 부당하게 축출당한 후 노숙자로 생활하다가 최근에야 ○○시
○○구 ○○동 ○○ 소재 방 한 칸에 월세로 입주하여 살게 되었습니다.

3. 원고는 피고와 소외 □□□로부터 사실혼관계를 부당하게 파기 당하여 17
년 동안이나 함께 살아온 세월이 안타깝고 억울하여 심한 정신적 고통을
받았는바, 이에 따른 위자료로 금 ○○○원 및 재산분할을 원인으로 하여 별
지목록 기재 각 부동산 중 2분의 1지분에 관한 소유권이전등기를 청구하
고자 이 사건 소를 제기합니다.

입 증 방 법

1. 갑 제1호증의 1,2   원고, 피고 혼인관계증명서
1. 갑 제2호증   주민등록초본(원고, 피고)
1. 갑 제3호증의 1,2   각 등기사항전부증명서
1. 갑 제4호증   증인진술서

첨 부 서 류

1. 위 입증방법   각 1통
1. 소장부본   1통
1. 납부서   1통

20○○년   ○월   ○일
원   고   ○   ○   ○ (서명 또는 날인)

○ ○ 가 정 법 원 귀 중

(관련판례)

갑이 아내 을의 휴대전화 문자메시지 내용을 근거로 을과 병의 부정행위를 알게 되자 병을 상대로 부정행위로 혼인관계가 파탄되었음을 이유로 위자료를 구하는 소를 제기하였는데, 병이 을의 동의 없이 수집한 문자메시지 내용과 을에게 강요하여 받아낸 자술서 등은 위법한 증거라고 주장한 사안에서, 자유심증주의를 채택하고 있는 우리 민사소송법하에서 증거의 채부는 사실심법원의 재량에 속하는 것이고, 내밀하게 이루어지는 부정행위의 입증 곤란, 실체적 진실발견이라는 공익적 요청과 위법성의 정도 및 침해되는 개인적 법익의 중요성 등을 비교 형량하였을 때 개인적 법익 보호에 대한 사익적 요청보다는 실체적 진실발견이라는 공익적 요청이 우선되어야 한다고 보아, 병의 주장을 받아들이지 않은 사례(대전가정법원공주지원 2015. 3. 26. 선고 2014드단208 판결.

약혼해제로 인한 위자료청구의 소

원   고   ○ ○ ○ (주민등록번호   -   )
              등록기준지 ○○도 ○○군 ○○면 ○○리 ○번지
              주   소 ○○시 ○○구 ○○동 ○○○
              전화(휴대폰)번호 (02)   -   , (010)   -
              팩스번호 (02)   -   , e-mail주소 :
              우편번호   -

피   고   ○ ○ ○ (주민등록번호   -   )
              등록기준지 ○○도 ○○군 ○○면 ○○리 ○번지
              주   소 ○○시 ○○구 ○○동 ○○○
              전화(휴대폰)번호 (02)   -   , (010)   -
              팩스번호 (02)   -   , e-mail주소 :
              우편번호   -

약혼해제로 인한 위자료청구의 소

청 구 취 지

피고는 원고에 대하여 약혼해제로 인한 위자료로서 금 50,000,000원을 지급하라.
라는 판결을 구합니다.

청 구 원 인

1. 원고는 ○○여자고등학교를 졸업하고 1년후에 간호학원에 입소하여 20○○. ○.에 졸업하고 동년 ○월에 ○○병원에 근무하며 현재에 이르렀습니다.
                          (중 간 생 략)
5. 19○○년 봄부터 피고는 원고의 자유를 상식이상으로 구속하고 원고가 근무하는 병원에 원고의 여동생이 입원한 것까지도 싫어하며 점차 원고에 대하여 약혼을 배신하는 듯 생각되었으나, 원고는 피고에 대한 애정이 조금도 변치 않으면서 성심껏 피고와 그의 양친을 대하였는데 동년 12월말 피고는 원고에게 다른 여자와 결혼하겠다느니, 선 볼 날을 정했느니 하면서 원고와

의 약혼을 파혼하겠다는 뜻을 말하기에 원고는 피고에 대하여 수차에 걸쳐 이행을 청구하고 반성을 요구했는데 전혀 반성의 빛이 없고 도리어 원고를 모욕하는 언동을 하므로 청구취지와 같이 판결을 구하는 바입니다.

첨 부 서 류

1. 가족관계증명서	1통
1. 기본증명서	1통
1. 소장부본	1통
1. 납부서	1통

20○○. ○. ○.

위 원고 ○ ○ ○(서명 또는 날인)

서 울 가 정 법 원 귀 중

(관련판례)

약혼당사자인 청구인 갑의 아버지 청구인 을이 한 혼인을 위한 비용지출은 혼인 그 당사자인 갑을 위하여 한 것이라 볼 것이므로 그 약혼이 파기됨으로써 입게될 재산적 손해의 배상청구권이나 그 예물의 반환청구권은 약혼당사자인 갑에게 귀속되고 특별한 사정이 없는 한 을로서는 그 배상이나 반환을 구할 수 없다(대구고등법원 1978. 6. 16. 선고 77르49,50 제1민사부판결).

■ 혼인신고는 반드시 부부가 같이 가야 하나요? 그리고 증인이 필요하다던데 증인을 구청까지 불러야 하나요?

Q 혼인신고를 하려고 합니다. 반드시 부부가 같이 가야 하나요? 그리고 증인이 필요하다던데 증인을 구청까지 불러야 하나요?

A 아닙니다. 혼인신고는 신고를 하려는 당사자 혼자해도 됩니다. 다만, 본인과 배우자의 신분증과 배우자의 도장을 지참한 후 관할 시(구)·읍·면의 사무소를 방문해야 합니다.

또한 증인을 신고지까지 대동하지 않아도 됩니다. 혼인신고서에 성인 2명이 증인으로 사인이나 도장을 찍었다면 이 신고서만 제출하면 됩니다.

■ 외국인과 결혼하면 가족관계등록부에는 어떻게 기재되나요?

Q 외국인과의 결혼 시 가족관계등록부의 처리방법은 한국인이 남자인지 여자인지에 따라 달라집니다.

A ◇ 한국인이 남자인 경우

혼인신고를 접수한 시(구)·읍·면의 장은 처가 혼인신고로 한국의 국적을 취득하는 것이 아니므로 남편의 가족관계등록부 일반등록사항란에 혼인사유만을 기록했다가 나중에 귀화통보가 있으면 처의 가족관계등록부를 작성합니다.

◇ 한국인이 여자인 경우

서면을 접수한 처의 등록기준지 시(구)·읍·면의 장은 처의 가족관계등록부 일반등록사항란에 혼인사유를 기록하고, 후에 처가 외국 국적을 취득해 한국 국적을 상실하면 국적상실신고 등에 의해 처의 가족관계등록부를 폐쇄합니다.

■ 혼인신고를 하지 않고 동거하는 관계도 귀화 신청이 가능한지요?

Q 저는 현재 한국유학 중인 외국인으로, 혼인신고를 하지 않고 한국 남성과 동거 중에 있습니다. 혼인하지 않은 상태에서도 귀화신청이 가능한지요?

A 국적법에 의하면 한국인과 '법률상 유효한 혼인절차'를 마친 외국인 배우자만이 혼인에 기한 간이귀화(국적법 제6조) 신청을 할 수 있습니다. 따라서 혼인을 하지 않고 단순히 한국인과 동거중인 외국인은 간이귀화 신청을 할 수 없습니다. 다만, 한국인과 단순히 동거 중에 있는 외국인은 일반 귀화 대상에 해당할 수 있습니다. 국적법 제5조는 일반귀화의 요건으로서, ① 5년 이상 계속하여 대한민국에 주소가 있을 것, ② 대한민국의 민법상 성년일 것, ③ 품행이 단정할 것, ④ 자신의 자산(資産)이나 기능(技能)에 의하거나 생계를 같이하는 가족에 의존하여 생계를 유지할 능력이 있을 것, ⑤ 국어능력과 대한민국의 풍습에 대한 이해 등 대한민국 국민으로서의 기본 소양(素養)을 갖추고 있을 것을 요구하고 있습니다. 따라서 위 요건을 다 구비하였다면 일반귀화신청이 가능할 것입니다.

Q 과거 드라마에서 형부와 처제의 사랑을 다뤄 화제가 된 적이 있습니다. 실제로 형부와 처제의 관계에 있었던 사람들이 혼인신고가 가능한가요?

A 민법 제809조 제2항은 "6촌 이내의 혈족의 배우자, 배우자의 6촌 이내의 혈족, 배우자의 4촌 이내의 혈족의 배우자인 인척이거나 이러한 인척이었던 자 사이에서는 혼인하지 못한다."고 규정하고 있으며, 제816조 제1호는 이러한 경우 혼인 취소의 사유가 됨을 밝히고 있습니다.

사망한 전 부인의 동생은 배우자의 6촌 이내의 혈족으로 인척이었던 자에 해당하므로 혼인을 할 수 없고, 이러한 자와 혼인신고를 하여 만들어진 가족관계등록부 기록은 혼인 취소 사유에 해당하여 당사자, 그 직계존속 또는 4촌 이내의 방계혈족이 그 취소를 청구할 수 있습니다(민법 제817조 전단). 다만, 당사자 간에 혼인 중 포태(胞胎)한 때에는 그 취소를 청구하지 못하고(민법 제820조), 그 혼인은 확정적 유효로 된다 할 것입니다.

Q 제가 베트남 출장시 베트남 현지통역을 맡았던 베트남 이혼녀와 재혼을 하였습니다. 저는 전혼 중의 자녀로 아들이 있고, 저의 배우자인 베트남 이혼녀에게는 전혼 중 자녀로 베트남 국적의 딸이 있습니다. 의뢰인의 베트남 부인은 현재 한국에 그 딸을 데리고 와서 함께 생활하는 중인데, 의뢰인의 아들과 베트남 부인의 딸이 오누이처럼 잘 지내는가 싶더니 어느날 자신들이 결혼하고 싶다는 것입니다. 이 경우 근친혼에 해당하여 혼인신고를 할 수 없는 경우에 해당되는 것이 아닌가요?

A 질문자님의 아들과 베트남 배우자의 딸과의 관계는 '혈족의 배우자의 혈족'으로서 인척의 범위에 속하지 아니하므로 우리 법이 금하고 있는 근친혼금지사유에 해당하지 아니하여 결론적으로 혼인에 장애가 없습니다.

■ 우리나라에 거주하는 외국 국적의 혼인외 출생자에 대하여 대한민국 국적의 생모가 법정대리권을 행사할 수 있는지요?

Q 저는 대한민국 국적으로, 우즈베키스탄 국적의 남자와 혼인하여 대한민국에 거주중이지만, 혼인신고를 하지 않았고, 사이에 둔 딸도 우즈베키스탄 국적을 가지고 있습니다. 이 때 제가 법정대리권을 행사할 수 있는지요?

A 현행 국적법은 부모양계혈통주의를 취하고 있어, 부모 중 어느 한 쪽이 한국 국적을 가지고 있으면 그 자녀는 출생에 의하여 자동으로 대한민국 국적을 가지게 됩니다(같은 법 제2조 제1항 제1호). 그런데, 위 규정은 1998년 6월 14일부터 시행되었으므로 시행일 이전의 출생자는, 출생한 당시에 부가 대한민국의 국민이 아니었으면 대한민국 국적을 부여받지 못했습니다.

이 경우, 섭외혼인의 성립요건에 관한 국제사법 제36조에 의하면 대한민국 내에서 외국인과 한국인이 혼인할 때, 혼인의 성립요건은 각 당사자에 관하여 그 본국법에 의하지만(제36조 제1항), 형식적 요건인 혼인의 방식은 혼인거행지인 대한민국 법에 따라야 합니다(제36조 제2항 단서). 따라서 대한민국에서 혼인신고를 한 사실이 없다면 그 혼인은 유효한 혼인으로서 효력이 없으며, 그 사이에서 출생한 자는 혼인외의 출생자에 해당합니다.

이 때, 국제사법 제45조는 "친자간의 법률관계는 부모와 자(子)의 본국법이 모두 동일한 경우에는 그 법에 의하고, 그 외의 경우에는 자(子)의 상거소지법에 의한다."고 규정하고 있으므로, 귀하와 같이 모와 자의 국적이 서로 다를 경우 자의 상거소지법에 따라 이를 판단하여야 하는 바, 현재 대한민국에 거주하고 있는 경우라면 자의 상거소지법은 우리나라 민법으로, 민법 제909조?제911조에 따라 자를 출산한 대한민국 국적의 모는 친권자로서 자의 법정 대리인이어서, 자에 대한 법정대리권을 행사할 수 있습니다(서울지법 2003. 7. 25. 선고 2001가합64849 판결).

2. 혼인취소 신고방법

2-1. 혼인취소 신고

2-1-1. 혼인취소 신고란?

"혼인취소 신고"란 법원에서 혼인취소판결이 확정된 경우 혼인취소 사실을 시(구)·읍·면의 장에게 신고하는 것을 말합니다.

2-1-2. 혼인취소사유

혼인은 다음 중 어느 하나에 해당하는 경우 그 법원에 취소를 청구할 수 있습니다.
  1) 혼인 당사자가 만18세가 되지 않은 경우
  2) 미성년자가 부모의 동의를 받지 않고 혼인한 경우 또는 피성년후견인이 부모나 성년후견인의 동의를 받지 않고 혼인한 경우
  3) 6촌 이내의 혈족의 배우자, 배우자의 6촌 이내의 혈족, 배우자의 4촌 이내의 혈족의 배우자인 인척이거나 이러한 인척이었던 사람이 혼인한 경우
  4) 6촌 이내의 양부모계(養父母系)의 혈족이었던 사람과 4촌 이내의 양부모계의 인척이었던 사람이 혼인한 경우
  5) 배우자가 있는 사람이 혼인을 한 경우
  6) 혼인 당시 당사자 일방에 부부생활을 계속할 수 없는 악질 기타 중대한 사유가 있음을 알지 못한 경우
  7) 사기 또는 강박으로 혼인을 한 경우

2-1-3. 혼인취소의 효력

혼인의 취소의 효력은 혼인 전으로 소급하지 않습니다.

2-1-4. 혼인취소 청구권의 청구권자 및 시효

① 부모의 동의 없는 혼인의 취소청구권자 및 시효
 - 연령을 위반하거나 부모의 동의를 받지 않은 혼인에 대해서는 당사자 또는 그 법정대리인이 취소를 청구할 수 있습니다.
 - 부모의 동의를 받지 않은 혼인은 혼인의 당사자가 19세가 된 후 또는 성년후견종료의 심판이 있은 후 3개월이 지나거나 혼인 중에 임신한 경우에는 그 취소를 청구하지 못합니다.
② 근친혼 등의 취소청구권자 및 시효

- 근친혼에 대해서는 당사자 또는 그 직계존속 또는 4촌 이내의 방계혈족이 취소를 청구할 수 있습니다.
- 6촌 이내의 혈족과 결혼하는 등의 근친혼이라 하더라도 그 당사자 간에 혼인 중 포태(胞胎)를 한 경우에는 그 취소를 청구하지 못합니다.

③ 중혼의 취소청구권자

중혼인 경우에는 당사자 및 그 배우자, 직계혈족, 4촌 이내의 방계혈족 또는 검사가 취소를 청구할 수 있습니다.

④ 악질 등 사유에 의한 혼인취소청구권의 소멸

당사자 일방에 부부생활을 계속할 수 없는 악질 기타 중대한 사유가 있다 하더라도 이 사실가 있음을 안 날로부터 6월을 경과한 경우에는 그 취소를 청구하지 못합니다.

⑤ 사기, 강박으로 인한 혼인취소청구권권의 소멸

사기 또는 강박에 의한 혼인은 사기를 안 날 또는 강박을 면한 날로부터 3개월을 경과한 경우에는 그 취소를 청구하지 못합니다.

2-2. 혼인취소 신고의무자

혼인취소 신고의무자는 소송을 제기한 사람입니다.

2-3. 신고기한

① 혼인취소재판이 확정된 경우 소송을 제기한 사람은 재판의 확정일부터 1개월 이내에 신고해야 합니다.
② 신고의무자가 정당한 사유 없이 혼인취소 신고를 기간 내에 하지 않은 경우에는 5만원 이하의 과태료가 부과됩니다.

2-4. 혼인취소 신고하기

2-4-1. 신고장소

① 혼인취소 신고는 혼인취소 당사자의 등록기준지 또는 신고인의 주소지나 현재지에서 할 수 있는데, 신고인의 관할 시(구)·읍·면의 사무소에 하면 됩니다.
② 다만, 외국에 거주하거나 체류하는 대한민국 국민의 경우 재외국민 가족관계등록사무소에서도 할 수 있습니다.

2-4-2. 혼인취소 신고 신청서 작성

① 혼인취소 신고는 혼인취소 신고서에 다음 사항을 기재해야 합니다.

    1) 당사자의 성명·본·출생연월일·주민등록번호 및 등록기준지(당사자가 외국인인 경우에는 그 성명·국적 및 외국인등록번호)

    2) 당사자의 부모와 양부모의 성명·등록기준지 및 주민등록번호

    3) 친권자가 정해진 경우에는 그 내용(협의로 지정하거나 가정법원의 직권 또는 청구로 지정)

② 첨부서류

    1) 혼인취소판결 등본 및 확정증명서

    2) 신고인의 신분증명서

    3) 혼인취소 당사자의 가족관계등록부의 기본증명서, 혼인관계증명서(가족관계등록 관서에서 확인이 가능한 경우에는 제출 생략)

[서식 혼인취소신고서]

혼 인 취 소 신 고 서 (년 월 일)		※ 아래의 작성방법을 읽고 기재하시되, 선택항목 은 해당번호에 "○"으로 표시하여 주시기 바 랍니다.	

구 분			남 편(부)		아 내(처)	
① 당 사 자	성 명	한글		본 (한자)		본 (한자)
		한자				
	주민등록번호		-		-	
	출생연월일					
	등록기준지					
	주 소					
② 부모 (양 부 모)	부(양부)성명					
	주민등록번호					
	모(양모)성명					
	주민등록번호					
③기 타 사 항						
④재판확정일자 ( )			년 월 일	법원명		법원

⑤ 친권자 지정	미성년자성명								
	주민등록번호		-				-		
	친권자	①부 ②모 ③부모	지정 일자	년 월 일		①부 ②모 ③부모	지정 일자	년 월 일	
			원인	( )법원의 결정			원인	( )법원의 결정	

⑥ 신 고 인	성 명		⑩ 또는 서명	주민등록번호		-	
	자 격	①소 제기자 ②소의상대방 ③기타(자격:)					
	주 소			전 화		이메일	
⑦제출인	성 명			주민등록번호		-	

작 성 방 법

※등록기준지:각 란의 해당자가 외국인인 경우에는 그 국적을 기재합니다.
※주민등록번호:각 란의 해당자가 외국인인 경우에는 외국인등록번호(국내거소신고번호
　　　　　　　또는 출생연월일)를 기재합니다.
①란:법 제25조제2항에 따라 주민등록번호란에 주민등록번호를 기재한 때에는 출생연월
　　 일의 기재를 생략할 수 있습니다.
②란:당사자의 부모가 주민등록번호가 없는 경우에는 등록기준지(본적)를 기재합니다. 당
　　 사자가 양자인 경우 양부모의 성명.주민등록번호를 기재하며, 당사자의 부모가 외국
　　 인인 경우에는 주민등록번호란에 외국인등록번호(또는 출생년월일) 및 국적을 기재
　　 합니다.
③란:아래의 사항 및 가족관계등록부에 기록을 분명하게 하는데 특히 필요한 사항을 기
　　 재합니다.
　　 -신고사건으로 신분의 변경이 있게 되는 자가 있을 경우에는 그 자의 성명, 생년월
　　　 일, 등록기준지 및 신분변경의 사유
⑤란:혼인취소재판에서 지정된 친권자를 기재합니다.
⑦란:제출자(신고인 여부 불문)의 성명 및 주민등록번호 기재[접수담당공무원은 신분증과
　　 대조]

첨 부 서 류

1. 혼인취소재판의 등본 및 확정증명서 각 1부.
※ 아래 2항은 가족관계등록관서에서 전산으로 그 내용을 확인할 수 있는 경우 첨부를 생략
　합니다.
2. 혼인취소 당사자의 가족관계등록부의 기본증명서, 혼인관계증명서 각 1통.
3.신분확인[가족관계등록예규 제23호에 의함]
 - 신고인이 출석한 경우 : 신분증명서
 - 제출인이 출석한 경우 : 제출인의 신분증명서
 - 우편제출의 경우 : 신고인의 신분증명서 사본
4. 사건본인이 외국인인 경우:국적을 증명하는 서면(여권 또는 외국인등록증) 사본

※ 타인의 서명 또는 인장을 도용하여 허위의 신고서를 제출하거나, 허위신고를 하여 가족관계등록부에
　 부실의 사실을 기록하게 하는 경우에는 형법에 의하여 5년 이하의 징역 또는 1천만원 이하의 벌금
　 에 처해집니다.

[서식] 혼인취소청구의 소(중혼으로 인한)

혼인취소청구의 소

원   고   ○ ○ ○ (주민등록번호   -   )
　　　　　　　　등록기준지 ○○도 ○○군 ○○면 ○○리 ○번지
　　　　　　　　주   소 ○○시 ○○구 ○○동 ○○○
　　　　　　　　 전화(휴대폰)번호 (02)   -   , (010)   -
　　　　　　　　 팩스번호 (02)   -   , e-mail주소 :

피   고   ○ ○ ○ (주민등록번호   -   )
　　　　　　　　등록기준지 ○○도 ○○군 ○○면 ○○리 ○번지
　　　　　　　　주   소 ○○시 ○○구 ○○동 ○○○
　　　　　　　　 전화(휴대폰)번호 (02)   -   , (010)   -
　　　　　　　　 팩스번호 (02)   -   , e-mail주소 :

피   고   ○ ○ ○ (주민등록번호   -   )
　　　　　　　　등록기준지 ○○도 ○○군 ○○면 ○○리 ○번지
　　　　　　　　주   소 ○○시 ○○구 ○○동 ○○○
　　　　　　　　 전화(휴대폰)번호 (02)   -   , (010)   -
　　　　　　　　 팩스번호 (02)   -   , e-mail주소 :

혼인취소청구의 소

청 구 취 지

피고 ○○○과 피고 ○○○ 사이는 20○○.○.○.자 혼인신고는 이를 취소한다.
소송비용은 피고들의 부담으로 한다.
라는 판결을 구합니다.

청 구 원 인

1. 원고와 피고 ○○○은 20○○.○.○. 혼인신고를 필한 법률상 부부이며 원고사이에는 아들 형제를 두었습니다.
　　　　　　　　　　　　(중 간 생 략)
2. 그리하여 피고 ○○○은 복본적이 되었으며 따라서 20○○.○.○.자로 원고와의 혼인신고가 이중으로 수리되어 피고들 사이의 혼인신고는 민법 제

818조의 규정에 따라 중혼이므로 피고들 사이의 혼인의 취소를 구하기 위하여 본 소송청구를 하기에 이르렀습니다.

첨 부 서 류

1. 혼인관계증명서	각 1통
1. 제적등본(원고의 분)	1통
1. 판결정본	1통
1. 제적등본(본가의 분)	1통
1. 제적등본(피고 등의 분)	1통
1. 주민등록등본	1통
1. 소장부본	1통
1. 납부서	1통

20○○. ○. ○.

위 원고 이 ○ ○ (서명 또는 날인)

○ ○ 가 정 법 원 귀 중

(관련판례)

갑이 미국 네바다 주 소재 지방법원에서 확정된 을과 갑 사이의 이혼판결을 기초로 이혼신고를 한 후 병과 혼인하여 미국 네바다 주 혼인등록관에게 혼인등록을 하고 혼인증서를 발급받아 증서등본을 서울 강서구청장에게 제출하여 혼인신고를 마쳤는데, 을이 대한민국 국적인 갑과 미국 국적인 병을 상대로 갑과 병 사이의 혼인 무효 확인을 구한 사안에서, 갑과 을 사이의 이혼이 을의 진정한 이혼 의사 없이 편취된 판결에 기하여 이루어진 것이어서 이혼신고는 무효이고, 따라서 갑과 병 사이의 혼인은 중혼에 해당하는데, 중혼의 효력에 관하여 당사자의 본국법이 서로 다른 경우에는 일반적으로 혼인의 유효성을 보다 부정하는 나라의 법률을 적용함이 타당하므로, 갑과 병 사이의 혼인은 미국 네바다 주 법을 적용하여 무효라고 본 사례(서울가정법원 2014. 6. 27. 선고 2013드단91378 판결).

소   장

원 고   ○ ○ ○ (○○○)
            19○○년 ○월 ○일생
            등록기준지   ○○시 ○○구 ○○길 ○○
            주소   ○○시 ○○구 ○○길 ○○ (우편번호)
            전화   ○○○ - ○○○○

피 고   △ △ △ (△△△)
            19○○년 ○월 ○일생
            등록기준지   ○○시 ○○구 ○○길 ○○
            주소   ○○시 ○○구 ○○길 ○○ (우편번호)
            전화   ○○○ - ○○○○

혼인무효확인청구의 소

청 구 취 지

1. 원고와 피고 사이에 20○○. ○. ○. ○○시 ○○구청장에게 신고하여 한 혼인은 무효임을 확인한다.
2. 소송비용은 피고가 부담한다.
라는 판결을 구합니다.

청 구 원 인

1. 피고 △△△은 원고의 이종사촌이었으나 원고의 어머니와 피고의 어머니가 1951년 8월경 피란 도중 헤어지게 되어 이를 알지 못하고 피고와 원고는 같은 대학 같은 학과에 입학하여 서로에게 호감을 갖고 사귀던 중 결혼을 하고 19○○년 ○월 ○일 ○○구청에서 혼인신고를 하였습니다.
2. 이후 원고 어머니와 피고 어머니가 옛날 이야기를 하던 도중 6·25때 헤어진 자매라는 사실을 알게되어 원고는 혼인무효확인을 청구하기에 이른 것입니다.

입 증 방 법

1. 혼인관계증명서   1통
1. 제적등본(또는, 가족관계기록사항에 관한 증명서) 1통
1. 결혼식 사진   1통
1. 증언서   1통

첨 부 서 류

1. 위 입증방법   각 1통
1. 소장부본   1통
1. 납부서   1통

20○○년 ○월 ○일

원   고   ○   ○   ○   (서명 또는 날인)

○ ○ 가 정 법 원 귀 중

■ 참 고 ■

제출법원	※ 아래참조	관 련 법 규	가사소송법 제22, 23, 24조
제기권자	\(가사소송법 제23조\) - 당사자 - 법정대리인 - 4촌 이내의 친족		
상 대 방	\(가사소송법 제24조\) - 부부의 일방이 혼인의 무효나 취소 또는 이혼무효의 소를 제기할 때에는 배우자를 상대방으로 함 - 제3자가 제1항에 규정된 소를 제기할 때에는 부부를 상대방으로 하고, 부부중 일방이 사망한 때에는 그 생존자를 상대방으로 함 - 제1항 및 제2항의 규정에 의하여 상대방이 될 자가 사망한 때에는 검사를 상대방으로 함		
제출부수	소장원본 1부 및 피고 수만큼의 부본 제출		
불복절차 및 기간	.항소(가사소송법 제19조제1항) .판결정본이 송달된 날로부터 14일이내(가사소송법 제19조제1항)		
비 용	- 인지액 : 20,000원(가사소송수수료규칙 제2조제1항) - 송달료 : 당사자수×3,700원(우편료)×12회분		
혼인무효 사 유	\(민법 제815조\) 1. 당사자간에 혼인의 합의가 없는 때 2. 당사자간에 8촌 이내의 혈족(친양자의 입양전의 혈족을 포함) 3. 당사자간에 직계인척관계가 있거나 있었던 때 4. 당사자간에 양부모계의 직계혈족관계가 있었던 때		

※ 제 출 법 원(가사소송법 제22조)

1. 부부가 같은 가정법원의 관할구역내에 보통재판적이 있을 때에는 그 가정법원
2. 부부가 최후의 공통의 주소지를 가졌던 가정법원의 관할 구역내에 부부중 일방의 보통재판적이 있을 때에는 그 가정법원
3. 제1호 및 제2호에 해당되지 아니하는 경우로서 부부의 일방이 타방을 상대로 하는 때에는 상대방의 보통재판적소재지, 부부의 쌍방을 상대로 하는 때에는 부부중 일방의 보통재판적소재지의 가정법원
4. 부부의 일방이 사망한 경우에는 생존한 타방의 보통재판적소재지의 가정법원
5. 부부 쌍방이 사망한 경우에는 부부중 일방의 최후 주소지의 가정법원

[서식] 혼인무효확인 청구의 소(혼인 불합의)

소　　　장

원 고　이 ○ ○ (주민등록번호)
　　　　등록기준지 : ○○시 ○○구 ○○길 ○○
　　　　주소 : ○○시 ○○구 ○○길 ○○

피 고　텐 △△△ (TEN. △△△)
　　　　19○○년 ○월 ○일생, 여
　　　　국적 : 카자흐스탄
　　　　최후 주소 : ○○시 ○○구 ○○길 ○○(우편번호)

혼인무효확인청구의 소

청　　구　　취　　지

1. 가. 주위적 청구
　　　 원고와 피고 사이에 20○○. ○. ○. ○○시 ○○구청장에게 신고하여
　　　 한 혼인은 무효임을 확인한다.
　　나. 예비적 청구
　　　 원고와 피고는 이혼한다.
2. 소송비용은 피고가 부담한다.
라는 판결을 구합니다.

청　　구　　원　　인

1. 원고는 19○○. ○.경부터 □□□ 교회에 다니다가 □□□에서 주최하는
국제 합동결혼식절차를 통하여 20○○. ○. ○. 한국 ◎◎회관에서 카자흐
스탄 국적의 피고와 결혼식을 거행하고, 20○○. ○. ○. ○○시 ○○구청
장에게 혼인신고를 함으로써 가족관계등록부상으로는 피고와 부부로 되어
있습니다.
2. 그런데 원고는 위 결혼식 이전에는 피고를 만나 본 사실이 없고 서로 사진만
본 상태에서 □□□에서 정해주는 절차에 따라 피고와 결혼식을 올렸습니다.
그리고 결혼식 후에도 즉시 혼인생활을 위한 동거에 들어가지 못하는 □
□□ 교리에 따라 피고는 원고와 떨어져 ○○시 ○○구 ○○동 ○○ 소재
□□□ 기숙사에서 40일을 지내야 하였고, 그 기간을 도과한 이후에서야
원.피고는 비로소 정식으로 혼인생활에 들어가도록 예정되어 있었습니다.
따라서 원고는 피고와 결혼식만 올렸을 뿐, 육체관계나 동거 한번 없이

피고의 국내 체류기간 연장을 위하여 20○○. ○. ○. 피고와 혼인신고를 하였던 것입니다.

3. 그러나 피고는 위 □□□의 별거기간을 끝내고 원고와 혼인생활에 들어가기로 예정되어 있던 바로 전날인 20○○. ○. ○. 비자와 여권을 가지고 도망을 가서 지금까지 소재불명상태인바, 출입국사실을 확인해 본 결과 아직 국내 체류 중으로 되어 있었습니다. 피고의 여권은 원래 원고가 보관하고 있었는데 피고가 □□□의 교구장 목사를 통하여 자신의 여권을 돌려달라고 사정하는 바람에 20○○. ○. ○. 마지못해 피고에게 여권을 주었는데 여권을 받은 바로 다음날 사라진 것입니다.

4. 위와 같은 사실을 종합해 볼 때 피고는 원고와 혼인할 의사 없이 단지 한국에 입국할 목적으로 원고를 기망하여 혼인신고를 한 것으로서 원.피고의 혼인은 혼인 당사자 간에 혼인에 관한 실질적 합의가 결여된 상태에서 이루어진 것으로서 무효라 할 것입니다.
가사 혼인무효가 인정되지 않는다 하더라도, 민법 제840조 제2호 소정의 재판상이혼사유인 "악의의 유기"에는 해당된다고 할 것입니다.

5. 따라서 원고는 청구취지 기재와 같이 주위적으로는 혼인무효확인을 구하고 예비적으로 재판상 이혼을 구하기 위하여 이 건 소제기에 이르렀습니다.

입 증 방 법

1. 갑 제1호증	혼인관계증명서
1. 갑 제2호증	주민등록등본
1. 갑 제3호증	피고여권사본
1. 갑 제4호증	가출인신고 접수증
1. 갑 제5호증	출입국에관한사실증명
1. 갑 제6호증	원고본인진술서

첨 부 서 류

1. 소장 부본	1통
1. 위 각 입증방법	각 1통
1. 위임장	1통
1. 납부서	1통

20○○년 ○월 ○일

위 원고 ○ ○ ○ (서명 또는 날인)

○ ○ 가 정 법 원 귀 중

(관련판례)

사기로 인한 혼인이란 혼인의 당사자 또는 제3자가 위법한 수단으로 혼인의 상대방 또는 양 당사자를 기망하여 착오에 빠진 혼인의 상대방 또는 양당사자가 혼인의 의사표시를 함으로써 성립한 혼인을 말하고, 혼인의 성립에 있어서는 혼인의 성립을 희망한 나머지 사실을 과장하거나 불리한 사실을 은폐하거나 거짓약속을 하는 경우가 종종 있으므로, 사기를 이유로 혼인을 취소하려면 혼인의 본질적 내용에 관한 기망이 있어야 한다고 할 것인바, 통상 재산관계나 경제적 능력, 집안내력, 직업 등에 대한 기망은 혼인의 본질적 내용에 관한 것이 아니어서 혼인 후 허위가 발견되었더라도 그러한 혼인은 이혼에 의하여 해소됨이 바람직하다고 하겠으나, 그러한 기망이 적극적인 허위사실의 고지 등 위법한 수단에 의한 것이고 일반인도 그와 같은 기망에 의한 착오가 없었더라면 혼인에 이르지 않았다고 보이는 경우에는 혼인의 취소가 허용된다(서울가정법원 2004. 1. 16. 선고 2002드단69092 판결).

준 비 서 면

사 건   20○○드단 ○○○호 혼인무효
원 고   이 ○ ○
피 고   텐 △△△

　　　위 사건에 관하여 원고는 아래와 같이 변론을 준비합니다.

- 아　　래 -

1. 재판관할권 문제
　　피고는 국적이 카자흐스탄이나, 한국에 주소지를 두고 있다가 소재불명이
　된 상태로서 출입국증명서상 출국사실이 없으므로 우리나라 법원이 재
　판관할권을 가진다고 할 것입니다.
　　대법원 85드6506호 판결에 의하면 한국인과 외국인 사이의 이혼심판청
　구 사건에서 대한민국 국적을 가진 청구인이 대한민국에 주소를 가지고 있
　고 피청구인은 청구인을 유기하고 행방불명이 된 경우 청구인의 본국이며
　주소지국인 우리나라 법원이 재판관할권을 가진다고 판시한 바 있습니다.

2. 준거법 문제
　가. 혼인 무효의 준거법
　　　이 건에서 원고가 혼인무효의 원인으로 주장하는 것은 원.피고의 혼인이
　　혼인 당사자간에 혼인에 관한 실질적 합의가 결여된 상태에서 이루어졌
　　다는 것으로서 민법 제815조 제1호 소정의 혼인무효사유입니다.
　　　그런데 혼인에 관한 당사자의 합의는 혼인의 실질적인 성립요건에 관한
　　것으로서 우리나라 국제사법 제36조 제1항에서는 혼인의 성립요건은 각
　　당사자에 관하여 그 본국법에 의하여 정한다고 규정하고 있고, 같은 법
　　제37조에서는 혼인의 일반적 효력은 다음에 정한 법의 순위, 즉 1. 부부의
　　동일한 본국법, 2. 부부의 동일한 상거소지법, 3. 부부와 가장 밀접한 관련
　　이 있는 곳의 법의 순위에 의한다고 규정하고 있습니다. 따라서 이 사건 원
　　고와 피고의 동일한 상거소지법인 우리나라 민법에 따라 당사자 간에 혼인
　　의사의 합치가 있었는지 여부를 판단하면 된다고 할 것입니다.
　나. 이혼의 준거법

국제사법 제39조는 "이혼에 관하여는 제37조의 규정을 준용한다. 다만, 부부중 일방이 대한민국에 상거소가 있는 대한민국 국민인 경우에는 이혼은 대한민국 법에 의한다."라고 규정하고 있습니다. 그런데 원고는 대한민국에 상거소가 있는 대한민국 국민이므로, 우리나라 민법이 준거법이 된다고 할 것입니다.

첨부 : 대법원 판례 3부

20○○년 ○월 ○일
위 원고 소송대리인
변 호 사 ○ ○ ○   (서명 또는 날인)

○ ○ 가 정 법 원(가사제○단독) 귀 중

이혼 및 친권자지정 관련 신고는 어떻게 하나요?

제5장 이혼 및 친권자지정 관련 신고는 어떻게 하나요?

1. 이혼신고방법

1-1. 이혼신고

1-1-1. 이혼신고란?

"이혼신고"란 당사자의 협의 또는 재판으로 혼인관계를 해소시키기 위해 혼인사실을 시(구)·읍·면의 장에게 신고하는 것을 말합니다.

1-1-2. 이혼의 방법

① 협의이혼

"협의이혼"이란 부부가 당사자간의 자유로운 의사로 이혼할 것을 협의하는 것을 말합니다.

② 재판상 이혼

부부 중 어느 한 당사자는 다음과 같은 사유가 있을 경우 가정법원에 이혼을 청구할 수 있습니다.

1) 배우자에 부정한 행위가 있었을 경우

2) 배우자가 악의로 다른 일방을 유기한 경우

3) 배우자 또는 그 직계존속으로부터 심히 부당한 대우를 받았을 경우

4) 자기의 직계존속이 배우자로부터 심히 부당한 대우를 받았을 경우

5) 배우자의 생사가 3년 이상 분명하지 않은 경우

6) 그 밖에 혼인을 계속하기 어려운 중대한 사유가 있을 경우

1-1-3. 협의이혼의 절차

① 협의상 이혼을 하려는 사람은 가정법원이 제공하는 이혼에 관한 안내를 받아야 합니다.

② 가정법원은 필요한 경우 당사자에게 전문적인 지식과 경험을 갖춘 전문상담인의 상담을 받을 것을 권고할 수 있습니다.

③ 가정법원에 이혼의사의 확인을 신청한 당사자는 안내를 받은 날부터 일정 기간이 지난 후(양육해야 할 자가 있는 경우 3개월, 그 밖에 경우 1개월)에 이혼의사의 확인을 받을 수 있습니다.

1-1-4. 이혼청구권의 시효

재판상 이혼청구의 사유가 있다 하더라도 다음에 해당하면 이혼을 청구하지 못합니다.

    1) 배우자의 부정한 행위에 대해 다른 배우자가 사전 동의나 사후 용서를 한 경우

    2) 배우자가 부정한 행위를 한 사실이나 그 밖에 혼인을 계속하기 어려운 중대한 사유가 있음을 안 날로부터 6개월, 그 사유가 있은 날로부터 2년이 경과한 경우

1-2. 이혼신고자 또는 신고의무자

① 협의이혼 신고자는 이혼을 하려는 당사자입니다.

② 재판상이혼의 신고의무자는 소송을 제기한 사람입니다.

1-3. 신고기한

① 협의이혼은 가족관계의 등록 등에 관한 법률에 따라 신고함으로써 그 효력이 생기므로 신고기간이 별도로 존재하지는 않습니다.

② 이혼재판이 확정된 경우 소송을 제기한 사람은 재판의 확정일부터 1개월 이내에 이혼신고를 해야 합니다.

③ 신고의무자가 정당한 사유 없이 이혼신고를 기간 내에 하지 않은 경우에는 5만원 이하의 과태료가 부과됩니다.

1-4. 이혼신고하기

1-4-1. 신고장소

① 이혼신고는 이혼 당사자의 등록기준지 또는 신고인의 주소지나 현재지에서 할 수 있는데, 신고인의 관할 시(구)·읍·면의 사무소에 하면 됩니다.

② 다만, 외국에 거주하거나 체류하는 대한민국 국민의 경우 재외국민 가족관계등록사무소에서도 할 수 있습니다.

1-4-2. 이혼신고 신청서 작성

① 이혼신고는 이혼신고서에 다음 사항을 기재해야 합니다.

    1) 당사자의 성명·본·출생연월일·주민등록번호 및 등록기준지(당사자가 외국인인 경우에는 그 성명·출생연월일·국적 및 외국인등록번호)

    2) 당사자의 부모와 양부모의 성명·등록기준지 및 주민등록번호

    3) 친권자가 정해진 경우에는 그 내용(협의로 지정하거나 가정법원의 직권 또는 청구로 지정)

② 첨부서류

1) 협의이혼 : 협의이혼의사확인서 등본

2) 재판이혼 : 판결 등본 및 확정증명서

3) 친권자지정과 관련된 소명자료(협의로 결정된 경우) : 친권자지정 협의서 등본

4) 친권자지정과 관련된 소명자료(법원이 결정한 경우) : 심판서 정본 및 확정증명서

5) 신고인의 신분증명서

6) 이혼 당사자 각각의 가족관계등록부의 가족관계증명서, 혼인관계증명서(가족관계 등록 관서에서 확인이 가능한 경우에는 제출 생략)

1-4-3. 국제이혼의 처리방법

① 협의이혼

- 부부 중 어느 한 당사자의 거소지가 대한민국에 있는 대한민국 국민이라면 대한민국 의 법률을 이혼의 준거법으로 할 수 있습니다.

- 외국 법률에 의해 협의이혼을 한 경우에는 이혼수리증명서를 대한민국 국민의 등록 기준지인 시(구)·읍·면의 사무소에 송부하면 이혼신고가 됩니다.

② 재판상 이혼

외국법원의 이혼판결은 우리나라에서도 효력이 있으므로 이혼판결등본과 확정증명서 및 각 번역문을 첨부해 대한민국 국민인 신고인의 등록기준지인 시(구)·읍·면의 사무 소에 송부하면 이혼신고가 됩니다.

📖 Summary (요점정리)

■ 협의이혼을 하려면?

① 부부의 등록기준지 또는 주소지를 관할하는 법원에 부부가 함께 출석하여 협의이혼의사확인신청을 해야 한다. 필요한 서류로는 협의이혼의사확인신청서 1통, 남편 및 아내의 가족관계증명서와 혼인관계증명서 각각 1통, 주민등록등본 1통(주소지 관할 법원에 이혼의사확인신청을 하는 경우에만 첨부), 이혼신고서 3통이다.

② 협의이혼신청 후 부부가 함께 법원에 출석하여 가정법원이 제공하는 이혼에 관한 안내를 받아야 하고, 안내를 받은 날로부터 양육하여야 할 자(포태 중인 자를 포함)가 있는 경우에는 3개월, 없는 경우에는 1개월의 이혼숙려기간이 지난 후에 이혼의사의 확인을 받을 수 있다.

③ 이 기간 중 가정법원은 필요한 경우 당사자에게 상담에 관하여 전문적인 지식과 경험을 갖춘 전문 상담인에게 상담 받을 것을 권고할 수 있다.

④ 이혼의사 확인 시 부부가 함께 가정법원에 출두하여 협의이혼의사확인 신청서와 양육하여야 할 자녀가 있는 경우에는 자녀의 양육과 친권자 결정에 관한 협의서 또는 이에 관한 가정법원의 심판 정본을 제출해야 한다.

⑤ 확인절차가 끝나면 확인서 등본을 교부 받은 날로부터 3개월 이내에 이혼신고서에 확인서 등본을 첨부하여 시·구·읍·면사무소에서 이혼신고를 하여야 한다. 이혼의사 확인을 받은 후 3개월 이내에 신고하지 않으면 확인은 효력을 상실한다.

■ 이혼할 때 재산의 처리는?

결혼 후 함께 노력하여 모은 재산은 그 명의가 누구로 되어있든지 서로 협의하여 나누어 가질 수 있다. 협의가 이루어지지 않을 때 법원에 청구하면 각자가 노력한 공로에 따라 분할 액수와 방법을 정해준다. 단 재산분할 청구는 이혼 후 2년이 넘으면 할 수 없다. 또한 재산분할청구권 행사를 못하게 미리 재산을 처분한 경우에는 그 취소 및 원상회복을 가정법원에 청구할 수 있다.

■ 이혼할 때 위자료는?

① 이혼시 혼인파탄의 피해자는 이혼에 이르게한 상대방에게 정신적 고통에 대하여 위자료를 청구할 수 있다.

② 위자료는 혼인파탄에 책임이 있는 제3자에게도 청구가 가능하다. 단 위자료청구는 이혼 후 3년이 넘으면 할 수 없다.

■ 이혼판결전 사전처분은?

이혼소송은 시간이 소요되는 만큼 법원은 일정한 처분을 해야 할 필요성이 있는 경우 최종 판결을 내리기 전에 사전처분을 해주는 경우가 있다.

(1) 생활비 사전처분 : 부부간 부양과 협조의 의무에 따라 이혼소송 중에도 일방배우자는 상대 배우자에게 부양료를 청구할 수 있다. 생활비 청구는 이혼소송 기간 중 양육비를 포함해서 별거 전에 상대 배우자가 지급하던 생활비를 기준으로 인정된다.

(2) 접근금지 사전처분 : 혼인기간 동안 상대방의 폭력으로 인해 이혼소송을 준비 중이라면 그와 같은 점을 입증하여 접근금지 조치를 취해달라고 신청할 수 있다. 그 효력은 이혼소송이 끝날 때까지이며, 100미터 이내 접근금지, 통화제한 등의 조치가 포함된다.

(3) 친권자 및 양육자 지정 사전처분 : 이혼소송 중에 자녀에게 폭력을 가한다거나 아이가 안정적인 환경에서 양육될 수 없는 등의 경우, 사전처분을 통해 일방을 양육자로 지정해 달라고 신청할 수 있다.

(4) 면접교섭권 사전처분 : 소송기간 중 아이를 데리고 있는 상대방이 아이를 보여주지 않으면 소송기간 중에도 면접교섭권 신청이 가능하다.

(5) 불이행시 제재방법 : 사전처분을 이행하지 않을 경우 1천만원 이하의 과태료가 부과된다.

■ 이혼 후 자녀의 양육비는?

① 양육비에 관하여 협의가 되지 않거나 협의를 할 수 없을 경우 자녀를 양육하는 일방은 상대방에게 양육비 청구소송을 제기할 수 있다.

② 양육비는 자녀의 나이가 19세가 되기 전까지의 비용을 청구할 수 있으며 과거의 양육비 청구도 가능하고, 당사자들 사이에 양육비에 관한 합의가 있었다고 하더라도 추후 사정이 변경된 경우에는 추가로 청구가 가능하다.

③ 또한 양육비 판결을 받고도 정당한 이유 없이 이행하지 않을 경우에는 법원에 이행명령을 신청할 수 있고, 이행명령을 받고도 양육비를 계속 지급하지 않는 경우 1천만원 이하의 과태료를 부과받을 수 있으며, 이행명령에 반하여 정당한 이유 없이 3기 이상 양육비를 지급하지 아니할 경우 30일의 범위 내에서 그 의무를 이행할 때까지 감치처분을 받을 수 있다.

④ 또한 양육비 판결을 집행권원으로 하여 상대방의 재산이나 임금 등에 대한 강제집행도 할 수 있다.

■ 이혼 후의 자녀에 대한 면접교섭권은?

이혼 후 직접 자녀를 기르지 않는 아버지 또는 어머니도 그 자녀를 만나보거나 전화 또는 편지 등을 할 수 있다. 이러한 면접교섭권은 자녀의 복리에 중점을 두어 양육 및 교육상 지장이 있을 경우에는 제한하거나 배제할 수도 있다. 또한 면접교섭권은 부모에게뿐 아니라 자녀에게도 인정된다.

■ 이혼 후의 자녀에 대한 친권,양육권은?
① 이혼할 때 부부는 미성년 자녀의 친권,양육권 문제를 협의해서 정할 수 있지만 서로 협의가 안 될 때에는 부부 중 어느 한쪽이 법원에 친권자나 양육자를 지정해 달라는 청구를 할 수 있다.
② 가정법원은 당사자의 청구 또는 직권에 의하여 친권자나 양육권자를 지정하거나 변경할 수 있다.
③ 한편 재판상 이혼 시에는 당사자의 청구가 없더라도 가정법원이 개입하여 자녀의 양육에 관해 결정할 수 있으며 직권으로 친권자를 정할 수 있다.

■ 재판상 이혼은?
① 이혼에 관해 협의가 되지 않을 경우 재판상 이혼청구를 할 수 있다.
② 재판상 이혼사유는
  1. 배우자에 부정한 행위가 있었을 때
  2. 배우자가 악의로 다른 일방을 유기한 때
  3. 배우자 또는 그 직계존속으로부터 심히 부당한 대우를 받았을 때
  4. 자기의 직계존속이 배우자로부터 심히 부당한 대우를 받았을 때
  5. 배우자의 생사가 3년 이상 분명하지 아니한 때
  6. 기타 혼인을 계속하기 어려운 중대한 사유가 있을 때
등으로 위 사유에 해당되면 법원에 이혼소장을 제출하여 조정 및 재판절차를 밟을 수 있다.

■ 협의이혼을 하여야 할 급박한 사정이 있는 경우에는?
협의이혼을 하려는 자는 일정한 숙려기간이 지난 후 이혼의사의 확인을 받을 수 있도록 되어 있지만, 폭력으로 인하여 당사자 일방에게 참을 수 없는 고통이 예상되는 등 이혼을 하여야 할 급박한 사정이 있는 경우에는 기간을 단축하거나 면제할 수 있다.

■ 협의이혼에 필요한 협의서의 내용은?
① 협의이혼 시 양육하여야 할 자가 있는 경우에는 당사자는 자의 양육과 친권자 결정에 관한 협의서 또는 이에 관한 가정법원의 심판정본을 제출하도록 되어 있는데, 이러한 양육사항에 관한 협의에는 양육자의 결정, 양육비용의 부담, 면접교섭권의 행사여부 및 그 방법을 반드시 포함해야 한다.
② 이러한 당사자 간의 협의가 자의 복리에 반하는 경우에는 가정법원은 보정을 명하거나 직권으로 그자의 의사,연령과 부모의 재산 상황 그 밖의 사정을 참작하여 양육에 필요한 사항을 정하게 된다. ③ 한편 가정법원은 당사자가 협의한 양육비 부담에 관한 내용을 확인하는 양육비 부담조서를 작성하여야 한다. 이 경우 양육비 부담조서는 집행력을 갖는 채무명의의 효력을 갖는다.

■ 배우자의 부정으로 인한 이혼 청구는?

① 이를 안 날로부터 6개월, 그 사실이 있은 날로부터 2년이 지나면 할 수 없다. 또한 부정한 행위를 알고 일단 용서해 주었을 때에는 그 후 또 다른 부정행위가 없는 이상 이를 이유로 이혼청구를 할 수 없다.

② 한편 간통고소는 혼인이 해소되거나 이혼소송을 제기한 후가 아니면 할 수 없으며, 1인에 대한 고소는 간통 공범자에 대하여도 효력이 있다. 간통고소 여부와 상관없이 배우자의 부정행위로 인해 혼인이 파탄된 경우 배우자와 상대방에게 손해배상청구를 할 수 있다.

■ 배우자를 악의로 유기한 때란?

부부는 동거하고 협조하며 부양할 책임이 있으므로 배우자가 정당한 이유 없이 이러한 의무를 지키지 않고 가출하거나 상대방을 유기한 경우에는 재판상 이혼사유가 될 수 있다. 한편 배우자가 가출했다고 하더라도 '자동'으로 이혼이 되는 것은 아니며 재판상 이혼 청구 사유가 될 뿐이다.

■ 배우자나 그 직계존속의 심히 부당한 대우는?

재판상 이혼 사유에 해당한다. 부당한 대우란 신체 및 정신에 대한 학대 또는 명예에 대한 모욕을 의미하며, 폭행이나 폭언, 기물파손, 감금, 정신적 학대 등이 포함될 수 있다.

■ 재판상 이혼 사유인 혼인을 계속하기 어려운 증대한 사유란?

혼인생활이 회복될 수 없을 정도로 파탄되고 그 혼인생활을 계속해서 강제하는 것이 일방 배우자에게 참을 수 없는 고통이 되는 경우로 경제갈등, 채무, 불성실한 생활, 사치 및 낭비, 도박이나 중독증 등 다양한 사유들이 해당될 수 있다.

■ 이혼에 따른 국민연금의 분할은?

배우자의 국민연금가입기간 중의 혼인기간이 5년 이상인 자가 이혼하고, 본인이 60세가 되고, 배우자였던 사람이 노령연급 수급권자가 되면 배우자의 노령연금에 대한 분할을 청구할 수 있다. 분할 연금액은 배우자의 노령연금액 중 혼인기간에 해당하는 연금액을 균등하게 나눈 금액으로 배우자의 노령연금에 대한 분할청구는 수급권을 취득한 날로부터 3년 이내에 청구하여야 하고, 3년이 경과한 후에는 청구권이 소멸되어 지급받을 수 없다.

■ 장래 받을 퇴직금은?

퇴직금은 임금의 후불적 성격이 포함되어 있어, 혼인기간 중 형성된 퇴직금의 경우 부부 쌍방이 협력해 이룬 재산으로 보아 이혼 시 재산분할의 대상이 된다.

■ 배우자의 퇴직연금은?

① 매달 받는 퇴직연금은 이혼 시 재산분할 대상이 되며 매달 배우자의 연금의 일정 비율을 나눠 받을 수 있다. 이때 분할 비율은 혼인기간, 직업과 업무내용, 가사나 육아부담 분배 등 상대방이 실제 퇴직금 형성에 얼마나 기여했는지를 종합적으로 고려해서 정해진다.

② 한편 2016.1.1 부터 시행 되는 개정 공무원연금법에서는 혼인기간(배우자가 공무원으로서 재직한 기간 중의 혼인기간만 해당한다)이 5년 이상인 사람이 1. 배우자와 이혼하였을 것 2. 배우자였던 사람이 퇴직연금 또는 조기퇴직연금 수급권자일 것 3. 65세가 되었을 것 등의 요건을 모두 갖추면 그 때부터 그가 생존하는 동안 배우자였던 사람의 퇴직연금 또는 조기퇴직연금을 분할 한 일정한 금액의 연금(분할연금)을 받을 수 있도록 규정하고 있다.

③ 이러한 분할연금액은 배우자였던 사람의 퇴직연금액 또는 조기퇴직연금액 중 혼인기간에 해당하는 연금액을 균등하게 나눈 금액으로 하고 위의 요건을 모두 갖추게 된 때부터 3년이내에 청구하여야 한다.

■ 그 밖에 양육비지급 이행확보를 위한 제도는?

① 재산명시명령 및 재산조회 제도 : 가정법원은 재산분할, 부양료 및 미성년 자녀의 양육비 청구사건을 위하여 특히 필요하다고 인정하는 경우에는 직권으로 또는 당사자의 신청에 의하여 당사자에게 재산상태를 구체적으로 밝힌 재산목록을 제출하도록 명할 수 있다. 또한 가정법원은 이러한 재산명시 절차에 따라 제출된 재산목록만으로는 재산분할, 부양료 및 미성년인 자녀의 양육비 청구사건의 해결이 곤란하다고 인정할 경우에 직권으로 또는 당사자의 신청에 의하여 당사자 명의의 재산에 관하여 조회할 수 있다. 재산명시명령을 받은 사람이 정당한 사유 없이 재산목록의 제출을 거부하거나 거짓 재산목록을 제출하면 1천만원 이하의 과태료가 부과된다.

② 양육비 직접지급명령 제도 : 가정법원은 양육비를 정기적으로 지급할 의무가 있는 사람(이하 "양육비채무자"라 한다)이 정당한 사유 없이 2회 이상 양육비를 지급하지 아니한 경우에 정기금 양육비 채권에 관한 집행권원을 가진 채권자의 신청에 따라 양육비채무자에 대하여 정기적 급여채무를 부담하는 소득세원천징수의무자에게 양육비채무자의 급여에서 정기적으로 양육비를 공제하여 양육비채권자에게 직접 지급하도록 명할 수 있다.

③ 담보제공명령 및 일시금지급명령 제도 : 가정법원은 양육비를 정기금으로 지급하게 하는 경우에 그 이행을 확보하기 위하여 또는 양육비채무자가 정당한 사유 없이 그 이행을 하지 아니하는 경우에는 양육비채무자에게 상당한 담보의 제공을 명할 수 있다. 담보제공명령을 받은 양육비채무자가 담보를 제공하여야 할 기간 이내에 담보를 제공하지 않을 경우에는 가

정법원은 양육비채권자의 신청에 의하여 양육비의 전부 또는 일부를 일시금으로 지급하도록 명할 수 있다. 담보제공명령을 받은 양육비채무자가 담보를 제공하지 않을 경우, 1천만원 이하의 과태료가 부과될 수 있으며, 양육비의 일시금 지급 명령을 받은 자가 30일 이내에 정당한 사유 없이 그 의무를 이행하지 않을 때에는 30일의 범위에서 감치할 수 있다.

[서식] 이혼(친권자)신고서

※ 신고서 작성 시 뒷면의 작성 방법을 참고하고, 선택항목에는 '영표(○)'로 표시하기 바랍니다.

이혼(친권자 지정)신고서
(년 월 일)

구 분			남 편(부)		아 내(처)	
① 이혼신고사인자	성명	한글	* (성) / (명)	㉑ 또는 서명	* (성) / (명)	㉑ 또는 서명
		한자	(성) / (명)		(성) / (명)	
	본(한자)		전화		본(한자)	전화
	*주민등록번호		-		-	
	출생연월일					
	*등록기준지					
	*주 소					
② 부양부구모모	부(양부)성명					
	주민등록번호		-		-	
	모(양모)성명					
	주민등록번호		-		-	
③기 타 사 항						
(④재판확정일자)			년 월 일	법원명		법원

아래 친권자란은 협의이혼 시에는 법원의 협의이혼의사확인 후에 기재합니다.

⑤ 친권자지정	미성년인 자의 성명							
	주민등록번호		-			-		
	친권자	1부2모3부모	효력발생일	년 월 일	1부2모3부모	효력발생일	년 월 일	
			원인	1협의2재판		원인	1협의2재판	
	미성년인 자의 성명							
	주민등록번호		-			-		
	친권자	1부2모3부모	효력발생일	년 월 일	1부2모3부모	효력발생일	년 월 일	
			원인	1협의2재판		원인	1협의2재판	
⑥신고인 출석여부			1 남편(부)		2 아내(처)			
⑦제출인	성 명			주민등록번호		-		

※ 타인의 서명 또는 인장을 도용하여 허위의 신고서를 제출하거나, 허위신고를 하여 가족관계등록부에 실제와 다른 사실을 기록하게 하는 경우에는 **형법에 의하여 처벌**받을 수 있습니다. **눈표(*)로 표시한 자료**는 국가통계작성을 위해 통계청에서도 수집하고 있는 자료입니다.

※ 아래 사항은 「통계법」제24조의2에 의하여 통계청에서 실시하는 인구동향조사입니다. 「통계법」제32조 및 제33조에 의하여 성실응답의무가 있으며 개인의 비밀사항이 철저히 보호되므로 사실대로 기입하여 주시기 바랍니다.

※ 첨부서류 및 이혼당사자의 국적은 국가통계작성을 위해 통계청에서도 수집하고 있는 자료입니다.

인구동향조사

㉮실제 결혼 생활 시작일		년 월 일부터		㉱19세 미만 자녀 수		명
㉯실제 이혼 연월일		년 월 일부터				
㉰최종 졸업학교	남편 (부)	1학력 없음 2초등학교 3중학교 4고등학교 5대학(교) 6대학원 이상		아내 (처)	1학력 없음 2초등학교 3중학교 4고등학교 5대학(교) 6대학원 이상	
㉲직업	남편 (부)	1관리직 2전문직 3사무직 4서비스직 5판매직 6농림어업 7기능직 8장치·기계 조작 및 조립 9단순노무직 10군인 11학생·가사·무직		아내 (처)	1관리직 2전문직 3사무직 4서비스직 5판매직 6농림어업 7기능직 8장치·기계 조작 및 조립 9단순노무직 10군인 11학생·가사·무직	

※등록기준지:각 란의 해당자가 외국인인 경우에는 그 국적을 기재합니다.
※주민등록번호:각 란의 해당자가 외국인인 경우에는 외국인등록번호(국내거소신고번호 또는 출생연월일)
　　　　　　 를 기재합니다.
①란:협의이혼신고의 경우 반드시 당사자 쌍방이 서명(또는 기명날인) 하여야 하나, 재판상 이혼신고
　　 의 경우에는 일방이 서명(또는 기명날인)하여 신고할 수 있습니다.
②란:이혼당사자의 부모가 주민등록번호가 없는 경우에는 등록기준지(본적)를 기재합니다. 이혼당사
　　 자가 양자인 경우 양부모의 인적사항을 기재하며, 이혼당사자의 부모가 외국인인 경우에는 주
　　 민등록번호란에 외국인등록번호(또는 출생연월일) 및 국적을 기재합니다.
③란:아래의 사항 및 가족관계등록부에 기록을 분명하게 하는 데 특히 필요한 사항을 기재합니다.
　　 - 신고사건으로 인하여 신분의 변경이 있게 되는 사람이 있을 경우에 그 사람의 성명, 출생연월
　　 　일, 등록기준지 및 신분변경의 사유
　　 - 피성년후견인(2018. 6. 30.까지는 금치산자 포함)이 협의상 이혼을 하는 경우에는 동의자의 성
　　 　명, 서명(또는 날인) 및 출생연월일
④란:이혼판결(화해, 조정)의 경우에만 기재하고, 협의이혼의 경우에는 기재하지 않습니다.
　　 :조정성립, 조정에 갈음하는 결정, 화해성립이나 화해권고결정에 따른 이혼신고의 경우에는 "재
　　 판확정일자"아래 의 ( )안에 "조정성립", "조정에 갈음하는 결정확정" 또는 "화해성립", "화
　　 해권고결정"이라고 기재하고, "연월 일"란에 그 성립(확정)일을 기재합니다.
⑤란:협의이혼의사확인 신청시에는 기재하지 아니하며, 법원의 이혼의사확인 후에 정하여진 친권자
　　 를 기재합니다. 지정효력발생일은 협의이혼의 경우 이혼신고일, 재판상이혼의 경우에는 재판
　　 확정일을 기재합니다.
　　 원인은 당사자의 협의에 의해 지정한 때에는 "①협의"에, 직권 또는 신청에 의해 법원이 결정한 때에는
　　 "②재 판"에 '영표(○)'로 표시하고, 그 내용을 증명하는 서면을 첨부하여야 합니다.
　　 자녀가 5명 이상인 경우 별지 기재 후 간인하여 첨부합니다. 임신 중인 자의 경우에는 출생신
　　 고 시 친권자 지정 신고를 합니다.
⑥란:출석한 신고인의 해당번호에 '영표(○)'로 표시합니다.
⑦란:제출인(신고인이 작성한 신고서를 신고인이 아닌 사람이 제출할 경우만 기재)의 성명 및 주민등
록번호를 기재합니다.[접수담당공무원은 신분증과 대조]
※ 아래 사항은 「통계법」 제24조의2에 의하여 **통계청에서 실시하는 인구동향조사**입니다.
㉮란, ㉯란:가족관계등록부상 신고일이나 재판확정일과는 관계없이 실제로 결혼(동거)생활을 시작한
　　 날과 사실상 이혼(별거)생활을 시작한 날을 기재합니다.
㉰란:교육부장관이 인정하는 모든 정규교육기관을 기준으로 기재하되 각급 학교의 재학 또는 중퇴자
　　 는 최종 졸업한 학교의 해당번호에 '영표(○)'로 표시 합니다. <예시> 대학교 3학년 재학(중퇴)
　　 → ④ 고등학교에 '영표(○)'로 표시
㉱란:이혼할 당시의 주된 직업을 기준으로 기재합니다.

①관리자:정부,기업,단체 또는 그내부 부서의 정책과 활동을 기획,지휘 및 조정(공공및기업고위직 등)
②전문가 및 관련종사자:전문지식을 활용한 기술적 업무(과학,의료,복지,교육,종교,법률,금융,예술,
　스포츠 등)
③사무종사자:관리자,전문가 및 관련 종사자를 보조하여 업무 추진(행정,경영,보험,감사,상담·안내.
　통계 등)
④서비스종사자:공공안전,신변보호,돌봄,의료보조,미용,혼례 및 장례,운송,여가,조리와 관련된 업무
⑤판매종사자:영업활동을 통해 상품이나 서비스판매(인터넷,상점,공공장소등),상품의 광고.홍보,계
　산·정산 등
⑥농림·어업 숙련 종사자:작물의재배.수확,동물의번식.사육,산림의 경작·개발,수생동.식물번식 및
　양식 등
⑦기능원 및 관련기능 종사자:광업,제조업,건설업에서 손과 수공구를 사용하여 기계 설치 및 정
　비,제품 가공
⑧장치·기계조작 및 조립 종사자:기계를 조작하여 제품 생산.조립, 산업용 기계·장비조작,운송장비
　의 운전 등
⑨단순노무 종사자:주로 간단한 수공구의 사용과 단순하고 일상적이며 육체적 노력이 요구되는 업무
⑩군인:의무복무를 포함하여,현재 군인신분을 유지하고 있는 경우(국방분야에 고용된 민간인과 예
　비군은 제외)
⑪학생·가사·무직:교육기관에 재학하며 학습에만 전념하거나, 전업주부이거나,특정한 직업이 없는 경우

첨 부 서 류

1. 협의이혼:협의이혼의사확인서 등본 1부
2. 재판이혼:판결등본 및 확정증명서 각 1부(조정.화해 성립의 경우는 조서등본 및 송달증명서).
3. 외국법원의 이혼판결에 의한 재판상 이혼
   - 이혼판결의 정본 또는 등본과 판결확정증명서 각 1부.
   - 패소한 피고가 우리나라 국민인 경우에 그 피고가 공시송달에 의하지 아니하고 소송의 개시에
     필요한 소환 또는 명령의 송달을 받았거나 또는 이를 받지 아니하고도 응소한 사실을 증명하
     는 서면 1부(판결에 의하여 이점이 명백하지 아니한 경우에 한한다).
   - 위 각 서류의 번역문 1부.
※ 아래 4항은 가족관계등록관서에서 전산으로 그 내용을 확인할 수 있는 경우 첨부를 생략합니다.
4. 이혼 당사자 각각의 가족관계등록부의 가족관계증명서, 혼인관계증명서 각 1통.
5. 사건본인이 외국인인 경우
   - 한국 방식에 의한 이혼:사건본인 쌍방이 외국인인 경우에는 국적을 증명하는 서면(여권 또는 외국인등록
                           증)사본 첨부
   - 외국 방식에 의한 이혼:이혼증서 등본 및 국적을 증명하는 서면(여권 또는 외국인등록증) 사본 각 1부
6. 친권자지정과 관련한 소명자료
   - 협의에 의한 경우 친권자지정 협의서등본 1부.
   - 법원이 결정한 경우 심판서 정본 및 확정 증명서 1부.
7. 신분확인[가족관계등록예규 제443호에 의함]
① 재판상 이혼신고(증서등본에 의한 이혼신고 포함)
   - 신고인이 출석한 경우 : 신분증명서
   - 제출인이 출석한 경우 : 제출인의 신분증명서
   - 우편제출의 경우 : 신고인의 신분증명서 사본
※ 신고인이 성년후견인인 경우에는 7항의 ① 서류 외에 성년후견인의 자격을 증명하는 서면도 함께 첨부해야
   합니다.
② 협의이혼신고
   - 신고인이 출석한 경우 : 신고인 일방의 신분증명서
   - 신고인 불출석, 제출인 출석의 경우 : 제출인의 신분증명서 및 신고인 일방의 신분증명서 또는 서명
     공증 또는 인감증명서(신고인의 신분증명서 없이 신고서에 신고인이 서명한 경우 서명공증, 신고서
     에 인감 날인한 경우 인감증명)
   - 우편제출의 경우 : 신고인 일방의 서명공증 또는 인감증명서(신고서에 서명한 경우 서명공증, 인
     감을 날인한 경우는 인감증명서).

[서식] 이혼 숙려기간 면제(단축) 사유서

이혼 숙려기간 면제(단축) 사유서

　20　　　호　　　　　　협의이혼의사확인신청

당사자 :

주　소 :

위 사건에 관하여 20 ．　．　． :　　　　　로 이혼의사 확인기일이 지정되
었으나 다음과 같은 사유로 이혼의사 확인까지 필요한 기간을 면제(단축)하여
주시기 바랍니다.

다　음

사유:1. 가정 폭력으로 인하여 당사자 일방에게 참을 수 없는 고통이 예상됨( )
2. 기타 이혼을 하여야 할 급박한 사정이 있는 경우(상세히 적을 것)

첨 부 서 류

1.

　　　　　　　　　　20　　．　　．　　．

　　　위 당사자　　　　　　　　(날인 또는 서명)

　　　(연락처 :　　　　　　　　　　　　　)

　　　(상대 배우자 연락처 :　　　　　　　)

○ ○ 지 방 법 원 　귀 중

◇유의사항◇
※ 연락처란에는 언제든지 연락 가능한 전화번호나 휴대전화번호를 기재하고, 그 밖에 팩스번
호, 이메일 주소 등이 있으면 함께 기재하기 바랍니다.
※ 사유서 제출 후 7일 이내에 확인기일의 재지정 연락이 없으면 최초에 지정한 확인기일이
유지되며, 이에 대하여는 이의를 제기할 수 없습니다.

[서식] 협의이혼의사확인신청서(미성년자가 있는 경우)

협의이혼의사확인신청서

당사자   부   ○○○ (주민등록번호: -   )
등록기준지:
주   소:
전화번호(핸드폰/집전화):
        처   ○○○ (주민등록번호: -   )
등록기준지:
주   소:
전화번호(핸드폰/집전화):

신청의 취지

위 당사자 사이에는 진의에 따라 서로 이혼하기로 합의하였다. 위와 같이 이혼의사가 확인되었다.
라는 확인을 구함.

첨부서류

1. 남편의 혼인관계증명서와 가족관계증명서 각 1통.
   처의 혼인관계증명서와 가족관계증명서 각 1통.
2. 미성년자가 있는 경우 양육 및 친권자결정에 관한 협의서 1통과 사본 2통 또는 가정법원의 심판정본 및 확정증명서 각 3통(제출___, 미제출___)
3. 주민등록표등본(주소지 관할법원에 신청하는 경우) 1통.
4. 진술요지서(재외공관에 접수한 경우) 1통.   끝.

확인기일				담당자
1회	년 월 일 시			법원주사(보)
2회	년 월 일 시			○○○ ⑪

확인서등본 및 양육비부담조서정본 교부	교부일
부 ○○○ ⑪	
처 ○○○ ⑪	

                                           년   월   일

신청인 부 ○ ○ ○ ⑪
           처 ○ ○ ○ ⑪

○ ○ 가 정 법 원 귀 중

1) 해당하는 란에 ○ 표기할 것. 협의하는 부부 양쪽이 이혼에 관한 안내를 받은 후에 협의서는 확인기일 1개월 전까지, 심판정본 및 확정증명서는 확인기일까지 제출할 수 있습니다.
2) 해당하는 란에 ○ 표기할 것. 협의하는 부부 양쪽이 이혼에 관한 안내를 받은 후에 협의서는 확인기일 1개월 전까지, 심판정본 및 확정증명서는 확인기일까지 제출할 수 있습니다.
※ 이혼에 관한 안내를 받지 아니한 경우에는 접수한 날부터 3개월이 경과하면 취하한 것으로 봅니다.

협 의 이 혼 의 사 철 회 서

당사자	남편	성 명	
		주민등록번호	
		등 록 기 준 지	
		주 소	
	아내	성 명	
		주민등록번호	
		등 록 기 준 지	
		주 소	
확 인 법 원			법원
확 인 년 월 일			20 년 월 일

위와 같이 이혼의사 확인을 받았으나, 본인은 이혼할 의사가 없으므로 이혼의사를 철회합니다.

20   년   월   일

위 철회인   성 명 :   (서명 또는 날인)
　　　　　　연락처 :

장   귀하

소   장
(이혼, 미성년자녀)

원   고 성명: ☎
주민등록번호
주   소
송 달 장 소
등록 기준지

피   고 성명: ☎
주민등록번호
주   소
송 달 장 소
등록 기준지
☐ 별지 당사자표시서에 기재 있음

사건본인(미성년자녀)
1. 성명: 주민등록번호:
   주   소
   등록기준지
2. 성명: 주민등록번호:
   주   소
   등록기준지
☐ 별지 당사자표시서에 기재 있음

청 구 취 지

> 청구하고자 하는 부분의 ☐안에 V표시를 하시고, _____부분은 필요한 경우 직접
> 기재하시기 바랍니다.

1. 원고와 피고는 이혼한다.
2. ☐ 사건본인(들)에 대한 친권자 및 양육자로 (☐원고 / ☐피고)를 지정한다.
   (기타: _____)
3. ☐ (☐원고 / ☐피고)는 (☐원고 / ☐피고)에게 사건본인(들)에 대한 양육
   비로 다음과 같이 지급하라.

가. □ _____부터 사건본인(들)이 (각) 성년에 이르기 전날까지 매
    월 _____일에 사건본인 1인당 매월 _____원의 비율로 계산한 돈

나. □ 기타: _____

4. □ (□원고 / □피고)는 다음과 같이 사건본인(들)을 면접교섭한다.

일 자	시 간
□ 매월 _____째 주	_____요일 ____시부터 _____요일 ____시까지
□ 매주	_____요일 ____시부터 _____요일 ____시까지
□ 기타:	

5. 소송비용은 피고가 부담한다.

청 구 원 인

유의사항

1. 이혼소송은 가사소송법 제50조 제2항에 따라 재판을 받기 전에 조정절
   차를 거치는 것이 원칙이고, 많은 사건이 조정절차에서 원만하게 합의
   되어 조기에 종결됩니다.
2. 서로의 감정을 상하게 하거나 갈등을 고조시켜 원만한 조정에 방해가
   되지 않도록 조정기일 전에는 이 소장 외에 준비서면 등을 더 제출하
   는 것을 삼가주시기 바랍니다.
3. 구체적인 사정은 조정기일에 출석하여 진술할 수 있고, 만일 조정이
   성립되지 않아 소송절차로 이행할 경우 준비서면을 제출하여 이 소장
   에 기재하지 못한 구체적인 청구원인을 주장하거나 추가로 증거를 제
   출할 수 있습니다.

1. 원고와 피고는 _____년 ___월 ___일 혼인신고를 마쳤다.
   원고와 피고는 (□ 동거 중/□ _____년 __월 __일부터 별거 중/□기타: _____)이다.

2. **이혼**
   가. 원고는 아래와 같은 재판상 이혼원인이 있어 이 사건 이혼 청구를 하
       였다(중복 체크 가능, 민법 제840조 참조).
       □ 피고가 부정한 행위를 하였음(제1호)
       □ 피고가 악의로 원고를 유기하였음(제2호)
       □ 원고가 피고 또는 그 부모로부터 부당한 대우를 받았음(제3호)
       □ 원고의 부모가 피고로부터 부당한 대우를 받았음(제4호)
       □ 피고의 생사가 3년 이상 불분명함(제5호)
       □ 기타 혼인을 계속하기 어려운 중대한 사유가 있음(제6호)

☞ 아래 나.항은 이혼에 관하여 상대방과 합의를 기대/예상하는 경우에는 기재하지 않아도 됩니다.

나. 이혼의 계기가 된 **결정적인 사정 3~4개**는 다음과 같다.

　　□ 배우자 아닌 자와 동거/출산 　□ 배우자 아닌 자와 성관계 　□ 기타 부정행위

　　□ 장기간 별거 　□ 가출 　□ 잦은 외박

　　□ 폭행 　□ 욕설/폭언 　□ 무시/모욕

　　□ 시가/처가와의 갈등 　□ 시가/처가에 대한 지나친 의존

　　□ 마약/약물 중독 　□ 알코올 중독 　□ 도박 　□ 게임 중독

　　□ 정당한 이유 없는 과도한 채무 부담 　□ 정당한 이유 없는 생활비 미지급 　□ 사치/낭비 　□ 기타 경제적 무책임

　　□ 가정에 대한 무관심 　□ 애정 상실 　□ 대화 단절 　□ 극복할 수 없는 성격 차이

　　□ 원치 않는 성관계 요구 　□ 성관계 거부 　□ 회복하기 어려운 성적 문제

　　□ 회복하기 어려운 정신질환 　□ 배우자에 대한 지나친 의심 　□ 범죄 /구속 　□ 과도한 음주

　　□ 전혼 자녀와의 갈등 　□ 종교적인 갈등 　□ 자녀 학대 　□ 이혼 강요

　　□ 국내 미입국 　□ 해외 거주

　　□ 기타(배우자 아닌 피고의 책임 있는 사유도 여기에 기재하시기 바랍니다): --

3. 친권자 및 양육자 지정에 관한 의견

사건본인(들)에 대하여 청구취지 기재와 같이 친권자 및 양육자 지정이 필요한 이유는 다음과 같다(중복 체크 가능).

□ 과거부터 현재까지 계속하여 양육하여 왔다.

□ (현재는 양육하고 있지 않으나) 과거에 주된 양육자였다.

□ 별거 이후 혼자 양육하고 있다.

□ 사건본인(들)이 함께 살기를 희망한다.

□ 양육환경(주거 환경, 보조 양육자, 경제적 안정성 등)이 보다 양호하다.

□ 사건본인(들)과 보다 친밀한 관계이다.

□ 기타: --

4. 양육비 산정에 관한 의견

(현재 파악되지 않은 상대방의 직업, 수입 등은 기재하지 않아도 됩니다)

가. 원고의 직업은 _____, 수입은 월_____원(□ 세금 공제 전 / □ 세금 공제 후)이고, 피고의 직업은 _____, 수입은 월_____원(□ 세금 공제 전 / □ 세금 공제 후)이다.

나. (과거 양육비를 청구하는 경우) 과거 양육비 산정 기간은 _____
부터 _____까지 ___년 ___개월이다.

다. 기타 양육비 산정에 고려할 사항: _____

5. 면접교섭에 관한 의견

희망 인도 장소: 사건본인(들)을 _____에서 인도하고 인도받기를 희망한다.

면접교섭 시 참고사항: _____

첨 부 서 류

1. 원고의 기본증명서, 혼인관계증명서, 가족관계증명서, 주민등록등본 각 1통
2. 피고의 기본증명서, 혼인관계증명서, 가족관계증명서, 주민등록등본 각 1통
3. 원고 및 피고의 각 주소변동 사항이 모두 나타나 있는 주민등록초본 각 1통
   (원, 피고 중 일방의 주소가 서울이 아닌 경우에만 제출하시면 됩니다)
4. 사건본인(들)에 대한 (각) 기본증명서, 가족관계증명서, 주민등록등본 각 1통
5. 입증자료 (갑 제____호증 ~ 갑 제____호증)
   (입증자료는 "갑 제1호증", "갑 제2호증"과 같이 순서대로 번호를 기재하여 제출하시면 됩니다)

※ 소장에는 판결문, 진단서 등 객관적이고 명백한 증거만 첨부하여 제출하시고, 특히 증인진술서는 증거 제출을 삼가주시기 바랍니다. 기타 필요한 나머지 증거는 이후 소송절차에서 제출하시기 바랍니다.

201 .   .   .

원 고   인 / 서명

서울○○법원   귀중

■ 관할

관할을 위반한 경우 이송 등의 절차로 소송이 지연될 수 있으니 유의하시기 바랍니다.
1. 부부가 서울가정법원의 관할구역(서울특별시) 내에 주소지가 있을 때
2. 부부의 최후 공통의 주소지가 서울이고 부부 중 일방의 주소가 계속하여 서울일 때
3. 피고의 주소가 외국에 있거나 이를 알 수 없을 때(주로 외국인의 경우)
   → 위의 3가지 경우에는 서울가정법원이 전속관할이 됩니다.
4. 위에 해당하지 아니하는 때에는 피고의 주소지 소재 (가정)법원이 관할법원입니다.

■ 인지액

이혼 청구의 경우 수입인지 20,000원과 송달료를 각 납부하셔야 합니다(법원 내 신한은행에서 납부하고 영수증을 첨부하여야 함).

[서식] 답변서(미성년자녀가 있는 경우)

답 변 서
(이혼, 미성년자녀)

사건번호	20____드단(드합)_____		
원 고			
피 고		전화번호	

청구취지에 대한 답변

해당되는 부분 □안에 V표시를 하시고, _____ 부분은 필요한 경우 직접 기재하시기 바랍니다.

1. 이혼 청구 → □ 인정함   □ 인정할 수 없음
2. 친권자 및 양육자 지정 청구 → □ 인정함   □ 인정할 수 없음[사건본인 (들)에 대한 친권자 및 양육자로 □ 원고/ □ 피고를 지정한다]
   (기타: _____)
3. 양육비 청구 → □ 인정함 □ 인정할 수 없음 □ 일부 (월_____원) 인정함
   (기타:_____)
4. 면접교섭 청구 → □ 인정함   □ 다른 의견이 있음
   면접교섭에 관하여 원고와 다른 의견이 있는 경우 기재하시기 바랍니다.

	일 자	시 간
□	매월 _____째 주	____요일 ____시부터 _____요일 ____시까지
□	매주	____요일 ____시부터 _____요일 ____시까지
□	기타:	

청구원인에 대한 답변

유의사항

1. 이혼소송은 가사소송법 제50조 제2항에 따라 재판을 받기 전에 조정절차를 거치는 것이 원칙이고, 많은 사건이 조정절차에서 원만하게 합의되어 조기에 종결됩니다.
2. 서로의 감정을 상하게 하거나 갈등을 고조시켜 원만한 조정에 방해가 되지 않도록 조정기일 전에는 이 소장 외에 준비서면 등을 더 제출하는 것을 삼가주시기 바랍니다.

3. 구체적인 사정은 조정기일에 출석하여 진술할 수 있고, 만일 조정이 성립되지 않아 소송절차로 이행할 경우 준비서면을 제출하여 이 소장에 기재하지 못한 구체적인 청구원인을 주장하거나 추가로 증거를 제출할 수 있습니다.

해당되는 부분 □안에 V표시를 하시고, ---------- 부분은 필요한 경우 직접 기재하시기 바랍니다.

1. **동거 여부** → □ 인정함 □ 인정할 수 없음 □ 일부 인정함
   인정할 수 없거나, 일부 인정할 경우, 피고의 주장을 기재하시기 바랍니다.

☞ **원고의 이혼 청구를 인정하는 경우 이 항에 답을 할 필요가 없습니다.**

2. **이혼 청구**
   □ 피고에게 책임 있는 사유를 인정할 수 없음
   □ 피고에게 책임 있는 사유를 일부 인정하지만, 그래도 혼인관계는 계속 유지될 수 있음
   　(인정하는 부분: --)
   □ 오히려 원고에게 책임 있는 사유가 더 크므로 원고의 이혼 청구는 기각되어야 함
   □ 기타: --

☞ **원고의 친권자 및 양육자 지정 청구를 인정하는 경우 이 항에 답을 할 필요가 없습니다.**

3. **친권자 및 양육자 지정에 관한 의견**
   사건본인(들)에 대하여 청구취지에 대한 답변에 기재된 것과 같은 친권자 및 양육자 지정이 필요한 이유는 다음과 같다(중복 체크 가능).
   □ 과거부터 현재까지 계속하여 양육하여 왔다.
   □ (현재는 양육하고 있지 않으나) 과거에 주된 양육자였다.
   □ 별거 이후 혼자 양육하고 있다.
   □ 사건본인(들)이 함께 살기를 희망한다.
   □ 양육환경(주거 환경, 보조 양육자, 경제적 안정성 등)이 보다 양호하다.
   □ 사건본인(들)과 보다 친밀한 관계이다.
   □ 기타: --

☞ **원고의 양육비 청구를 인정하는 경우 이 항에 답을 할 필요가 없습니다.**

4. **양육비 산정에 관한 의견**
   가. 직업 및 수입에 관한 의견
   　　(현재 파악되지 않은 상대방의 직업, 수입 등은 기재하지 않아도 됩니다)
   　　원고의 직업은 _____, 수입은 월_____원(□ 세금 공제 전 / □

세금 공제 후)이고, 피고의 직업은 _____, 수입은 월_____원
(□ 세금 공제 전 / □ 세금 공제 후)이다.

　나. 기타 양육비 산정에 고려할 사항: ----------------------------------

☞ **원고의 면접교섭 청구를 인정하는 경우 이 항에 답을 할 필요가 없습니다.**

5. 면접교섭 청구에 관한 의견

　가. 면접교섭 일시에 관하여 원고의 주장과 다르게 희망한 이유:_____

　나. 희망 인도 장소 : 사건본인을 -------------에서 인도하고 인도받기를 희망한다.

　다. 면접교섭 시 참고사항:--

201 ．　　．　　．

피 고　　　　　　　인 / 서명

○ ○ 가 정 법 원 　귀 중

소　　　장

원　고　○　○　○(○○○)
　　　　　　(19○○년 ○월 ○일생)
　　　　　　등록기준지 : ○○시 ○○구 ○○길 ○○번지
　　　　　　주소 : ○○시 ○○구 ○○길 ○○번지
　　　　　　송달장소 : ○○시 ○○구 ○○길 ○○번지

피　고　△　△　△(△△△)
　　　　　　(19○○년 ○월 ○일생)
　　　　　　등록기준지 : ○○시 ○○구 ○○길 ○○번지
　　　　　　주소 : ○○시 ○○구 ○○길 ○○번지

이혼청구의 소

청　구　취　지

1. 원고와 피고는 이혼한다.
2. 소송비용은 피고의 부담으로 한다.
라는 판결을 구합니다.

청　구　원　인

1. 원고와 피고는 20○○년 ○○월 ○○일에 혼인신고를 필한 법률상 부부로서 슬하에 ○남 ○녀를 두고 지내왔습니다.
2. 원고는 혼인 후 피고 등과 함께 지내던 중 피고가 혼수를 적게 해왔다는 이유로 원고 및 원고의 친정부친에 대해 모욕적인 언행을 서슴치 않더니 급기야는 사소한 문제를 들어 원고를 마구 구타하기 시작하였습니다. 이로 인해 원고는 심한 모욕감에 시달렸으나 자녀들을 생각하여 참고 지내왔습니다.
3. 그러나 피고의 구타 및 모욕적인 언행은 그칠 줄을 모르고 더욱 심해져 20○○년 ○월 ○일 술을 먹고 들어와서는 아무런 이유 없이 원고를 마구 구타하여 원고에게 전치 ○주의 상해를 입히고 또한 이를 말리던 원고의 친정 부친을 폭행하였습니다.
4. 이후에도 피고는 사소한 문제를 가지고 원고를 폭행하여 마침내 피고의 모욕적인 언행 및 심한 폭행을 견디지 못한 원고는 친정으로 피신을 하게 되

었습니다.

5. 위에서 본 바와 같이 피고의 이러한 일련의 행위들은 민법 제840조 제3호의 '배우자로부터 심히 부당한 대우를 받았을 때' 및 같은 조 제6호의 '기타 혼인을 지속할 수 없는 중대한 사유가 있는 때'에 해당하여 재판상 이혼사유가 된다 할 것이며, 아울러 원.피고간의 혼인의 파탄책임은 전적으로 원고 및 원고의 가족들에게 부당한 대우를 한 피고에게 있다 할 것입니다.

6. 따라서 원고는 더 이상 피고와의 혼인생활을 지속할 수가 없어 부득이 원고의 이혼청구에 불응하고 있는 피고에게 이혼을 구하고자 이건 청구에 이르게 되었습니다.

입 증 방 법

1. 갑 제1호증   혼인관계증명서
1. 갑 제2호증   상해진단서
1. 갑 제3호증   인우보증서

첨 부 서 류

1. 위 입증방법   각 1통
1. 소장부본   1통
1. 납부서   1통

20○○년 ○월 ○일
위 원 고 ○ ○ ○ (서명 또는 날인)

○ ○ 가 정 법 원 귀 중

■ 참 고 ■

제출법원	※ 아래(1)참조	제척기간	※ 아래(2)참조
제출부수	소장원본 및 부본 각1부	관련법규	가사소송법 제22조 민법 제840조
불복절차 및 기간	- 항소(가사소송법 제19조제1항) - 판결정본이 송달된 날로부터 14일이내(가사소송법 제19조제1항)		
비 용	- 인지액 : 20,000원(☞가사소송 및 비송사건수수료표) - 송달료 : 당사자수×3,700원(우편료)×12회분		
이혼사유	1. 배우자에 부정한 행위가 있었을 때 2. 배우자가 악의로 다른 일방을 유기한 때 3. 배우자 또는 그 직계존속으로부터 심히 부당한 대우를 받았을 때 4. 자기의 직계존속이 배우자로부터 심히 부당한 대우를 받았을 때 5. 배우자의 생사가 3년이상 분명하지 아니한 때 6. 기타 혼인을 계속하기 어려운 중대한 사유가 있을 때		

※ (1) 제 출 법 원

1. 부부가 같은 가정법원의 관할구역내에 보통재판적이 있을 때에는 그 가정법원
2. 부부가 최후의 공통의 주소지를 가졌던 가정법원의 관할 구역내에 부부중 일방의 보통재판적이 있을 때에는 그 가정법원
3. 제1호 및 제2호에 해당되지 아니하는 경우로서 부부의 일방이 타방을 상대로 하는 때에는 상대방의 보통재판적소재지의 가정법원

※ (2) 제 척 기 간

1. 배우자의 부정한 행위가 있었을 때 : 다른 일방이 사전 동의나 사후용서를 한 때 또는 이를 안 날로부터 6월, 그 사유있은 날로부터 2년을 경과한 때에는 이혼을 청구하지 못함.
2. 기타 혼인을 계속하기 어려운 중대한 사유가 있을 때 : 다른 일방이 이를 안 날로부터 6월, 그 사유있은 날로부터 2년을 경과하면 이혼을 청구하지 못함.

[서식] 이혼청구의 소(직계존속에 대한 부당한 대우)

소   장

원   고   이 ○ ○ (李 ○ ○)
          (19○○년 ○월 ○일생)
          등록기준지 : ○○시 ○○구 ○○길 ○○번지
          주소 : ○○시 ○○구 ○○길 ○○번지

피   고   김 △ △ (金 △ △)
          (19○○년 ○월 ○일생)
          등록기준지 : ○○시 ○○구 ○○길 ○○번지
          주소 : ○○시 ○○구 ○○길 ○○번지

이혼등 청구의 소

청 구 취 지

1. 원고와 피고는 이혼한다.
2. 원고에게 피고는 위자료 금 ○○○원 및 이에 대한 이 사건 판결선고일부터 완제일까지 연 20%의 비율에 의한 금원을 지급하라.
3. 소송비용은 피고의 부담으로 한다.
라는 판결을 구합니다.

청 구 원 인

1. 원고와 피고는 19○○. ○. ○. 혼인하여 19○○. ○. ○. 혼인신고를 한 법률상 부부입니다.
2. 피고는 결혼초부터 전문직업을 가진 피고와 결혼을 하면서 원고가 결혼 지참금을 충분히 가지고 오지 아니하였다는 이유로 불만을 품고 원고를 구타 폭행하여 상처를 입힌 사실이 있을 뿐만 아니라 원고의 친가 아버지를 모욕하고 행패를 부리는 등 부부관계가 돌이킬 수 없을 정도에 이르게 하였습니다.
3. 따라서 피고의 원고 및 원고의 직계존속에 대한 심히 부당한 대우로 인해 부부로서의 동거생활을 계속하는 것이 고통스러울 정도가 되어 부부관계가 돌이킬 수 없는 파탄상태에 이른 실정이며, 이는 민법 제840조 제3호

의 '배우자로부터의 부당한 대우를 받았을 때' 및 같은 조 제4호의 '직계
존속이 배우자로부터 심히 부당한 대우를 받았을 때'에 해당하므로, 원고
는 피고와 이혼 및 원고의 정신적 고통에 대한 손해배상으로서 금 ○○○
원을 구하기 위하여 이 사건 청구에 이르게 되었습니다.

입 증 방 법

1. 갑 제1호증   혼인관계증명서
1. 갑 제2호증   주민등록등본
1. 갑 제3호증   상해진단서

첨 부 서 류

1. 위 입증방법   각 1통
1. 소장부본   1통
1. 납부서   1통

20○○년   ○월   ○일
위 원고   ○ ○ ○ (서명 또는 날인)

○ ○ 가 정 법 원 귀 중

(관련판례)

의식불명의 식물상태와 같은 의사무능력 상태에 빠져 금치산선고를 받은 자의 배우자에게 부
정행위나 악의의 유기 등과 같이 민법 제840조 각 호가 정한 이혼사유가 존재하고 나아가
금치산자의 이혼의사를 객관적으로 추정할 수 있는 경우에는, 민법 제947조, 제949조에 의하
여 금치산자의 요양·감호와 그의 재산관리를 기본적 임무로 하는 후견인(민법 제940조에 의
하여 배우자에서 변경된 후견인이다)으로서는 의사무능력 상태에 있는 금치산자를 대리하여
그 배우자를 상대로 재판상 이혼을 청구할 수 있다. 다만, 위와 같은 금치산자의 이혼의사를
추정할 수 있는 것은, 당해 이혼사유의 성질과 정도를 중심으로 금치산자 본인의 결혼관 내
지 평소 일상생활을 통하여 가족, 친구 등에게 한 이혼에 관련된 의사표현, 금치산자가 의사
능력을 상실하기 전까지 혼인생활의 순탄 정도와 부부간의 갈등해소방식, 혼인생활의 기간,
금치산자의 나이·신체·건강상태와 간병의 필요성 및 그 정도, 이혼사유 발생 이후 배우자가
취한 반성적 태도나 가족관계의 유지를 위한 구체적 노력의 유무, 금치산자의 보유 재산에
관한 배우자의 부당한 관리·처분 여하, 자녀들의 이혼에 관한 의견 등의 제반 사정을 종합하
여 혼인관계를 해소하는 것이 객관적으로 금치산자의 최선의 이익에 부합한다고 인정되고 금
치산자에게 이혼청구권을 행사할 수 있는 기회가 주어지더라도 혼인관계의 해소를 선택하였
을 것이라고 볼 수 있는 경우이어야 한다(대법원 2010. 4. 29. 선고 2009므639 판결).

소　　　　　장

원 고　　○　○　○(주민등록번호)
　　　　　　등록기준지 : ○○시 ○○구 ○○길 ○○
　　　　　　주소 : ○○시 ○○구 ○○길 ○○(우편번호)
피 고　　△　△　△(주민등록번호)
　　　　　　등록기준지 : 원고와 같음
　　　　　　최후주소 : ○○시 ○○구 ○○길 ○○(우편번호)
사건본인　□　□　□(주민등록번호)
　　　　　　등록기준지 및 주소 : 원고와 같음

이혼등 청구의 소

청　구　취　지

1. 원고와 피고는 이혼한다.
2. 사건본인의 친권행사자로 원고를 지정한다.
3. 소송비용은 피고의 부담으로 한다.
라는 판결을 구합니다.

청　구　원　인

1. 혼인 및 자녀관계
　　원고와 피고는 19○○. ○월경 결혼식을 올리고 19○○. ○. ○. 혼인신고를 마친 법률상 부부로서 그 사이에 사건본인을 포함하여 ○남 ○녀를 두었습니다.
　　{증거: 갑 제1호증(가족관계증명서), 갑 제2호증(혼인관계증명서), 갑 제3호증(기본증명서) }
2. 재판상 이혼 청구
　가. 피고는 원고와 혼인할 당시 ○○시에서 초등학교 교사로 근무하고 있었으나, 여기저기서 돈을 빌려 일을 벌리는 통에 급여를 제대로 가져오지 않는 일이 허다하였습니다. 그러다가 피고가 19○○. ○월경 갑자기 재직하던 학교에 사표를 내고 사라져 수소문 끝에 찾아내니 ○○시 ○○○ 시장에서 중학교 동창과 한복 원단장사를 하고 있어 원고도 서울로 이사를

하여 피고와 합쳤습니다.

나. 서울로 이사온 후에도 피고는 가족에 대한 책임감이 없어 제대로 부양을 하지 않고 수시로 가출을 일삼았고, 19○○. ○.월경 위 ○○○시장에서 하던 원단 가게가 부도로 망하자 집을 나가 소식이 없었습니다.

다. 이에 원고는 돈 한 푼 없이 세 자녀를 데리고 월세방을 얻어 혼자 힘으로 힘들게 살고 있었는데, 피고는 19○○. ○월경 한번 집에 찾아 온 것을 마지막으로 연락이 두절되었으며 19○○. ○월경 피고와 함께 살고 있다는 어떤 여자로부터 전화가 걸려온 적이 있은 뒤로는 지금까지 원고는 피고의 소식조차 듣지 못하고 있습니다.
{ 증거: 갑 제6호증(원.피고 큰딸의 진술서), 갑 제7호증(사건본인의 진술서), 갑 제8호증(원고 여동생 진술서) }

라. 최근 원고가 피고의 주민등록초본을 발급 받아 본 결과, 피고는 ○○시 ○○구 ○○길 ○○을 마지막 주소로 하여 19○○. ○. ○.자로 무단전출 직권말소가 되어 있었습니다. { 증거: 갑 제5호증(피고의 주민등록말소자 초본) }

마. 원고는 그동안 세 자녀를 생각해서라도 피고가 다시 돌아와 열심히 사는 모습을 보여만 준다면 모든 것을 이해하고 피고를 받아들이겠다는 생각도 하였으나, 세 자녀를 원고에게 맡겨두고 오랫동안 아무런 연락도 없는 피고의 무책임한 행동을 더 이상 참을 수가 없어 이혼을 결심하게 되었습니다.
따라서 원, 피고간 혼인관계는 원고와 자녀들에 대한 부양의무를 저버린 피고의 귀책사유로 회복될 수 없을 만큼 파탄되었다 할 것이므로 원고는 민법 제840조 제2호 소정의 악의의 유기를 사유로 재판상 이혼 청구를 하고자 합니다.

3. 친권행사자지정 청구
사건본인은 현재 원고가 양육하고 있고, 피고는 소재불명이므로 원고를 친권행사자로 지정함이 타당합니다.

4. 결론
이에 원고는 재판상 이혼 및 친권행사자지정청구를 위하여 이 건 소제기에 이르렀습니다.

입 증 방 법

1. 갑 제1호증   가족관계증명서
1. 갑 제2호증   혼인관계증명서
1. 갑 제3호증   기본증명서

1. 갑 제4호증		원고 주민등록등본
1. 갑 제5호증		피고 주민등록 말소자 초본
1. 갑 제6 내지 8호증		각 진술서

첨 부 서 류

1. 소장부본	1통
1. 위 입증방법	각 1통
1. 납부서	1통

20○○년 ○월 ○일

위 원고 ○ ○ ○ (서명 또는 날인)

○ ○ 가 정 법 원 귀 중

(관련판례)

배우자 일방이 중병에 걸려 만일 이혼을 허용한다면 그 병세가 심각하게 악화될 염려가 있는 경우와 같이 이혼으로 인하여 배우자의 일방이 정신적·사회적·경제적으로 아주 심각한 상황에 처하게 되는 등 이혼이 배우자 일방에게 심히 가혹한 결과를 가져오는 것이어서 이혼을 원하는 상대방의 이익을 고려하여 보더라도 혼인생활을 계속하는 것이 필요하다고 인정되는 경우나, 이혼으로 인하여 부부 사이에서 태어난 미성년 자녀의 가정적·교육적·정신적·경제적 상황이 본질적으로 악화되어 그 자녀의 행복이 심각하게 침해될 우려가 있는 등 그 자녀의 이익을 위하여 부부관계를 유지하는 것이 반드시 필요하다고 인정되는 특별한 사정이 있는 경우 외에는, 혼인생활이 이미 파탄상태에 이른 이상 유책배우자의 이혼청구도 허용함이 상당하다(광주고등법원 2009. 6. 5. 선고 2008르242 판결).

[서식] 이혼, 위자료, 친권행사자, 양육비청구의 소

소   장

원 고   ○ ○ ○ (주민등록번호)
         등록기준지 : ○○시 ○○구 ○○길 ○(우편번호)
         주소 : 등록기준지와 같음
피 고   1. 정 △ △(△ △ △) (주민등록번호)
         등록기준지 : 원고와 같음
         주소 : ○○시 ○○구 ○○길 ○○(우편번호)
       2. 이 △ △(△ △ △) (주민등록번호)
         주소 : ○○시 ○○구 ○○길 ○○(우편번호)
사건본인   □ □ □(주민등록번호)
         등록기준지 및 주소 : 원고와 같음

이혼 및 위자료 등 청구의 소

청 구 취 지

1. 원고와 피고 정△△은 이혼한다.
2. 피고들은 연대하여 원고에게 위자료로 금 ○○○원 및 이에 대한 이 사건 소장 부본 송달 다음날부터 다 갚는 날까지 연 15%의 비율에 의한 금원을 지급하라.
3. 사건본인의 친권행사자로 원고를 지정한다.
4. 피고 정△△은 원고에게 사건본인의 양육비로 이 사건 소장 부본 송달 다음날부터 사건본인이 만 19세에 이를 때까지 매월 말일에 금 ○○○원씩을 지급하라.
5. 소송비용은 피고들의 부담으로 한다.
6. 위 제2항, 제4항은 가집행 할 수 있다.
라는 판결을 구합니다.

청 구 원 인

1. 재판상 이혼청구 관련
 가. 혼인경위
      원고와 피고 정△△는 19○○. ○. ○. 혼인신고를 마친 법률상 부부로서 슬하에 사건본인을 두고 있습니다{갑 제1호증(혼인관계증명서), 갑 제2호증(가족관계증명서}. 원고와 피고는 「☆☆호텔」 직원 선.후배간으로 만나 사귀다가 결혼에 이르게 되었으며 전세자금융자를 위해 우선 혼인신고부터 하고 19○○. ○. ○. 결혼식을 올렸습니다.

나. 혼인파탄 경위

(1) 피고 정△△는 원고와 혼인한 이후 원고에게 생활비도 제대로 주지 않고 무분별한 소비를 일삼거나 원고 모르게 과도한 채무를 부담하는 등의 사유로 가정불화를 야기하였고 결국 직장을 「☆☆호텔」에서 「★★호텔」로 이전하며 종전 직장의 퇴직금으로 카드대금 등의 빚을 청산할 수밖에 없었습니다.

(2) 그런데 피고 정△△는 「★★호텔」로 이직한 이후 귀가시간이 점차 늦어졌고 특별한 이유 없이 외박을 하는 횟수도 늘어갔으며 한밤중에 위 피고의 핸드폰 벨이 울리는 경우도 많았습니다.

그러다가 20○○. ○. ○.경 피고 정△△는 원고에게 아무 말도 없이 집을 나가 회사에도 출근하지 않고 완전 연락이 두절되어 원고가 20○○. ○. ○. 가출인 신고를 한 사실이 있습니다{갑 제4호증의 1(가출인신고 접수증)}.

(3) 피고 정△△는 가출한 후 같은 달 ○부터 같은 달 ○까지 2박 3일간 ○○도 「◇◇호텔」에서 피고 이△△과 함께 투숙하여 성관계를 맺은 사실이 있으며 이 사실은 같은 달 ○일밤 피고들이 원고를 찾아와 시인하여 알게 되었으며 당시 피고 이△△으로부터 사실확인서를 받아둔 사실도 있습니다{갑 제5호증 (사실확인서), 갑 제6호증 (◇◇호텔 계산서)}.

피고 정△△과 피고 이△△은 ○○시 「☆☆호텔」에서 웨이터와 웨이트리스로 함께 근무한 사실이 있어{갑 제7호증(비상연락망) } 간통사실이 발각되기 훨씬 전부터 원고 모르게 서로 사귀어왔던 것입니다{갑 제8호증(피고 이△△의 핸드폰에 피고 정△△이 남긴 음성 메시지를 원고가 기록해 둔 것임), 갑 제9호증의 1 내지 4 (피고들이 19○○. ○. ○.부터 19○○. ○. ○.까지 핸드폰을 패밀리로 같이 사용하며 긴밀한 관계를 유지해 온 증거임)}.

(4) 피고 정△△은 20○○. ○. ○. 밤에 잠깐 원고에게 왔다가 다음날 다시 나간 후 ○경 다시 돌아와 원고의 협의 이혼에 응하여 협의이혼 신고서 등을 작성하고 집을 나가 지금까지 소식이 없습니다.{갑 제10호증의 1(협의이혼확인신청서), 같은 호증의 2(이혼신고서)}. 피고 정△△의 주민등록은 말소된 상태입니다{갑 제3호증 (주민등록말소자등본)}.

다. 소 결

위와 같은 사실을 종합하면 원고와 피고 정△△의 혼인관계는 피고 정
△△의 부정행위 및 악의의 유기 등으로 인하여 회복할 수 없을 정도로
파탄되었다고 할 것이므로 원고는 민법 제840조 제1호, 제2호, 제6호의
재판상 이혼사유로 이유로 이 건 이혼 청구를 합니다.

2. 위자료 청구관련
  가. 원고와 피고 정△△의 혼인관계는 피고 정△△이 원고 몰래 피고 이△△
    과 사귀면서 가정을 등한시하고 급기야 가출하여 간통까지 함으로써 파
    탄에 이르렀고 피고 이△△은 피고 정△△과 한 직장에 근무한 사실이
    있어 그가 유부남인 사실을 잘 알고 있으면서도 장기간의 교제와 간통
    등 불륜관계를 맺으면서 원고와 피고 정△△의 이혼에 결정적인 역할을
    하였으므로 피고들은 연대하여 원고가 이혼으로 인하여 입은 정신적 고
    통에 대한 위자료를 지급할 책임이 있다고 할 것입니다.
  나. 피고 정△△은 현재 그 명의로 된 재산으로 ○○시 ○○구 ○○길 ○○
    소재 ○○아파트를 분양 받고 기지급한 계약금 8,000,000원이 있고「★
    ★호텔」외식사업부에서는 20○○. ○. ○. 퇴사한 상태이나 그 이전에
    는 월 평균 금 ○○○원의 급여를 받고 있었으므로{갑 제11호증(갑종근
    로소득세원천징수 영수증)} 앞으로 동일 업종에 취업하여 그 정도의 수
    입은 얻을 가능성이 높습니다.
    그리고 피고 이△△은 (주)○○호텔코리아에 근무하며 연봉 ○○○원 정
    도의 급여 소득이 있습니다.
  다. 따라서 혼인의 파탄 경위 및 책임관계, 위 피고들의 소득 및 재산상태,
    신분 등 여러 사정을 고려할 때 피고들은 원고에게 적어도 위자료로 금
    ○○○원을 지급할 의무가 있다고 할 것입니다.

3. 친권행사자지정 청구 및 양육비 청구
  원고는 피고 정△△의 가출 이후 지금까지 혼자 사건본인을 양육하고 있
  고, 피고 정△△은 사건본인에 대해 애정이나 책임의식이 없으므로 사건본
  인의 친권행사자로 원고를 지정함이 타당하다 할 것입니다.
  다만, 원고는 현재 특별한 직업이 없어 사건본인을 양육하기에 경제적으로 어
  려움이 많으므로 피고 정△△에게 그 양육비로 사건본인이 19세가 되는 20○
  ○. ○. ○.까지 매월 말일에 금 ○○○원씩을 지급해 줄 것을 청구합니다.

4. 결론
  이상의 이유로 원고는 청구취지와 같은 판결을 구하기 위하여 이 건 소제
  기에 이르렀습니다.

<pre>
                입   증   방   법

          1. 갑 제1호증   혼인관계증명서
          1. 갑 제2호증   가족관계증명서
          1. 갑 제3호증   주민등록말소자등본
          1. 갑 제4호증의 1,2   각 가출인신고접수증
          1. 갑 제5호증   사실확인서
          1. 갑 제6호증   ◇◇호텔 계산서
          1. 갑 제7호증   비상연락망
          1. 갑 제8호증   핸드폰 음성메시지 기록
          1. 갑 제9호증의 1-4   각 핸드폰 고객정보
          1. 갑 제10호증의 1,2   협의이혼의사확인신청서 및 이혼신고서
          1. 갑 제11호증   갑종근로소득세원천징수영수증

                첨   부   서   류

          1. 소장 부본   2통
          1. 위 각 입증방법   각 1통
          1. 납부서   1통

              20○○년   ○월   ○일
          위 원고   ○ ○ ○ (서명 또는 날인)

    ○ ○ 가 정 법 원 귀 중
</pre>

(관련판례 1)

갑이 배우자 을의 잦은 음주와 외박으로 원만하지 않은 혼인생활을 하던 중 가출을 하여 병
과 동거하면서 딸을 출산하고, 어린 딸의 치료·양육을 위해 가족관계등록이 필요해서 을을
상대로 이혼을 청구한 사안에서, 민법 제840조 제6항이 정한 혼인을 계속하기 어려운 중대
한 사유가 있음을 이유로 갑의 이혼 청구를 인용한 사례(광주고등법원 2009. 6. 5. 선고
2008르242 판결).

(관련판례 2)

이혼에 있어서의 재산분할제도는 부부가 혼인중 상호협력에 의하여 이룩한 실질적인 공동재
산의 정산과 나아가 이혼 후에 경제적으로 어려워지는 당사자에 대한 부양을 목적으로 하는
것이므로, 재산분할을 함에 있어서는 부부가 혼인 후 협력하여 형성한 부동산, 전세보증금
및 예금 등의 유형적 재산 외에도 처의 협조로 부가 취득한 전문의자격이라는 무형적 재산

(또는 장래의 수입증가를 가져올 수 있게 하는 잠재적 재산)의 분배라는 정산적 요소, 결혼 후 현재까지 일정한 수입이 없던 처가 향후 생활을 유지할 수 있도록 하는 부양적 요소를 모두 고려하여야 한다(서울가정법원 1991. 6. 13. 선고 91드1220 제5부판결).

(관련판례 3)

가. 처가 가사노동을 전담하는 한편 보험회사 외판원 등을 하여 얻는 수입으로 생활비에 충당하고 저축하는 등의 방법으로 분할대상 부동산을 취득함에 있어 직접, 간접으로 기여한 점, 혼인생활이 파탄될 것을 전혀 예상하지 못하여 자신을 위한 별도의 생활대책은 전혀 준비하지 못한 점 등의 사정을 고려하여 재산분할로서 남편 명의의 위 부동산에 대한 1/2지분을 취득하게 함이 상당하다고 한 사례.

나. 판결에 의한 재산분할에 있어서, 재산분할의 효력은 재산분할을 명한 판결의 확정시에 생긴다고 봄이 타당하므로, 재산분할로서 부동산을 현물분할하는 경우에는 그 사건 판결확정일자 재산분할을 원인으로 한 소유권이전등기절차의 이행을 명하여야 한다(서울가정법원 1991. 6. 7. 선고 89드58308 제4부판결)

(관련판례 4)

결혼생활을 유지할 수 없을 정도의 정신분열병 등의 정신질환을 가진 아들을 둔 부모는 그 아들이 완치될 때까지는 결혼을 시켜서는 안되고, 또한 결혼을 시키더라도 상대방에게 그와 같은 사정을 이야기 하여 양해를 얻어 그 양해하에 결혼을 시키든지 하여야 했음에도 불구하고 상대방에게 이를 속인 것은 사실혼관계의 파탄에 원인을 제공하였다고 할 것이므로 부모는 그 아들과 함께 공동불법행위자로서의 책임이 있다(광주지방법원 1988. 5. 27. 자 87드771 가사심판부심판).

(관련판례 5)

결혼 이전에 다액의 빚을 지는 바람에 심인성 발기부전 상태에 이르렀으면서도 그와 같은 사정을 결혼 전에 미리 상대방에게 알려 주지 아니하고, 결혼 후에도 솔직히 고백하여 문제해결을 위한 상대방의 협력을 구하거나 스스로 이를 극복하려는 노력도 하지 아니한 채 방관자적인 태도를 취한 남편에게 사실혼관계의 파탄에 대한 주된 책임을 인정한 사례(서울가정법원 1996. 5. 9. 선고 95드20304 판결).

(관련판례 6)

사실혼이라 함은 당사자 사이에 혼인의 의사가 있고, 객관적으로 사회관념상으로 가족 질서적인 면에서 부부공동생활을 인정할 만한 혼인생활의 실체가 있는 경우이므로 법률혼에 대한 민법의 규정 중 혼인신고를 전제로 하는 규정은 유추적용할 수 없으나, 부부재산의 청산의 의미를 갖는 재산분할에 관한 규정은 부부의 생활공동체라는 실질에 비추어 인정되는 것이므로 사실혼관계에도 준용 또는 유추적용할 수 있다(대법원 1995. 3. 10. 선고 94므1379,1386(반소) 판결).

답 변 서

사   건   20○○드단○○○ 이혼 등
원   고   김○○
피   고   이◇◇

위 사건에 관하여 피고는 다음과 같이 답변합니다.

청구취지에 대한 답변

1. 원고의 청구를 모두 기각한다.
2. 소송비용은 원고가 부담한다.
라는 판결을 구합니다.

청구원인에 대한 답변

1. 원고의 주장을 요약하면, 원고는 피고가 소외 박○○과 부정행위를 하였음
   과 원고의 부모에 대한 부당한 대우를 이유로 이혼 및 위자료의 지급을
   청구하고 있습니다.
2. 그러나 피고는 박○○과 부정행위를 한 바 없습니다. 피고가 박○○을 알고
   지내는 사이이기는 하지만 위 박○○과 원고는 직장 동료로서 가끔 업무적
   인 연락 을 하는 사이일 뿐이지 원고가 주장하는 것과 같이 이성으로서
   감정을 가지고 만나는 것은 아니며, 업무상 필요로 하는 경우 이외에 사적
   으로 만난 적도 없습니다.
3. 또한 피고는 원고의 부모에 대하여 매달 20만원씩 용돈도 드리고 매 명절
   마다 빠지지 않고 찾아가 인사드렸으며, 원고의 어머니가 교통사고로 입원
   하였을 때 옆을 지키면서 병수발을 들기도 하였으므로, 원고가 주장하는
   것처럼 원고의 부모에 대한 부당한 대우를 하였다고 볼 수도 없습니다.
4. 그러므로 원고의 이혼 청구는 민법이 정한 이혼의 요건을 갖추지 못하였으
   므로, 원고의 청구를 기각하여 주시기를 바랍니다.

20○○.   ○.   ○.
위 피고   이◇◇ (서명 또는 날인)

○ ○ 가 정 법 원 가사 제○단독 귀 중

[서식] 사실혼관계해소로 인한 위자료 등 청구의 소

소   장

원   고   ○○○ (주민등록번호)
　　　　　　　등록기준지 ○○시 ○○구 ○○길 ○○
　　　　　　　주소 ○○시 ○○구 ○○길 ○○(우편번호)
　　　　　　　전화.휴대폰번호:
　　　　　　　팩스번호, 전자우편(e-mail)주소:
피   고   1. □□□ (주민등록번호)
　　　　　　　등록기준지 ○○시 ○○구 ○○길 ○○
　　　　　　　주소 ○○시 ○○구 ○○길 ○○(우편번호)
　　　　　　　전화.휴대폰번호:
　　　　　　　팩스번호, 전자우편(e-mail)주소:
　　　　　　　2. ◇◇◇ (주민등록번호)
　　　　　　　주소 ○○시 ○○구 ○○길 ○○(우편번호)
　　　　　　　전화.휴대폰번호:
　　　　　　　팩스번호, 전자우편(e-mail)주소:
사건본인   △△△ (주민등록번호)
　　　　　　　등록기준지 ○○시 ○○구 ○○길 ○○
　　　　　　　주소 ○○시 ○○구 ○○길 ○○(우편번호)

사실혼관계해소로 인한 위자료 등 청구의 소

청 구 취 지

1. 사건본인에 대한 친권행사자 및 양육권자로 원고를 지정한다.
2. 피고 □□□는 원고에게 사건본인에 대한 양육비로서 이 사건 판결선고일 다음날부터 사건본인이 성년에 이르기 전날까지 월 금500,000원을 매월 말일 지급하라.
3. 피고들은 원고에게 위자료로서 각 금20,000,000원 및 이에 대하여 이 사건 소장부본 송달일 다음날부터 완제일까지 연 15%의 비율에 의한 금원을 지급하라.
4. 피고 □□□는 원고에게 재산분할로 금40,000,000원 및 이에 대한 이 사건 판결확정일 다음날부터 완제일까지 연 5%의 비율에 의한 금원을 지급하라.

5. 소송비용은 피고들의 부담으로 한다.
6. 제3항은 가집행할수 있다.
라는 판결을 바랍니다.

청 구 원 인

1. 기초사실
가. 원고와 피고는 20○○년경 지인의 소개로 만나서 교제하던 중 20○○년경
   부터 사실혼관계를 시작하며 슬하에 사건본인인 자녀1명(여,○세)을 두고
   있습니다.
나. 원고와 피고는 20○○. ○. ○.경 ○○○소재 ○○○결혼식장에서 가족친
   지들을 모시고 결혼식을 올렸으나, 피고는 혼인신고를 거부하였습니다.
다. 피고는 20○○. ○월경부터 음식점을 운영하면서 알게 된 거래처 직원인
   여자와 ○년 정도 만나면서 부정한 관계를 하였고, 원고가 이를 알고 헤
   어지려 하였으나, 피고가 다시는 부정행위를 하지 않겠다고 하면서 간절
   히 용서를 구하고 사건본인들이 아직 어려서 부득이 피고와 사실혼 생활
   을 계속하게 되었습니다.
라. 피고는 20○○. ○월 중순경 원고에게 술을 마시고 밤늦게 들어와 집안의
   물건들을 마구 때려 부수고 이를 말리는 원고에게 주먹을 휘둘러서 얼굴
   에 전치 3주의 상해를 입었으며 옆에 있던 아이도 폭행하였으며 원고를
   집에서 나가라고 하면서 폭언과 협박을 하였습니다.
마. 원고는 20○○. ○. ○.경 피고의 내연녀를 만나게 되어 그간 피고가 지속
   적으로 위 내연녀를 만나 교제한 것을 알게 되었고 또한 그 사이에 아이
   까지 낳았다는 사실을 알게 되어 본 소에 이르게 되었습니다.

2. 친권자 및 양육권자 지정에 관하여
원고는 사건본인이 출생하였을 때부터 현재까지 양육하고 있고 피고는 잦
은 가출로 인하여 가정을 소홀히 하고 있는 점, 폭력을 상습으로 행사하여
아버지를 무서워하며 원고와 생활하기를 원하고 있기에는 점 등을 고려할
때 원고로 하여금 사건본인을 양육하게 하는 것이 이들의 건강한 성장과
복지에 유익하다고 할 것이므로 원고를 사건 본인의 양육자 및 친권행사
자로 지정함이 타당합니다.

3. 양육비에 관하여
피고는 사건본인의 친부로서 마땅히 사건본인에 대한 양육비를 분담하여야
할 의무가 있다 할 것이고, 현재 사건본인은 ○세인바, 공·사교육비 및
기본생계비등이 필수적으로 소요될 될 것이 예상되므로 상대방이 분담하여

야 할 금액은 사건본인이 성년에 이르기까지 적어도 매월 금 500,000원씩은 되어야 할 것입니다.

4. 피고들의 위자료 지급의무에 관하여

위와 같이 원고와 피고 □□□의 혼인생활은 피고 □□□의 원고에 대한 상습적인 폭력의 행사와 피고 ◇◇◇의 여자와의 외도로 사실혼관계가 파탄에 이르게 되었는바, 원고가 이로 인하여 극심한 정신적 고통을 입었음이 자명하고, 피고들은 이를 금전적으로나마 위자할 의무가 있다고 할 것이며, 원고와 피고 □□□의 혼인생활의 경위 및 파탄의 경위, 원고와 피고 □□□의 재산상태 및 그 형성의 경위 등을 종합하여 볼 때 그 위자료의 수액은 최소한 각 금 20,000,000원 정도는 되어야 할 것입니다.

5. 피고 □□□의 재산분할의무에 관하여
가. 원고와 피고 □□□의 재산

원고는 그 명의로 보유하고 있는 재산이 전혀 없고, 피고 □□□는 그 명의로 ○○시 ○○구 ○○길 ○○소재 시가 8천만원 상당의 주택을 보유하고 있습니다.

나. 재산형성의 경위 및 피고 □□□의 재산분할의무에 관하여

원고와 피고 □□□가 소유하고 있는 위 재산은 원고와 피고 □□□의 공동의 노력으로 이룩한 부부공동의 재산으로서 원고는 현재와 같은 재산의 형성과 유지 및 감소방지에 상당한 기여를 하였습니다. 그렇다면, 피고 □□□는 재산분할로 총 자산가치인 금80,000,000원의 50%인 금 40,000,000원을 지급하여야 할 것입니다.

입 증 방 법

1. 갑 제1호증	가족관계증명서
1. 갑 제2호증	사건본인(△△△)기본증명서
1. 갑 제3호증	사건본인(△△△)가족관계증명서
1. 갑 제4호증	주민등록표등본
1. 갑 제5호증	결혼식 사진
1. 갑 제6호증	진단서
1. 갑 제7호증	부동산등기사항증명서

첨 부 서 류

1. 위 입증방법　　　　　　　　　각 1통

```
          1. 소장부본                    2통
          1. 송달료납부서                1통


                 20○○.  ○.  ○.
            원고   ○○○ (서명 또는 날인)


  ○ ○ 가 정 법 원  귀 중
```

(관련판례)

사실혼이란 당사자 사이에 혼인의 의사가 있고 사회적으로 정당시되는 실질적인 혼인생활을 공공연하게 영위하고 있으면서도 그 형식적 요건인 혼인신고를 하지 않았기 때문에 법률상 부부로 인정되지 아니하는 남녀의 결합관계를 말하므로, 사실혼이 성립하기 위해서는 주관적으로 당사자 사이에 혼인의 의사가 합치되고, 객관적으로 사회관념상 가족질서적인 면에서 부부공동생활이라고 인정할 만한 혼인생활의 실체가 존재하여야 한다(대구지방법원 2009. 12. 2. 선고 2009르637 판결).

[서식] 이혼무효확인 청구의 소(일방의 협의이혼신고로 인해)

소　　장

원　고　○　○　○
　　　　　　19○○년 ○월 ○일생
　　　　　　등록기준지　○○시 ○○구 ○○길 ○○
　　　　　　주소　　○○시 ○○구 ○○길 ○○ (우편번호)
　　　　　　전화　　○○○ - ○○○○

피　고　△　△　△
　　　　　　19○○년 ○월 ○일생
　　　　　　등록기준지　○○시 ○○구 ○○길 ○○
　　　　　　주소　　○○시 ○○구 ○○길 ○○ (우편번호)
　　　　　　전화　　○○○ - ○○○○

이혼무효확인청구의 소

청 구 취 지

1. 원고와 피고 사이에 20○○. ○. ○○. ○○시 ○○구청장에게 신고하여 한 이혼은 무효임을 확인한다.
2. 소송비용은 피고가 부담한다.
라는 판결을 구합니다.

청 구 원 인

1. 원고와 피고는 20○○. ○. ○. 결혼식을 거행하고 20○○. ○. ○.에 혼인 신고를 필한 법률상 부부로서 그 후 피고와 계속하여 동거생활을 하여 왔는데, 피고가 평소 알고 지내던 □□□와 불륜관계를 맺어 오면서 20○○. ○. ○. 원고의 주소지를 ○○시 ○○구 ○○길 ○○로 전출시켜 놓고 위 □□□를 원고로 가장하여 원고도 모르게 20○○. ○. ○. ○○구청장에게 원고와 피고의 협의이혼신고를 하였습니다.
2. 그러므로 원고와 피고의 협의이혼은 원고가 전혀 모르는 사실이며 원고는 피고와 이혼할 의사가 없기 때문에 ○○구청장에게 신고한 원고와 피고의 협의이혼은 무효이므로 청구취지와 같이 본 소 청구에 이르렀습니다.

입 증 방 법

1. 갑 제1호증   혼인관계증명서
1. 갑 제2호증   주민등록등본

첨 부 서 류

1. 위 입증방법   1통
1. 소장부본   1통
1. 납 부 서   1통

20○○년 ○월 ○일

원 고   ○ ○ ○   (서명 또는 날인)

○ ○ 지 방 법 원 ○○지원 귀중

■ 참 고 ■

제출법원	※ 아래참조		관 련 법 규	가사소송법 제22, 23조
제기권자	(가사소송법 제23조) - 당사자 - 법정대리인 - 4촌 이내의 친족			
상 대 방	(가사소송법 제24조) - 부부의 일방이 혼인의 무효나 취소 또는 이혼무효의 소를 제기할 때에는 배우자를 상대방으로 함 - 제3자가 제1항에 규정된 소를 제기할 때에는 부부를 상대방으로 하고, 부부중 일방이 사망한 때에는 그 생존자를 상대방으로 함 - 제1항 및 제2항의 규정에 의하여 상대방이 될 자가 사망한 때에는 검사를 상대방으로 함			
제출부수	소장원본 1부 및 피고 수만큼의 부본 제출			
불복절차 및 기간	- 항소(가사소송법 제19조제1항) - 판결정본이 송달된 날로부터 14일이내(가사소송법 제19조제1항)			
비 용	- 인지액 : 20,000원(가사소송수수료규칙 제2조제1항) - 송달료 : 당사자수× 3,700원(1회송달료) ×12회분			
이혼무효 사 유	.당사자간에 협의에 따른 이혼신고가 수리되어 있으나 당사자의 쌍방이나 일방에게 이혼의사가 없는 경우			

※ 제 출 법 원

1. 부부가 같은 가정법원의 관할구역내에 보통재판적이 있을 때에는 그 가정법원
2. 부부가 최후의 공통의 주소지를 가졌던 가정법원의 관할 구역내에 부부중 일방의 보통재판적이 있을 때에는 그 가정법원
3. 제1호 및 제2호에 해당되지 아니하는 경우로서 부부의 일방이 타방을 상대로 하는 때에는 상대방의 보통재판적소재지, 부부의 쌍방을 상대로 하는 때에는 부부중 일방의 보통재판적소재지의 가정법원
4. 부부의 일방이 사망한 경우에는 생존한 타방의 보통재판적소재지의 가정법원
5. 부부 쌍방이 사망한 경우에는 부부 중 일방의 최후 주소지의 가정법원

(관련판례)

양육친의 주장과 같이 설령 비양육친이 '아이를 낳아 주고 이혼해 주면 돈을 주겠다'는 대리모약정에 따라 자(子)를 임신하고 출산하였다 하더라도, 비양육친의 자녀에 대한 면접교섭권은 천부적인 권리인바, 이를 전면적으로 배제하는 당사자간의 합의는 민법 제103조의 선량한 풍속 기타 사회질서에 위반한 사항을 내용으로 하는 법률행위로서 효력이 없다고 하여, 면접교섭권을 인정하여야 한다(서울가정법원 2009. 4. 10. 자 2009브16 결정).

심 판 청 구

청 구 인   오 ○ ○ (주민등록번호)
          등록기준지 : ○○시 ○○구 ○○길 ○○
          주소 : ○○시 ○○구 ○○길 ○○(우편번호)
상 대 방   조 △ △ (ㅋ △ △)   1950. ○. ○생, 남
          국적 : 중화민국
          주소 : ○○시 ○○구 ○○길 ○○(우편번호)
사건본인   조 □ (ㅋ □) 198○. ○. ○. 생, 여
          국적 : 중화민국
          주소 : 청구인과 같음

양육비 심판청구

청 구 취 지

1. 상대방은 청구인에게 사건본인의 양육비로 금 76,000,000 원 및 이에 대한 이 사건 심판청구서 부본 송달 다음날부터 완제일까지 연 15%의 비율에 의한 금원을 지급하고, 20○○. ○. ○.부터 20○○. ○. ○. 까지 매월 금 1,000,000씩의 비율에 의한 금원을 매월 말일에 지급하라.
2. 소송비용은 상대방의 부담으로 한다.
3. 위 제1항은 가집행 할 수 있다.
라는 심판을 구합니다.

청 구 원 인

1. 청구인은 중화민국 (TAIWAN) 국적의 화교인 상대방과 198○. ○. ○. 혼인하여 법률상부부가 된 후 그 사이에 사건본인 조□(198○. ○. ○.생)을 두었으나, 상대방이 다른 여자와 간통을 하는 등 부정행위를 하여 199○. ○. ○. 협의이혼을 한 사실이 있습니다. { 증거 : 갑제 1 호증 (혼인관계증명서), 갑제 2 호증 (가족관계증명서) }
2. 청구인과 상대방은 협의이혼을 하면서 사건본인의 양육은 청구인이 하기로 하고 상대방이 청구인에게 사건본인의 양육비로 매월 한화 금 1,000,000 원을 지급하기로 하되, 199○. ○. ○. 상대방이 사건본인을 데려가면 그

때부터는 양육비지급을 중단하는 것으로 구두 합의한 후 그러한 내용이 포함된 협의이혼증서를 중국어로 작성하여(청구인은 중국어를 모름) 공증을 받은 사실이 있습니다. { 증거 : 갑 제4 호증 (인증서) }

3. 그러나 상대방은 청구인에게 위 약정에 따른 양육비를 한번도 지급한 사실이 없을 뿐만 아니라 자신의 전화번호를 변경하고 청구인과 연락을 끊어버려 청구인 혼자 199○. ○. ○.부터 지금까지 사건본인을 양육하고 있습니다.
{ 증거 : 갑 제 5 호증 (재학증명서) }

4. 따라서 상대방은 위 양육비 약정에 따라 청구인에게 199○. ○. ○.부터 20○○. ○. ○.까지 ○○개월동안 사건본인의 양육비로 금 76,000,000 원(= 1,000,000원 X 76개월) 및 이에 대한 이 사건 심판청구서 부본 송달 다음날부터 완제일까지 소송촉진등에관한특례법 소정의 연 15%의 비율에 의한 지연손해금을 지급하고, 장래의 양육비로 20○○. ○. ○.부터 위 조□이 만 19세가 되는 20○○. ○. ○. 까지 매월 금 1,000,000원씩을 매월 말일에 지급할 의무가 있으므로 청구인은 그 지급을 구하기 위하여 이건 청구에 이르렀습니다.

입 증 방 법

1. 갑 제1호증	혼인관계증명서
1. 갑 제2호증	가족관계증명서
1. 갑 제3호증	기본증명서(사건본인)
1. 갑 제4호증	인증서
1. 갑 제5호증	재학증명서

첨 부 서 류

1. 심판청구서 부본	1통
1. 위 각 입증방법	각 1통
1. 위임장	1통
1. 납부서	1통

20○○년 ○월 ○일
위 청구인 ○ ○ ○ (서명 또는 날인)

○ ○ 가 정 법 원 귀 중

양 육 비 심 판 청 구

청 구 인   송○○(주민등록번호)
        주 소 서울 마포구
        등록기준지 정읍시
상 대 방   하○○(주민등록번호)
        주 소
        등록기준지
사건본인   하○○(주민등록번호)
        사건본인 주소 및 등록기준지 청구인과 같음

양육비심판청구

청 구 취 지

1. 상대방은 청구인에게 사건본인의 과거양육비로서 금 30,000,000원 및 이에 대하여 이 사건 심판 확정일 다음날부터 연 5%의 비율로 계산한 돈을 지급하라.
2. 소송비용은 상대방이 부담한다.
라는 심판을 구합니다.

청 구 원 인

1. 양육의 경위
    청구인과 상대방은 법률상 부부였으며 그 사이에 자녀로 사건본인 하○○(94. 2. 25.생)을 두었으나 2000. 1. 7. 협의이혼신고를 경료하였습니다. 이때 사건본인의의 친권자 및 양육자로 청구인이 지정되어, 그때부터 청구인이 전적으로 사건본인을 양육하기 시작하였습니다(주민등록표 등본상 전입일 참조).
2. 소득 수준 및 재산상황에 관하여
    청구인은 이혼 후 식당일을 하며 월 120만원 정도의 소득을 얻어 겨우 생계를 유지하여 왔습니다. 반면, 상대방은 이혼 당시 주식회사 00에서 근무하여 월 350만원정도의 소득이 있었으며 청구인이 상대방과 이혼한지 오래되어 정확한 소득은 알지 못하나 현재에도 위 주식회사 00에 재직 중인 것으로 알고 있습니다. 또한, 상대방에게는 청구인과의 이혼 직전 부의 사망으로 인하여 상속받은 토지가 있었습니다(추후 정확한 소득 및 재산현황은 각종 사실조회 등을 통하여 소명하도록 하겠습니다).

3. **과거양육비에 관하여**

가. 상대방은 사건본인의 아버지로서, 양육에 소요되는 비용을 청구인과 공동으로 분담해야 할 의무가 있다고 할 것임에도 불구하고 청구인이 사건본인을 양육한 시점부터 성년에 이르기까지 약 15여년 동안 한 차례도 양육비 명목의 금원을 지급한 사실이 없습니다.

나. 이에 청구인은 상대방에 대하여 사건본인을 양육한 기간에 대한 과거 양육비를 구하고자 하는바, 월 50만원을 기준으로 하여 그동안의 양육비를 산정하여 보면 9,000만원(50만원×180개월)에 이릅니다. 다만 상대방에게 일시에 거액을 구할 경우 불측의 손해를 가할 우려가 있다는 점에서 그 중 30,000,000원만을 구하고자 합니다.

4. **결어**

그렇다면 상대방은 청구인에게 사건본인의 과거양육비로서 금 30,000,000원 및 이에 대하여 이 사건 심판 확정일 다음날부터 다 갚는 날까지 민법이 정한 연 5%의 비율로 계산한 지연손해금을 지급할 의무가 있다고 할 것입니다. 이상과 같은 이유로 양육비심판청구를 하였으니 전부 인용하여 주실 것을 희망합니다.

<h2 style="text-align:center">소 명 방 법</h2>

1. 소갑 제1호증   혼인관계증명서
1. 소갑 제2호증   가족관계증명서
1. 소갑 제3호증의 1, 2   각 기본증명서
1. 소갑 제4호증   주민등록표등본
1. 소갑 제5호증   주민등록표초본

<h2 style="text-align:center">첨 부 서 류</h2>

1. 위 소명방법   각 1통
1. 심판청구서 부본   1통
1. 소송 위임장   1통
1. 송달료납부서   1통

2015. 1. .

위 청구인   ○ ○ ○ (서명 또는 날인)

○ ○ 가 정 법 원 귀 중

양육비 직접지급명령 신청서

채 권 자   (이름)   (주민등록번호   -   )
               (주소)

채 무 자   (이름)   (주민등록번호   -   )
               (주소)

소득세원천징수의무자 (이름)   (주민등록번호   -   )
               (주소)

신 청 취 지

1. 채무자의 소득세원천징수의무자에 대한 별지 압류채권목록 기재의 채권을 압류한다.
2. 소득세원천징수의무자는 채무자에게 위 채권에 관한 지급을 하여서는 아니 된다.
3. 채무자는 위 채권의 처분과 영수를 하여서는 아니 된다.
4. 소득세원천징수의무자는 매월, 일에 위 채권에서 별지 청구채권목록 기재의 양육비 상당액을 채권자에게 지급하라.
라는 결정을 구합니다.

청구채권 및 그 금액 : 별지 청구채권목록 기재와 같음

신 청 이 유

1. 채권자는 2000. O. O. 채무자와 재판상 이혼(OO지방법원 2010 드단 OOOO 이혼 등)을 하면서 사건본인에 대한 친권자 및 양육자로 지정되었고 2000. O. O.부터 매달 300,000원을 채무자로부터 양육비로 지급받기로 합의하였습니다. 그러나 채무자는 양육비를 전혀 지급하지 않고 있습니다.
2. 가정법원은 양육비를 정기적으로 지급할 의무가 있는 사람(이하 "양육비채무자"라 한다)이 정당한 사유 없이 2회 이상 양육비를 지급하지 아니한 경우에 정기금 양육비 채권에 관한 집행권원을 가진 채권자(이하 "양육비채

권자"라 한다)의 신청에 따라 양육비채무자에 대하여 정기적 급여채무를 부담하는 소득세원천징수의무자(이하 "소득세원천징수의무자"라 한다)에게 양육비채무자의 급여에서 정기적으로 양육비를 공제하여 양육비채권자에게 직접 지급하도록 명할 수 있습니다(가사소송법 제63조의 2 제1항).

3. 이에 채권자는 양육비 지급명령을 신청하는 바입니다.

첨 부 서 류

    1. 집행력 있는   정본   1통
    2. 송달증명서   1통

20 . . .

    채권자   ㉑ (서명   )

                 (연락처 :   )

○○법원 귀중

[별지]

청구채권목록

(집행권원 : ○○법원   호 사건의 조정조서정본)에 표시된 정기금 양육비 채권 중 아래 금원 및 집행비용

1. 정기금 양육비채권
    ⑴ 미성년자   (.   .   .생)에 대한 양육비 : 20   .   .   .부터 20   .   .   .까지
        월   원씩 매월   일에 지급하여야 할 양육비 중 이 사건 양육비 직접지급명령 송달 다음날 이후 지급기가 도래하는 양육비
    ⑵ 미성년자   (.   .   .생)에 대한 양육비 : 20   .   .   .부터 20   .   .   .까지
        월   원씩 매월   일에 지급하여야 할 양육비 중 이 사건 양육비 직접지급명령 송달 다음날 이후 지급기가 도래하는 양육비

2. 집행비용 : 금   원
    신청수수료 2,000원
    신청서 작성 및 제출비용   원
    송달비용   원
    자격증명서교부수수료   원
    송달증명서신청수수료   원 -끝-

[별지]

압류채권목록

양육비채무자(◇◇지점 근무)가 소득세원천징수의무자로부터 지급받는 다음의 채권으로서 별지 청구채권목록 기재 금액에 이르기까지의 금액. 다만, 별지 청구채권목록 기재 1의 (1) 및 (2)의 금액에 대하여는 그 정기금 양육비의 지급기가 도래한 후에 지급기(급여지급일)가 도래하는 다음의 채권에 한함.

다   음

1. 매월 수령하는 급료(본봉 및 제수당) 중 제세공과금을 뺀 잔액의 1/2씩
2. 기말수당(상여금) 중 제세공과금을 뺀 잔액의 1/2씩
※ 『다만, 국민기초생활보장법에 의한 최저생계비를 감안하여 민사집행법 시행령이 정한 금액에 해당하는 경우에는 이를 제외한 나머지 금액, 표준적인 가구의 생계비를 감안하여 민사집행법 시행령이 정한 금액에 해당하는 경우에는 이를 제외한 나머지 금액』

■ 참 고 ■

※ 양육비 직접지급명령제도란?
개정 가사소송법(2009. 11. 9. 시행)에 도입된 제도로서, 장래의 양육비 채권을 집행채권으로 하여 장래의 급여채권에 대하여 압류명령 및 전부명령을 동시에 명한 것과 같은 효력을 인정하는 특수한 제도임(가사소송법 63조의2).
그 주요내용은, 양육비채무자가 '정당한 사유 없이 2회 이상 양육비를 지급하지 아니한 경우'에는 아직 이행일시가 도래하지 않은 양육비채권을 집행채권으로 하여 양육비채무자의 고용자(소득세원천징수의무자)로 하여금 양육비채권자에게 직접 양육비를 지급하도록 명령하는 제도로서, 양육자로 하여금 보다 간편하게 양육비를 확보할 수 있도록 하기 위한 것임.

양육비 직접지급명령 취소신청서

신청인(채권자)   ○○○ (주민등록번호)
                       ○○시 ○○구 ○○길 ○○(우편번호)
                       전화.휴대폰번호:
                       팩스번호, 전자우편(e-mail)주소:
피신청인(채무자)   ◇◇◇ (주민등록번호)
                       ○○시 ○○구 ○○길 ○○(우편번호)
                       전화.휴대폰번호:
                       팩스번호, 전자우편(e-mail)주소:
소득세원천징수의무자   □□□
                       ○○시 ○○구 ○○길 ○○(우편번호)
                       대표자 △△△

신 청 취 지

위 당사자간 ○○법원   즈기   호 신청사건에 관하여 20 . .
. 귀원에서 한 양육비 직접지급명령을 취소한다.
라는 결정을 구합니다.

신 청 이 유

1. 채권자와 채무자는 협의이혼을 하면서 20 . . . ○○법원에서 사건본인
   ▽▽▽에 대한 양육비로 이혼신고 다음 날부터 사건본인이 성년에 이르기
   전날까지 월 50만원을 매월 20일에 지급하는 내용으로 양육비부담조서를
   작성하였습니다.
2. 그러나 채무자는 이혼한 날부터 현재까지 채권자에게 정당한 사유없이 2회
   이상 양육비를 지급하지 않았고, 이에 채권자는 가사소송법 제63조의2에
   따라 채무자의 소득세원천징수의무자에게 채무자의 급여에서 정기적으로
   위 양육비를 공제하여 채권자에게 직접 지급하도록 하는 내용의 양육비 직
   접 지급명령을 신청하여 20 . . . ○○법원 즈기   호로 양육비 직접
   지급명령을 받았습니다.
3. 그런데 그 후 소득세원천징수의무자의 자력이 나빠져 양육비를 변제받지

못하게 됨으로써(혹은 사건본인이 사망함으로써) 위 명령의 목적을 달성하지 못할 사정이 발생하였는 바, 이에 채권자는 가사소송법 제63조의 2 제3항에 따라 위 양육비 직접지급명령을 취소하기 위하여 이 사건 신청을 하게 되었습니다.

소 명 방 법

1. 양육비직접지급명령서
1. 위 송달증명원

첨 부 서 류

1. 위 소명방법   각 1통
1. 신청서부본   1통
1. 송달료납부서   1통

20○○. ○. ○.
위 신청인   ○○○ (서명 또는 날인)

○ ○ 가 정 법 원 귀 중

■ 참 고 ■

관할법원	양육비 직접지급명령을 발한 가정법원	관련법규	가사소송법 제63조의2
제출부수	신청서 및 부본 각 1부		
비 용	- 인지액 : 2,000원(☞가사소송 및 비송사건수수료표) - 송달료 : 당사자수×3,700원(1회송달료) ×3회분		
불복절차 및 기 간	- 즉시항고(가사소송법 제63조의2 제5항)		
기 타	양육비 직접지급명령 취소신청이란? 양육비 직접지급명령은 심판양육자로 하여금 보다 간편하게 양육비를 확보할 수 있도록 하기 위하여 신설된 특수한 제도이므로, 소득세원천징수의무자의 자력이 나빠져서 양육비를 변제받지 못할 경우, 양육비 직접지급명령의 토대가 된 집행권원이 실효된 경우, 양육대상인 미성년인 자가 사망한 경우 등 양육비 직접지급명령의 목적을 달성하지 못할 우려가 있다고 인정할 만한 사정이 있는 때에는 양육비채권자의 신청에 따라 양육비 직접지급명령을 취소할 수 있음(위 같은 조 제3항).		

일 시 금 지 급 명 령 신 청

신청인(채권자)　　　○○○ (주민등록번호)
　　　　　　　　　　○○시 ○○구 ○○길 ○○(우편번호)
　　　　　　　　　　전화.휴대폰번호:
　　　　　　　　　　팩스번호, 전자우편(e-mail)주소:

피신청인(채무자)　　◇◇◇ (주민등록번호)
　　　　　　　　　　○○시 ○○구 ○○길 ○○(우편번호)
　　　　　　　　　　전화.휴대폰번호:
　　　　　　　　　　팩스번호, 전자우편(e-mail)주소:

신 청 취 지

피신청인은 신청인에게 ○○법원 20 . . .선고　　　　사건의 확정판결에 기한 정기금 양육비채무 중 이 사건 결정일 다음날 이후부터 20 . . .까지 사이에 지급기가 도래하는 정기금 양육비채무의 지급을 위하여 일시금으로 금　　　○○원을 지급하라.
라는 결정을 구합니다.

신 청 이 유

1. 신청인은 피신청인을 상대로 20 . . . ○○법원에 재판상 이혼청구소송을 제기하여 20 . . .사건본인 □□□에 대한 양육비로 20 . . .부터 사건본인이 성년에 이르기 전날까지 월 50만원을 매월 20일에 지급하는 내용으로 판결이 선고되었고, 위 판결은 20 . . . 확정되었습니다.
2. 그러나 신청인은 피신청인으로부터 현재까지 위 판결에 따른 양육비를 전혀 지급받지 못하여 그 이행을 확보하기 위하여 20 . . . ○○법원에 담보제공명령신청을 하였고, 20 . . .에 피신청인은 20 . . .까지 담보를 제공하라는 결정을 송달받았습니다. 그러나 피신청인은 위 담보제공기간 내에 담보를 제공하지 아니하였습니다.
3. 이에 신청인은 가사소송법 제63조의3제4항에 따라 위 양육비의 전부 또는 일부를 일시금으로 지급받기 위하여 이 사건 신청을 하게 되었습니다.

소 명 방 법

1. 판결정본
1. 송달 및 확정증명원
1. 담보제공명령결정문

첨 부 서 류

1. 위 소명방법　　　　　　　　　각 1통
1. 신청서부본　　　　　　　　　　1통
1. 송달료납부서　　　　　　　　　1통

20○○.　○.　○.
위 신청인　○○○　(서명 또는 날인)

○ ○ 가 정 법 원 귀 중

담 보 제 공 명 령 신 청

신 청 인   ○○○ (주민등록번호)
                ○○시 ○○구 ○○길 ○○

피신청인   ◇◇◇ (주민등록번호)
                ○○시 ○○구 ○○로 ○○

신 청 취 지

피신청인에 대하여, ○○지방법원 2014느단○○○○(본심판) 친권자의 지정과 변경, 2014느단○○○○(반심판) 양육비감액심판청구사건의 2014. 10. 29.자 조정조서에 기한 정기금 양육비채무 중 이 사건 결정일 다음날 이후 지급기가 도래하는 정기금 양육비채무를 담보하기 위하여 상당한 담보를 제공할 것을 명한다.
라는 결정을 구합니다.

신 청 이 유

1. 신청인은 피신청인에 대하여 ○○지방법원 2014느단○○○○(본심판) 친권자의 지정과 변경, 2014느단○○○○(반심판) 양육비감액심판청구사건의 2014. 10. 29.자 조정조서에 기하여 '2014. 11. 1.부터 자녀인 신청 외 이○○(08. 4. 30.생)이 초등학교 입학 전날까지는 월 40만원씩을, 초등학교 입학후부터 성년에 이르기 전날까지는 월 50만원씩을, 매월 말일에 각 지급한다.'는 내용의 양육비 채권을 가지고 있습니다.

2. 현재 위 이○○이 수원에 있는 초등학교에 입학한 상태인바, 피신청인은 2015. 3월부터는 신청인에게 월 50만원씩을 지급하여야 합니다. 그러나 피신청인은 신청인과 연락을 단절한 채 2015. 3월분부터 양육비를 지급하지 않고 있다가 신청인이 양육비이행관리원을 통해 지급독촉을 하자 2015. 6. 2. 50만원을 지급하였을 뿐이며, 여전히 나머지 양육비 지급의무는 이행하지 아니하고 있어 양육비의 정기금을 담보하도록 이 건 신청에 이른 것입니다.

첨 부 서 류

1. 주민등록표 등본   1통
1. 혼인관계증명서   1통
1. 가족관계증명서   1통
1. 조정조서   1통
1. 송달증명원   1통
1. 혼인관계증명서(집행권원이 양육비부담조서인 경우)   1통
1. 내용증명   2통

2015.   6.   .

위 신청인   ○ ○ ○ (서명 또는 날인)

○ ○ 가 정 법 원 귀 중

이 행 명 령 신 청

신 청 인 여 ○ ○(주민등록번호)
주 소 ○○시 ○○구 ○○길 ○○(우편번호)

피신청인 남 △ △(주민등록번호)
주 소○○시 ○○구 ○○길 ○○(우편번호)

신 청 취 지

1. 피신청인은 신청인에게 ○○지방법원 20○○드단 ○○ 이혼 및 위자료 사건의 20○○. ○. ○.자 조정조서에 기한 양육비 의무를 이행하라.
2. 신청비용은 피신청인이 부담한다.
라는 재판을 구합니다.

신 청 원 인

1. 위 당사자 사이 ○○지방법원 20○○드단 ○○ 이혼 및 위자료 사건에 관하여 20○○. ○. ○. 귀원으로부터 "피신청인은 신청인에게 사건본인 □□□에 대한 양육비로 20○○. ○. ○.부터 사건본인이 성년에 이르기 전까지 매달 말일에 월 40만원씩 지급한다"는 조정조서를 받았습니다.
2. 신청인은 지체장애 3급으로 노동능력에 제한이 있어 취업이 쉽지 않고 그 소득도 얼마 되지 않아 부득이 피신청인으로부터 사건본인에 대한 양육비를 절대적으로 지급받아야 하는데, 피신청인은 형편이 어렵지도 않는데도 불구하고 사건본인에 대한 양육비를 지금까지 전혀 지급하지 않고 있습니다.
3. 이에 신청인은 피신청인을 상대로 별도 양육비 직접지급명령을 신청한 상태이나 피신청인은 양육비의 지급을 면탈하기 위해 직장을 그만 둘만한 사람이기에 부득이 장래를 위해 피신청인에게 이행의무를 부담시키고자 합니다.
4. 장애를 안고 어린 자녀를 키우는 신청인의 처지로 아이를 키우는데 피신청인으로부터 받아야 할 양육비는 너무도 중요하기에, 더 이상 자녀 양육을 위한 비용을 혼자서 감당하기 어려워 가사소송법 제64조에 따라 피신청인에게 의무이행을 구하고자 이 사건 신청에 이른 것입니다.

첨 부 서 류

1. 조정조서 사본   1부
1. 위 송달증명원(심판의 경우에는 확정증명원)   1부
1. 복지카드 사본(신청인)   1부
1. 주민등록표 초본(피신청인)   1부

20○○.　○.　○.

신 청 인 ○　○　○ (서명 또는 날인)

○ ○ 가 정 법 원 귀 중

■ 참 고 ■

요　건	가정법원은 판결, 심판, 조정조서 또는 조정에 갈음하는 결정에 의하여 금전의 지급 등 재산상의 의무 또는 유아의 인도의무를 이행하여야 할 자가 정당한 이유 없이 그 의무를 이행하지 아니할 때
의무불이행자에 대한 제재	**1. 가사소송법 제67조【의무불이행에 대한 제재】** ① 당사자 또는 관계인이 정당한 이유 없이 제29조, 제63조의2제1항, 제63조의3제1항·제2항 또는 제64조의 명령이나 제62조의 처분을 위반한 경우에는 가정법원, 조정위원회 또는 조정담당판사는 직권으로 또는 권리자의 신청에 의하여 결정으로 1천만원 이하의 과태료를 부과할 수 있다. ② 제29조에 따른 수검 명령을 받은 사람이 제1항에 따른 제재를 받고도 정당한 이유 없이 다시 수검 명령을 위반한 경우에는 가정법원은 결정으로 30일의 범위에서 그 의무를 이행할 때까지 위반자에 대한 감치(監置)를 명할 수 있다. ③ 제2항의 결정에 대하여는 즉시항고를 할 수 있다. **2. 가사소송법 68조【특별한 의무불이행에 대한 제재】** ① 제63조의3제4항 또는 제64조의 명령을 받은 사람이 다음 각 호의 어느 하나에 해당하면 가정법원은 권리자의 신청에 의하여 결정으로 30일의 범위에서 그 의무를 이행할 때까지 의무자에 대한 감치를 명할 수 있다. 1. 금전의 정기적 지급을 명령받은 사람이 정당한 이유 없이 3기(期) 이상 그 의무를 이행하지 아니한 경우 2. 유아의 인도를 명령받은 사람이 제67조제1항에 따른 제재를 받고도 30일 이내에 정당한 이유 없이 그 의무를 이행하지 아니한 경우 3. 양육비의 일시금 지급명령을 받은 사람이 30일 이내에 정당한 사유 없이 그 의무를 이행하지 아니한 경우 ② 제1항의 결정에 대하여는 즉시항고를 할 수 있다.

이 행 명 령 신 청 서

신 청 인　　한○○(주민등록번호)
　　　　　　　　○○시 ○○구 ○○길 ○○(우편번호)
　　　　　　　　전화.휴대폰번호:
　　　　　　　　팩스번호, 전자우편(e-mail)주소:

피신청인　　박◇◇(주민등록번호)
　　　　　　　　○○시 ○○구 ○○길 ○○(우편번호)
　　　　　　　　전화.휴대폰번호:
　　　　　　　　팩스번호, 전자우편(e-mail)주소:

신 청 취 지

　피신청인은 신청인에게 ○○지방법원 2013. 10. 28.자 2012드단○○○○(본소), 2013드단○○○○(반소) 이혼 등 사건의 조정조서에 기한 의무이행으로서 면접교섭허용의무를 이행하라
라는 재판을 구합니다.

신 청 원 인

1. 당사자의 관계

　신청인과 피신청인은 2004. 12. 13. 혼인신고를 경료한 법률상 부부였는바, 8년에 걸친 혼인생활 끝에 수원지방법원 2012드단○○○○(본소), 2013드단○○○○(반소)호로 재판상 이혼에 이르게 되었습니다. 한편, 신청인과 피신청인 사이에는 자녀로 신청외 한○○(06. 2. 21.생), 한○○(08. 12. 3.생)가 있습니다.

2. 면접교섭허용의무의 발생

　신청인과 피신청인은 위 제1항 기재 소송절차 중 2010. 10. 28.자 조정 기일에서 '피고(신청인)는 매월 둘째.넷째 일요일 10:00부터 19:00까지 피고(신청인)가 책임질 수 있는 장소에서 사건본인들을 면접교섭할 수 있고, 추가로 사건본인들의 여름.겨울방학 기간 동안 각 6박 7일씩 사건본인들을 면접교섭할 수 있다. 원고(피신청인)는 면접교섭이 원활하게 이루어질 수 있도록 적극 협조하기로 한다.'는 내용이 포함된 합의를 하였으며 위 내용 그대로 조정조서에 기재되었습니다.

3. 피신청인의 의무불이행

 그런데 신청인이 위 조정조서 상의 다른 의무를 성실히 이행하고 있는 반면, 피신청인은 위 조정 성립 이후 현재까지 신청인이 전화를 해도 받지 않거나, 자녀들이 바쁘다는 이유를 들며 신청인의 자녀들에 대한 면접교섭에 비협조적인 태도로 일관하고 있어 신청인이 자녀들을 만날 수 없는 상황입니다(피신청인이 신청인과 자녀들의 전화통화 마저 제한하고 있어 신청인으로서는 자녀들의 의사를 확인하기도 어렵습니다). 즉, 피신청인은 위 조정조서에 기재된 면접교섭 허용의무를 이행하여야 함에도 불구하고 정당한 이유없이 그 의무를 이행하지 아니하고 있다고 할 것입니다.

4. 결어

 이에 따라 가사소송법 제64조 제1항 제3호에 기하여 이건 이행명령 신청을 하기에 이르렀으니, 인용하여 주실 것을 희망합니다.

소 명 방 법

1. 소갑 제1호증   조정조서
1. 소갑 제2호증   송달증명원
1. 소갑 제3호증   문자메시지 자료

첨 부 서 류

1. 위 소명방법   각 1통
1. 소송 위임장   1통
1. 송달료 납부서   1통

2015. 9.   .
위 신청인 한○○(서명 또는 날인)

○ ○ 지 방 법 원 귀 중

감치명령신청(이행의무위반)

신 청 인   김 ○ ○ (주민등록번호 :   -   )
　　　　　　주소 : ○○시 ○○구 ○○길 ○○

피신청인   이 △ △ (주민등록번호 :   -   )
　　　　　　주소 : ○○시 ○○구 ○○길 ○○

집행권원의 표시
서울가정법원 20○○드단○○○○(본소)호 이혼 등, 20○○드단○○○○(반소) 이혼 및 위자료 등 집행력 있는 조정조서.

이행명령이 피신청인에게 고지된 일자 : 20○○. ○. ○.

불이행한 의무의 내용 : 20○○. ○. ○. 서울가정법원 20○○즈기○○○호 이행명령에 기한 의무이행으로서, 신청인에게 20○○. ○.까지의 미지급 양육비 중 400만원을 분할하여 20○○. ○.부터 20○○. ○.까지 매월 말일에 금 500,000원씩을 지급할 의무

근거법령: 가사소송법 제68조 제1항

신 청 취 지

의무자를 감치 30일에 처한다. 다만, 위 감치기간이 만료되기 이전에 의무자가 위 의무를 이행하는 때에는 감치의 집행이 종료된다.
라는 재판을 구합니다.

신 청 이 유

1. 신청인은 서울가정법원 20○○드단○○○○(본소)호 이혼 등, 20○○드단 ○○○○(반소) 이혼 및 위자료 등 청구사건의 집행력 있는 조정조서정본에 기초한 「사건본인의 양육비로 20○○. ○. ○.부터 20○○. ○. ○.까지 매월 말일에 월 금500,000원」의 금전 지급을 받지 못하여 이에 귀원 20○○즈기○○○호로 이행명령을 받고, 위 결정은 20○○. ○. ○. 피신청인

에게 송달되었습니다.

2. 위 이행명령에도 불구하고 피신청인은 이행기가 3기가 지난 현재까지 단
   1기의 금액도 신청인에게 지급하지 않고 있습니다. 이에 신청인은 하는
   수 없이 가사소송법 제68조 제1항에 의하여 피신청인에 대한 감치명령을
   신청하는 바입니다.

소 명 방 법

1. 조정조서정본 사본	1부
1. 동 송달증명원 사본	1부
1. 이행명령서 사본	1부
1. 위 송달증명원	1부
1. 주민등록표초본(피신청인)	1부
1. 납부서	

20○○.   .   .

위 신청인 ○○○ (서명 또는 날인)

○ ○ 가 정 법 원 귀 중

이행명령 불이행에 따른 과태료부과신청

신 청 인   ○○○ (주민등록번호)
　　　　　○○시 ○○구 ○○길 ○○(우편번호)
　　　　　전화.휴대폰번호:
　　　　　팩스번호, 전자우편(e-mail)주소:

피신청인   ◇◇◇ (주민등록번호)
　　　　　○○시 ○○구 ○○로 ○○(우편번호)
　　　　　전화.휴대폰번호:
　　　　　팩스번호, 전자우편(e-mail)주소:

신 청 취 지

피신청인은 위 당사자간 ○○가정법원 20○○즈기○○ 이행명령 사건의 이행
의무를 위반하였으므로 과태료에 처한다.
라는 결정을 구합니다.

신 청 이 유

1. 신청인은 ○○지방법원 20○○호○○ 협의이혼의사확인신청사건의 집행력
　 있는 양육비부담조서정본에 기초하여 「미성년 자녀(들)에 대한 양육비로 이
　 혼신고 다음날부터 자녀(들)이 각 성년에 이르기 전날까지 1인당 월
　 800,000원」의 금전 지급을 받기로 하였으나, 20○○. ○.부터 20○○. ○
　 ○.까지 매월 800,000원씩 피신청인이 지급할 양육비 합계 4,000,000원 중
　 1,350,000원을 지급받지 못하여 이에 ○○가정법원 20○○즈기○○호로 이
　 행명령을 받고, 위 결정은 20○○. ○. ○○. 피신청인에게 송달되었습니다.
2. 위 이행명령에도 불구하고 피신청인은 현재까지 신청인에게 미지급한 양육
　 비를 지급하지 않고 있을 뿐만 아니라, 매월 지급해야할 양육비 800,000원
　 마저도 지급하지 않고 있습니다. 이에 신청인은 하는 수 없이 가사소송법
　 제67조 제1항에 의하여 피신청인에 대한 과태료 부과를 신청하는 바입니다.

소 명 방 법

　　1. 양육비부담조서 사본　　　　　　　　　　1부

1. 이행명령 사본　　　　　　　　　　　　1부
1. 위 송달증명원　　　　　　　　　　　　1부
1. 신청서 부본　　　　　　　　　　　　　1부

2000.　0.　00.
위 신청인 ○○○　(서명 또는 날인)

○ ○ 가 정 법 원 귀 중

Q 협의이혼을 하려고 하는데 엄마의 성이나 제가 재혼하는 새 아빠의 성으로 변경한다고 친자관계에 큰 영향을 주나요?

A 단순히 자녀의 성을 변경하는 것만으로는 친생부모와의 친족관계에 변동을 가져오는 것은 아닙니다. 즉, 자녀의 가족관계증명서에는 성의 변경으로 인하여 친아빠의 성과 다르게 되었더라도 여전히 친아빠가 부(父)로 기재되어 발급됩니다. 따라서 자녀의 가족관계증명서에 새 아빠를 부(父)로 표시하려면 친양자 입양재판을 거쳐 친아빠와의 친족관계를 종료시켜야 합니다.

■ 외국에서 혼인하여 생활하는 경우, 한국방식으로 협의이혼을 할 수 있을까요?

Q 대한민국 국민인 저는 일본 유학시절 만난 현재의 일본인 처와 일본에서 혼인을 하고 일본 현지 회사에 취업해서 일본에서 생활하고 있습니다. 그러던 중 저는 문화차이를 극복하지 못하고 결혼 4년 만에 일본에서 한국방식으로 협의이혼을 하고자 합니다. 제가 주일 대한민국 동경대사관에 가서 협의상 이혼신고를 하려고 하는데 이 경우에도 한국방식으로 협의이혼을 할 수 있을까요?

A 국제사법은 이혼의 준거법에 관하여 혼인의 일반적 효력의 준거법과 동일하게 준거법을 복수로 하여 단계적 연결방법을 취하고 있습니다. 우선 1단계 신분문제에 있어 기본원칙인 본국법주의에 따라 '부부의 동일한 본국법'에 의하도록 하고, 국적이 다른 부부인 관계로 동일한 본국법이 없는 경우에는 2단계로서 '부부의 동일한 상거소지법'을 준거법으로 하고 있으며, 만약 부부의 동일한 상거소지법도 없는 경우에는 최종 3단계로 '부부와 가장 밀접한 관련이 있는 곳의 법'을 준거법으로 하고 있습니다. 사안의 경우 한국인 남편과 일본인 처의 이혼이므로, 한국법을 적용받고자 한다면 동일한 상거소지법이 한국법임을 소명하거나, 동일한 상거소지법이 없는 경우에는 부부와 가장 밀접한 관련이 있는 곳의 법이 한국법임을 소명하여야 한국법을 준거법으로 하여 협의이혼이 가능합니다.

(관련판례)

[1] 부부가 자녀들이 미국에서 학업을 계속할 수 있도록 하기 위하여 미국 영주권을 취득할 목적으로 이혼신고를 하였다 하더라도, 일시적이나마 법률상 부부관계를 해소하려는 의사가 있었다고 보여지므로, 위 이혼신고는 유효하다 할 것이고, 또한 부부가 영주권 취득을 위하여 장기간 협의한 끝에 그 방편으로 이혼에 합의한 다음, 그 합의에 따라 6개월이 넘는 기간 동안 사실혼 관계를 계속 유지하였다면 비록 위 사실혼 관계가 부부 일방의 태도 변화로 인하여 파탄되었다 하더라도, 그러한 사정만으로 상대방의 이혼 동의가 기망 행위에 의하여 이루어졌음을 인정하기는 어렵다고 한 사례.

[2] 부부가 협의이혼 후 일정 기간 동안 부부의 생활공동체라는 실질을 여전히 유지하고 있었으나, 그 뒤 사실상의 혼인관계마저 파탄되게 된 경우, 사실상의 혼인관계가 지속되고 있던 시기에 위 혼인관계의 일방이 취득한 부동산 및 부동산의 취득과 자녀들의 양육을 위하여 이미 부담한 채무를 변제하기 위하여 위 부동산을 담보로 취득한 채무가 재산분할의 대상이 된다(서울가정법원 2004. 4. 22. 선고 2003드합6149 판결).

Q 甲男과 乙女는 가정불화로 협의이혼을 하였으나, 이혼신고 후 쌍방이 모두 이혼을 후회하고 재결합하였습니다. 이 경우 법률상 부부가 되려면 다시 혼인신고를 하여야 한다고 하는데, 가족관계증명서에 이혼한 사실이 나타나지 않게 할 수 없는지요?

A 현행 가족관계의 등록 등에 관한 법률에 따르면, 가족관계등록부는 가족관계의 등록 등에 관한 규칙 제4조에 따라 정해지는 등록기준지에 따라 개인별로 구분하여 작성되며, 등록부의 기록사항에 관해 발급할 수 있는 증명서에는 기본증명서, 가족관계증명서, 혼인관계증명서, 입양관계증명서, 친양자 입양관계증명서가 있습니다.(가족관계의 등록 등에 관한 법률 제9조, 제15조).

'기본증명서'에는 본인의 출생, 사망, 국적상실·취득 및 회복 등에 관한 사항이 기재됩니다. 따라서 본인의 이혼, 혼인, 입양 관계는 기본증명서에 나타나지 않습니다. 그리고 '가족관계증명서'에는 현재 배우자와 본인을 중심으로 부모, 자녀의 3대만 표시되므로, 이 또한 이혼한 사실이 드러나지 않습니다. 한편, '혼인관계증명서'에는 본인의 혼인·이혼에 관한 사항과 배우자의 성명 정정 또는 개명에 관한 사항이 기재되는 증명서로, 현재 이혼에 관한 사항을 포함하여 증명서가 발급이 됩니다. 다만 2016.5.29. 가족관계의 등록 등에 관한 법률이 일부 개정되었는데(특정등록부에 관한 사항 외에는 공포 후 6개월 후 시행)이에 따르면 일반증명서에는 현재의 혼인에 관한 사항이 기재될 뿐 이혼에 관한 사항은 기재되지 않고 상세증명서에 이혼에 관한 사항이 기재되도록 정하고 있습니다(가족관계의 등록 등에 관한 법률 제15조).

■ 가정불화로 결혼생활을 지속하기 어려워 남편과 협의이혼을 하려고 합니다. 협의이혼신고절차는 어떻게 되는지요?

Q 저는 가정불화로 결혼생활을 지속하기 어려워 남편과 협의이혼을 하려고 합니다. 협의이혼신고절차는 어떻게 되는지요? 만약, 협의이혼의사를 확인을 받은 후 생각이 달라진다면 협의이혼을 철회할 수도 있는지요?

A 협의이혼은 당사자의 자유로운 의사에 기한 합의에 의하여 혼인관계를 해소시키는 것을 말합니다. 협의이혼을 하려고 하면 당사자 쌍방의 이혼의사가 존재하여야 하며, 만일 그러한 의사가 없는 경우에는 그 자체로 협의이혼의 무효 또는 취소의 사유가 됩니다.

협의이혼을 하려는 당사자인 부부는 협의이혼의사확인신청서를 작성하고 서명 또는 기명날인한 뒤 이에 부부 양측의 가족관계증명서와 혼인관계증명서 각 1통과 협의이혼의사확인신청서 1통, 그리고 주민등록등본 1통(주소지 관할법원에 신청할 경우에만 필요)을 첨부하여 등록기준지 또는 주소지를 관할하는 법원(가정법원 또는 지방법원, 지원, 시 · 군법원)에 함께 출석하여 제출합니다 (가족관계 등록 등에 관한 규칙 제73조).

법원의 담임판사는 당사자 쌍방의 진술을 들은 후 이혼의사의 합치가 있는 것이 확인되면 확인서에 기명날인을 합니다.

그리고 당사자 사이에 미성년자인 자(子)가 있는 경우에는 반드시 친권자 지정의 협의 또는 가정법원에의 지정 청구 여부도 확인하므로 미리 이에 대해 협의 또는 지정 청구를 해둘 필요가 있습니다.

법원직원은 위 확인서에 의하여 등본 2통을 작성한 다음 이미 제출되어 있는 이혼신고서와 함께 각 당사자에게 교부하게 됩니다. 각 당사자는 위 확인서를 첨부하여 시(구) · 읍 · 면장에게 단독으로 협의이혼신고를 할 수 있습니다. 그러나 위 확인서를 교부 또는 송달받은 날로부터 3개월이 경과하면 다시 확인을 받아야 합니다.

그러나 협의이혼확인서를 발급받은 다음이라도 이혼신고 전에 어느 일방이 이혼할 생각이 없어지면 자신의 등록기준지, 주소지 또는 현재지 시(구) · 읍 · 면장에게 '이혼의사철회'의 신고를 할 수 있습니다. 그리고 위 '이혼의사철회'의 의사표시 이후에는 다른 일방배우자가 이혼신고를 하더라도 수리가 되지 않습니다.

「가족관계의 등록 등에 관한 법률」 시행으로 폐지된 구 「호적법」상의 판례도

"부부가 이혼하기로 협의하고 가정법원의 협의이혼의사확인을 받았다고 하더라도 호적법에 정한 바에 의하여 신고함으로써 협의이혼의 효력이 생기기 전에는 부부의 일방이 언제든지 협의이혼의사를 철회할 수 있는 것이어서, 협의이혼신고서가 수리되기 전에 협의이혼의사의 철회신고서가 제출되면 협의이혼신고서는 수리할 수 없는 것이므로, 설사 호적공무원이 착오로 협의이혼의사철회신고서가 제출된 사실을 간과한 나머지 그 후에 제출된 협의이혼신고서를 수리하였다고 하더라도 협의상 이혼의 효력이 생길 수 없다."라고 하였습니다 (대법원 1994. 2. 8. 선고 93도2869 판결).

참고로 2008. 6. 22.부터 시행되는 개정민법은 이혼숙려기간을 도입하고 협의이혼시 자녀 양육사항 합의를 의무화 하였습니다.

이에 따라 협의상 이혼을 하려는 자는 가정법원이 제공하는 이혼에 관한 안내 또는 전문상담인의 상담을 권고받을 수 있고, 위 안내를 받은 날부터 양육하여야 할 자(포태중인 자를 포함)가 있는 경우에는 3개월, 그 외의 경우에는 1개월의 기간이 지난 후에 이혼의사의 확인을 받을 수 있습니다.

또한, 양육하여야 할 자가 있는 경우 당사자는 자의 양육사항과 친권자결정에 관한 협의서 또는 이에 관한 가정법원의 심판정본을 이혼의사 확인시 의무적으로 제출하여야 합니다.

(관련판례)

[1] 재판상 이혼시의 재산분할에 있어 분할의 대상이 되는 재산과 그 액수는 이혼소송의 사실심 변론종결일을 기준으로 정하여야 하나, 장기간 별거한 경우라면 별거 후에 취득한 재산은 그것이 별거 전에 쌍방의 협력에 의하여 형성된 유형·무형의 자원에 기한 것이 아닌 한 재산분할의 대상이 될 수 없고, 부부로서의 공동생활이 사실상 종료한 시점 후에 일방이 부담한 채무는 부부로서의 공동생활상 일상가사에 관한 것이라거나 공동재산의 형성, 유지에 수반하여 부담한 채무라고 볼 수 없다.

[2] 재판상 이혼시 재산분할의 대상을 정함에 있어 부부가 장기간 별거한 경우에 재산분할 대상인 재산을 별거하기 시작할 무렵을 기준으로 정하더라도, 별거 당시 재산분할 대상인 아파트에 대하여 재산분할이 이루어지지 않은 이상 아파트의 가액 산정을 별거 당시를 기준으로 하게 되면 별거 후 사실심 변론종결일까지 사이에 아파트의 가액이 증가하였음에도 불구하고 그로 인한 이득이 일방에게만 귀속되어 타당하지 않으므로, 위 아파트의 가액은 사실심 변론종결일 무렵의 가액으로 보아야 한다.

[3] 부부가 별거하더라도 부부간의 부양의무가 없어지지 않으므로 생활비용의 부담자는 다른 일방에 대하여 생활에 필요한 비용을 주어야 하지만, 부부의 일방에게 자력과 수입이 있어서 생활에 필요한 비용의 조달이 가능한 경우에는 다른 일방이 생활에 필요한 비용을 지급할 의무가 없다(서울가정법원 2006. 11. 16. 선고 2005드합6952,2006드합7891 판결).

■ 한국에 거주하는 외국인 부부의 이혼은 어떤 방법이 있나요?

Q 저는 미국 유학 중 미국인인 아내를 만나 대한민국에서 결혼하였고, 그 후 한국국적을 포기하고 미국국적을 취득하였습니다. 저희 부부는 현재 아이들과 함께 한국에 들어와 생활하고 있습니다. 그런데 아내가 최근 외도를 하여, 저는 아내에게 이혼을 요구하였습니다. 그러나 아내는 절대 이혼은 해줄 수 없고, 저희 가족이 모두 미국 시민권자이므로 이혼 소송을 하려면 미국 법원에 소를 제기하여야 한다면서 제게 소송을 할 수 있으면 해보라는 식의 태도를 보이고 있습니다. 한국에서 제가 이혼을 할 수 있는 방법은 없나요?

A 미국 국적을 가진 귀하께서 미국 국적의 아내를 상대로 대한민국 법원에 이혼 청구를 하는 경우, 본 사건은 대한민국 국제사법 제1조 소정의 외국적 요소가 구비된 사건에 해당합니다.

국제사법은 "법원은 당사자 또는 분쟁이 된 사안이 대한민국과 실질적 관련이 있는 경우에 국제재판관할권을 가진다. 이 경우 법원은 실질적 관련의 유무를 판단함에 있어 국제재판관할 배분의 이념에 부합하는 합리적인 원칙에 따라야 한다."고 규정하는 한편(제2조 제1항), "법원은 국내법의 관할 규정을 참작하여 국제재판관할권의 유무를 판단하되, 제1항의 규정의 취지에 비추어 국제재판관할의 특수성을 충분히 고려하여야 한다."고 하고 있는데(제2조 제2항), 판례는 유사한 사안에서 "원·피고 모두 대한민국에 주소를 가지고 있고, 그 혼인생활의 대부분이 대한민국에서 형성된 점 등을 고려하면 원고의 위 청구는 대한민국과 실질적 관련이 있다고 볼 수 있으므로 위 규정에 의하여 대한민국 법원이 재판관할권을 가진다고 할 수 있다"고 판시한바 있습니다(대법원 2006.5.26. 선고 2005므884 판결 참조). 따라서 귀하는 귀하의 주소지를 관할하는 대한민국 가정법원에 남편을 상대로 이혼 등 청구의 소를 제기할 수 있을 것입니다.

Q 혼인관계증명서를 발급 받았는데 이혼경력이 기재되어 있습니다. 과거의 혼인 및 이혼사실을 다른 사람이 알 수 없게 하는 방법이 있나요?

A 종전에는 호적등본 하나로 호주를 비롯한 가족의 모든 신분변동사항을 파악할 수 있다는 점에서 개인정보침해 큰 문제로 지적되었고 이를 개선해야 한다는 요구가 꾸준히 제기되었습니다. 이에 따라 가족관계등록제도에서는 종전 호적의 단점을 보완하고자 가족관계등록부를 개인별로 작성하였고, 이에 대한 증명의 방법도 목적별로 다섯 가지로 세분화하여 개인의 필요한 정보만이 공개되도록 하였으며, 그 발급요건도 대폭 강화(가족관계의 등록 등에 관한 법률 제14조제1항 및 제2항)함으로써 개인정보침해의 문제를 최소화할 수 있게 하였습니다. 이렇게 개인정보 보호를 강화하였기 때문에 혼인관계증명서에 비록 이혼 등의 경력이 기재되어 있다 하더라도 개인의 신분에 관한 사항은 충분히 보호받을 수 있을 것입니다.

(관련판례)

부부가 크고 작은 문제로 자주 다투며 서로 폭행하고, 부부간 문제를 감정적 차원에서 대응하여 도리어 갈등을 증폭시키고, 한차례 이혼소송 파동을 겪은 후에도 서로 애정과 신뢰를 쌓을 노력을 등한시 한 채 불화가 계속되어 별거에 이르게 되고, 상대방에 대한 이해부족과 불신을 그대로 유지한 채 부부간의 갈등을 일시적으로 참고 있는 상태라면 혼인을 계속하기 어려운 중대한 사유가 있다고 볼 여지가 있다(대법원 2004. 8. 20. 선고 2004므955 판결).

2. 친권자지정(변경) 신고방법

2-1. 친권자지정(변경)신고

2-1-1. 친권자지정(변경)신고란?

"친권자지정(변경)신고"란 혼인 외의 자(子)가 인지된 경우나 부모의 이혼 등으로 친권 행사자가 지정(변경)되는 경우 그 사실을 시(구)·읍·면의 장에게 신고하는 것을 말합니다.

2-1-2. 친권자의 지정방법

① 혼인 외의 자(子)가 인지된 경우나 부모가 이혼하는 경우
- 친권은 부모가 공동으로 행사하므로 친권자는 부모의 협의로 정해야 합니다.
- 협의를 할 수 없거나 협의가 이루어지지 않을 경우 가정법원은 직권으로 또는 당사자의 청구에 따라 친권자를 정하게 됩니다.
- 가정법원은 혼인의 취소, 재판상 이혼 또는 인지청구소송과 같은 판결을 내리는 경우 직권으로 친권자를 정합니다.

② 단독 친권자로 정해진 부모의 일방이 사망한 경우
단독 친권자로 정해진 부모의 일방이 사망한 경우 생존하는 부 또는 모, 미성년자, 미성년자의 친족은 그 사실을 안 날부터 1개월, 사망한 날부터 6개월 내에 가정법원에 생존하는 부 또는 모를 친권자로 지정해 줄 것을 청구할 수 있습니다.

③ 입양이 취소되거나 파양된 경우 또는 양부모가 모두 사망한 경우
- 입양이 취소되거나 파양된 경우 또는 양부모가 모두 사망한 경우 친생부모의 일방 또는 쌍방, 미성년자, 미성년자의 친족은 그 사실을 안 날부터 1개월, 입양이 취소되거나 파양된 날 또는 양부모가 모두 사망한 날부터 6개월 내에 가정법원에 친생부모 일방 또는 쌍방을 친권자로 지정할 것을 청구할 수 있습니다.
- 다만, 친양자의 양부모가 사망한 경우에는 그렇지 않습니다.

④ 친권자의 지정 청구가 없는 경우
해당 기간 내에 친권자 지정청구가 없을 경우 가정법원은 직권으로 또는 미성년자, 미성년자의 친족, 이해관계인, 검사, 지방자치단체의 장의 청구로 미성년후견인을 선임할 수 있습니다.

2-1-3. 친권자의 변경방법

가정법원은 아이의 복리를 위해 필요하다고 인정되는 경우에는 아이의 4촌 이내의 친족의 청구에 의해 정해진 친권자를 다른 일방으로 변경할 수 있습니다.

2-2. 친권자지정(변경) 신고의무자

① 협의로 친권을 지정한 경우 신고의무자는 부모입니다.

② 부모 중 일방이 신고하는 경우에는 그 사실을 증명하는 서면을 첨부해야 합니다.

③ 재판에 의해 친권자지정(변경)된 경우 신고의무자는 소송을 제기한 사람이나 그 재판으로 친권자 또는 그 임무를 대행할 사람으로 정해진 사람입니다.

2-3. 신고기한

① 협의로 친권을 지정한 경우 부모는 1개월 이내에 그 사실을 신고해야 합니다.

② 재판에 의해 친권자가 지정(변경)된 경우 신고의무자는 재판의 확정일부터 1개월 이내에 친권자지정(변경)신고를 해야 합니다.

③ 신고의무자가 정당한 사유 없이 친권자지정(변경)신고를 기간 내에 하지 않은 경우에는 5만원 이하의 과태료가 부과됩니다.

2-4. 친권자지정(변경) 신고하기

2-4-1. 신고장소

① 친권자지정(변경)신고는 자(子)의 등록기준지 또는 신고인의 주소지나 현재지에서 할 수 있는데, 신고인의 관할 시(구)·읍·면의 사무소에 하면 됩니다.

② 다만, 외국에 거주하거나 체류하는 대한민국 국민의 경우 재외국민 가족관계등록사무소에서도 할 수 있습니다.

2-4-2. 친권자지정(변경)신고의 신청서 작성

① 친권자지정(변경)신고는 친권자지정(변경)신고서에 다음 사항을 기재해야 합니다.

　　1) 당사자와 부모의 성명·출생연월일·주민등록번호 및 등록기준지(당사자가 외국인인 경우에는 그 성명·출생연월일·국적 및 외국인등록번호)

　　2) 친권자의 성명·당사자와의 관계·지정(변경)원인·지정(변경)일자

　　3) 친권자 변경신고의 경우 종전의 친권자에 관한 사항

② 첨부서류

　　1) 친권자지정(변경)판결 등본 및 확정증명서

　　2) 친권자지정이 협의로 결정된 경우 : 친권자지정 협의서 등본

　　3) 신고인의 신분증명서

　　4) 당사자의 가족관계등록부의 기본증명서, 가족관계증명서(가족관계등록관서에서 확인이 가능한 경우에는 제출 생략)

📖 Summary (요점정리)

■ 미성년 자녀에 대한 친권은?
① 부모가 혼인 중인 때에는 부모 공동으로 행사할 수 있고, 부모의 의견이 일치하지 않을 경우에는 당사자의 청구에 의하여 가정법원이 이를 정한다.
② 부모의 일방이 친권을 행사할 수 없을 때에는 다른 일방이 이를 행사한다. 혼인외의 자가 인지된 경우와 부모가 이혼하는 경우에는 부모의 협의로 친권자를 정하여야 하고, 협의할 수 없거나 협의가 이루어지지 아니하는 경우에는 가정법원은 직권으로 또는 당사자의 청구에 따라 친권자를 지정하여야 한다.

■ 친권의 행사는?
자녀에 대한 친권은 부모가 혼인 중인 때에는 부모공동으로 행사할 수 있고, 부모의 의견이 일치하지 않을 경우에는 당사자의 청구에 의하여 가정법원이 이를 정한다. 친권행사는 자녀의 복리를 우선적으로 고려하여 행사해야 한다.

■ 혼인 외 자의 친권자는?
생부의 인지를 받기 전에는 생모가 친권자가 되지만, 인지가 된 경우에는 부모가 협의로 친권자를 정하여야 하고, 협의할 수 없거나 협의가 이루어지지 아니하는 경우에는 가정법원이 직권으로 또는 당사자의 청구에 따라 친권자를 지정하여야 한다.

■ 친권자에 대해 협의가 안 될 경우에는?
① 부모가 이혼할 경우 협의로 친권자를 정하여야 하고, 만약 친권자에 대하여 협의를 할 수 없거나 협의가 이루어지지 않을 때에는 가정법원은 직권으로 또는 당사자의 청구에 따라 친권자를 지정하여야 한다.
② 친권자 및 양육자 지정청구가 있을 때 법원은 자녀의 나이, 재산 정도 및 경제적 능력, 양육 상태 등을 두루 고려하여 자녀의 복리에 최대한 도움이 되는 방향으로 친권자 및 양육자를 지정하게 된다.

■ 이혼 소송시 친권자지정을 청구하지 않은 경우는?
① 재판상 이혼의 경우 미성년 자녀에 대한 친권자지정청구를 하지 않았더라도 가정법원이 직권으로 친권자를 정하여야 한다.
② 이때 부모 중 한 사람이 자녀에 대한 친권자 및 양육자로 지정되거나 자녀의 복리를 위해 필요한 경우에는 부모에게 공동친권이 인정될 수 있다.

■ 친권자 변경을 하려면?
상대방 주소지 가정법원에 친권자변경심판청구를 할 수 있다. 부모가 친권자

변경에 합의한 경우에도 가정법원에 친권자변경심판청구를 하여 법원의 결정을 받아야만 친권자를 변경할 수 있다.

■ 친권자로 지정된 사람이 자녀를 유기한 경우에는?
가정법원은 자녀의 복리를 위하여 필요한 경우 자녀의 4촌 이내의 친족의 청구에 의하여 친권자를 변경할 수 있다.

■ 친권자지정청구가 없을 경우에는?
① 이혼시 친권자로 정해진 부모의 일방이 사망한 후 일정한 기간 내에 생존하는 부 또는 모에 대한 친권자지정청구가 없을 경우에는 가정법원은 직권 또는 미성년자, 미성년자의 친족, 이해관계인, 검사, 지방자치단체의 장의 청구에 의하여 미성년후견인을 선임할 수 있다.
② 이 경우 생존하는 부 또는 모, 친생부모 일방 또는 쌍방의 소재를 모르거나 그가 정당한 사유 없이 소환에 응하지 아니하는 경우를 제외하고 그에게 의견을 진술한 기회를 주어야 한다.

■ 단독 친권자로 정하여진 부모의 일방이 사망한 경우에는?
① 이혼 등으로 단독 친권자로 정하여진 부모의 일방이 사망한 경우 생존하는 부 또는 모, 미성년자, 미성년자의 친족은 그 사실을 안 날부터 1개월, 사망한 날부터 6개월 내에 가정법원에 생존하는 부 또는 모를 친권자로 지정할 것을 청구할 수 있다.
② 가정법원은 생존하는 부 또는 모의 양육의사 및 양육능력, 청구 동기, 미성년자의 의사, 그 밖의 사정을 고려하여 미성년자의 복리를 위하여 적절하지 않다고 인정되면 청구를 기각할 수 있고, 이 경우 직권으로 미성년후견인을 선임해야 한다.
③ 이러한 친권자지정청구가 없는 경우에도 가정법원은 직권으로 미성년후견인을 선임할 수 있다.

■ 생존친이 정해진 기간내에 친권자지정청구를 못한 경우에는?
일정 기간 내에 친권자지정청구를 하지 못해 미성년자녀를 위하여 후견인이 선임된 경우라도 미성년후견임 선임 후 양육상황이나 양육능력의 변동, 미성년자의 의사, 그 밖의 사정을 고려하여 미성년자의 복리를 위하여 필요하면 생존하는 부 또는 모, 미성년자의 청구에 의하여 후견을 종료하고 생존하는 부 또는 모, 친생부몽의 일방 또는 쌍방을 친권자로 지정할 수 있다.

■ 입양이 취소되거나 파양된 경우 또는 양부모가 모두 사망한 경우의 친권자는?
① 친생부모 일방 또는 쌍방, 미성년자, 미성년자의 친족은 그 사실을 안 날

부터 1개월, 입양이 취소되거나 파양된 날 또는 양부모가 모두 사망한 날부터 6개월 내에 가정법원에 친생부모 일방 또는 쌍방을 친권자로 지정해 줄것을 청구할 수 있다.

② 가정법원은 친권자를 지정함에 있어서 자의 복리를 우선적으로 고려하여야 한다.

■ 친권 상실은?
① 친권자가 친권을 남용하거나 현저한 비행 기타 친권을 행사 할 수 없는 중대한 사유가 있을 때 자의 친족 또는 검사는 법원에 친권 상실을 청구할 수 있다.

② 친권자가 친권의 상실을 선고받은 경우 가정법원에 친권자지정청구 또는 미성년후견인 선임청구를 할 수 있고 가정법원은 필요한 경우 직권으로 미성년후견인을 선임한다.

③ 친권이 상실되었다고 하더라도 친자관계까지 소멸하는 것은 아니므로 부모와 자식 간의 부양의무, 상속권 등에는 영향을 주지 않는다.

■ 법정대리인인 친권자가 부적당한 관리로 자녀의 재산을 위태롭게 한 때
① 자녀의 친족은 가정법원에 그 법률행위의 대리권과 재산관리권의 상실을 청구할 수 있다. 법률행위의 대리권과 재산관리권의 상실선고는 친권의 일부 상실로 단독 친권자가 이를 상실한 경우에는 청구 또는 법원의 직권에 의해 미성년후견인을 두어야 한다.

② 이때 미성년후견인의 임무는 미성년자의 재산에 관한 행위에 한정되고, 자녀의 신분상에 관한 친권자로서의 권리와 의무는 친권자에게 남게 된다.

※ 2015년 10월 16일 시행 친권제한제도

■ 친권자의 동의를 갈음하는 법원의 재판 제도의 도입
가정법원은 친권자의 동의가 필요한 행위에 대하여 친권자가 정당한 이유 없이 동의하지 아니하여 자녀의 생명 및 신체 등에 중대한 손해가 발생할 위험이 있는 경우에는 자녀 또는 검사 등의 청구에 의하여 친권자의 동의를 갈음하는 재판을 할 수 있다.

■ 친권의 일시 정지 제도의 도입
가정법원은 부모가 친권을 남용하여 자녀의 복리를 현저히 해치거나 해칠 우려가 있는 경우에는 자녀 또는 검사 등의 청구에 의하여 자녀의 상태, 양육상황, 그 밖의 사정을 고려하여 2년의 범위에서 친권의 일시 정지를 선고할 수 있다. 또한 이 기간은 2년의 범위에서 한차례만 연장할 수 있다.

■ 친권의 일부 제한 제도의 도입

가정법원은 거소의 지정이나 징계, 그 밖의 신상에 관한 결정 등 특정한 사항에 관하여 친권자가 친권을 행사하는 것이 곤란하거나 부적당한 사유가 있어 자녀의 복리를 해치거나 해칠 우려가 있는 경우에는 자녀 또는 검사 등의 청구에 의하여 구체적인 범위를 정하여 친권의 제한을 선고할 수 있다.

■친권 상실 선고 등의 판단기준

동의를 갈음하는 재판 또는 그 밖의 다른 조치로 자녀 복리를 충분히 보호할 수 없는 경우에만 친권의 일시 정지, 친권의 일부 제한, 대리권 및 재산권의 상실선고를 할 수 있으며, 이러한 조치로 자녀의 복리를 충분히 보호할 수 없는 경우에 친권 상실 선고를 할 수 있다.

[서식] 친권자(지정, 변경)신고서

<table>
<tr><td colspan="4" align="center">친권자(지정, 변경)신고서
(년   월   일)</td><td colspan="3">※ 신고서 작성 시 뒷면의 작성 방법을 참고하고, 선택항
목에는 '영표(○)'로 표시하기 바랍니다.</td></tr>
<tr><td rowspan="9">①
미
성
년
자
녀</td><td>성 명</td><td>한글 (성) / (명)</td><td>한자 (성) / (명)</td><td colspan="2">주민등록번호</td><td>-</td></tr>
<tr><td>등록기준지</td><td colspan="3"></td><td colspan="2">출생 연 월 일</td></tr>
<tr><td>주 소</td><td colspan="5"></td></tr>
<tr><td>성 명</td><td>한글 (성) / (명)</td><td>한자 (성) / (명)</td><td colspan="2">주민등록번호</td><td>-</td></tr>
<tr><td>등록기준지</td><td colspan="3"></td><td colspan="2">출생 연 월 일</td></tr>
<tr><td>주 소</td><td colspan="5"></td></tr>
<tr><td>성 명</td><td>한글 (성) / (명)</td><td>한자 (성) / (명)</td><td colspan="2">주민등록번호</td><td>-</td></tr>
<tr><td>등록기준지</td><td colspan="3"></td><td colspan="2">출생 연 월 일</td></tr>
<tr><td>주 소</td><td colspan="5"></td></tr>
<tr><td rowspan="3">②
부</td><td>성 명</td><td>한글 (성) / (명)</td><td>한자 (성) / (명)</td><td colspan="2">주민등록번호</td><td>-</td></tr>
<tr><td>등록기준지</td><td colspan="5"></td></tr>
<tr><td>주 소</td><td colspan="5"></td></tr>
<tr><td rowspan="3">③
모</td><td>성 명</td><td>한글 (성) / (명)</td><td>한자 (성) / (명)</td><td colspan="2">주민등록번호</td><td>-</td></tr>
<tr><td>등록기준지</td><td colspan="5"></td></tr>
<tr><td>주 소</td><td colspan="5"></td></tr>
<tr><td rowspan="8">④친권자</td><td colspan="2">미성년자와의 관계</td><td colspan="2">1부 2모 3부모</td><td colspan="2"></td></tr>
<tr><td colspan="2">미성년자 성명</td><td colspan="4"></td></tr>
<tr><td colspan="2">1지정일자   년 월 일</td><td colspan="2">1지정원인</td><td colspan="2">1 협의
2 (   )법원의 결정</td></tr>
<tr><td colspan="2">2변경일자   년 월 일</td><td colspan="2">2변경원인</td><td colspan="2">(   )법원의 결정</td></tr>
<tr><td colspan="2">미성년자와의 관계</td><td colspan="2">1부 2모 3부모</td><td colspan="2"></td></tr>
<tr><td colspan="2">미성년자 성명</td><td colspan="4"></td></tr>
<tr><td colspan="2">1지정일자   년 월 일</td><td colspan="2">1지정원인</td><td colspan="2">1 협의
2 (   )법원의 결정</td></tr>
<tr><td colspan="2">2변경일자   년 월 일</td><td colspan="2">2변경원인</td><td colspan="2">(   )법원의 결정</td></tr>
<tr><td colspan="2">⑤기타사항</td><td colspan="5"></td></tr>
<tr><td rowspan="3">⑥임무
대행자</td><td>성명</td><td>한글 (성) / (명)</td><td>한
자 (성) / (명)</td><td colspan="2">주민등록번호</td><td>-</td></tr>
<tr><td>등록기준지</td><td colspan="2"></td><td>주소</td><td colspan="2"></td></tr>
<tr><td>선임일자</td><td colspan="2">년 월 일</td><td>선임원인</td><td colspan="2">(   )법원의 결정</td></tr>
<tr><td colspan="7">협의의 친권자 지정 신고 시 신고인 쌍방이 모두 출석하였습니까?   예(   )   아니오(   )</td></tr>
<tr><td rowspan="4">⑦
신
고
인</td><td>성 명</td><td colspan="2">㉑또는 서명</td><td>주민등록
번호</td><td>-</td><td>자
격 1부 2모
3임무대행자</td></tr>
<tr><td>주 소</td><td colspan="3"></td><td>전 화</td><td></td></tr>
<tr><td></td><td colspan="3"></td><td>이메일</td><td></td></tr>
<tr><td>성 명</td><td colspan="2">㉑또는 서명</td><td>주민등록
번 호</td><td>-</td><td>자
격 1부 2모</td></tr>
<tr><td rowspan="2">주 소</td><td colspan="4" rowspan="2"></td><td>전 화</td><td></td></tr>
<tr><td>이메일</td><td></td></tr>
<tr><td colspan="2">⑧신고인출석여부</td><td colspan="5">1 부 2 모 3 임무대행자</td></tr>
<tr><td colspan="2">⑨제출인</td><td>성 명</td><td></td><td colspan="2">주민등록번호</td><td>-</td></tr>
</table>

※ 타인의 서명 또는 인장을 도용하여 허위의 신고서를 제출하거나, 허위신고를 하여 가족관계등록부에 부실의 사실을 기록하게 하는 경우에는 형법에 의하여 5년 이하의 징역 또는 1천만 원 이하의 벌금에 처해집니다.

※등록기준지:각 란의 해당자가 외국인인 경우에는 그 국적을 기재합니다.

※주민등록번호:각 란의 해당자가 외국인인 경우에는 외국인등록번호(국내거소신고번호 또는 출생연월일)를 기재합니다.

①란:2명 이상의 미성년자에 대해 친권자가 동일하게 지정(변경)된 경우에는 순서대로 기재합니다.
　　　:법 제25조제2항에 따라 주민등록번호란에 주민등록번호를 기재한 때에는 출생연월일의 기재를 생략할 수 있습니다.

④란:새롭게 친권자로 지정.변경된 자를 의미하며, 지정일자는 협의의 경우에는 협의성립일, 재판의 경우에는 결정 확정된 일자를 기재합니다. 친권자변경에 관한 사항은 재판에 의한 경우에만 기재합니다.

⑤란:친권자변경신고의 경우에 종전의 친권자를 기재합니다.

⑥란:재판에 의하여 친권자의 임무대행자로 선임된 자를 기재합니다.

⑨란:제출인(신고인이 작성한 신고서를 신고인이 아닌 사람이 제출할 경우만 기재)의 성명 및 주민등록번호를 기재합니다.[접수담당공무원은 신분증과 대조]

첨 부 서 류

1. 법원이 친권자를 지정.변경한 경우
 - 재판서등본 및 확정증명서 각 1부.
 - 조정.화해 성립 : 조정(화해)조서등본 및 송달증명서 각 1부.
2. 법원이 친권자의 임무대행자를 선임한 경우
 - 재판서등본 1부
3. 부모의 협의에 의하여 친권자를 지정한 경우
 - 부모 중 한쪽이 신고할 경우: 협의사실을 증명하는 서류 1부.
 - 부모가 함께 신고할 경우: 협의사실 증명하는 서류를 첨부할 필요가 없음.

※ 아래 4항은 가족관계등록관서에서 전산으로 그 내용을 확인할 수 있는 경우 첨부를 생략합니다.

4. 당사자의 가족관계등록부의 기본증명서, 가족관계증명서 각 1통.
5. 신분확인[가족관계등록예규 제443호에 의함]
 ① 재판에 의한 친권자 지정·변경, 임무대행자 선임
 - 신고인이 출석한 경우 : 신분증명서
 - 제출인이 출석한 경우 : 제출인의 신분증명서
 - 우편제출의 경우 : 신고인의 신분증명서 사본
 　※ 신고인이 성년후견인인 경우에는 5항의 ① 서류 외에 성년후견인의 자격을 증명하는 서면도 함께 첨부해야 합니다.
 ② 협의에 의한 친권자 지정신고
 - 신고인이 출석한 경우 : 신고인 모두의 신분증명서
 - 신고인 불출석, 제출인 출석의 경우 : 제출인의 신분증명서 및 신고인 모두의 신분증명서 또는 서명공증 또는 인감증명서(신고인의 신분증명서 없이 신고서에 신고인이 서명한 경우 서명공증, 신고서에 인감 날인한 경우 인감증명)
 - 우편제출의 경우 : 신고인 모두의 서명공증 또는 인감증명서(신고서에 서명한 경우 서명공증, 인감을 날인한 경우는 인감증명서)

[서식] 아버지 결정 청구의 소(모가 모의 배우자, 전배우자를 상대로)

소 　 　 장

원 　 고 　 　 　 이○○(주민등록번호)

　 　 　 　 　 　 　 등록기준지 　 ○○시 ○○구 ○○길 ○○

　 　 　 　 　 　 　 주 　 　 　 소 　 ○○시 ○○구 ○○길 ○○(우편번호)

　 　 　 　 　 　 　 전화.휴대폰번호:

　 　 　 　 　 　 　 팩스번호, 전자우편(e-mail)주소:

피 　 고 　 　 　 1. 박○○(주민등록번호)

　 　 　 　 　 　 　 등록기준지 및 주소 　 원고와 같음

　 　 　 　 　 　 　 전화.휴대폰번호:

　 　 　 　 　 　 　 팩스번호, 전자우편(e-mail)주소:

　 　 　 　 　 　 　 2. 김○○(주민등록번호)

　 　 　 　 　 　 　 등록기준지 　 ○○시 ○○구 ○○길 ○○

　 　 　 　 　 　 　 주 　 　 　 소 　 ○○시 ○○구 ○○길 ○○(우편번호)

　 　 　 　 　 　 　 전화.휴대폰번호:

　 　 　 　 　 　 　 팩스번호, 전자우편(e-mail)주소:

사건본인 　 　 　 박□□

　 　 　 　 　 　 　 2015. 5. ○○. 출생

아버지 결정 청구의 소

청 구 취 지

1. 피고 박○○를 사건본인의 아버지로 정한다.
2. 소송비용은 피고들이 부담한다.

라는 판결을 구합니다.

청 구 원 인

1. 원고 이○○는 피고 박○○와 현재 부부입니다. 원고 이○○는 피고 김○
   ○(전 배우자)과 20○○. 4. 10. 혼인 한 후 2014. 9. 중순경 협의 이혼하
   였습니다. 그 후 피고 이○○(모)는 피고 박○○(배우자)와 2014. 10. 초
   혼인하였습니다(갑 제1-3호증 참조). 그 이후 원고는 2015. 5. ○○. 사건
   본인 박□□를 출산하였습니다(갑 제4호증 참조).

2. 사건 본인 박□□의 출생일인 2015. 5. ○○.은 원고의 전 배우자인 피고 김○○과의 혼인 종료일인 20○○. 9. 중순부터 300일 이내이고 현재 배우자인 피고 박○○와의 재혼일인 20○○. 10. 초부터 200일이 경과한 2015. 5. ○○.입니다.

   피고 김○○은 원고가 자신의 자녀가 아니라는 이유로 출생신고를 거부하고 있는 반면 피고 박○○은 자신의 자녀임을 인정하고 있고 유전자 검사 결과 박○○의 자녀라는 결과가 있습니다(갑 제5호증 유전자검식결과서). 그러나 주민센터에서는 전배우자와의 혼인 종료일 300일 이내에 출생하였다는 이유로 피고 박○○의 자녀로는 출생신고를 받지 않고 있습니다.
3. 이에 원고는 원고의 전, 현 배우자인 피고들을 상대로 이사건 소를 제기하기에 이르렀습니다.

입 증 방 법

1. 갑 제1호증   가족관계증명서
1. 갑 제2호증   기본증명서
1. 갑 제3호증   혼인관계증명서
1. 갑 제4호증   진료카드
1. 갑 제5호증   유전자검식결과서

첨 부 서 류

1. 위 입증방법   각 1통
1. 소장부본   3통
1. 송달료납부서   1통
1. 위임장   1통

20○○. ○.   .
원고 ○○○ (서명 또는 날인)

○ ○ 가 정 법 원 귀 중

[서식] 친생부인의 소(배우자 부정행위로 인한)

<h1 style="text-align:center">소　　　　　장</h1>

원　　고　　○　○　○(○　○　○) (주민등록번호)
　　　　　　　19○○년 ○월 ○일생
　　　　　　　등록기준지 : ○○남도 ○○시 ○○길 ○번지
　　　　　　　주소 : ○○시 ○○구 ○○길 ○번지(우편번호)

피　　고　　△　△　△(△　△　△) (주민등록번호)
　　　　　　　19○○년 ○월 ○일생
　　　　　　　등록기준지 : ○○시 ○○구 ○○길 ○번지
　　　　　　　주소 : 원고와 같음
　　　　　　　위 법정대리인 친권자 모 김□□
　　　　　　　주소 : 원고와 같음

친생부인의 소

<h2 style="text-align:center">청 구 취 지</h2>

피고는 원고의 친생자가 아님을 확인하다.
라는 판결을 구합니다.

<h2 style="text-align:center">청 구 원 인</h2>

1. 원고와 소외 김□□는 19○○. ○.○. 혼인신고를 한 부부로서 19○○. ○. ○. 피고를 출산하고 가족관계등록부 상 친생자로 출생신고를 하여 피고가 친생자로 등재되었습니다.

2. 원고는 소외 김□□를 만나 동거생활을 한 날짜가 19○○. ○. ○.이며 이 기간중 해외지사 파견근무를 명 받고 원고 혼자 10개월을 캐나다 몬트리올에서 생활했는데 귀국 후 원고와 대학 동기인 친구로부터 위 소외 김□□가 새벽녘에 처음보는 사람과 ○○시 ○○구 ○○길 소재 ○○여관에서 나오는 것을 보았다는 말을 듣게 되었습니다.

3. 그런데 그 후 위 소외 김□□의 외출이 잦아지고 음주까지 하고 귀가하여 원고가 이를 의심하여 추궁하였더니 소외 김□□는 원고와 혼인 전부터 알고 지내던 소외 이□□와 피고의 출생일 이전부터 정을 통한 사실

을 자백하였고 소외 이□□에게서도 이와 같은 사실을 확인하였습니다.

4. 이에 원고는 소외 김□□를 상대로 이혼청구를 해놓은 상태이며 청구취지와 같은 판결을 받고자 본 소송을 제기하기에 이르렀습니다.

입 증 방 법

1. 갑 제1호증	가족관계증명서(원고)
1. 갑 제2호증	혼인관계증명서(원고)
1. 갑 제3호증	기본증명서(피고)
1. 갑 제4호증	주민등록등본(피고)
1. 갑 제5호증 1내지2	각 자인서(김□□, 이□□)
1. 갑 제6호증	소제기증명서

첨 부 서 류

1. 위 입증방법	각 1통
1. 소장부본	1통
1. 납부서	1통

20○○. ○. ○.

위 원고 ○ ○ ○ (서명 또는 날인)

○ ○ 가 정 법 원 귀 중

■ 참 고 ■

제출법원	※ 아래(1)참조		제척기간	※아래(2)참조
원고적격	부(父)	상 대 방	- 자 또는 친권자인 모 - 모가 없을 때에는 법원이 특별대리인 선임	
제출부수	소장원본 및 부본 각1부		관련법규	가사소송법 제26조, 민법 제847조
불복절차 및 기간	- 항소(가사소송법 제19조제1항) - 판결정본이 송달된 날로부터 14일이내(가사소송법 제19조제1항)			
비 용	- 인지액 : 20,000원(☞가사소송 및 비송사건수수료표) - 송달료 : 당사자수×3,700원(우편료)×12회분			
의 의	자(子)가 혼인성립의 날로부터 200일 후 또는 혼인관계 종료의 날로부터 300일 내에 출생하여 부의 친생자로 추정받으나 실제로는 친생자가 아닌 경우에 부 또는 처가 소송에 의하여 그 친생추정을 번복하여 법률상의 친생자관계를 부정하는 것을 말함			

※ (1) 관 할 법 원
1. 자의 보통재판적소재지의 가정법원
2. 자가 사망한 때에는 그 최후 주소지 가정법원

※ (2) 제 척 기 간
- 민법 제847조는 "부인의 소는 자 또는 그 친권자인 모를 상대로 하여 그 출생을 안 날로부터 1년내에 제기하여야 한다."라고 규정하여 1년의 제척기간을 두고 있었음. 그러나 헌법재판소는 "그 출생을 안 날로부터 1년내"부분은 헌법에 합치되지 아니한다고 위헌결정하여 효력이 상실되었음.(1997. 3. 27. 95헌가 14)
- 현행 민법 제847조는 "친생부인소는 부(夫) 또는 처(妻)가 다른 일방 또는 자(子)를 상대로 하여 그 사유가 있음을 안 날부터 2년 내에 이를 제기하여야 한다." 라고 개정되었음. 한편 "상대방이 될 자가 모두 사망한 때에는 그 사망을 안 날부터 2년내에 검사를 상대로 하여 친생부인의 소를 제기할 수 있다." 라고 개정 됨.

(관련판례 1)
친생자관계부존재확인소송은 가족관계등록부상의 부 또는 모와 자 사이에 친생자 관계가 존재하지 아니함을 확인하는 소송으로서 친족법상 중대한 영향을 미침은 물론이고 공익에도 관련된다. 그리하여 가사소송법 제17조는 이러한 소송에 대하여 직권주의를 채용하고 있으므로, 법원은 당사자의 입증이 충분하지 못할 때에는 가능한 한 직권으로라도 필요한 사실조사 및 증거조사를 하여야 한다(대법원 2010. 2. 25. 선고 2009므4198 판결).

(관련판례 2)
가족관계등록부상 을 및 병의 친생자로 기재되어 있는 갑이 병과 사이에는 친생자관계가 존재하지 아니한다는 것의 확인을 구하는 소에서, 가족관계등록부상 을과 병 사이의 자로는 갑 이외에도 4명이 더 있으므로 이들의 유전자와 갑의 유전자를 비교하는 방법으로 갑과 병 사이의 친생자관계 존재 여부에 관하여 유의미한 자료를 얻을 수 있으므로, 갑과 병 및 위 사람들과의 관계 등을 더 심리하여 확정하고, 가사소송법 제29조, 제67조가 정한 수검명령 등을 통하여 갑 및 위 사람들에 대하여 유전자검사 등을 행하고 그 결과에 기초하여 갑과 병 사이에 친생자관계가 부존재하는지 여부를 판단하여야 함에도 친생자관계의 부존재 인정 여부에 필요한 사항에 관하여 심리를 다하지 않은 원심판결을 파기한 사례(대법원 2010. 2. 25. 선고 2009므4198 판결).

친권자지정 청구

청 구 인   ○ ○ ○ (전화   )
　　　　　주민등록번호
　　　　　주소
　　　　　사건본인과의 관계

사건본인   ○ ○ ○
　　　　　주민등록번호(외국인등록번호)
　　　　　주소
　　　　　등록기준지(국적)

청 구 취 지

사건본인의 친권자로 청구인을 지정한다.
라는 심판을 구합니다.

청 구 원 인

1. 청구인은 20○○. ○. ○. ○○○와 혼인하여 그 사이에 사건본인을 두었으
   나 20○○. ○. ○. 협의이혼 하였고, 협의이혼 당시 사건본인에 대한 친
   권자로 사건본인의 어머니인 ○○○이 지정되었습니다.
2. 그런데, 위 ○○○는 사건본인을 양육하던 중 20○○. ○. ○.
   사망하였습니다.
3. 따라서 사건본인의 복리를 위하여 사건본인의 아버지인 청구인을
   사건본인의 친권자로 지정하여 줄 것을 청구합니다.

첨 부 서 류

1. 기본증명서, 가족관계증명서(청구인, 사건본인, 단독친권자)   각 1통
2. 주민등록등본 (청구인, 사건본인)   각 1통
3. 기타(소명자료)

2013 . ○. ○.
위 청구인 ○ ○ ○   (서명 또는 날인)

○ ○ 가 정 법 원 귀 중

심 판 청 구 서

청구인 장 ○ ○ (주민등록번호)
         등록기준지 : ○○시 ○○구 ○○길 ○○
         주소 : ○○시 ○○구 ○○길 ○○(우편번호)
상대방 곽 △ △ (주민등록번호)
         등록기준지 : ○○시 ○○구 ○○길 ○○
         주소 : ○○시 ○○구 ○○길 ○○(우편번호)
사건본인 1. 곽 ◎ ◎ (주민등록번호)
          2. 곽 ◉ ◉ (주민등록번호)
             사건본인들 등록기준지 : 상대방과 같음
             사건본인들 주소 : 청구인과 같음

친권행사자 변경 청구

청 구 취 지

1. 사건본인들에 대한 친권 행사자 및 양육자를 청구인으로 변경한다.
2.. 심판비용은 상대방의 부담으로 한다.
라는 심판을 구합니다.

청 구 원 인

1. 청구인은 상대방과 19○○. ○. ○. 혼인신고를 마치고 그 사이에 사건본인들을 두었으나 상대방이 도박에 빠져 처자식을 부양하지 않아 19○○. ○. ○. 협의 이혼하였습니다.
2. 협의 이혼시 청구인은 경제적 능력이 없어 사건 본인들에 대한 친권행사자 및 양육자를 상대방으로 하기로 상대방과 합의하였습니다.
   { 갑 제1 호증의 1,2 (각 혼인관계증명서), 갑 제 3호증의 1,2 (각 기본증명서 참조 }
3. 그러나 사건본인 곽◉◉은 이혼 당시 생후 10개월 정도에 불과하여 이혼 후에도 청구인이 친정 부모의 도움으로 계속 양육해 왔고, 사건 본인 곽◎◎는 이혼 후 약 4개월 정도 상대방의 모친이 양육하다가 양육을 포기하여 그 후부터 지금까지 청구인이 계속 친정 부모의 도움을 받아 양육하고 있습니다. { 갑 제4 호증의 1,2 (각 주민등록등본) 참조 } 다만 사건 본인들의

주민등록이전은 19○○. ○. ○.에 하였음)

4. 위와 같이 사건 본인들은 협의 이혼 후 지금까지 약 7년 동안 청구인이 친정 부모의 도움으로 계속 양육해 왔을 뿐만 아니라, 상대방은 청구인과의 이혼 후 일정한 직업 없이 전국을 떠돌아다니면서 사건 본인들의 양육에는 전혀 관심도 없고 소재 파악조차 되지 않아 사건 본인들의 친권 행사자 및 양육자로는 부적합하므로 사건본인들의 친권행사자 및 양육자를 청구인으로 변경함이 타당하다고 하겠습니다.

그리고 청구인은 현재 초등학교 교사로 재직중이라 위 청구인들을 양육할 수 있는 경제적 능력도 있습니다.

5. 이상의 이유로 청구취지와 같은 심판을 구하기 위하여 이 건 청구에 이르렀습니다.

입 증 방 법

1. 갑 제 1호증의 1,2	각 혼인관계증명서
1. 갑 제 2호증의 1,2	가족관계증명서(사건본인)
1. 갑 제 3호증의 1,2	각 기본증명서(사건본인)
1. 갑 제 4호증의 1,2	각 주민등록등본(사건본인)
1. 갑 제 5호증의 1,2	재직증명서

첨 부 서 류

1. 위 각 입증방법	각 1통
1. 소장 부본	1통
1. 납부서	1통

20○○년 ○월 ○일
위 청구인 장 ○ ○ (서명 또는 날인)

○ ○ 가 정 법 원 귀 중

친권상실 심판청구

청 구 인   박 ○ ○
　　　　　　　　19○○년 ○월 ○일생
　　　　　　　　등록기준지   ○○시 ○○구 ○○길 ○○
　　　　　　　　주소   ○○시 ○○구 ○○길 ○○(우편번호)
　　　　　　　　전화   ○○○ - ○○○○
피청구인   △ △ △
　　　　　　　　19○○년 ○월 ○일생
　　　　　　　　등록기준지   ○○시 ○○구 ○○길 ○○
　　　　　　　　주소   ○○시 ○○구 ○○길 ○○(우편번호)
　　　　　　　　전화   ○○○ - ○○○○
사건본인   1. 박 □ □
　　　　　　　　19○○년 ○월 ○일생
　　　　　　　　등록기준지   ○○시 ○○구 ○○길 ○○
　　　　　　　　주소   ○○시 ○○구 ○○길 ○○
　　　　　　　　전화   ○○○ - ○○○○
　　　　　　2. 박 □ □
　　　　　　　　19○○년 ○월 ○일생
　　　　　　　　등록기준지   ○○시 ○○구 ○○길 ○○
　　　　　　　　주소   ○○시 ○○구 ○○길 ○○
　　　　　　　　전화   ○○○ - ○○○○

친권상실 심판청구

청 구 취 지

1. 피청구인의 사건본인들에 대한 각 친권을 상실한다.
2. 사건본인들의 후견인으로 ○○시 ○○구 ○○길 ○○ 박○○을 선임한다.
3. 심판비용은 피청구인의 부담으로 한다.
라는 심판을 구합니다.

청 구 원 인

1. 피청구인 △△△는 청구인의 자인 청구외 망 ◇◇◇와 혼인을 하여 사건본인 들을 낳고서 살던 중 20○○. ○. ○.경 위 ◇◇◇가 뺑소니 교통사고를 당 하여 사망하게 되자 다른 남자와 같이 가출하여 버리고 사건본인들만 남겨 두었습니다. 그래서 청구인 내외가 사건본인들을 키우기 시작하였습니다.

2. 한편 청구인이 손자들을 위하여 교육보험을 든 것이 있었는데, 보험회사에서 초등학교, 중학교 입학축하금이 나오자 피청구인이 임의로 이를 수령하여 다 른 용도로 사용하여 버렸을 뿐만 아니라 사건본인 박□□ 명의로 되어 있던 교육보험에서 나온 보험금도 피청구인이 수령하여 가져가 버렸습니다.

3. 이와 같이 피청구인은 청구인내외가 손자들을 키우고 교육을 시키는데 필 요한 교육비 등을 보태어 주지 않았을 뿐만 아니라 오히려 보험으로 나온 교육비를 가로채는 등으로 전혀 사건본인들의 양육에는 신경을 쓰지 않았 습니다. 이에 화가난 청구인이 사건본인들을 피청구인에게 키우라면서 보 냈으나, 위 피청구인은 사건본인들을 양육하지 않고 ○○시 ○○구 ○○길 ○○ 소재 '○○의 집' 이라는 고아원에 보내어 버렸습니다. 이러한 사실 을 알게된 청구인이 고아원으로 가서 사건본인들을 데려와서 다시 양육을 하게된 사실도 있었습니다.

4. 또한 사건본인 박□□이 20○○. ○. ○ 교통사고를 당하여 ○○병원에 입 원하게 되었는데, 피청구인은 병원으로 와서 간호도 전혀 하지 않고 애통 해 하기는커녕 피청구인이 호적상 그대로 남아있고, 위 박□□의 모이므로 법정대리권이 있다는 이유로 배상금으로 나온 170만원을 몰래 수령하여 가 버렸습니다.

5. 또한 피청구인은 혼인할 당시부터 낭비벽이 심하였으며, 자녀인 사건본인들 의 양육 등에 대해서는 전혀 관심이 없으며, 오히려 보험금이나 보상금 등 을 가로채는 등으로 여전히 친권자로 남아 있음을 기화로 지위를 악용하고 있는 상황인 것입니다.

6. 결국 피청구인은 사건본인들의 친권자로서의 역할을 전혀 하지 않고 있을 뿐만 아니라, 앞에서 언급한 바와 같은 현저한 비행으로 인하여 사건 본인 들에 대한 친권을 계속 행사시킬 수 없는 중대한 사유가 있습니다. 또한 보험금이나 보상금 등을 임의로 수령하여 개인적 용도에 사용하여 버리는 등으로 부적당한 관리로 인하여 사건본인들의 재산을 위태롭게 할 우려가 있는 것입니다.

7. 한편 피청구인이 사건본인들에 대한 친권, 법률행위대리권, 재산관리권을 상실할 경우 여태껏 사건본인들을 양육해온 청구인이 후견인이 되어 그 권 리를 행사함이 타당할 것입니다.

8. 따라서 사건본인의 조부인 청구인은 청구취지와 같이 피청구인의 사건본인들에 대한 친권, 법률행위대리권 및 재산관리권의 상실선고를 구하고 청구인이 사건본인들의 후견인으로 선임되고자 이건 심판청구에 이르게 된 것입니다.

입 증 방 법

1. 갑 제1호증　　　　　　　기본증명서(망 ◇◇◇)
1. 갑 제2호증　　　　　　　가족관계증명서(망 ◇◇◇)
1. 갑 제3호증의 1, 2　　　　각 주민등록등본
1. 갑 제4호증의 1, 2　　　　각 진술서 및 인감증명서

첨 부 서 류

1. 위 각 증거　　　　　　　　각 1통
1. 소장부본　　　　　　　　　1통
1. 납부서　　　　　　　　　　1통

20○○년　○월　○일
위 청구인 박 ○ ○ (서명 또는 날인)

○ ○ 지 방 법 원 귀중

(관련판례)
재혼한 생모가 미성년자인 전혼의 자녀를 양육하던 부의 사망 후 에도 그들을 돌보지 아니하고 있고, 이미 재혼하여 1남 1녀의 자녀를 낳아 양육하고 있는 등 새로운 가족관계가 형성되어 있어 향후에도 재혼의 자녀들을 위하여 친권을 적절히 행사하면서 진정한 애정으로 그들을 양육할 수 있을 것인지 우려된다면, 이는 친권을 행사시킬 수 없는 중대한 사유가 있는 경우에 해당한다(서울가정법원 1991. 7. 24. 자 91느2498 제6부심판).

[서식] 친권 일부제한 심판 청구

친권 일부제한 심판 청구

청 구 인   ○ ○ ○
　　　　　　주민등록번호
　　　　　　주소
　　　　　　등록기준지
　　　　　　☎ : (휴대전화)　　　　　　(집전화)

상 대 방   ○ ○ ○
　　　　　　주민등록번호
　　　　　　주소
　　　　　　등록기준지

사건본인   ○ ○ ○
　　　　　　주민등록번호
　　　　　　주소
　　　　　　등록기준지

청 구 취 지

'상대방에게 사건본인에 대한 친권 중 거소의 지정에 관한 권한 (징계권의 행사, 신상에 관한 결정 등 기타 사항) 행사의 정지를 명한다. 심판비용은 상대방이 부담한다.' 라는 심판을 구합니다.

청 구 이 유
(청구사유를 구체적으로 기재해 주십시오.)

첨 부 서 류

　1. 청구인의 가족관계증명서, 주민등록등본　　　　　　각 1통
　2. 상대방의 가족관계증명서, 주민등록등본　　　　　　각 1통
　3. 사건본인의 기본증명서, 가족관계증명서, 주민등록등본　각 1통
　4. 기타(소명자료)　　　　　　　　　　　　　　　　　1통
　5. 청구서 부본　　　　　　　　　　　　　　　　　　1통

20　.　.　.
　　　　위 청구인　　　　　　　(서명 또는 날인)

○ ○ 가 정 법 원 귀 중

친권자의 동의에 갈음하는 재판 청구

청 구 인   ○ ○ ○
　　　　　주민등록번호
　　　　　주소
　　　　　등록기준지
　　　　　☎ : (휴대전화)　　　　　　　　(집전화)
상 대 방   ○ ○ ○
　　　　　주민등록번호
　　　　　주소
　　　　　등록기준지
사건본인   ○ ○ ○
　　　　　주민등록번호
　　　　　주소
　　　　　등록기준지

청 구 취 지

사건본인의 친권자인 상대방은 사건본인의 2000. 00. 00. 무렵 OO병원에서의 OO수술에 동의한다. 심판비용은 상대방이 부담한다.' 라는 심판을 구합니다.

청 구 이 유

(청구사유를 구체적으로 기재해 주십시오.)

첨 부 서 류

1. 청구인의 가족관계증명서, 주민등록등본　　　　　　　　　각 1통
2. 상대방의 가족관계증명서, 주민등록등본　　　　　　　　　각 1통
3. 사건본인의 기본증명서, 가족관계증명서, 주민등록등본　　각 1통
4. 기타(소명자료)　　　　　　　　　　　　　　　　　　　　1통
5. 청구서 부본　　　　　　　　　　　　　　　　　　　　　　1통

20　 .　 .　 .

위 청구인　　　　　　　　　(서명 또는 날인)

○ ○ 가 정 법 원 귀 중

친권자의 법률행위 대리권 및
재산관리권 상실선고의 심판청구

청 구 인   ○ ○ ○
            19○○년 ○월 ○일생
            등록기준지   ○○시 ○○구 ○○길 ○○
            주소   ○○시 ○○구 ○○길 ○○(우편번호)
            전화   ○○○ - ○○○○
피 청 구 인   △ △ △
            19○○년 ○월 ○일생
            등록기준지   ○○시 ○○구 ○○길 ○○
            주소   ○○시 ○○구 ○○길 ○○(우편번호)
            전화   ○○○ - ○○○○
사 건 본 인   1. □ □ □
            2. □□□
            3. □□□
            등록기준지   ○○시 ○○구 ○○길 ○○
            주소   ○○시 ○○구 ○○길 ○○(우편번호)
            전화   ○○○ - ○○○○

친권자의 법률행위 대리권 및 재산관리권 상실선고 심판청구

청 구 취 지

1. 피청구인의 사건본인들에 대한 친권 중 법률행위 대리권 및 재산관리권을
   상실한다.
2. 심판비용은 피청구인의 부담으로 한다.
라는 심판을 구합니다.

청 구 원 인

1. 당사자들의 신분관계
  (1) 청구인은 사건본인들의 조모(祖母)이며, 피청구인은 사건본인들의 법률상
      母입니다.

(2) 한편, 사건본인들의 부(父)이자 청구인의 아들인 청구외 ▽▽▽은 20○○. ○. ○. 상속인으로 처인 피청구인과 자식들인 사건본인들을 남긴 채 사망하였습니다.

(3) 청구외 망 ▽▽▽은 상속재산으로 ○○도 ○○군 ○○면 ○○길 ○○ 전588㎡ 및 같은 ○○길 ○○의 3 전 6188㎡등의 부동산(이하 이 사건 상속 부동산이라고만 합니다.)을 남겼으나, 20○○. ○. ○.경 위 부동산에 관하여 위 상속인들 명의로 상속등기가 경료되었습니다.

2. 법률행위 대리권 및 재산관리권 상실선고의 원인

(1) 청구외 망 ▽▽▽은 논에 일하러 나갔다가 평소 지병인 간질로 인하여 사망하였습니다.

(2) 위 ▽▽▽이 사망한 이후에 피청구인은 약 1년 전부터는 성명불상의 유부남을 사귀면서 사건본인들의 교육이나 성장에 해로운 행동들을 해 오고 있습니다.

(3) 즉, 피청구인은 운전학원 다닌다는 핑계로 오후 2시경 나가서는 잠시 집으로 들어왔다가 다시 초저녁에 외출을 하여 새벽녘이나 되어서야 그 유부남이 태워주는 차를 타고 집으로 귀가하는 일이 한두번이 아닙니다.

(4) 또한, 피청구인은 사귀고 있는 유부남을 아이들 생일에 초대하기도 하고, 심지어는 시어머니인 청구인이 있어도 집으로 데리고 오기도 하며, 시어머니인 청구인이 서울 딸집에 가고 나면 그 남자를 집으로 데리고 오기도 한다고 합니다.

(5) 피청구인이 남자를 만나러 다니면서 가사 일을 등한시하여 사건본인들이 거의 영양실조에 걸릴 정도로 밥도 잘 챙겨주지 아니하여 청구인이 이들의 식사를 챙겨주고 집안살림을 담당하고 있습니다. 이러한 일련의 일들로 인하여 동네 사람들이 정말 안타까워하며 걱정을 해 주고 있습니다.

(6) 그리하여 청구인이 며느리인 피청구인에게 아이들의 교육적인 측면과 동네 사람들의 시선을 우려하며 몇 마디 하게 되면, 상대방은 오히려 못살겠다고 야단을 칠 뿐만 아니라 청구인에게 반말을 하고 오히려 청구인에게 집을 나가라고 고함을 지르곤 합니다.

(7) 피청구인은 국민기초생활보장법상 수급자로서 면에서 조금씩 나오는 돈으로 간신히 생활하는 처지임에도 불구하고 얼마 전에는 저금해 놓은 돈 200만원 정도를 찾아다가 어디에다 썼는지도 모르며, 일을 하려고 하지도 않고 있습니다.

(8) 한편, 최근에는 서울에 사는 청구인의 사위가 ○○○리 부근의 땅을 좀 사려고 부동산에 말을 해 놓았더니, 부동산에서 연락이 와서 어떤 땅인지 알아보니 공교롭게도 이 사건 상속부동산이 부동산에 매물로 나와 있

음을 알게 되었습니다. 피청구인에게 이것이 어떻게 된 일인지 물으니 피청구인은 부동산에 땅을 내 놓은 일이 없다고 하고 있으나, 피청구인은 교묘하게도 인근의 동네 부동산이 아닌 서울의 부동산에 땅을 매물로 내어놓았습니다.

(9) 그러나, 이 사건 상속부동산은 청구인이 번 돈으로 매수한 것으로 다만 어차피 자식에게 갈 재산이므로 아들인 청구외 ◇◇◇의 이름으로 등기해 두었던 것이며, 자식들을 키우며 평생 농사를 지어오던 땅으로서 오직 농사를 천직으로 알고 살아가던 청구인에게는 그런 땅을 매물로 내어 놓았다는 것 자체가 너무도 충격적인 일이었습니다.

(10) 청구인이 판단하기에는 피청구인이 자식도 있는 유부남의 꾐에 빠져 재산을 팔아서 그와 같이 사용할 목적을 가지고 있는 것으로 판단되며, 최근에는 이를 위해서 피청구인이 사건본인들에게도 잘 해 주고 좋은 관계를 유지하려고 노력하고 있습니다. 하지만, 이 사건 상속부동산이 팔리게 된다면 그 매매대금이 사건본인들의 복리를 위하여 사용될 것인지에 대해서는 심각한 의문이 제기됩니다.

(11) 청구인으로서는 이 사건 상속부동산에 소위 욕심이 나서 본 건 청구를 하는 것은 절대 아니며, 아직 어린 손자들인 사건본인들이 상황을 제대로 파악하기 어려울 것이므로 사건 본인들이 제대로 된 판단력을 가질 때까지 이 사건 상속부동산 등에 대한 피청구인의 재산관리권을 상실시킬 필요가 있다고 판단됩니다

3. 결론

이상과 같이 사건본인들의 복리를 위하여 청구인은 민법 제925조에 의하여 피청구인의 사건본인들에 대한 친권 중 법률행위 대리권 및 재산관리권의 상실 선고를 구하고자 본 건 청구에 이르렀습니다.

입 증 방 법

1. 갑 제1호증	기본증명서(망 ▽▽▽)
1. 갑 제2호증의 1, 2	가족관계증명서
1. 갑 제3호증	농지원부
1. 갑 제4호증의 1, 2	각 등기부등본
1. 갑 제5호증의 1, 2	증인진술서 및 인감증명서
1. 갑 제6호증	수급자증명서
1. 갑 제7호증	주민등록등본

첨 부 서 류

1. 위 입증방법   각 1통
1. 청구서부본   1통
1. 납부서   1통

20○○년   ○월   ○일

위 청 구 인   ○   ○   ○   (서명 또는 날인)

○ ○ 지 방 법 원 ○○지원 귀 중

부 양 료 조 정 신 청

신 청 인   ○ ○ ○(주민등록번호)

　　　　　　등록기준지　　○○시 ○○구 ○○길 ○○

　　　　　　주소　　○○시 ○○구 ○○길 ○○(우편번호)

　　　　　　전화　　○○○ - ○○○○

피신청인   ○ ○ ○(주민등록번호)

　　　　　　등록기준지　　○○시 ○○구 ○○길 ○○

　　　　　　주소　　○○시 ○○구 ○○길 ○○(우편번호)

　　　　　　전화　　○○○ - ○○○○

부양료청구 조정신청

신 청 취 지

1. 피신청인은 신청인에게 20○○. ○. ○.부터 신청인과 피신청인 사이 별거해소 또는 혼인해소시까지 매월 말일 금 ○○○원의 비율에 의한 금원을 지급하라
2. 조정비용은 피신청인의 부담으로 한다

라는 조정을 구합니다.

신 청 원 인

1. 당사자 관계

   신청인과 피신청인은 198○. ○. ○. 법률상 혼인신고를 마치고 슬하에 199○. ○. ○. 생인 부양자를 낳아 키우고 있는 법률상 부부입니다.
2. 피신청인은 혼인생활 중임에도 20○○. ○. ○.부터 집을 나가 그 후로 생활비를 전혀 지급하지 않고 있어 신청인이 혼자 부담하며 특별한 생활능력이 없는 자를 돌보면서 살고있는 실정입니다. 이에 신청인은 피신청인에게 20○○. ○. ○.자 내용증명우편을 보내 부양료 지급을 구하였습니다.
3. 부부공동생활에 필요한 비용은 부부가 공동으로 부담하야야 하고 부부가 이혼하지 아니한 채 별거한 경우에도 그 혼인생활비용은 마찬가지로 부부가 공동으로 부담하여야 할 것이므로 피신청인은 신청인이 이미 지출하였

거나 장래에 지출할 혼인생활비용 일부를 부담할 의무가 있는바, 혼인생활
비는 피신청인이 가족의 월 생활비로 지불하였던 금 ○○○원과 동 금액
에 상응하는 신청인의 가사노동의 합산금액인바 이는 월 ○○○원으로 추
정하고 이 금액 중 ⅓을 피신청인이 부담할 의무가 있다 할 것입니다.

4. 따라서 피신청인은 별거일 이후로서 신청인이 부양료지급을 구한 다음날인
20○○. ○. ○.부터 신청인과 피신청인 사이 별거해소 또는 혼인해소시까
지 부양료로서 매월 말일 금 ○○○원의 비율에 의한 금원을 지급할 의무
가 있으므로 피신청인은 이를 구하기 위하여 이건 신청에 이른 것입니다.

첨 부 서 류

1. 갑 제1호증   혼인관계증명서
1. 갑 제2호증   가족관계증명서
1. 갑 제3호증   주민등록등본
1. 갑 제4호증   내용증명우편

20○○년   ○월   ○일

위 청구인   ○   ○   ○   (서명 또는 날인)

○ ○ 가 정 법 원 귀 중

(관련판례)

부가 전처와 사별 후 재혼하였다가 이혼한 후, 이혼하였던 처와 다시 혼인을 하였는데, 당시
이미 65세가 넘은 노인으로서 이혼 후 전처 소생의 장남 가족과 함께 생활하여 온 부가 처
에게 자신의 주소에서 동거하자고 요구하는 것이, 부부의 나이 및 가족관계 등과 다시 혼인
을 할 당시 시행되던 민법 제826조 제2항(1990.1.13. 법률 제4199호로 개정되기 전의 것)
과, 노부부를 자식이 모시고 봉양하는 것이 우리 나라의 전통적인 미풍양속인 점 등을 종합
하여 참작하면, 동거청구권의 남용에 해당한다고 보여지지 아니하므로, 부의 전처 소생의 장
남과 처의 사이가 과거에 좋지 않았다는 사유만으로는, 처가 부의 동거요구를 거절할 수 있
는 정당한 이유가 있었다고 볼 수 없다(대법원 1991. 12. 10. 선고 91므245 판결).

면 접 교 섭 권 배 제 심 판 청 구

청 구 인 ○ ○ ○(주민등록번호)
　　　　등록기준지 ○○시 ○○구 ○○길 ○○
　　　　주소 ○○시 ○○구 ○○길 ○○(우편번호)
　　　　전화 ○○○ - ○○○○
상 대 방 □ □ □ (주민등록번호)
　　　　등록기준지 ○○시 ○○구 ○○길 ○○
　　　　주소 ○○시 ○○구 ○○길 ○○(우편번호)
　　　　전화 ○○○ - ○○○○
사건본인 ◇ ◇ ◇ (주민등록번호)
　　　　등록기준지 ○○시 ○○구 ○○길 ○○
　　　　주소 ○○시 ○○구 ○○길 ○○(우편번호)
　　　　전화 ○○○ - ○○○○

면접교섭권 배제 심판 청구

청 구 취 지

1. 상대방은 사건본인을 면접교섭하는 일체의 행위를 하여서는 아니된다.
2. 소송비용은 상대방이 부담한다.
라는 심판을 구합니다.

청 구 원 인

1. 신분관계
가. 청구인과 상대방은 20○○. ○. ○. 혼인신고를 마친 법률상 부부였던 관
　　계로서 슬하에 자녀로 사건본인(김○○, 20○○. ○. ○.생 여)을 두었습
　　니다.
나. 그러나 청구인과 상대방은 20○○. ○. ○. 이혼조정(귀원 20○○드단○○
　　○○)을 하였는데, 그 당시 사건본인의 친권자 및 양육자로 청구인이 지정
　　되어 현재까지 사건본인이 사건본인을 키워오고 있습니다(소갑 제1호증
　　조정조서 참조).
2. 면접교섭의 남용
가. 위 조정에 따라 상대방은 매월 마지막 주 일요일 10:00부터 16:00까지만
　　사건본인을 면접교섭할 수 있고, 면접교섭을 마친 후에는 장한평역 2번

출구에서 사건본인을 인도하여야 함에도 불구하고, 상대방은 20○○. ○. ○. 10:00경 사건본인을 데리고 간 이후로 청구인에게 사건본인을 인도하지 않았습니다.

나. 이에 청구인은 20○○. ○. ○. 서울동대문경찰서에 사건본인의 실종신고를 하고(소갑 제2호증 신고접수증 참조), 상대방에 대해 유아인도심판청구(귀원 20○○느단○○○)를 접수하였습니다(소갑 제3호증 유아인도심판청구서 참조).

다. 그 이후 청구인은 사건본인과 몇 차례 전화통화만 했을 뿐 사건본인을 인도받지 못하다가, 20○○. ○. ○.경 광주광역시 북구 소재 역전파출소에서 경찰들로부터 사건본인을 인도받은 후, 20○○. ○. ○. 위 유아인도심판청구를 취하하였습니다(소갑 제4호증 취하서 참조).

3. 결론

위와 같이 상대방은 조정에 기한 면접교섭을 하는 과정에서 정당한 이유 없이 일시, 장소 등 면접교섭 조건을 위반하여 청구인의 참여 없이 상대방이 독자적으로 사건본인을 면접교섭할 경우 사건본인이 탈취될 구체적인 개연성이 있으므로 상대방의 면접교섭을 허용해서는 아니된다 할 것입니다.

<h3 align="center">소 명 방 법</h3>

1. 소갑제1호증	조정조서
1. 소갑제2호증	신고접수증
1. 소갑제3호증	유아인도심판청구서
1. 소갑제4호증	취하서

<h3 align="center">첨 부 서 류</h3>

1. 위 소명방법	각 1부
1. 본인진술서	1부
1. 주민등록표등본(청구인, 상대방)	각 1부
1. 기본증명서(사건본인)	1부
1. 심판청구서 부본	1부
1. 납부서	1통

20○○년 ○월 ○일

위 청구인 ○ ○ ○ (서명 또는 날인)

○ ○ 가 정 법 원 귀 중

유 아 인 도 심 판 청 구

청 구 인 ○ ○ ○
       19○○년 ○월 ○일생
       등록기준지 ○○시 ○○구 ○○길 ○○
       주소 ○○시 ○○구 ○○길 ○○(우편번호)
       전화 ○○○ - ○○○○
상 대 방 □ □ □
       19○○년 ○월 ○일생
       등록기준지 ○○시 ○○구 ○○길 ○○
       주소 ○○시 ○○구 ○○길 ○○(우편번호)
       전화 ○○○ - ○○○○
사건본인 ◇ ◇ ◇
       20○○년 ○월 ○일생
       등록기준지 ○○시 ○○구 ○○길 ○○
       주소 ○○시 ○○구 ○○길 ○○(우편번호)
       전화 ○○○ - ○○○○

청 구 취 지

   상대방 □□□은 청구인 ○○○에 대하여 사건본인 ◇◇◇을 인도하라.
라는 심판을 구합니다.

청 구 원 인

1. 청구인 ○○○과 상대방 □□□은 20○○. ○. ○. 혼인신고를 마친 법률
   상 부부로서 20○○. ○. ○. 아들인 사건본인 ◇◇◇을 출산하였습니다.
2. 청구인과 상대방은 20○○. ○. ○. 가정법원의 조정으로 이혼하여 사건본
   인의 친권자를 청구인으로 정하고 청구인이 양육하기로 하였습니다.
3. 그 후 청구인이 사건본인을 양육하여 왔습니다만, 20○○년 ○월 ○일 상
   대방이 찾아와서 할머니 △△△가 사건본인을 보고싶어 한다며 데리고 간
   후 상대방은 청구인이 재혼을 하고 그 사이에 아이를 낳았다고 하여 현실
   적으로 사건본인을 양육한다는 것이 곤란하다고 주장하며 아직까지 사건
   본인을 청구인에게 인도하지 않고 있습니다.

4. 그러나 상대방이 주장하는 사실은 터무니없는 낭설이고 사건본인뿐만 아니라 현재 재혼하여 살고 있는 남편도 같이 살기를 원하고 있으며 또한 청구인은 친권자인 동시에 양육자로서 사건본인을 양육할 충분한 능력과 자격이 있으므로 청구인에게 사건본인을 인도할 것을 구하기 위하여 청구취지와 같이 심판을 구하는 바입니다.

첨 부 서 류

1. 혼인관계증명서(청구인, 상대방)	1통
1. 가족관계증명서(사건본인)	1통
1. 기본증명서(사건본인)	1통
1. 주민등록등본(청구인, 상대방)	1통
1. 조정조서사본	1통

20○○년 ○월 ○일

위 청구인 ○ ○ ○ (서명 또는 날인)

○○ 가 정 법 원 귀 중

유 아 인 도 조 정 신 청

신 청 인 ○ ○ ○
　　　　19○○년 ○월 ○일생
　　　　등록기준지 ○○시 ○○구 ○○길 ○○
　　　　주소 ○○시 ○○구 ○○길 ○○(우편번호)
　　　　전화 ○○○ - ○○○○

피신청인 □ □ □
　　　　19○○년 ○월 ○일생
　　　　등록기준지 ○○시 ○○구 ○○길 ○○
　　　　주소 ○○시 ○○구 ○○길 ○○(우편번호)
　　　　전화 ○○○ - ○○○○

사건본인 ◇ ◇ ◇
　　　　20○○년 ○월 ○일생
　　　　등록기준지 ○○시 ○○구 ○○길 ○○
　　　　주소 ○○시 ○○구 ○○길 ○○(우편번호)
　　　　전화 ○○○ - ○○○○

신 청 취 지

　피신청인 □□□은 신청인 ○○○에게 사건본인 ◇◇◇를 인도한다.
라는 조정을 구합니다.

신 청 원 인

1. 신청인 ○○○과 상대방 피신청인 □□□은 20○○. ○. ○. 혼인신고를 마친 법률상 부부로서 20○○. ○. ○. 아들인 사건본인 ◇◇◇을 출산하였습니다.

2. 신청인과 피신청인은 20○○. ○. ○. 가정법원의 조정으로 이혼하여 사건본인의 친권자를 신청인으로 정하고 신청인이 양육하기로 하였습니다.

3. 그 후 신청인이 사건본인을 양육하여 왔습니다만, 20○○년 ○월 ○일 피신청인이 찾아와서 할머니 △△△가 사건본인을 보고싶어 한다며 데리고 간 후 피신청인은 신청인이 재혼을 하고 그 사이에 아이를 낳았다고 하여 현실적으로 사건본인을 양육한다는 것이 곤란하다고 주장하며 아직까지

사건본인을 신청인에게 인도하지 않고 있습니다.

4. 그러나 피신청인이 주장하는 사실은 터무니없는 낭설이고 사건본인뿐만 아니라 현재 재혼하여 살고 있는 신청인의 남편도 같이 살기를 원하고 있으며 또한 신청인은 친권자인 동시에 양육자로서 사건본인을 양육할 충분한 능력과 자격이 있으므로 신청인에게 사건본인을 인도할 것을 구하기 위하여 신청취지와 같은 이 건 신청에 이른 것입니다.

첨 부 서 류

1. 혼인관계증명서(청구인, 상대방)	1통
1. 가족관계증명서(사건본인)	1통
1. 기본증명서(사건본인)	1통
1. 주민등록등본(청구인, 상대방)	1통
1. 조정조서사본	1통

200 . . .

위 신청인 ○ ○ ○ (서명 또는 날인)

○ ○ 가 정 법 원 귀 중

■ 전처가 재혼을 한다고 해서 친권자를 저로 변경하고 아이를 데려오려고 합니다. 이런 것도 동사무소에 신고해야 하나요?

Q 이혼을 하면서 전처를 친권자로 지정하고 전처가 아이를 키우도록 했습니다. 그런데 전처가 재혼을 한다고 해서 친권자를 저로 변경하고 아이를 데려오려고 합니다. 이런 것도 동사무소에 신고해야 하나요?

A 네, 혼인 외의 자(子)가 인지된 경우나 부모의 이혼 또는 재혼 등으로 친권 행사자가 변경되는 경우 그 사실을 시(구)·읍·면의 장에게 신고해야 합니다.

◇ 친권자 변경방법
① 친권은 부모가 공동으로 행사하므로 친권자는 부모의 협의로 정해야 합니다.
② 협의를 할 수 없거나 협의가 이루어지지 않을 경우 가정법원은 직권으로 또는 당사자의 청구에 따라 친권자를 정하게 됩니다.

◇ 친권자 변경신고
① 협의로 친권을 변경한 경우 부모는 1개월 이내에 그 사실을 신고해야 합니다.
② 재판으로 친권자를 변경하게 된 경우 소송을 제기한 사람이나 그 재판으로 친권자 또는 그 임무를 대행할 사람으로 정해진 사람은 재판의 확정일부터 1개월 이내에 친권자 변경신고를 해야 합니다.

■ 이혼후 다시 재결합한 상태에서 부(父)만 친권자로 된 경우, 모(母)도 같이 친권자로 등록하려고 하는데 어떤 방법으로 하면 되나요?

Q 이혼후 다시 재결합한 상태입니다. 이혼시 아이는 아빠가 양육해서 친권자로 지정했습니다. 현재는 재결합하고 혼인신고도 2년전에 완료했습니다. 아이 친권자가 기본증명서에 아빠만 되어 있습니다. 저도 같이 친권자로 등록하려고 하는데 어떤 방법으로 하면 되나요?

A '가족관계등록부의 정정신청'이란 등록부에 ① 법률상 허가될 수 없는 내용이 기재되었거나 ② 그 기재에 착오나 누락이 있는 경우 또는 ③ 등록부에 기록된 행위가 무효임이 명백한 경우에 법원의 허가를 받아 가족관계등록부의 기재내용을 수정하도록 신청하는 것을 말합니다(가족관계의 등록 등에 관한 법률 제104조제1항 및 제105조제1항).

또한, 등록부의 기록이 법률상 무효인 것이거나 그 기록에 착오 또는 누락이 있음을 안 때에는 시·읍·면의 장은 지체 없이 신고인 또는 신고사건의 본인에게 그 사실을 통지하여야 합니다(가족관계의 등록 등에 관한 법률 제18조제1항 본문).

이러한 통지를 할 수 없을 때 또는 통지를 하였으나 정정신청을 하는 사람이 없는 때 또는 그 기록의 착오 또는 누락이 시·읍·면의 장의 잘못으로 인한 것인 때에는 시·읍·면의 장은 감독법원의 허가를 받아 직권으로 정정할 수 있습니다. 다만, 한쪽 배우자의 등록부에 혼인 또는 이혼의 기록이 있으나 다른 배우자의 등록부에는 혼인 또는 이혼의 기록이 누락된 경우, 신고서류에 의하여 이루어진 등록부의 기록에 오기나 누락된 부분이 있음이 해당 신고서류에 비추어 명백한 경우 등과 같이 경미한 사항인 경우에는 시·읍·면의 장이 직권으로 정정하고, 감독법원에 보고하여야 합니다(가족관계의 등록 등에 관한 법률 제18조제2항 및 가족관계의 등록 등에 관한 규칙 제60조제2항 참조).

3. 미성년후견개시 신고방법

3-1. 미성년후견 개시신고

3-1-1. 미성년후견 개시신고란?

"미성년후견 개시신고"란 미성년자에게 친권자가 없거나 친권자가 법률행위의 대리권과 재산관리권을 행사할 수 없어 후견인을 선임한 경우 그 사실을 시(구)·읍·면의 장에게 신고하는 것을 말합니다.

3-1-2. 미성년후견인의 선임방법

① 가정법원은 미성년자에게 친권을 행사하는 부모가 유언으로 미성년후견인을 지정하지 않은 경우 직권으로 또는 미성년자, 친족, 이해관계인, 검사, 지방자치단체의 장의 청구로 미성년후견인을 선임합니다.

② 가정법원은 친권의 상실, 일시 정지, 일부 제한의 선고 또는 법률행위의 대리권이나 재산관리권상실의 선고에 따라 미성년후견인을 선임할 필요가 있는 경우에는 직권으로 미성년후견인을 선임합니다.

3-1-3. 미성년후견감독인의 선임방법

① 가정법원은 유언으로 지정된 미성년후견감독인이 없는 경우 필요하다고 인정하면 직권으로 또는 미성년자, 친족, 미성년후견인, 검사, 지방자치단체의 장의 청구로 미성년후견감독인을 선임할 수 있습니다.

② 가정법원은 미성년후견감독인이 사망, 결격, 그 밖의 사유로 없게 된 경우에는 직권으로 또는 미성년자, 친족, 미성년후견인, 검사, 지방자치단체의 장의 청구에 의하여 미성년후견감독인을 선임한다.

3-1-4. 미성년후견인의 권리와 의무

① 미성년후견인은 다음 사항에 대해 친권자와 동일한 권리와 의무가 있습니다.
- 미성년자를 보호하고 교양할 권리와 의무
- 미성년자가 거주할 장소를 지정할 권리
- 미성년자를 보호 또는 교양하기 위해 필요한 징계를 할 수 있고 법원의 허가를 얻어 감화 또는 교정기관에 위탁할 권리
- 미성년자를 갈음한 미성년자의 자녀에 대한 친권행사

② 다음 중 어느 하나에 해당하는 경우 미성년후견감독인이 있으면 그의 동의를 받아야 합니다.

- 친권자가 정한 교육방법, 양육방법 또는 거소를 변경하는 경우
- 미성년자를 감화기관이나 교정기관에 위탁하는 경우
- 친권자가 허락한 영업을 취소하거나 제한하는 경우

3-2. 미성년후견개시 신고의무자

미성년후견 개시의 신고의무자는 미성년후견인입니다.

3-3. 신고기한

① 미성년후견인은 그 취임일로부터 1개월 이내에 미성년후견의 개시신고를 해야 합니다.
② 미성년후견인이 정당한 사유 없이 미성년후견개시신고를 기간 내에 하지 않은 경우에는 5만원 이하의 과태료가 부과됩니다.

3-4. 미성년후견 개시신고하기

3-4-1. 신고장소

① 미성년후견 개시신고는 미성년자의 등록기준지 또는 신고인의 주소지나 현재지에서 할 수 있는데, 신고인의 관할 시(구)·읍·면의 사무소에 하면 됩니다.
② 다만, 외국에 거주하거나 체류하는 대한민국 국민의 경우 재외국민 가족관계등록사무소에서도 할 수 있습니다.

3-4-2. 미성년후견 개시신고의 신청서 작성

① 미성년후견 개시신고는 미성년후견 개시신고서에 다음 사항을 기재해야 합니다.
- 미성년자와 미성년후견인의 성명·출생연월일·주민등록번호 및 등록기준지(당사자가 외국인인 경우에는 그 성명·출생연월일·국적 및 외국인등록번호)
- 미성년후견 개시의 원인 및 연월일
- 미성년후견인이 취임한 연월일
② 첨부서류
- 유언에 의한 지정인 경우 유언서 등본 또는 유언녹음을 기재한 서류
- 미성년후견인 선임재판의 판결 등본 및 확정증명서
- 신고인의 신분증명서
- 당사자의 가족관계등록부의 기본증명서, 가족관계증명서(가족관계등록 관서에서 확인이 가능한 경우에는 제출 생략)

2-5. 성년후견제도

2-5-1. 성년후견제도의 종류

① 성년후견제도에는 성년후견, 한정후견, 특정후견이 있다. 성년후견은 질병, 장애, 노령, 그 밖의 사유로 인한 정신적 제약으로 사무를 처리할 능력이 지속적으로 결여된 사람에 대하여 개시됩니다.

② 한정후견은 질병, 장애, 노령, 그 밖의 사유로 인한 정신적 제약으로 사무를 처리할 능력이 부족한 사람에 대하여 개시됩니다.

③ 특정후견은 질병, 장애, 노령, 그 밖의 사유로 인한 정신적 제약으로 일시적 또는 특정한 사무에 관한 후원이 필요한 사람에 대하여 개시됩니다. ④ 위와 같은 법정후견 외에 사무처리 능력이 부족한 상황이거나 부족하게 될 상황에 대비하여 임의후견 계약을 체결할 수도 있습니다.

2-5-2. 성년후견을 청구

① 본인, 배우자, 4촌 이내의 친족, 미성년후견인, 미성년후견감독인, 한정후견인, 한정후견감독인, 특정후견인, 특정후견감독인, 검사 또는 지방자치단체의 장은 피성년후견인의 주소지 가정법원에 성년후견개시의 심판을 청구할 수 있습니다.

② 가정법원은 성년후견개시의 심판을 할 때 본인의 의사를 고려하여야 합니다.

2-5-3. 성년후견개시심판의 효과

① 피성년후견인 본인은 유효한 법률행위를 단독으로 할 수 없고, 그의 법률행위는 취소할 수 있습니다.

② 다만 가정법원은 취소할 수 없는 피성년후견인 행위의 범위를 정할 수 있고, 일용품 구입 등 일상생활을 영위하는데 필요한 행위로 그 대가가 과도하지 아니한 것은 성년후견인이 취소할 수 없습니다.

2-5-4. 성년후견인에 대한 감독

① 성년후견인의 사무를 감독하기 위하여 가정법원은 필요하다고 인정하면 직권으로 또는 피성년후견인, 친족, 성년후견인, 검사, 지방자치단체의 장 등의 청구에 의하여 성년후견감독인을 선임할 수 있습니다.

② 성년후견감독인은 반드시 선임하여야 하는 것은 아니나 임의후견의 경우 항상 후견감독인을 선임하여야 합니다.

2-5-5. 후견감독인의 역할

① 후견인의 사무를 감독하며, 후견인이 없는 경우 지체 없이 가정법원에 후견인의 선임을 청구하여야 합니다.

② 후견감독인은 피후견인의 신상이나 재산에 대하여 급박한 사정이 있는 경우 그의 보호를 위하여 필요한 행위 또는 처분을 할 수 있습니다.

③ 또한 후견인과 피후견인 사이에 이해가 상반되는 행위에 관해서는 후견감독인이 피후견인을 대리하게 됩니다.

2-5-6. 후견감독인의 동의를 필요로 하는 행위

후견인이 피후견인을 대리하여 영업에 관한 행위, 금전을 빌리는 행위, 의무만을 부담하는 행위, 부동산 또는 중요한 재산에 관한 권리의 득실변경을 목적으로 하는 행위, 소송행위, 상속의 승인, 한정승인 또는 포기 및 상속재산의 분할에 관한 협의를 할 때는 후견감독인이 있으면 그의 동의를 받아야 한다. 만약 동의를 받지 아니하였을 경우에는 피후견인이나 후견감독인이 그 행위를 취소할 수 있습니다.

2-6. 한정후견개시심판의 효과

① 피한정후견인은 원칙적으로 행위능력을 상실하지 않습니다. 다만 가정법원은 피한정후견인이 한정후견인의 동의를 얻어야 하는 행위의 범위를 정할 수 있다. 한정후견인의 동의가 필요한 법률행위를 피한정후견인이 동의 없이 하였을 때에는 이를 취소할 수 있습니다.

② 그러나 일용품의 구입 등 일상생활에 필요하고 그 대가가 과도하지 아니한 법률행위는 취소할 수 없습니다.

③ 가정법원은 한정후견인이 피한정후견인의 신상에 관해 결정할 수 있는 권한의 범위를 정할 수 있습니다.

2-7. 특정후견개시심판의 효과

① 특정후견은 피특정후견인에 대한 후원만을 내용으로 하고, 피특정후견인의 행위능력에 대하여는 어떠한 제한도 가하지 않습니다.

② 가정법원은 특정후견심판시 특정후견의 기간과 사무의 범위를 정하여야 하고, 이 범위 내에서 특정후견인이 피특정후견인을 대리할 수 있으며, 대리권 행사에 가정법원이나 특정후견감독인의 동의를 받게 할 수도 있습니다. 특정후견은 본인의 의사에 반하여 할 수는 없습니다.

2-8. 법정후견인의 선임

① 성년후견, 한정후견, 특정후견과 같은 법정후견인의 선임은 항상 가정법원에서 합니다.

② 가정법원은 성년후견인을 선임할 때 피성년후견인의 의사를 존중하여야 하고, 그 밖에 피성년후견인의 건강, 생활관계, 재산상황, 성년후견인이 될 사람의 직업과 경험, 피성년후견인과의 이해관계의 유무 등의 사정을 고려하여 직권으로 성년후견인을 선임합니다.

③ 이러한 성년후견인으로는 가족·친척·친구 등은 물론 변호사·법무사·세무사·사회복지사 등의 전문가 및 법인도 가능하며, 여러 명을 둘 수도 있습니다.

2-9. 후견인의 변경

가정법원은 피후견인의 복리를 위하여 후견인을 변경할 필요가 있다고 인정하면 직권으로 또는 피후견인, 친족, 후견감독인, 검사, 지방자치단체의 장의 청구에 의하여 후견인을 변경할 수 있습니다.

2-10. 성년후견인이 가정법원의 허가를 받아야 할 사안

성년후견인이 피성년후견인을 치료 등의 목적으로 정신병원이나 그 밖의 다른 장소에 격리하는 경우에는 가정법원의 허가를 받아야 한다. 또한 성년후견인이 피성년후견인을 대리하여 피성년후견인이 거주하고 있는 건물 또는 그 대지에 대하여 매도, 임대, 전세권 설정, 저당권 설정, 임대차의 해지, 그 밖에 이에 준하는 행위를 하는 경우에도 가정법원의 허가를 받아야 합니다.

2-11. 피성년후견인의 중대한 의료행위를 받게 될 경우

① 피성년후견인의 신체를 침해하는 의료행위에 대하여 피성년후견인이 동의할 수 없는 경우에는 성년후견인이 그를 대신하여 동의할 수 있습니다. 다만, 피성년후견인이 의료행위의 직접적인 결과로 사망하거나 상당한 장애를 입을 위험이 있을 때에는 가정법원의 허가를 받아야 합니다.

② 그러나 허가절차로 의료행위가 지체되어 피성년후견인의 생명에 위험을 초래하거나 심신상의 중대한 장애를 초래할 때에는 사후에 허가를 청구할 수 있습니다.

2-12. 임의후견계약의 방법

① 임의후견계약은 후견인과 피후견인 사이에 공정증서로 체결하여야 하고, 가정법원이

약정된 효력발생시점이 도달하였음을 확인하고 임의후견감독인을 선임한 때 임의후견계약의 효력이 발생합니다.

② 임의후견감독인은 임의후견인의 사무를 감독하며 그 사무에 관하여 가정법원에 정기적으로 보고하여야 합니다.

③ 가정법원은 필요하다고 인정하면 임의후견감독인에게 감독사무에 관한 보고를 요구할 수 있고, 임의후견인의 사무 또는 본인의 재산상황에 대한 조사를 명하거나 그 밖에 임의후견감독인의 직무에 관하여 필요한 처분을 명할 수 있습니다.

2-13. 후견등기

① 성년후견, 한정후견, 특정후견 및 임의후견에 관한 사항은 후견등기에 관한 법률에 따라 등기하여 공시합니다.

② 이에 따라 후견등기사항에 관하여 등기사항증명서를 발급받을 수 있고, 등기사항이 없으면 등기사항부존재증명서를 발급받을 수 있습니다.

2-14. 후견등기사항 증명서 발급기관

후견등기사항 증명서는 전국 가정법원 및 가정법원 지원(가정법원 및 가정법원 지원이 설치되지 않은 지역은 지방법원 및 지방법원 지원)의 가족관계등록과(또는 종합민원실)에서 발급받을 수 있습니다.

📖 Summary (요점정리)

■ 미성년후견이란?
① 친권자인 부모가 모두 사망하거나 친권을 상실하는 경우에는 미성년자의 보호와 복리를 위하여 후견인이 필요하게 되며 후견인이 친권자의 역할과 임무를 대신하게 된다.
② 유언에 의해 지정된 미성년후견인이 없을 경우에는 가정법원이 직권으로 또는 미성년자, 친족, 이해관계인, 검사, 지방자치단체의 장의 청구에 의하여 미성년후견인을 선임한다.

■ 미성년후견인의 임무는?
① 미성년후견인에게는 친권자와 마찬가지로 자녀의 신분·재산관리에 대하여 포괄적인 권한이 부여된다.
② 미성년후견인은 미성년자의 법정대리인이 되어 미성년자의 재산을 관리하고 그 재산에 관한 법률행위에 대하여 미성년자를 대리한다. 또한 미성년후견인은 미성년자에 대한 보호, 교양, 거소지정, 징계 등에 관해 친권자와 동일한 권리와 의무가 있다.

■ 미성년후견인에 대한 감독은?
미성년후견인을 지정할 수 있는 사람은 유언으로 미성년후견감독인을 지정할 수 있고, 가정법원은 유언으로 지정된 미성년후견감독인이 없는 경우에 필요하다고 인정되면 직권으로 또는 미성년자, 친족, 미성년후견인, 검사, 지방자치단체장의 청구에 의하여 미성년후견감독인을 선임할 수 있다.

■ 미성년후견인의 동의를 필요로 하는 행위는?
① 미성년후견인이 미성년자를 대리하여 영업에 관한 행위나 금전을 빌리는 행위, 의무만을 부담하는 행위, 부동산 또는 중요한 재산에 관한 권리의 득실변경을 목적으로 하는 행위, 소송행위, 상속의 승인, 한정승인 또는 포기 및 상속재산의 분할에 관한 협의 등의 행위를 하거나, 미성년자의 위와 같은 행위에 동의할 경우 후견감독인이 있으면 그의 동의를 받아야 한다.
② 또한 미성년후견인은 친권자가 정한 교육방법, 양육방법 또는 거소를 변경하는 경우, 미성년자를 감화기관이나 교정기관에 위탁하는 경우, 친권자가 허락한 영업을 취소하거나 제한하는 경우 등에는 미성년후견감독인이 있으면 그의 동의를 받아야 한다.
③ 만약 동의를 받지 않고 위와 같은 행위를 하였을 때에는 피후견인 또는 후견감독인이 그 행위를 취소할 수 있다.

■ 미성년후견인을 변경하려면?

① 미성년자의 복리를 위하여 가정법원은 피후견인, 친족, 후견감독인, 검사, 지방자치단체의 장의 청구 또는 직권에 의하여 후견인을 변경할 수 있다.

② 후견인의 변경 사유로는 현저한 비행, 부정행위 기타 후견인의 임무를 감당할 수 없는 사유를 포함하며, 후견인 이외의 제3자가 후견인으로서 보다 적합한 경우 등도 포함된다.

③ 따라서 가정법원은 피후견인의 복리실현에 가장 적합하다고 판단되는 사람을 후견인으로 변경할 수 있고, 자녀의 복리를 위해 필요한 경우 실제로 자녀를 양육하고 있던 사람이 후견인이 될 수도 있다.

[서식] 미성년후견개시신고서

미성년(후견, 후견감독) 개 시 신 고 서 (년 월 일)				※ 신고서 작성 시 아래의 작성 방법을 참고하고, 선택항 목에는 '영표(○)'로 표시하기 바랍니다.			

① 미성년자	성 명	한글	(성) / (명)	한자	(성) / (명)	주민등록번호	-
						출생연월일	
	등록기준지						
	주 소						
② 후견인 (임무대행자)	성 명	한글	(성) / (명)	한자	(성) / (명)	주민등록번호	-
						출생연월일	
	등록기준지						
	주 소						
③ 후견감독인	성 명	한글	(성) / (명)	한자	(성) / (명)	주민등록번호	-
						출생연월일	
	등록기준지						
	주 소						
④ 신고인	성 명	(성) / (명)			㉑ 또는 서명	전 화	
						이메일	
	자 격	①미성년후견인 ②미성년후견인임무대행자 ③미성년후견감독인					
⑤개시일자 및 원인		년 월 일					
⑥취임일자 및 원인		년 월 일 ①지정 ②선정 ③법정					
⑦심 판 일 자		년 월 일 법원명					
⑧기 타 사 항							
⑨제출인 성 명					주민등록번호		-

작 성 방 법

※등록기준지:각 란의 해당자가 외국인인 경우에는 그 국적을 기재합니다.
※주민등록번호:각 란의 해당자가 외국인인 경우에는 외국인등록번호(국내거소신고번호 또는 출생연월일)를 기재합니다.
①②③란:미성년후견감독인 없이 미성년후견인(미성년후견인임무대행자)만 있는 경우, 후견감독인란은 비워 두고 나머지의 경우 순서대로 기재하면 됩니다.
  :법 제25조제2항에 따라 주민등록번호란에 주민등록번호를 기재한 때에는 출생연월일의 기재를 생략할 수 있습니다.
⑤란:개시일자 및 원인은 2013. 7. 17. 친권자 사망(친권상실, 친권자 행방불명 등)으로 기재합니다.
⑥란:지정후견인.후견감독인의 취임연월일은 후견개시원인(친권자 사망)이 발생한 날을 기재합니다.
  :선정후견인.후견감독인, 후견인임무대행자의 취임연월일은 선임심판일을 기재합니다.
⑦란:심판일자란은 선정후견인.후견감독인, 후견인임무대행자의 경우에만 기재합니다.
⑧란:가족관계등록부에 기록을 분명하게 하는데 특히 필요한 사항을 기재합니다.
⑨란:제출인(신고인이 작성한 신고서를 신고인이 아닌 사람이 제출할 경우만 기재)의 성명 및 주민등록번호를 기재합니다.[접수담당공무원은 신분증과 대조]

첨 부 서 류

1. 유언서 그 등본 또는 유언녹음을 기재한 서면 1부(유언에 의하여 후견인.후견감독인을 지정한 경우).
2. 재판서 등본 및 확정증명서 각 1부(법원이 재판에 의하여 미성년후견인을 선임한 경우) 재판서 등본 1부(법원이 재판에 의하여 미성년후견감독인, 미성년후견인 임무대행자를 선임한 경우)
※ 아래 3항은 가족관계등록관서에서 전산으로 그 내용을 확인할 수 있는 경우 첨부를 생략합니다.
3. 당사자의 가족관계등록부의 기본증명서, 가족관계증명서 각 1통.
4. 신분확인[가족관계등록예규 제443호에 의함]
 -신고인이 출석한 경우 : 신분증명서
 -제출인이 출석한 경우 : 제출인의 신분증명서
 -우편제출의 경우 : 신고인의 신분증명서 사본

※ 타인의 서명 또는 인장을 도용하여 허위의 신고서를 제출하거나, 허위신고를 하여 가족관계등록부에 부실의 사실을 기록하게 하는 경우에는 형법에 의하여 5년 이하의 징역 또는 1천만 원 이하의 벌금에 처해집니다.

미성년후견인 선임 청구

청 구 인   ○   ○   ○
(사건본인의 5촌당숙)   19○○년 ○월 ○일생
                         등록기준지   ○○시 ○○구 ○○길 ○○
                         주소   ○○시 ○○구 ○○길 ○○(우편번호)
                         전화   ○○○ - ○○○○

사 건 본 인   △   △   △
(미성년자)   19○○년 ○월 ○일생
                         등록기준지   ○○시 ○○구 ○○길 ○○
                         주소   ○○시 ○○구 ○○길 ○○(우편번호)
                         전화   ○○○ - ○○○○

미성년후견인 선임 청구

청 구 취 지

  청구인을 사건본인의 미성년후견인으로 선임한다.
라는 심판을 구합니다.

청 구 원 인

1. 사건본인은 그의 부 ▽▽▽가 20○○. ○. ○. 사망함으로써 모 ◇◇◇ 친권
   에 복종하였는데, 모도 20○○. ○. ○.에 사망하였으므로 친권을 행사할 자
   가 없습니다. 또한 지정후견인도 없습니다.
2. 청구인은 사건본인의 5촌 당숙으로서 현재 사건본인을 부양하고 있고 사건
   본인이 ○○생명에서 암보험금 청구에 대한 상속권자로 지정되어 보험금
   에 대한 재산관리가 어려운 상태에 있습니다.
3. 이상의 이유로 청구인을 사건본인의 미성년후견인으로 선임 받고자 이 청
   구에 이른 것입니다.

첨 부 서 류

1. 기본증명서(청구외 망 ▽▽▽, 망 ◇◇◇)   각 1통
   (단, 2007.12.31. 이전 사망한 경우 제적등본)
1. 친족관계를 확인할 수 있는 제적등본   1통

              (또는, 가족관계기록사항에 관한 증명서)
    1. 직계혈족 및 3촌 이내 방계혈족이 표시된 가계도 및 사망
       등 부존재를 증명할 수 있는 제적등본   각 1통
    1. 진술서(지정후견인이 없음을 증명)   1통
    1. 보험증권사본   1통
    1. 주민등록등본(청구인, 사건본인)   1통

                   20○○년 ○월 ○일
           위 청 구 인 ○ ○ ○ (서명 또는 날인)

      ○ ○ 가 정 법 원 귀 중

■ 참 고 ■

제출법원	피후견인의 주소지 가정법원		
청구권자	- 미성년자 - 친족 - 이해관계인 - 검사 - 지방자치단체의 장 (민법 932조)		
제출부수	신청서 1부	관련법규	민법 제932조, 가사소송법 제44조제5호
불복절차 및 기간	- 후견인 선임에 관한 심판에 대하여 이해관계인은 보통항고(비송사건절차 법 제20조제2항) - 기간에 대한 규정 없음		
비 용	- 인지액 : 사건본인 수×5,000원(☞가사소송 및 비송사건수수료표) - 송달료 : 청구인 수×3,700원(우편료)×10회분		
후견인선임 요건	미성년자에게 친권자가 없거나 친권자가 법률행위의 대리권과 재산관리권 을 행사할 수 없는 경우(민법 제928조)		

(관련판례)

갑이 을과 협의이혼신고를 하면서 자녀인 병에 대한 친권자로 어머니인 을을, 정에 대한 친권자로 아버지인 갑을 각 지정하였는데, 갑이 사망하자 병·정의 조부인 무가 자신을 병·정의 미성년후견인으로 선임하여 달라고 청구한 사안에서, 무를 포함한 병·정의 조부모가 갑과 을의 협의이혼 이전 및 이후 적지 않은 기간 동안 병·정을 양육하였는데, 오랜 기간 안정적으로 형성된 양육환경을 변경하는 것은 미성년자의 복리 측면에서 바람직하지 않은 점, 병은 을에게 애착을 보이고는 있으나 현재의 양육상황이 변경되는 것을 원하지 않고 있고, 정은 을과 애착관계가 형성되어 있지 않은 점, 을도 갑과 이혼한 이후 병·정과 연락을 하거나 만나지 않았고 이미 재혼하여 그 사이에 자녀를 양육하고 있는 점 등에 비추어, 정의 경우 복리를 위하여 무를 미성년후견인으로 선임하는 것이 옳고, 병의 경우 제반 사정들을 종합하면 을에게 병의 적절한 보호와 교양을 기대할 수 없어 친권을 행사할 수 없는 중대한 사유가 있으므로 무를 미성년후견인으로 선임하는 것이 타당하다(제주지방법원 2015. 6. 3. 자 2014느단513 심판).

[서식] 미성년후견인 변경 청구

미성년후견인 변경 청구

청 구 인   ○ ○ ○ (전화번호)
          주민등록번호
          주소
          사건본인과의 관계
사건본인   △ △ △
          주민등록번호(외국인등록번호)
          주소
          등록기준지(국적)
후 견 인   □ □ □ (전화번호)
          주민등록번호
          주소

미성년후견인 변경 청구

청 구 취 지

 사건본인의 미성년후견인 □□□를 ◇◇◇(주민등록번호, 주소)로 변경한다.
라는 심판을 구합니다.

청 구 원 인

1. 사건본인에 대하여 2013. 00. 00. ○○법원 2013느단0000호로 미성년후견
   개시 심판이 있었고, 미성년후견인으로 □□□가 선임되었습니다.
2. 그런데, 미성년후견인 □□□은 고령인데다 건강이 악화되어 후견인으로서
   의 직무수행이 곤란한 상태이고, 이로 인해 사건본인의 개호와 재산관리가
   제대로 되지 않고 있는 상황입니다.
3. 따라서 사건본인의 복리를 위하여 미성년후견인의 변경을 구합니다.
4. 새로운 후견인으로는 ◇◇◇를 추천합니다.

미성년 후견인 후보자	성명	
	주소	
	주민등록번호	
	직업	
	사건본인과의 관계	

첨 부 서 류

1. 기본증명서, 가족관계증명서(청구인, 사건본인, 후견인후보자)　　　각 1통
2. 주민등록등본 (사건본인, 후견인후보자)　　　각 1통
3. 기타(소명자료)　　　○통

2013 . ○. ○.

위 청구인　○ ○ ○　　　(서명 또는 날인)

○ ○ 가 정 법 원 귀 중

[서식] 미성년후견 종료 및 친권자지정 청구

미성년후견 종료 및 친권자지정 청구

청 구 인   ○ ○ ○ (전화   )
              주민등록번호
              주소
              사건본인과의 관계
사건본인   ○ ○ ○ (전화   )
              주민등록번호(외국인등록번호)
              주소
              등록기준지(국적)
후 견 인   ○ ○ ○ (전화   )
              주민등록번호
              주소

청 구 취 지

사건본인에 대한 미성년후견을 종료하고, 청구인(주민등록번호   , 주소
)을 사건본인의 친권자로 지정한다.
라는 심판을 구합니다.

청 구 원 인

1. 청구인은 0000. 00. 00. ○○○와 혼인하여 그 사이에 사건본인을 두었으나
   0000. 00. 00. 협의이혼하였고, 협의이혼 당시 사건본인에 대한 친권자로
   사건본인의 어머니인 ○○○이 지정되었습니다.
2. 그런데, 위 ○○○이 사건본인을 양육하던 중 0000. 00. 00. 사망하였고,
   0000. 00. 00. 이 법원 0000느단000호 미성년후견인선임청구 사건의 심판
   에 의하여 ◎◎◎이 사건본인의 미성년후견인으로 선임되었습니다.
3. 청구인은 이혼 이후 위 ○○○와 연락이 잘 되지 않아서 위 ○○○가 사망한
   사실을 알지 못하였고, 그 결과 법정 기간 내에 사건본인에 대한 친권자
   지정 청구를 하지 못하였습니다.
4. 따라서 사건본인의 복리를 위하여 미성년후견을 종료하고 청구인을 친권자
   로 지정하여 줄 것을 청구합니다.

첨 부 서 류

1. 가족관계증명서, 기본증명서, (청구인, 사건본인)　　　각 1통
2. 주민등록등본(청구인, 사건본인)　　　　　　　　　　각 1통
3. 기타(소명자료)

2013 . ○. ○.

위 청구인　○ ○ ○　(서명 또는 날인)

○ ○ 가 정 법 원　귀 중

[서식] 성년후견인 선임 청구

성년후견인 선임 청구

청 구 인 ○ ○ ○ (전화   )
　　　　　주민등록번호
　　　　　주소
　　　　　사건본인과의 관계

사건본인   ○ ○ ○
　　　　　주민등록번호
　　　　　주소
　　　　　등록기준지(국적)

청 구 취 지

　사건본인의 성년후견인으로 ○○○(주민등록번호   , 주소   )을
선임한다.
라는 심판을 구합니다.

청 구 원 인

1. 사건본인에 대하여 2013. 00. 00. ○○법원 2013느단0000호로 성년후견개
   시 심판이 있었고, 성년후견인으로 ○○○가 선임되었습니다.
2. 그런데, 성년후견인은 2013. 00. 00.에 사망하였습니다.
3. 따라서 사건본인의 복리를 위하여 새로운 성년후견인의 선임을 구합니다.
4. 새로운 성년후견인으로 ○○○를 추천합니다.

성년후견인 후보자	성명	
	주소	
	주민등록번호	
	직업	
	사건본인과의 관계	

첨 부 서 류

1. 가족관계증명서 및 기본증명서
(청구인, 사건본인, 종전 후견인, 후견인후보자)　　　　각 1통

2. 주민등록등본(사건본인)   1통

3. 사건본인 및 후견인후보자의 후견등기사항전부증명서

(말소 및 폐쇄사항 포함) 또는 후견등기사항부존재증명서

(후견등기사항이 없는 경우)   각 1통

4. 청구인과 사건본인과의 관계를 밝혀줄 제적등본,

가족관계증명서 등 각   1통

(1.항의 가족관계증명서만으로는 그 관계를 알 수 없는 경우)

5. 기타(소명자료)

2013 . ○. ○.

위 청구인 ○ ○ ○ (서명 또는 날인)

○ ○ 가 정 법 원 귀 중

성년후견감독인 선임 청구

청 구 인   ○○○
             주민등록번호
             주 소 ○○시 ○○구 ○○길 ○○
             등록기준지 ○○시 ○○구 ○○길 ○○
             전 화 ○○○○ - ○○○○
             사건본인과의 관계 ▽ ▽ ▽ ▽

사 건 본 인   ◎ ◎ ◎
             주민등록번호(외국인등록번호)
             주 소 ○○시 ○○구 ○○길 ○○
             등록기준지(국적) ○○시 ○○구 ○○길 ○○

성년후견감독인 선임 청구

청 구 취 지

  사건본인의 성년후견감독인으로 ◇ ◇ ◇(주민등록번호○○○○○○-○○○
○○○○, 주소 ○○시 ○○구 ○○길 ○○)를 선임한다.
라는 심판을 구합니다.

청 구 원 인

1. 사건본인에 대하여 2013. 00. 00. ○○법원 2013느단0000호로 성년후견개
   시 심판이 있었고, 성년후견인으로 ○○○가 선임되었습니다.
2. 그런데 후견인이 (사업을 영위하면서 과중한 업무로 인하여 사건본인의 재
   산을 성실히 관리할 시간이 없고, 사업상 이유로 다액의 채무를 지고 있어
   서 사건본인의 재산에 비위행위를 할 가능성) 등에 비추어 성년후견감독인
   을 선임하여 성년후견인을 감독할 필요성이 있습니다.
3. 이상의 이유로 다음과 같은 사람을 사건본인의 후견감독인으로 선임 받고
   자 이 청구에 이른 것입니다.

성년후견감독인 후보자	성명	◇ ◇ ◇
	주소	○○시 ○○구 ○○길 ○○
	주민등록번호	○○○○○○-○○○○○○○
	직업	◆ ◆ ◆
	사건본인과의 관계	

첨 부 서 류

1. 가족관계증명서 및 기본증명서(청구인, 사건본인, 후견감   각 1통
   독인후보자)

1. 주민등록등본 (사건본인)   1통

1. 사건본인 및 후견감독인후보자의 후견등기사항전부증명서
   (말소 및 폐쇄사항 포함) 또는 후견등기사항부존재증명서   1통
   (후견등기사항이 없는 경우)

1. 청구인과 사건본인과의 관계를 밝혀줄 제적등본, 가족관
   계증명서 등 (1.항의 가족관계증명서만으로는 그 관계를   각 1통
   알 수 없는 경우)

1. 기타(소명자료)   ○통

20○○년 ○월 ○일

위 청 구 인 ○ ○ ○ (서명 또는 날인)

○ ○ 가 정 법 원 귀 중

성년후견개시 심판청구

청 구 인　　○○○(주민등록번호)
　　　　　　등록기준지　　○○시 ○○구 ○○길 ○○
　　　　　　주소　　○○시 ○○구 ○○길 ○○
　　　　　　사건본인과의 관계

사건본인　　△　△　△(주민등록번호)
　　　　　　등록기준지　　○○시 ○○구 ○○길 ○○
　　　　　　주소　　○○시 ○○구 ○○길 ○○

청 구 취 지

1. 사건본인에 대하여 성년후견을 개시한다.
2. 사건본인의 성년후견인으로 ○○○(주민등록번호, 주소)를 선임한다.
라는 심판을 구합니다.

청 구 원 인

1. 청구인은 사건본인의 아들로서 자영업을 영위하면서 청구인이 사건본인을 모시고 있습니다.
2. 사건본인은 약 5년 전부터 노인성 치매로 ○○병원에서 요양 중인데 현재 사건본인은 일상생활을 혼자 힘으로 영위할 능력이 없습니다.
3. 청구인은 이 사건 심판을 통하여 성년후견인이 되어 사건본인의 부동산을 관리하고 그 수익을 사건본인에 대한 치료비로 사용하고자 합니다.
4. 따라서 청구인은 사건본인의 성년후견인으로 지정받고자 이 사건 심판 청구에 이르렀습니다.

첨 부 서 류

1. 가족관계증명서 및 기본증명서(청구인, 사건본인, 후견인후보자)　　1통
1. 주민등록등본(사건본인)　　1통
1. 사건본인 및 후견인후보자의 후견등기사항전부증명서
　 (말소 및 폐쇄사항 포함)
　 (후견등기사항이 없는 경우 후견등기사항부존재증명서)　　1통

1. 진단서   1통
1. 사전현황설명서
1. 기타(소명자료)

                              20○○년 ○월 ○일
                     위 청 구 인   ○   ○   ○ (서명 또는 날인)

○ ○ 가 정 법 원 귀 중

성년후견인 사임에 대한 허가 청구

청 구 인   ○ ○ ○ (전화   )
          주민등록번호
          주소
          사건본인과의 관계

사건본인   ○ ○ ○
          주민등록번호(외국인등록번호)
          주소
          등록기준지(국적)

청 구 취 지

1. 청구인이 사건본인의 성년후견인을 사임함을 허가한다.
2. 사건본인의 성년후견인으로 ○○○(주민등록번호   , 주소   )
   를 선임한다.
라는 심판을 구합니다.

청 구 원 인

1. 사건본인에 대하여 2013. 00. 00. ○○법원 2013느단0000호로 성년후견개
   시 심판이 있었고, 성년후견인으로 청구인이 선임되었습니다.
2. 그런데, 이번에 청구인은 .... 를 하게
   되었습니다.
3. 따라서 청구인은 성년후견인의 직무 수행이 곤란하므로 그 직을 사임하고
   자 합니다.
4. 새로운 성년후견인으로는 ○○○를 추천합니다.

성년후견인 후보자	성명	
	주소	
	주민등록번호	
	직업	
	사건본인과의 관계	

첨 부 서 류

1. 가족관계증명서 및 기본증명서(사건본인, 후견인후보자)   각 1통
2. 주민등록등본 (사건본인)   1통
3. 사건본인 및 후견인후보자의 후견등기사항전부증명서
   (말소 및 폐쇄사항 포함) 또는 후견등기사항부존재증명서
   (후견등기사항이 없는 경우)   각 1통
4. 후견인후보자와 사건본인과의 관계를 밝혀줄 제적등본,
   가족관계증명서 등   각 1통
   (제1항의 가족관계증명서만으로는 그 관계를 알 수 없는 경우)
5. 기타(증거자료)

2013 . ○. ○.

위 청구인 ○ ○ ○ (서명 또는 날인)

○ ○ 가 정 법 원 귀 중

성년후견 종료 심판청구

청 구 인 ○○○
        ○○시 ○○구 ○○길 ○○(우편번호)
        전화.휴대폰번호:
        팩스번호, 전자우편(e-mail)주소:
        사건본인과의 관계:

사 건 본 인 ◇◇◇
        등록기준지 :
        ○○시 ○○구 ○○길 ○○(우편번호)
        전화.휴대폰번호:
        팩스번호, 전자우편(e-mail)주소:

청 구 취 지

  사건본인에 대한 성년후견을 종료한다.
라는 재판을 구합니다.

청 구 원 인

1. 사건본인에 대하여 2013. 00. 00. ○○법원 2013느단0000호로 성년후견개시 심판이 있었고, 성년후견인으로 ○○○가 선임되었습니다.
2. 청구인은 사건본인의 아들입니다.
3. 그런데 그 후 사건본인은 사무를 처리할 수 있는 능력을 회복하였습니다 (구체적으로 기재).
4. 따라서 청구인은 성년후견의 종료 심판을 구합니다.

첨 부 서 류

1. 가족관계증명서 및 기본증명서(청구인, 사건본인)   각 1통
2. 주민등록등본(사건본인)   1통
3. 사건본인의 후견등기사항전부증명서(말소 및 폐쇄사항 포함)
4. 청구인과 사건본인과의 관계를 밝혀줄 제적등본, 가족관계증명서 등 각 1통
(1.항의 가족관계증명서만으로는 그 관계를 알 수 없는 경우)

5. 기타(소명자료)

20○○.　○.　○.
위 청구인　○○○ (서명 또는 날인)

○ ○ 가정지방법원　귀 중

한정후견개시 심판청구

청 구 인   ○ ○ ○ (전화   )
          주민등록번호
          주소
          사건본인과의 관계

사건본인   ○ ○ ○
          주민등록번호(외국인등록번호)
          주소
          등록기준지(국적)

청 구 취 지

1. 사건본인에 대하여 한정후견을 개시한다.
2. 사건본인의 한정후견인으로 ○○○(주민등록번호   , 주소   )를
   선임한다.
라는 심판을 구합니다.

청 구 원 인

1. 청구인은 사건본인의 모(母)이며, 사건본인은 정신지체장애인입니다. 사건
   본인은 성인이 되었으나 정신적 제약으로 인해 사무를 처리할 능력이 부
   족하므로 후견인의 조력을 받을 필요성이 있습니다.
2. 청구인은 사건본인의 모로서 주소지에서 함께 생활하고 있고 앞으로도 아
   들인 사건본인을 돌보아야 하므로, 청구인이 사건본인의 한정후견인으로
   지정되기를 원합니다.
3. 사건본인이 한정후견인의 동의를 받아야 하는 행위 및 한정후견인의 대리
   권의 범위, 한정후견인이 사건본인의 신상에 관하여 결정할 수 있는 권한
   의 범위는 각 별지 기재와 같이 지정해주기를 바랍니다.

한정후견인 후보자	성명	
	주소	
	주민등록번호	
	직업	
	사건본인과의 관계	

첨 부 서 류

1. 가족관계증명서 및 기본증명서(청구인, 사건본인, 후견인후보자)   각 1통
2. 주민등록등본 (사건본인)   1통
3. 사건본인 및 후견인후보자의 후견등기사항전부증명서(말소 및 폐쇄사항 포함)(후견등기사항이 없는 경우 후견등기사항부존재증명서)   각 1통
4. 청구인 및 후견인후보자와 사건본인과의 관계를 밝혀줄 자료(가족관계증명서, 제적등본 등) - 1.항의 자료만으로 그 관계를 알 수 없는 경우) 각 1통
5. 진단서   1통
6. 사전현황설명서   1통
7. 기타(소명자료)

2013 . ○. ○.

위 청구인 ○ ○ ○ (서명 또는 날인)

○ ○ 가 정 법 원 귀 중

■ 참 고 ■

제출법원	사건본인(피후견인이 될 사람)의 주소지 가정법원(지방법원, 지원)		
청구권자	- 민법 제777조의 친족 기타 이해관계인, 피후견인, 친족, 이해관계인, 검사, 지방자치단체의 장		
제출부수	신청서 1부	관련법규	민법 제959조의 2, 가사소송법 제44조
불복절차 및 기간	- 한정후견개시에 관한 심판에 대하여 청구인은 즉시항고(가사소송법 제43조, 가사소송규칙 제36조) - 불복기간 : 심판을 고지받은 날부터 14일 이내(가사소송법 제43조제5항, 가사소송규칙 제31조)		
비 용	- 인지액 : 사건본인 수×5,000원(☞가사소송 및 비송사건수수료표) - 송달료 : 청구인 수×3,700원(우편료)×10회분		
후견인 결격사유	민법 제937조		

※ 후견인의 결격사유 (민법 제937조)
다음 각 호의 어느 하나에 해당하는 자는 후견인이 되지 못한다.
1. 미성년자
2. 피성년후견인, 피한정후견인, 피특정후견인, 피임의후견인
3. 회생절차개시결정 또는 파산선고를 받은 자
4. 자격정지 이상의 형의 선고를 받고 그 형기(형기) 중에 있는 사람
5. 법원에서 해임된 법정대리인
6. 법원에서 해임된 성년후견인, 한정후견인, 특정후견인, 임의후견인과 그 감독인
7. 행방이 불분명한 사람
8. 피후견인을 상대로 소송을 하였거나 하고 있는 자 또는 그 배우자와 직계혈족

한정후견인 선임 청구

청 구 인   ○ ○ ○ (전화   )
          주민등록번호
          주소
          사건본인과의 관계

사건본인   ○ ○ ○
          주민등록번호(외국인등록번호)
          주소
          등록기준지(국적)

청 구 취 지

사건본인의 한정후견인으로 ○○○(주민등록번호   , 주소   )
을 선임한다.
라는 심판을 구합니다.

청 구 원 인

1. 사건본인에 대하여 2013. 00. 00. ○○법원 2013느단0000호로 한정후견개
   시 심판이 있었고, 한정후견인으로 ○○○가 선임되었습니다.
2. 그런데, 한정후견인은 2013. 00. 00.에 사망하였습니다.
3. 따라서 사건본인의 복리를 위하여 새로운 한정후견인의 선임을 구합니다.
4. 새로운 한정후견인으로 ○○○를 추천합니다.

한정후견인 후보자	성명	
	주소	
	주민등록번호	
	직업	
	사건본인과의 관계	

첨 부 서 류

1. 가족관계증명서 및 기본증명서(청구인, 사건본인, 종전 후견인, 후견인후보자) 각 1통
2. 주민등록등본(사건본인)   1통
3. 사건본인 및 후견인후보자의 후견등기사항전부증명서(말소 및 폐쇄사항 포

함) 또는 후견등기사항부존재증명서(후견등기사항이 없는 경우)   각 1통
4. 청구인과 사건본인과의 관계를 밝혀줄 제적등본, 가족관계증명서 등 각 1통
　(1.항의 가족관계증명서만으로는 그 관계를 알 수 없는 경우)
5.기타(소명자료)   ○통

2013 .   ○.   ○.
위 청구인 ○ ○ ○   (서명 또는 날인)

○ ○ 가 정 법 원 귀 중

한정후견인 변경 청구

청 구 인   ○   ○   ○ (주민등록번호)
(사건본인의 백부)   등록기준지   ○○시 ○○구 ○○로 ○○
                          주소   ○○시 ○○구 ○○로 ○○(○○동)
                          전화   ○○○ - ○○○○

사 건 본 인   △   △   △ (주민등록번호)
                          등록기준지   ○○시 ○○구 ○○로 ○○
                          주소   ○○시 ○○구 ○○로 ○○(○○동)
                          전화   ○○○ - ○○○○

한정후견인   □   □   □ (주민등록번호)
                          등록기준지   ○○시 ○○구 ○○로 ○○
                          주소   ○○시 ○○구 ○○로 ○○(○○동)
                          전화   ○○○ - ○○○○

한정후견인 변경 청구

청 구 취 지

사건본인의 한정후견인 □□□를 ○○○(주민번호 : 195000 - 0000000, 주소
: ○○시 ○○구 ○○로 ○○)로 변경한다.
라는 심판을 구합니다.

청 구 원 인

1. 청구인은 사건본인의 백부이며, 사건본인은 청구인의 조카입니다. 한정후견인
   은 사건본인의 부(父)로서 2013. 00. 00. ○○가정법원 2013느단0000호 한정
   후견개시 심판청구에 따라, 사건본인에 대한 한정후견인으로 선임되었습니다.
2. 그런데, 한정후견인 □□□은 2000. 00. 00.자로 가출하여 현재까지 연락이
   두절된 상태로서 사건본인을 전혀 돌보지 않고 있으며, 그 결과 사건본인의
   개호와 재산관리가 제대로 되지 않고 있는 상황입니다. 따라서 사건본인의
   복리를 위하여 한정후견인의 변경을 구합니다.
3. 한편, 청구인이 한정후견인 □□□를 대신하여 현재까지 사건본인을 부양하
   고 있습니다. 회사원으로 매월 000원의 고정적인 수입이 있는 청구인이 사

건본인에 대한 한정후견인으로 적합하며, 또한 사건본인도 청구인이 한정후견인으로 선임되기를 희망하고 있습니다.

4. 이상과 같은 이유로 청구인은 사건본인의 한정후견인을 변경하고자 이 사건 청구에 이르렀습니다.

첨 부 서 류

1. 기본증명서(청구인, 사건본인)   각 1통
1. 가족관계증명서(청구인, 사건본인)   각 1통
1. 사건본인 후견등기사항전부증명서(말소 및 폐쇄사항 포함) 또는
   후견등기사항부존재증명서(후견등기사항이 없는 경우)   1통
1. 진술서(한정후견인 가출사실확인)   1통
1. 진술인의 인감증명서   1통
1. 주민등록등.초본(청구인, 사건본인)   각 1통

20○○년 ○월 ○일
위 청 구 인 ○ ○ ○ (서명 또는 날인)

○ ○ 가 정 법 원 귀 중

[서식] 한정후견감독인 선임 청구

한정후견감독인 선임 청구

청 구 인   ○ ○ ○ (주민등록번호, 전화)
　　　　　　등록기준지   ○○시 ○○구 ○○길 ○○
　　　　　　주소   ○○시 ○○구 ○○길 ○○ (우편번호)
　　　　　　사건본인과의 관계

사건본인   △ △ △ (주민등록번호)
　　　　　　등록기준지   ○○시 ○○구 ○○길 ○○
　　　　　　주소   ○○시 ○○구 ○○길 ○○ (우편번호)

청 구 취 지

사건본인의 한정후견감독인으로 ○○○(주민등록번호, ○○시 ○○구 ○○길 ○○)를 선임한다.
라는 심판을 구합니다.

청 구 원 인

1. 사건본인에 대하여 2013. ○○. ○○. ○○법원 2013느단○○○○호로 한정후견개시심판이 있었고, 한정후견인으로 ○○○가 선임되었습니다.
2. 그런데 사건본인은 우울증 등 정신질환으로 인하여 장애판정을 받은 바 있어 한정후견인을 스스로 감독하기에 곤란하고(갑 제1호증), 위 한정후견인은 과거 횡령사건으로 인해 처벌받은 전력이 있는 등 한정후견감독인을 선임하여 한정후견인을 감독할 필요성이 있습니다.
3. 따라서 청구인은 위와 같은 사유로 본건 청구에 이르렀습니다.
4. 청구인은 한정후견감독인으로 아래와 같은 사람을 추천합니다.

한정후견 감독인 후보자	성명	
	주소	
	주민등록번호	
	직업	
	사건본인과의 관계	

입 증 방 법

　　1. 갑 제1호증　　　　　　　　장애인증명서
　　2. 갑 제2호증　　　　　　　　판결문

첨 부 서 류

1. 위 입증방법   각 1통
2. 가족관계증명서(청구인, 사건본인, 후견감독인후보자)   3통
3. 기본증명서(청구인, 사건본인, 후견감독인후보자)   3통
4. 주민등록등본(사건본인)   1통
5. 후견등기사항전부증명서(사건본인, 후견감독인후보자)   2통
                (또는 후견등기사항부존재증명서)
6. 제적등본   1통

20○○년 ○월 ○일
위 청 구 인   ○ ○ ○ (서명 또는 날인)

○ ○ 가 정 법 원 귀 중

한정후견종료 심판청구

청 구 인   ○ ○ ○ (전화 ○○○ - ○○○○)
　　　　　　주민등록번호
　　　　　　주소 ○○시 ○○구 ○○길 ○○(우편번호)
　　　　　　사건본인과의 관계 ○○

사건본인   △ △ △
　　　　　　주민등록번호(외국인등록번호)
　　　　　　주소 ○○시 ○○구 ○○길 ○○ (우편번호)
　　　　　　등록기준지(국적) ○○시 ○○구 ○○길 ○○

한정후견종료 심판청구

청 구 취 지

사건본인에 대한 한정후견을 종료한다.
라는 심판을 구합니다.

청 구 원 인

1. 사건본인 △△△에 대하여 2013. ○○. ○○. □□법원 2013느단○○○○호로 한정후견개시심판이 있었고, 한정후견인으로 □□□가 선임되었습니다.
2. 청구인은 사건 본인의 ○○입니다.
3. 그런데 한정후견개시심판 후 사건본인은 지속적인 약물치료를 통하여 치매 증상에 호전이 있어 정상적인 의사소통이 가능하고 사리분별을 명확히 할 수 있는 등 사무를 처리할 수 있는 능력을 회복하였습니다.
4. 따라서 청구인은 한정후견 종료 심판을 구합니다.

첨 부 서 류

1. 기본증명서(사건본인, 청구인)　　　　　　　　　　　　　　각 1통
1. 가족관계증명서(사건본인, 청구인)　　　　　　　　　　　각 1통
1. 주민등록등본(사건본인)　　　　　　　　　　　　　　　　1통
1. 사건본인의 후견등기사항전부증명서(말소 및 폐쇄사항포함)　1통

1. 제적등본(1.항의 가족관계증명서만으로는 그 관계를 알 수 없는 경우) 1통
1. 기타 소명자료(진단서 등)   ○통

20○○년 ○월 ○○일

위 청구인   ○ ○ ○ (서명 또는 날인)

○ ○ 가 정 법 원 귀 중

특정후견인 변경 청구

청 구 인   ○ ○ ○
          ○○시 ○○구 ○○길 ○○(우편번호)
          전화번호:
          사건본인과의 관계
사건본인   ◇ ◇ ◇
          주민등록번호(외국인등록번호)
          ○○시 ○○구 ○○길 ○○(우편번호)
          전화번호:
특정후견인   ◆ ◆ ◆
          주민등록번호
          ○○시 ○○구 ○○길 ○○(우편번호)
          전화번호:

청 구 취 지

사건본인의 특정후견인 ◆◆◆를 △△△(주민등록번호   , 주소   )로
변경한다.
라는 심판을 구합니다.

청 구 원 인

1. 사건본인에 대하여 20○○. ○. ○. ○○가정법원 2013느단000호로 특정후
   견 심판이 있었고, 특정후견인으로 ◆◆◆가 선임되었습니다.
2. 그런데 특정후견인을 변경할 필요가 생겼고 그 사유는 다음과 같습니다.
   위 1.항에 의하여 선임된 특정후견인 ◆◆◆는 사건본인 ◇◇◇의 특정후
   견인으로 선임되고 난 후 특정후견 사무를 처리함에 있어서 비행행위를
   한 바 있으므로 계속하여 사건본인의 특정후견 사무를 처리하기에는 부적
   절하다고 할 것입니다.
3. 따라서 사건본인의 복리를 위하여 특정후견인의 변경을 구합니다.
4. 새로운 특정후견인으로는 △△△를 추천합니다.
   위 △△△는 사건본인의 사촌 형으로서 현재 사건본인과 가장 가까운 친족
   이므로 위 ◆◆◆를 대신하여 사건본인의 특정후견인이 되기에 적합하므로

청구취지와 같은 이 건 청구에 이른 것입니다.

특정후견인 후보자	성명	△△△
	주소	
	주민등록번호	
	직업	
	사건본인과의 관계	

첨 부 서 류

1. 가족관계증명서   1통
1. 기본증명서(청구인, 사건본인, 후견인후보자)   각 1통
1. 주민등록등본 (사건본인)   1통
1. 사건본인 및 후견인후보자의 후견등기사항전부증명서(말소 및 폐쇄사항 포함) 또는 후견등기사항부존재증명서(후견등기사항이 없는 경우)   각 1통
1. 청구인과 사건본인과의 관계를 밝혀줄 제적등본, 가족관계증명서 등 각 1통 (1.항의 가족관계증명서만으로는 그 관계를 알 수 없는 경우)
1. 비행확인서 및 확인자의 인감증명   1통
1. 친족관계를 확인할 수 있는 제적등본   ○통

20○○. ○. ○.
위 청구인 ○ ○ ○(서명 또는 날인)

○ ○ 가 정 법 원 귀 중

특정후견 심판청구

청 구 인   ○ ○ ○ (주민등록번호)
　　　　　○○시 ○○구 ○○길 ○○(우편번호)
　　　　　전화.휴대폰번호:
　　　　　팩스번호, 전자우편(e-mail)주소:
　　　　　사건본인과의 관계

사건본인   ○ ○ ○ (주민등록번호)
　　　　　 ○○시 ○○구 ○○길 ○○(우편번호)
　　　　　 등록기준지(국적)

청 구 취 지

1. 사건본인에 대하여 특정후견을 한다.
2. 사건본인의 특정후견인으로 ○○○(주민등록번호　　　　, 주소　　　　)
   를 선임한다.
라는 심판을 구합니다.

청 구 원 인

1. 사건본인은 노령으로 인하여 .... 합니다.
2. 특정후견을 필요로 하는 기간 및 사무는 다음과 같습니다.
　　가. 기간 :
　　나. 사무 :
3. 이와 같이 사건본인에게 후원이 필요하여 이건 청구에 이르렀습니다.
4. 청구인은 사건본인의 특정후견인으로 다음과 같은 사람을 추천합니다.

특정후견인 후보자	성명	
	주소	
	주민등록번호	
	직업	
	사건본인과의 관계	

첨 부 서 류

1. 가족관계증명서 및 기본증명서(청구인, 사건본인, 후견인후보자) 각 1통
2. 주민등록등본 (사건본인)   1통
3. 사건본인 및 후견인후보자의 후견등기사항전부증명서
   (말소 및 폐쇄사항 포함)
   (후견등기사항이 없는 경우 후견등기사항부존재증명서)   각 1통
4. 청구인 및 후견인후보자와 사건본인과의 관계를 밝혀줄 자료
   (가족관계증명서, 제적등본 등)
   - 1.항의 자료만으로 그 관계를 알 수 없는 경우)   각 1통
5. 진단서   1통
6. 기타(소명자료)

2013 . ○. ○.

위 청구인 ○ ○ ○ (서명 또는 날인)

○ ○ 가 정 법 원 귀 중

Q 甲의 형이 얼마 전 음주뺑소니 운전차의 차량에 치여 사망하게 되었습니다. 甲의 형에게는 미성년의 조카들이 있었고, 형에게 10년 전 이혼한 전처가 있습니다. 甲의 형님은 10여 년 전에 이혼하면서 친권자로 지정이 되었고, 같은 처지에 있는 분을 만나 재혼가정을 꾸리고 있었으나, 여러가지 사정이 있어 재혼한 배우자와 혼인신고는 미루고 있었습니다. 甲의 조카들은 이미 재혼한 어머니를 생모처럼 여기고, 삼촌인 甲을 전적으로 의지하고 있는 상황인데, 甲의 조카들의 제1순위 법정후견인으로 甲의 아버지이자 조카들의 조부가 생존해 있으나, 80에 가까운 나이로서 아이들의 후견인으로 적합하지 않은 상황입니다. 어떻게 해야 할까요?

A 甲은 조카들의 진의를 잘 살피고, 그들의 복리를 위해 가장 좋은 방안이 무엇인지 고민해야할 것으로 보입니다. 만일 아이들이 15세 이상의 나이이고, 생모와 그 동안 거의 왕래도 없고, 이미 다른 남성과 재혼한 자신의 생모에게 자신들의 친권이 복귀되는 것을 원하지 않고, 그 동안 유대관계가 깊은 甲 및 자기를 키워준 새엄마의 훈육을 받기를 원하고 있다면 가정법원에 이러한 점을 소명하여 우선, 아이들이 생모의 친권상실을 선고해 달라는 심판을 제기하면서 병합하여 제1순위의 법정후견인을 甲으로 변경해달라는 후견인변경신청을 할 수 있습니다. 이러한 신청을 하면 심문기일이 잡히고, 많은 경우 친권상실을 판단하기 위해 가사조사관의 조사명령이 내려지기도 합니다.

사망 및 실종신고는 어떻게 하나요?

제6장 사망 및 실종신고는 어떻게 하나요?

1. 사망신고방법

1-1. 사망신고

1-1-1. 사망신고란?

"사망신고"란 사람이 사망한 후 주민등록에서 삭제하기 위해 시(구)·읍·면의 장에게 신고하는 것을 말합니다.

1-1-2. 사망신고의 신고의무자

① 사망신고는 동거하는 친족이 해야 합니다.
② 사망신고는 친족·동거자 또는 사망장소를 관리하는 사람, 사망장소의 동장 또는 통·이장도 할 수 있습니다.

1-1-3. 신고기한

① 사망신고는 사망사실을 안 날부터 1개월 이내에 해야 합니다.
② 신고의무자가 정당한 사유 없이 사망신고를 기간 내에 하지 않은 경우에는 5만원 이하의 과태료가 부과됩니다.

1-2. 사망신고하기

1-2-1. 신고장소

① 사망신고는 사망지매장지 또는 화장지에서 할 수 있습니다.
② 사망지가 분명하지 않은 경우에는 사체가 처음 발견된 곳에서, 기차나 그 밖의 교통기관 안에서 사망한 경우에는 그 사체를 교통기관에서 내린 곳에서, 항해일지를 비치하지 않은 선박 안에서 사망한 경우에는 그 선박이 최초로 입항한 곳에서 할 수 있습니다.

1-2-2. 사망통보

① 재난 등으로 인한 사망

수해, 화재나 그 밖의 재난으로 사망한 사람이 있는 경우 이를 조사한 관공서는 지체 없이 사망지의 시(구)·읍·면의 장에게 통보해야 합니다. 다만, 외국에서 사망한 경우에는 사망자의 등록기준지의 시(구)·읍·면의 장 또는 재외국민 가족관계등록사무소의 가족관계등록관에게 통보해야 합니다.

② 사형, 재소 중 사망
- 사형의 집행이 있는 경우 교도소장은 지체 없이 교도소 소재지의 시(구)·읍·면의 장에게 사망통보를 해야 합니다.
- 재소 중 사망한 사람의 사체를 찾아갈 사람이 없는 경우에도 교도소 소재지의 시(구)·읍·면의 장에게 사망통보(진단서 또는 검안서 첨부)를 해야 합니다.

③ 등록불명자 등의 사망
- 사망자가 등록되어 있는지 분명하지 않거나 사망자를 인식할 수 없는 경우 국가경찰공무원은 지체 없이 사망지의 시(구)·읍·면의 장에게 사망통보(검시조서 첨부)를 해야 합니다.
- 사망지의 시(구)·읍·면의 장에게 사망통보를 한 후 그 친척 등의 사망신고 의무자가 사망자의 신원을 안 경우에는 그 날부터 10일 이내에 사망신고를 해야 합니다.
- 사망자가 등록이 되어 있음이 판명되었거나 사망자의 신원을 알 수 있게 된 경우 국가경찰공무원은 지체 없이 사망지의 시(구)·읍·면의 장에게 그 취지를 통보해야 합니다.

1-2-3. 사망신고 신청서 작성

① 사망신고는 사망신고서에 다음 사항을 기재해야 합니다.
  1) 사망자의 성명·성별, 등록기준지 및 주민등록번호
  2) 사망의 연월일시 및 장소

② 사망신고 신청서 기재 시 유의사항
  - 사망시각은 24시각제를 기준으로 사망시각이 오후 10시이면 22시로, 오후 12시이면 익일 0시로 기재해야 합니다. 사망신고서에 연월일을 "미상"으로 기재하면 수리되지 않으니 유의해야 합니다.
  - 사망장소는 최소 행정구역의 명칭까지만 기재하면 수리가 됩니다.

③ 첨부서류
  1) 진단서 또는 검안서 등 사망의 사실을 증명하는 서류
  2) 신고인의 신분증명서
  3) 사망자의 가족관계등록부의 기본증명서(가족관계등록 관서에서 확인이 가능한 경우에는 제출 생략)

③ 사망사실을 증명하는 서류

1) 사망증명서 : 동(리)장 및 통장 또는 지인 2명 이상이 작성한 증명서
2) 관공서의 사망증명서 또는 매장 인허증
3) 사망신고수리증명서 : 재외국민의 거주지법에 따라 처리된 사망수리증명서
4) 육군참모총장 명의의 전사확인서

[서식] 사망신고서

사 망 신 고 서 (년 월 일)					※ 신고서 작성 시 뒷면의 작성 방법을 참고하고, 선택항목에는 '영 표(○)'로 표시하기 바랍니다.		
① 사 망 자	성명	*한글	(성) / (명)	성별	*주민등록번호		-
		한자	(성) / (명)	①남②여			
	등록 기준지						
	*주소				세대주.관계		의
	*사망일시		년 월 일 시 분 (사망지 시각: 24시각제로 기재)				
	*사망장소	장소					
		구분	① 주택 ③ 사회복지시설(양로원, 고아원 등) ⑤ 도로 ⑦ 산업장 ⑨ 병원 이송 중 사망 ⑩ 기타( )		② 의료기관 ④ 공공시설(학교, 운동장 등) ⑥ 상업.서비스시설(상점, 호텔 등) ⑧ 농장(논밭, 축사, 양식장 등)		
② 기타사항							
③ 신 고 인	*성명		㉙ 또는 서명		주민등록번호		-
	*자격	①동거친족 ②비동거친족 ③동거자 ④기타(보호시설장/사망장소관리자 등)			*관계		
	주소				*휴대전화번호 등		-
					이메일		
④ 제출인	성명				주민등록번호		-

※ 타인의 서명 또는 인장을 도용하여 허위의 신고서를 제출하거나, 허위신고를 하여 가족관계등록부에 실
제와 다른 사실을 기록하게 하는 경우에는 **형법에 의하여 처벌**받을 수 있습니다. **눈표(*)로 표시한 자**
료는 국가통계작성을 위해 통계청에서도 수집하고 있는 자료입니다.

※ 아래 사항은 「**통계법」 제24조의2**에 의하여 **통계청에서 하는 인구동향조사**입니다. 「통계법」제32조 및
제33조에 의하여 성실응답의무가 있으며 개인의 비밀사항이 철저히 보호되므로 사실대로 기입하여
주시기 바랍니다.

※ 첨부서류 및 사망자의 국적은 국가통계작성을 위해 통계청에서도 수집하고 있는 자료입니다.

인구동향조사	
㉗ 최종졸업학교	①학력 없음 ②초등학교 ③중학교 ④고등학교 ⑤대학(교) ⑥대학원 이상
㉘ 혼인상태	① 미혼 ② 배우자 있음 ③ 이혼 ④ 사별

※ 아래 사항은 신고인이 기재하지 않습니다.

읍면동접수	가족관계등록관서 송부	가족관계등록관서 접수 및 처리
	년 월 일(인)	

작 성 방 법	※ 사망신고서는 1부를 작성 제출하여야 합니다.
① 사망자	· 등록기준지: 해당자가 외국인인 경우에는 그 국적을 기재합니다. · 주민등록번호:해당자가 외국인인 경우에는 외국인등록번호(국내거소신고번호 또는 출생연월일)를 기재합니다. · 사망일시 : <예시> 오후 2시 30분(×) → 14시 30분(○), 밤 12시 30분(×) → 다음날 0시 30분(○) 　- 우리나라 국민이 외국에서 사망한 경우, 현지 사망시각을 서기 및 태양력으로 기재하되, 서머타임 실시기간 중 사망하였다면 사망지 시각 옆에 "(서머타임 적용)"이라고 표시합니다. · 사망장소 구분 : ① 주택은 사망장소가 사망자의 집이거나 부모.친척 등의 집에서 사망한 경우를 포함 　　⑩ 기타는 예시 외에 비행기, 선박, 기차 등 기타 장소에 해당되는 경우 · 사망장소의 기재는 최소 행정구역의 명칭(시.구의 '동', 읍.면의 '리') 또는 도로명주소의 '도로명'까지만 기재하여도 됩니다.
② 기타 사항 ③ 신고인 ④ 제출인	· 사망진단서(시체검안서) 미첨부시 그 사유 등 가족관계등록부에 기록을 분명히 하는데 특히 필요한 사항을 기재합니다. · 자격란에는 해당항목에 '영표(○)'로 표시하되 ④ 기타는 사망장소를 관리하는 자 등이 포함됩니다. · 제출인(신고인이 작성한 신고서를 신고인이 아닌 사람이 제출할 경우만 기재)의 성명 및 주민등록번호를 기재합니다.[접수담당공무원은 신분증과 대조]
※ 아래 사항은 「통계법」 제24조의2에 의하여 **통계청에서 실시하는 인구동향조사**입니다.	
㉮ 최종 졸업 학교	· 사망자의 최종 졸업학교는 교육부장관이 인정하는 모든 정규기관을 기준으로 기재하되, 각급 학교의 재학(중퇴)자는 졸업한 최종학교의 해당 번호에 '영표(○)'로 표시를 합니다. <예시> 대학교 3학년 재학(중퇴) → ④ 고등학교에 '영표(○)'로 표시

첨 부 서 류	

1. 사망자에 대한 진단서나 검안서 1부.
2. 사망의 사실을 증명할 만한 서면(진단서나 검안서를 첨부할 수 없을 때): 아래 중 1부.
   ① 국내 또는 외국의 권한 있는 기관에서 발행한 사망사실을 증명하는 서면
   　-예시 : 관공서의 사망증명서 또는 매장인허증, 진실화해위원회의 진실규명결정문, 정부기록보관소 보존중인 재무부 작성의 피수용자사망자연명부, 외국 관공서 등에서 발행한 그 나라 방식에 의해 사망신고한 사실을 증명하는 서면
   ② 군인이 전투 그 밖의 사변으로 사망한 경우에 부대장 등이 사망 사실을 확인하여 그 명의로 작성한 전사확인서
   ③ 기타 : 증명서(가족관계등록예규 제505호 별지 양식)
   　- 증명인이 동.리.통장일 경우:1명의 증명으로 족하고, 원칙적으로 동.리.통장임을 증명하는 서면을 첨부하여야 합니다.

- 증명인이 인우인일 경우 : 2명 이상의 증명이 있어야 하고, 증명인의 인감증명서, 주민등록증사본, 운전면허증사본, 여권사본 중 1부를 첨부하여야 합니다.

※ **아래 3항은 가족관계등록관서에서 전산으로 그 내용을 확인할 수 있는 경우 첨부를 생략합니다.**

3. 사망자의 가족관계등록부의 기본증명서 1통.

4.신분확인[가족관계등록예규 제443호에 의함]
 -신고인이 출석한 경우 : 신분증명서
 -제출인이 출석한 경우 : 신고인의 신분증명서 사본 및 제출인의 신분증명서
 -우편제출의 경우 : 신고인의 신분증명서 사본

※신고인이 성년후견인인 경우에는 4항의 서류 외에 성년후견인의 자격을 증명하는 서면도 함께 첨부하여야 합니다.

5. 사망자가 외국인인 경우:국적을 증명하는 서면(여권 또는 외국인등록증) 사본.

※ 재산상속의 한정승인 및 상속포기에 대한 안내
이 안내는 사망신고와는 관계가 없는 내용입니다.
자세한 내용은 가정법원(지방법원) 또는 지원 민원실로 문의하시기 바랍니다.

1. 의   의 - 한정승인 : 상속인이 상속으로 얻은 재산의 한도에서 상속을 승인하는 것
         - 상속포기 : 상속재산에 속한 모든 권리.의무의 승계를 포기하는 것
2. 방   식 - 한정승인 : 상속재산의 목록을 첨부하여 가정법원에 신고합니다.
         - 상속포기 : 가정법원에 상속포기의 신고를 합니다.
3. 신고기간 - 상속개시 있음을 안 날로부터 3개월 이내(민법 제1019조 제1항)
         - 상속인은 상속채무가 상속재산을 초과하는 사실을 중대한 과실 없이 상속개시 있음을 안 날로부터 3개월이내에 알지 못하고 단순승인(민법 제1026조 제1호 및 제2호에 따라 단순 승인한 것으로 보는 경우를 포함한다)을 한 경우에는 그 사실을 안 날로부터 3개월 이내에 한정승인을 할 수 있습니다.
4. 관   할 - 상속개시지[피상속인의 (최후)주소지]관할 법원

[서식] 사산신고서

<table>
<tr><td colspan="3" rowspan="2">사 산 신 고 서
(년   월   일)</td><td colspan="4">※ 신고서 작성 시 아래의 작성 방법을 참고하고, 선택
항목에는 '영표(○)'로 표시하기 바랍니다.</td></tr>
<tr></tr>
<tr><td>① 피인지자</td><td colspan="6">(태아)</td></tr>
<tr><td rowspan="2">②
인지자</td><td>성명</td><td>한글 (성) / (명)</td><td>한자 (성) / (명)</td><td>주민등록번호</td><td colspan="2">　-</td></tr>
<tr><td>등록기준지</td><td colspan="5"></td></tr>
<tr><td rowspan="2">③ 모</td><td>성 명</td><td>한글 (성) / (명)</td><td>한자 (성) / (명)</td><td>주민등록번호</td><td colspan="2">　-</td></tr>
<tr><td>등록기준지</td><td colspan="5"></td></tr>
<tr><td colspan="2">④ 사산일자</td><td colspan="5">년   월   일</td></tr>
<tr><td colspan="2">⑤ 태아인지
신 고 일</td><td colspan="5">년   월   일</td></tr>
<tr><td colspan="2">⑥ 기타사항</td><td colspan="5"></td></tr>
<tr><td rowspan="3">⑦
신
고
인</td><td>성 명</td><td colspan="2">㊞ 또는 서명</td><td>주민등록번호</td><td colspan="2">　-</td></tr>
<tr><td>자 격</td><td colspan="5">①부 ②모 ③동거하는친족 ④유언집행자 ⑤기타(자격:)</td></tr>
<tr><td>주 소</td><td colspan="2"></td><td>전화</td><td>이메일</td><td></td></tr>
<tr><td colspan="2">⑧제출인   성 명</td><td colspan="2"></td><td>주민등록번호</td><td colspan="2">　-</td></tr>
</table>

작 성 방 법

※ 본 신고는 인지된 태아가 사산한 경우에 출생신고의무자 또는 유언집행자가 그 사실을 안 날로부터 1개월 이내에 인지신고지의 시(구).읍.면의 장에게 하는 신고입니다.
⑥란:가족관계등록부에 기록을 분명하게 하는데 특히 필요한 사항을 기재합니다.
⑦란:신고인이 외국인인 경우에는 외국인등록번호(국내거소신고번호 또는 출생연월일)를 기재합니다.
⑧란:제출인(신고인이 작성한 신고서를 신고인이 아닌 사람이 제출할 경우만 기재)의 성명 및 주민등록번호를 기재합니다.[접수담당공무원은 신분증과 대조]

첨 부 서 류

1. 의사 또는 조산사의 검안서(인지된 태아가 사체로 분만된 경우) 1부.
※ 아래 2항은 가족관계등록관서에서 전산으로 그 내용을 확인할 수 있는 경우 첨부를 생략합니다.
2. 태아인지자의 가족관계등록부의 기본증명서, 가족관계증명서 각 1통.
3. 신분확인[가족관계등록예규 제443호에 의함]
 -신고인이 출석한 경우 : 신분증명서
 -제출인이 출석한 경우 : 제출인의 신분증명서
 -우편제출의 경우 : 신고인의 신분증명서 사본
※ 신고인이 성년후견인인 경우에는 3항의 서류 외에 성년후견인의 자격을 증명하는 서면 도 함께 첨부해야 합니다.

※ 타인의 서명 또는 인장을 도용하여 허위의 신고서를 제출하거나, 허위신고를 하여 가족관계등록부에 부실의 사실을 기록하게 하는 경우에는 형법에 의하여 5년 이하의 징역 또는 1천만 원 이하의 벌금에 처해집니다.

[서식] 사망증명서

사 망 증 명 서

※ 뒷면의 작성방법을 읽고 기재하시기 바랍니다.   년   월   일

① 사망자	등록기준지						
	주 소						
	성 명	한글		한자		주민등록번호	
② 일 시			년 월 일 시 분				
③ 장 소							
④ 사망사유 (구체적으로기재)							
⑤ 증명인	등록기준지				전화번호		
	주 소						
	성 명			(인)	관 계		
	등록기준지				전화번호		
	주 소						
	성 명			(인)	관 계		

첨부서류: 증명인의 인감증명서, 주민등록증사본, 운전면허증사본, 여권사본 중 1
부. 다만, 증명인이 동(리)장일 때에는 이를 증명하는 서면 1부.

작 성 방 법

1. 주민등록증 등 본인임을 확인할 수 있는 서면(여권, 운전면허증 등을 포함한다)의 사본을 첨부할 경우에는

   가. 증명인은 주민등록증 등의 원본을 가지고 신고지 관할 시(구)·읍·면사무소에 직접 출석하여 시(구)·읍·면의 장(동장을 포함한다)으로부터 본인임을 확인받아야 합니다.

   나. 시(구)·읍·면의 장(동장을 포함한다)은 증명인으로부터 주민등록증 등의 원본을 제시받아 본인임을 확인한 후 틀림이 없는 경우에는 주민등록증 등의 사본의 여백에 " 위 사본은 원본과 틀림없음을 인증합니다"라는 인증문을 기재하고 그 직명과 성명을 기재한 다음 직인을 찍어야 합니다.

   다. 증명인은 증명서에 도장을 찍는 대신 서명을 하여도 됩니다.

2. 증명인이 인감증명서를 첨부할 경우에는 증명서에 인감도장을 찍어야 합니다.

3. ③란은 사망한 곳의 주소를 기재합니다.

4. ⑤란의 증명인이 동(리)장 및 통장(이하 "동장 등"이라 한다)일 경우에는 동장 등임을 증명하는 서면만을 첨부하고, 관계인란에 "○○시(군) ○○구(면) ○○동(리)장 또는 통장"이라고 기재하며 동장 등 1명의 증명이면 됩니다. 단, 사망신고 당시 동장 등이 사망신고지 관할 시(구)·읍·면(동을 포함한다)지역에 현재 재직하고 있어 접수담당공무원이 동장 등의 신분을 확인할 수 있을 때에는 접수담당공무원이 사망증명서 여백에 "동(리)장 또는 통장으로 재직하고 있음을 확인합니다"라고 기재하고 그 실인을 찍어 동(리)장 또는 통장임을 증명하는 서면의 첨부를 갈음할 수 있습니다.

5. ⑤란의 증명인이 동장 등이 아닌 때에는 2명을 모두 기재하며, 관계란에는 "이웃사람"등으로 기재합니다.

■ **20년 전에 돌아가신 할머니에 대한 사망신고가 되어 있지 않은 사실을 알았을 경우, 진단서 등이 없는데 어떻게 사망신고를 해야 하나요?**

Q 20년 전에 돌아가신 할머니에 대한 사망신고가 되어 있지 않은 사실을 이제야 알았습니다. 진단서 등이 없는데 어떻게 사망신고를 해야 하나요?

A 사망사실을 증명하는 다른 서류를 사망신고 신청서와 함께 시(구)·읍·면의 장에게 제출하면 됩니다.

◇ 사망사실을 증명하는 서류
1. 사망증명서 : 동(리)장 및 통장 또는 지인 2명 이상이 작성한 증명서
2. 관공서의 사망증명서 또는 매장 인허증
3. 사망신고수리증명서 : 재외국민의 거주지법에 따라 처리된 사망수리증명서
4. 육군참모총장 명의의 전사확인서

◇ 사망신고 신청서 기재 시 유의사항
① 사망시각은 24시각제를 기준으로 사망시각이 오후 10시이면 22시로, 오후 12시이면 익일 0시로 기재해야 합니다. 사망신고서에 연월일을 "미상"으로 기재하면 수리되지 않으니 유의해야 합니다.
② 사망장소는 최소 행정구역의 명칭까지만 기재하면 수리가 됩니다.

■ 착오로 인하여 이미 사망하였으나 사망신고가 되지 아니한 처제와 혼인한 것으로 신고가 된 경우에 처제에 대한 사망신고인이 누구인지요?

Q 甲은 乙과 혼인을 하고 혼인신고를 하였지만 혼인신고인의 착오로 인하여 이미 사망하였으나 사망신고가 되지 않은 처제 丙과 혼인한 것으로 혼인신고가 되었습니다. 이럴 경우 丙에 대한 사망신고인은 누구인가요?

A 우리 법상 생존한 자와 사망한 자 사이의 혼인은 인정되지 아니하여 그 혼인은 무효에 해당합니다(대법원 1995.11.14. 선고 95므694 판결). 그러므로 이미 사망하였으나 사망신고가 되지 아니한 자와 혼인신고가 되어 기록되었다 하더라도, 혼인신고일 전에 이미 사망한 사실이 명백히 확인된다면 이는 무효라 할 것입니다.

따라서 혼인신고인 또는 신고사건의 본인은 병녀가 혼인신고일 전에 이미 사망한 사실을 증명하는 서면을 소명자료로 하여 사건본인의 등록기준지를 관할하는 가정법원에 가족관계등록부정정허가신청을 하여 그 허가결정을 받아 사건본인의 등록기준지 또는 정정신청인의 주소지나 현재지의 시(구)·읍·면의 장에게 가족관계등록부정정신청을 함으로써 가족관계등록부상 혼인기록을 말소할 수 있고, 이후 절차에 따라 갑남과 병녀의 가족관계등록부에 기록된 각 배우자의 특정등록사항 및 혼인사유의 기록을 말소한 다음 병녀에 대한 사망신고에 따라 병녀의 가족관계등록부에 사망기록을 하고 그 가족관계등록부를 폐쇄하게 됩니다. 이때 병녀에 대한 사망신고는 병녀가 사망할 당시에 동거하였던 친족이 신고의무자로서 사망신고를 하여야 하고, 기타 비동거친족 등은 신고적격자로서 사망신고를 할 수 있을 것입니다.

한편, 먼저 병녀에 대한 사망신고를 한 다음 가족관계등록부정정절차를 통해 혼인기록을 말소할 수도 있는바, 사망신고서에 첨부된 진단서 또는 검안서(이를 얻을 수 없는 때에는 사망의 사실을 증명할 만한 서면)상 병녀가 혼인신고일 전에 이미 사망한 사실이 명백하다면 가족관계등록부상 갑남과 병녀의 혼인사유 기록의 진실성 추정은 미치지 않는다고 할 것이므로 가족관계등록부 기록상 배우자인 갑남과 병녀의 인척인 갑남의 혈족 및 갑남의 혈족의 배우자는 병녀에 대하여 친족의 신분에 의한 사망신고의무자나 신고적격자가 될 수 없고, 병녀가 사망할 당시에 동거하였던 친족이 신고의무자로서 사망신고를 하여야 하고, 기타 비동거친족 등이 신고적격자로서 사망신고를 할 수 있을 것입니다(가족관계등록선례 제200907-3호).

Q 최근 저의 부친이신 甲은 1949년 대구 민간인 희생사건의 피해자로 인정받았고, 진실화해위원회에서 사망사실이 확인되었습니다. 이 결정문을 첨부하여 아버지에 대한 사망신고를 할 수 있나요?

A 가족관계의 등록 등에 관한 법률 제84조 제1항은 사망신고의무자는 사망의 사실을 안 날부터 1개월 이내에 진단서 또는 검안서를 첨부하여야 한다고 규정하고 있고, 동조 제3항은 부득이한 사정으로 인하여 진단서나 검안서를 얻을 수 없는 때에는 사망의 사실을 증명할 만한 서면으로써 이에 갈음할 수 있으며 이 경우 신고서에 그 진단서 또는 검안서를 얻지 못한 사유를 기재하여야 한다 하고 있습니다.

결국 진실규명사건 피해자의 사망사실을 확인한 진실화해위원회의 진실규명결정문이 "사망의 사실을 증명할 만한 서면"인지가 문제되는데, 진실·화해를 위한 과거사정리 기본법에 의하면 진실화해위원회는 조사대상사건의 진실규명을 위한 조사업무를 독립하여 수행하고 진실규명을 위한 조사방법으로 다양한 조치를 취할 수 있으며, 국가 및 정부는 이러한 조사결과 규명된 진실에 따라 피해자 등의 피해 및 명예의 회복을 위한 노력과 적절한 조치를 취할 의무가 있는바, 진실화해위원회의 설치근거와 그 목적, 역할, 조사방법 및 국가와 정부의 규명된 진실에 대한 의무 등에 비추어 볼 때 진실화해위원회가 적법하게 조사하고 수집한 관련 자료를 바탕으로 진실규명사건 피해자의 사망사실을 확인한 진실규명결정을 하였다면 동 결정에 의하여 진실규명사건 피해자의 사망사실이 증명되었다고 할 것입니다(가족관계등록선례 제201010-2호, 사망신고서에 첨부할 사망의 사실을 증명할 만한 서면에 관한 처리지침 제2조 제1항 제2호). 따라서 귀하께서는 위 진실규명결정문을 첨부하셔서 사망신고를 할 수 있습니다.

Q 베를린에 거주하는 저희 어머님이 최근 돌아가셨습니다. 독일에는 사망신고를 하였고, 이제 한국에서도 사망신고를 하려 하는데, 사망신고한 사실을 증명하는 원본 대신 가족관계등록공무원의 원본대조필 사본을 첨부하여도 되는지요?

A 가족관계의 등록 등에 관한 법률 제84조 제1항은 사망신고의무자는 사망의 사실을 안 날부터 1개월 이내에 진단서 또는 검안서를 첨부하여야 한다고 규정하고 있고, 동조 제3항은 부득이한 사정으로 인하여 진단서나 검안서를 얻을 수 없는 때에는 사망의 사실을 증명할 만한 서면으로써 이에 갈음할 수 있으며 이 경우 신고서에 그 진단서 또는 검안서를 얻지 못한 사유를 기재하여야 한다 하고 있습니다.

이 때, 「가족관계의 등록 등에 관한 법률」과 「가족관계의 등록 등에 관한 규칙」은 사본 첨부를 허용하는 명시적인 규정을 두고 있지 않으므로, 신고인이 그 사망신고한 사실을 증명하는 서면의 원본을 대신하여 가족관계등록공무원의 원본대조필 사본을 신고서에 첨부하여 사망신고한 경우 이를 수리할 수 없습니다(가족관계등록선례 제201112-1호). 따라서 원본이 아닌 원본대조필 사본을 첨부한 사망신고는 수리되지 않을 것입니다.

Q 甲에게는 이복형님 乙이 있고, 乙은 甲의 아버지의 제적부에 자녀로 기재되어 있으나 甲의 가족과 함께 살지 않기 때문에 현재 행방을 전혀 알 수 없습니다. 그런데 갑자기 甲의 아버지가 사망하여 90억원대의 상속문제가 발생하였는데, 甲은 행방불명인 乙을 상속인에서 제외하고자 한다. 甲은 미혼인 이복형님 乙이 아버지보다 먼저 사망하였다면 미혼인 이복형님의 상속분만큼 甲의 상속분이 늘어나는 것으로 알고 있는데, 이복형님 乙이 甲의 아버지보다 먼저 사망한 것으로 정리할 수 있는 방법이 있을까요?

A 공동상속인에 대한 사망신고 또는 실종선고를 할 수 있으나, 사망하지 않은 사람임을 알면서 허위의 사망을 증명하는 서면을 얻어 사망신고를 하는 것은 형법상 공정증서원본불실기재죄에 해당합니다.

Q 사망한 가족의 경우에는 가족관계증명서를 발급받아 보면 기재되어 있지 않은데 추가할 방법이 있나요?

A 가족관계증명서에 기재되는 가족은 2008. 1. 1.을 기준으로 종전 호적상 생존해 있는 사람을 기준으로 개인별 가족관계등록부가 작성된 가족에 한하며 이는「가족관계의 등록 등에 관한 법률」부칙 제3조제1항에서 규정에 의한 것입니다. 따라서, 2007. 12. 31.까지 사망하거나 국적상실 또는 부재선고, 실종선고로 제적된 사람은 가족관계등록부를 작성하지 않고, 자신의 다른 어떤 가족의 가족관계증명서에도 기재되지 않습니다. 다만, 「가족관계의 등록 등에 관한 규칙」부칙 제4조제1항 후단에 따라 제적등본 등의 필요한 자료를 첨부하여 자신의 가족관계증명서에 사망한 자녀나 부모의 신분사항의 정정신청을 할 수 있습니다.

■ 가족관계증명서에서 성명만 나오는 사망한 부모의 나머지 신분에 관한 사항을 추가로 기재할 방법이 있나요?

Q 가족관계증명서에서 성명만 나오는 사망한 부모의 나머지 신분에 관한 사항을 추가로 기재할 방법이 있나요?

A 사망한 부모의 성명만 기재되어 가족관계증명서가 발급되는 경우 「가족관계의 등록 등에 관한 규칙」 부칙 제4조제1항 후단에 따라 이해관계인이 제적등본을 제시하면서 주민등록번호, 생년월일, 성별, 본의 추가를 하고자 한다면 등록기준지 시(구)·읍·면의 사무소에 정정신청을 할 수 있습니다.

2. 실종선고 신고방법

2-1. 실종선고 신고

2-1-1. 실종선고 신고란?

"실종선고 신고"란 종래의 주소나 거소를 떠난 사람의 생사가 5년간 분명하지 않아 이해관계인이나 검사의 청구로 실종선고가 내려진 경우 이에 대한 내용을 시(구)·읍·면의 장에게 신고하는 것을 말합니다.

2-1-2. 실종선고

① 실종선고의 청구

- 부재자의 생사가 5년간 분명하지 않은 경우 이해관계인이나 검사의 청구로 법원은 실종선고를 합니다.
- 전쟁에 임한 사람, 침몰한 선박 중에 있던 사람, 추락한 항공기 중에 있던 사람, 그 밖에 사망의 원인이 될 위난을 당한 사람의 생사가 전쟁이 끝난 후 또는 선박의 침몰, 항공기의 추락 그 밖의 위난이 종료한 후 1년간 분명하지 않은 경우에도 같습니다.

2-1-3. 실종선고의 효과

실종선고를 받은 사람은 위의 기간이 만료한 시기에 사망한 것으로 봅니다.

[서식] 실종(부재)신고서

<table>
<tr><td colspan="4" rowspan="2" style="text-align:center">실종(부재)선고신고서
(　　　년　　　월　　　일)</td><td colspan="5">※ 신고서 작성 시 아래의 작성 방법을 참고하고, 선택항목에는 '영표(○)'로 표시하기 바랍니다.</td></tr>
<tr></tr>
<tr><td rowspan="4">①실종자
(잔류자)</td><td>성　명</td><td>한글</td><td>(성) / (명)</td><td colspan="2">한자</td><td colspan="3">(성) / (명)</td></tr>
<tr><td>주민등록번호
또는 출생연월일</td><td colspan="7"></td></tr>
<tr><td>등록기준지</td><td colspan="7"></td></tr>
<tr><td>최후주소</td><td colspan="5"></td><td>성별</td><td>①남②여</td></tr>
<tr><td colspan="2">②실종기간만료일</td><td colspan="7" style="text-align:center">년　　　　월　　　　일</td></tr>
<tr><td colspan="2">③사건번호</td><td colspan="7"></td></tr>
<tr><td colspan="2">④재판확정일자</td><td colspan="3" style="text-align:center">년　　월　　일</td><td>법원명</td><td colspan="3"></td></tr>
<tr><td colspan="2">⑤기타사항</td><td colspan="7"></td></tr>
<tr><td rowspan="2">⑥신고인</td><td>성명</td><td colspan="2">㊞ 또는 서명</td><td>주 민 등
록 번 호</td><td>　　　-　　　</td><td></td><td>자격</td><td></td></tr>
<tr><td>주소</td><td colspan="3"></td><td>전화</td><td></td><td>이메일</td><td></td></tr>
<tr><td colspan="2">⑦제출인</td><td>성명</td><td colspan="2"></td><td>주민등록번호</td><td colspan="3">　　-　　</td></tr>
</table>

작 성 방 법

※ 이 신고는 실종(부재)선고의 재판을 청구한 자가 재판(심판)의 확정일로부터 1개월 이내에 하여야 합니다.
※등록기준지:각 란의 해당자가 외국인인 경우에는 그 국적을 기재합니다.
※주민등록번호:각 란의 해당자가 외국인인 경우에는 외국인등록번호(국내거소신고번호 또는 출생연월일)를 기재합니다.
①란:최후주소와 주민등록번호, ②란 실종기간만료일, ③란 사건번호는 각 해당사항이 있는 경우에 기재합니다.
⑤란:가족관계등록부에 기록을 분명하게 하는데 특히 필요한 사항을 기재합니다.
⑥란:법정대리인 등 해당되는 자격을 기재합니다.
⑦란:제출인(신고인이 작성한 신고서를 신고인이 아닌 사람이 제출할 경우만 기재)의 성명 및 주민등록번호를 기재합니다.[접수담당공무원은 신분증과 대조]

첨 부 서 류

1. 실종(부재)선고의 재판등본 및 확정증명서 각 1부.
※ 아래 2항은 가족관계등록관서에서 전산으로 그 내용을 확인할 수 있는 경우 첨부를 생략합니다.
2. 실종자의 가족관계등록부의 기본증명서, 가족관계증명서 각 1통.
3. 신분확인[가족관계등록예규 제443호에 의함]
 - 신고인이 출석한 경우 : 신분증명서
 - 제출인이 출석한 경우 : 제출인의 신분증명서
 - 우편제출의 경우 : 신고인의 신분증명서 사본
※ 신고인이 성년후견인인 경우에는 3항의 서류 외에 성년후견인의 자격을 증명하는 서면도 함께 첨부해야 합니다.

※ 타인의 서명 또는 인장을 도용하여 허위의 신고서를 제출하거나, 허위신고를 하여 가족관계등록부에 부실의 사실을 기록하게 하는 경우에는 형법에 의하여 5년 이하의 징역 또는 1천만 원 이하의 벌금에 처해집니다.

[서식] 실종(부재)선고취소신고서

실종(부재)선고취소신고서 (년 월 일)				※ 신고서 작성 시 아래의 작성방법을 참고 하여 기재하기 바랍니다.		
① 실종자 (잔류자)	성 명	한글	(성) / (명)	한자	(성) / (명)	
	주민등록번호 또는 출생연월일					
	등록기준지					
	주 소					
	②재판확정일자		년 월 일		법원명	
	③기타사항					
④신고인	성 명		㉔ 또는 서명	주민등록번호		-
	주 소			전화	이메일	
⑧제출인	성 명			주민등록번호		-

작 성 방 법

※ 이 신고는 실종(부재)선고취소의 재판을 청구한 자가 재판(심판)의 확정일로부터 1개월 이내에 하여야 합니다.
※등록기준지:각 란의 해당자가 외국인인 경우에는 그 국적을 기재합니다.
※주민등록번호:각 란의 해당자가 외국인인 경우에는 외국인등록번호(국내거소신고번호 또는 출생연월일)를 기재합니다.
①란:주소와 주민등록번호는 잔류자(부재선고 된 자)의 경우에는 기재하지 않습니다.
③란:가족관계등록부에 기록을 분명하게 하는데 특히 필요한 사항을 기재합니다.
⑧란:제출인(신고인이 작성한 신고서를 신고인이 아닌 사람이 제출할 경우만 기재)의 성명 및 주민등록번호를 기재합니다.[접수담당공무원은 신분증과 대조]

첨 부 서 류

1. 실종(부재)선고취소의 재판등본 및 확정증명서 각 1부.
※ 아래 2항은 가족관계등록관서에서 전산으로 그 내용을 확인할 수 있는 경우 첨부를 생략합니다.
2. 실종자의 가족관계등록부의 기본증명서, 가족관계증명서 각 1통.
3.신분확인[가족관계등록예규 제443호에 의함]
 - 신고인이 출석한 경우 : 신분증명서
 - 제출인이 출석한 경우 : 제출인의 신분증명서
 - 우편제출의 경우 : 신고인의 신분증명서 사본
※ 신고인이 성년후견인인 경우에는 3항의 서류 외에 성년후견인의 자격을 증명하는 서면도 함께 첨부해야 합니다.

※ 타인의 서명 또는 인장을 도용하여 허위의 신고서를 제출하거나, 허위신고를 하여 가족관계등록부에 부실의 사실을 기록하게 하는 경우에는 형법에 의하여 5년 이하의 징역 또는 1천만 원 이하의 벌금에 처해집니다.

부 재 선 고 심 판 청 구

청 구 인 　 ○ 　○ 　○(주민등록번호)
　　　　　　　등록기준지 :
　　　　　　　주소 :
　　　　　　　전화 : ○○○ - ○○○○

사건본인 　 △ 　△ 　△(주민등록번호)
(잔류자) 　　　원등록기준지 :
　　　　　　　등록기준지 :
　　　　　　　최후주소 :
　　　　　　　전화 : ○○○ - ○○○○

청 구 취 지

잔류자 △△△에 대한 부재를 선고한다.
라는 심판을 구합니다.

청 구 원 인

1. 사건본인은 청구인의 부(父)로서 현재 군사분계선 이북 지역에 잔류하고 있으며 청구인은 사건본인의 가족이므로 본 청구서의 적격자입니다.
2. 사건본인은 상기주소에서 8.15 해방이후 월남하지 않았으므로 가족관계등록부에「군사분계선 이북 지역 거주」로 등재되어 있습니다.
3. 그러므로 청구인은 부재선고등에관한특별조치법에 의하여 사건본인에 대한 부재선고의 심판을 구하고자 본 청구를 합니다.

첨 부 서 류

　　　　1. 가족관계증명서　　　　　　　　1통
　　　　1. 기본증명서(사건본인)　　　　　1통
　　　　1. 잔류자확인서　　　　　　　　　1통
　　　　1. 주민등록등본　　　　　　　　　1통
　　　　1. 인우보증서　　　　　　　　　　1통
　　　　1. 인우인주민등록등본　　　　　　1통

20○○년　○월　○일

위 청구인　○　○　○　(서명 또는 날인)

○ ○ 가 정 법 원 귀 중

부재자재산관리인 선임 심판청구서

청 구 인   ○○○(○○○)
　　　　　　　19○○년 ○월 ○일생
　　　　　　　등록기준지 : ○○시 ○○구 ○○길 ○○
　　　　　　　주소 : ○○시 ○○구 ○○길 ○○(우편번호)
　　　　　　　전화 : ○○○ - ○○○○

사 건 본 인   △　△　△(△△△)
(부 재 자)　　　19○○년 ○월 ○일생
　　　　　　　등록기준지 : ○○시 ○○구 ○○길 ○○
　　　　　　　주소 : ○○시 ○○구 ○○길 ○○(우편번호)
　　　　　　　전화 : ○○○ - ○○○○

부재자 재산관리인 선임심판 청구

청 구 취 지

　사건본인(부재자) △△△의 재산관리인으로 ○○시 ○○구 ○○길 ○○에 거주하는 ○○○를 선임한다.
라는 심판을 구합니다.

청 구 원 인

1. 청구인은 사건본인 △△△의 모이고, 사건본인 △△△은 19○○년 ○월 ○일 ○○시 ○○구 ○○길 ○○에서 청구인의 남편인 신청외 □□□과 사이에서 출생한 장남입니다.

2. 사건본인 △△△은 19○○년 ○월 ○일 당시의 주소지인 ○○시 ○○구 ○○길 ○○ 소재 신청외 □□□ 소유의 주택에서 살다가 잠깐 친구를 만나고 온다고 하고 집을 나가 이내 귀가하지 아니하여 현재까지 그 행방을 알수가 없는 부재자입니다.

3. 사건본인 △△△은 그 소유의 별지목록 부동산이 있는데 사건본인 소유의 위 부동산에 대한 재산관리인을 둔 사실이 없어 재산관리인을 선임하여야 하므로 사건본인 △△△의 어머니인 청구인이 그 재산관리인이 되고자 부

득이 본 심판청구에 이른 것입니다.

첨 부 서 류

1. 가족관계증명서	1 통
1. 주민등록등본	1 통
1. 부재사실확인서	1 통
1. 인감증명	1 통
1. 부동산등기사항전부증명서	1 통
1. 납부서	1 통

20○○년   ○월   ○일
청 구 인   ○   ○   ○ (서명 또는 날인)

○ ○ 지 방 법 원 귀 중

실 종 선 고 심 판 청 구

청 구 인 ○○○(○○○)
　　　　　　 19○○년 ○월 ○일생
　　　　　　 등록기준지 : ○○시 ○○구 ○○길 ○○
　　　　　　 주소 : ○○시 ○○구 ○○길 ○○(우편번호)
　　　　　　 전화 : ○○○ - ○○○○

사 건 본 인 △　△　△(△△△)
(부 재 자)　 19○○년 ○월 ○일생
　　　　　　 등록기준지 : 청구인과 같음
　　　　　　 최후의 주소 : 청구인의 주소와 같음

청 구 취 지

　사건본인 △△△에 대하여 실종을 선고한다.
라는 심판을 구합니다.

청 구 원 인

1. 청구인은 사건본인(부재자) △△△의 동생으로서 이건 청구의 당사자입니다.
2. 부재자와 청구인은 형제간의 관계로 부(父) 망 김□□와 모(母) 망 이□□ 사이에 ○○시 ○○구 ○○길 ○○에서 출생하여 성장하던 중 19○○. ○. ○. 전쟁이 일어나 피난하던 길에 청구인은 부재자와 헤어져 현재까지 행방을 찾았으나 부재자를 찾을 길이 없고 부재자가 73세의 고령으로 사망한 것으로 보여지나 사망한 사실을 확인할 근거도 전혀 없어 청구취지와 같은 심판을 구하고자 이 건 신청을 합니다.

첨 부 서 류

1. 가족관계증명서	1통
1. 기본증명서(사건본인)	1통
1. 주민등록등본(신청인)	1통
1. 말소주민등록등본(부재자)	1통
1. 인우보증서	1통

1. 인감증명서(인우보증인)   2통
1. 납부서   1통

20○○년   ○월   ○일
청 구 인 ○ ○ ○ (서명 또는 날인)

○ ○ 가 정 법 원 귀 중

실종선고 취소 심판청구서

청구인(사건본인)   ○○○(○○○)
　　　　　　　　　　19○○년 ○월 ○일생
　　　　　　　　　　등록기준지 : ○○시 ○○구 ○○길 ○○
　　　　　　　　　　주소 : ○○시 ○○구 ○○길 ○○(우편번호)
　　　　　　　　　　전화 : ○○○ - ○○○○

실종선고 취소 심판청구

청 구 취 지

　귀원이 20○○년 ○월 ○일 20○○느 제○○○호 청구인에 대하여 심판한 실종선고는 이를 취소한다.
라는 심판을 구합니다.

청 구 원 인

1. 청구인은 처 □□□와의 사이에 자식 둘이 있었습니다만 가정불화 때문에 20○○년 ○월 ○일 무단가출하여 각처를 전전하고 수년간 처자 및 친척 등과도 소식을 끊고 있었습니다.
2. 그러던 차에 청구인은 최근 취직하게 되어, 가족관계기록사항에 관한 증명서를 제출할 필요가 생겨서 교부를 받고자 가족관계등록부를 열람한 바 처 □□□의 청구에 의하여 20○○년 ○월 ○일 법원에서 청구인을 실종선고한 사실을 발견하였습니다.
3. 그런데 청구인이 현재 생존하고 있다는 사실은 틀림없으므로 이에 실종 선고를 취소하고자 청구취지와 같이 심판을 구하는 바입니다.

첨 부 서 류

　　　　　1. 가족관계증명서 (신청인)　　　　1통
　　　　　2. 기본증명서 (신청인)　　　　　　1통
　　　　　2. 실종선고심판등본　　　　　　　1통
　　　　　3. 주민등록등본(신청인)　　　　　1통

4. 납부서   1통

2000년   0월   0일
청구인   0 0 0 (서명 또는 날인)

○○지방법원 ○○지원 귀중

■ **바다에서 사고로 가족이 실종되었을 경우, 실종된지 1년이 넘어 사망처리를 해야 할 것 같은데 어떻게 해야 하나요?**

Q 바다에서 사고로 가족이 실종되었습니다. 실종된지 1년이 넘어 사망 처리를 해야 할 것 같은데 어떻게 해야 하나요?

A 일반적으로 부재자의 생사가 5년간 분명하지 않은 경우 이해관계인이나 검사의 청구로 법원이 실종선고를 하게 됩니다. 그러나 침몰한 선박 중에 있었거나 그 밖에 사망의 원인이 될 위난을 당한 사람의 생사가 선박의 침몰, 그 밖의 위난이 종료한 후 1년간 분명하지 않은 경우에도 법원은 실종선고를 합니다. 해양에서 사고로 실종된 경우, 인근의 해양경찰서 민원실을 방문해 "사간사고 사실확인서"를 발급받은 후 이를 가정법원에 증빙자료로 제출하면 실종선고를 받을 수 있습니다. 해양에서의 사고로 실종선고를 받은 사람은 실종 후 1년이 종료되는 시기에 사망한 것으로 간주됩니다.

해양경찰서에서 "사건사고사실확인서"를 발급받기 위해서는 실종자의 가족일 경우 본인 신분증, 가족관계 증명서가 필요하며 가족이 아닌 제3자의 경우 위임장과 위임하는 사람과 위임 받는 사람의 신분증, 위임자와 실종자와의 관계를 확인할 수 있는 증빙서류(가족관계증명서 등)가 필요합니다.

가정법원에서 실종선고를 받으면 판결 등본 및 확정증명서를 가지고 전국 구청 또는 사망자 주소지 동 주민센터에서 사망신고를 하면 됩니다.

■ **실종선고신고에 의하여 가족관계등록부에 실종선고가 기재된 사람에 대하여 다시 사망신고를 하여야 하는지요?**

Q 저의 아버지는 집을 나가서 생사불명이 된지 10여 년이 넘었고 최근 법원의 실종선고까지 받았습니다. 실종선고가 내려졌는데 다시 사망신고를 하여야 하는지요?

A 실종선고제도는 부재자 또는 사망의 원인이 될 위난을 당한 사람의 생사가 분명하지 아니한 경우 이해관계인이나 검사의 청구에 의하여 법원이 실종선고심판을 하고 실종선고심판을 청구한 사람이 실종선고심판등본 및 확정증명서를 첨부하여 실종선고신고를 하면 실종선고 받은 사람을 실종기간이 만료한 때에 사망한 것으로 간주하는 제도입니다(민법 제28조). 따라서 실종선고신고에 의하여 가족관계등록부에 실종선고가 기재된 사람에 대하여 해당 실종선고심판등본 및 확정증명서를 첨부하여 다시 사망신고를 할 필요는 없다 할 것입니다.

다만, 실종선고받은 사람이 사망간주일자(실종기간 만료기간)와 다른 때에 사망한 사실의 증명이 있으면 법원은 이해관계인 또는 검사의 청구에 의하여 실종선고를 취소하여야 하며, 실종선고취소신고를 한 후에 사망한 사실을 증명하는 서면(예: 진단서, 검안서 등)을 첨부하여 사망신고를 할 수 있습니다(민법 제29조).

2-2. 실종선고의 신고의무자

실종선고에 대한 신고의무자는 실종선고를 청구한 사람입니다.

2-3. 신고기한

① 실종선고의 신고의무자는 실종선고 청구재판의 확정일부터 1개월 이내에 실종신고를 해야 합니다.

② 신고의무자가 정당한 사유 없이 실종선고 신고를 기간 내에 하지 않은 경우에는 5만원 이하의 과태료가 부과됩니다.

2-4. 실종선고 신고하기

2-4-1. 신고장소

① 실종선고 신고는 실종자의 등록기준지 또는 신고인의 주소지나 현재지에서 할 수 있는데, 신고인의 관할 시(구)·읍·면의 사무소에 하면 됩니다.

② 다만, 외국에 거주하거나 체류하는 대한민국 국민의 경우 재외국민 가족관계등록사무소에서도 할 수 있습니다.

2-4-2. 실종선고 신고 신청서 작성

① 실종선고 신고는 실종·부재선고 신고서에 다음 사항을 기재해야 합니다.

   1) 실종자의 성명·성별, 등록기준지 및 주민등록번호

   2) 실종선고를 위한 기간(부재자 : 5년, 위난을 당한자 등 : 1년)의 만료일

② 첨부서류

   1) 실종선고재판의 판결 등본 및 확정증명서

   2) 신고인의 신분증명서

제7장

개명 및 성·본의 변경신고는
어떻게 하나요?

제7장 개명 및 성·본의 변경신고는 어떻게 하나요?

1. 개명신고방법

1-1. 개명신고

1-1-1. 개명신고란?

"개명신고"란 가족관계등록부에 기록된 이름을 바꾸기 위해 법원의 허가를 받은 후 시(구)·읍·면의 장에게 신고하는 것을 말합니다.

1-1-2. 개명허가의 기준

(대법원 2005. 11. 16.자 2005스26 결정)

이름은 통상 부모에 의해서 일방적으로 결정되어지고 그 과정에서 이름의 주체인 본인의 의사가 개입될 여지가 없어 본인이 그 이름에 대하여 불만을 가지거나 그 이름으로 인하여 심각한 고통을 받은 경우도 있을 수 있는데 그런 경우에도 평생 그 이름을 가지고 살아갈 것을 강요하는 것은 정당화될 수도 없고 합리적이지도 아니한 점, 이름이 바뀐다고 하더라도 주민등록번호는 변경되지 않고 종전 그대로 존속하게 되므로 개인에 대한 혼동으로 인하여 초래되는 법률관계의 불안정은 그리 크지 않으리라고 예상되는 점, 개인보다는 사회적·경제적 이해관계가 훨씬 더 크고 복잡하게 얽혀질 수 있는 법인, 그 중에서도 특히, 대규모 기업 등과 같은 상사 법인에 있어서도 상호의 변경에 관하여는 관계 법령에서 특별한 제한을 두고 있지 아니할 뿐만 아니라, 실제로도 자유롭게 상호를 변경하는 경우가 적지 아니한 점, 개명으로 인하여 사회적 폐단이나 부작용이 발생할 수 있다는 점을 지나치게 강조하여 개명을 엄격하게 제한할 경우 헌법상의 개인의 인격권과 행복추구권을 침해하는 결과를 초래할 우려가 있는 점 등을 종합하여 보면, 개명을 허가할 만한 상당한 이유가 있다고 인정되고, 범죄를 기도 또는 은폐하거나 법령에 따른 각종 제한을 회피하려는 불순한 의도나 목적이 개입되어 있는 등 개명신청권의 남용으로 볼 수 있는 경우가 아니라면, 원칙적으로 개명을 허가함이 상당하다고 할 것이다.

1-1-3. 개명신청

① 신청인

개명허가신청은 개명하려는 사람 또는 법정대리인이 신청할 수 있고, 의사능력이 있는 미성년자는 자신의 개명허가를 직접 신청할 수 있습니다. 그러나 사망한 사람은 개명허가신청을 할 수 없습니다.

② 관할법원

- 개명신청은 주소지를 관할하는 가정법원에 신청하면 됩니다.
- 가정법원은 심리(審理)를 위해 국가경찰관서의 장에게 개명 신청인의 범죄경력 조회를 요청할 수 있고, 그 요청을 받은 국가경찰관서의 장은 지체 없이 그 결과를 회신해야 합니다.

1-2. 개명신고의 신고의무자

개명의 신고의무자는 개명을 하려는 사람입니다.

1-3. 신고기한

① 개명신고의 의무자는 개명에 대한 가정법원의 허가를 받고 허가서의 등본을 받은 날부터 1개월 이내에 개명신고를 해야 합니다.

② 신고의무자가 정당한 사유 없이 개명신고를 기간 내에 하지 않은 경우에는 5만원 이하의 과태료가 부과됩니다.

1-4. 개명신고하기

1-4-1. 신고장소

① 개명신고는 신고인의 등록기준지 또는 주소지나 현재지에서 할 수 있는데, 신고인의 관할 시(구)·읍·면의 사무소에 하면 됩니다.

② 다만, 외국에 거주하거나 체류하는 대한민국 국민의 경우 재외국민 가족관계등록사무소에서도 할 수 있습니다.

1-4-2. 개명신고 신청서 작성

① 개명신고는 개명신고서에 다음 사항을 기재해야 합니다.

   1) 변경 전의 이름

   2) 변경한 이름

   3) 허가연월일

② 첨부서류

   1) 개명허가신청에 대한 허가서 등본

   2) 신고인의 신분증명서

개 명 신 고 서 (년 월 일)		※ 신고서 작성 시 아래의 작성 방법을 참고하고, 선택항목에 는 '영표(○)'로 표시하기 바랍니다.								

① 개 명 자	본 인 성 명	개명 전 이름				②개명 후 이름				
		한글	(성) /(명)	한자	(성) /(명)	한글	(성) /(명)	한자	(성) /(명)	
	본(한자)			주민등록번호			-			
	등록기준지									
	주 소									
③허가일자		년 월 일				법원명				
④기타사항										
⑤ 신 고 인	성 명			㉮ 또는 서명		주민등록번호		-		
	자 격	①본인 ②법정대리인 ③기타(자격 :)								
	주 소				전화		이메일			
⑥제출인	성 명			주민등록번호			-			

작 성 방 법

※ 이 신고는 개명허가결정등본을 받은 날로부터 1개월 이내에 신고하여야 합니다.
①란:본인의 성명은 개명 전 이름과 개명 후 이름을 나누어 기재합니다.
②란:개명 후 이름(개명허가결정등본에 기재된 개명허가를 받은 이름)을 기재 하며, 한자
　　가 없는 경우는 한글란에만 기재합니다.
③란:개명허가일자는 개명허가결정등본에 기재된 연월일을 기재합니다.
④란:가족관계등록부에 기록을 분명하게 하는데 특히 필요한 사항을 기재합니다.
⑤란:본인이 신고하는 경우 개명 후의 이름을 기재합니다.
⑥란:제출인(신고인이 작성한 신고서를 신고인이 아닌 사람이 제출할 경우만 기재)의 성명
　　및 주민등록번호를 기재합니다.[접수담당공무원은 신분증과 대조]

첨 부 서 류

1. 개명허가결정등본 1부.
2. 신분확인[가족관계등록예규 제443호에 의함]
 - 신고인이 출석한 경우 : 신분증명서
 - 제출인이 출석한 경우 : 제출인의 신분증명서
 - 우편제출의 경우 : 신고인의 신분증명서 사본
※ 신고인이 성년후견인인 경우에는 2항의 서류 외에 성년후견인의 자격을 증명하는
　 서면도 함께 첨부해야 합니다.

개명허가 신청서

등록기준지 :
(기본증명서 상단에 표시되어 있음, 주로 본적과 일치)
주민등록등본 주소 :
송달(등기우편)희망주소 :
사건본인의   성   명 :   (한자:)
　　　　　　　주민등록번호 :   -
　　　　　　　전 화 번 호 : (휴대폰)   (자택)

신 청 취 지

등록기준지 : _____ᆞ의 가족관계등록부 중
사건본인의 이름 " (현재이름)   (한자:)" 을(를)
　　　　　　 " (바꿀이름)   (한자:)"(으)로
　　　　　　 개명하는 것을 허가하여 주시기 바랍니다.

* 주 의
1. 개명하고자 하는 이름은 대법원확정 표준 인명용 한자를 사용하여야 합니다.
2. 모든 글씨(한자)는 또박또박 바르게 써주시기 바랍니다(정자로 기재).

신 청 이 유
(신청이유를 구체적으로 기재하시기 바랍니다.

필 수 소 명 자 료

1. 사건본인의 기본증명서(상세) 1통. (동사무소 또는 구청)
2. 사건본인의 가족관계증명서(상세) 1통. (동사무소 또는 구청)
3. 사건본인 부(父)와 모(母) 각각의 가족관계증명서(상세)(2007년 이전에 사망시 사망일시 표시된 제적등본, 2008년 이후 사망시 가족관계증명서) 1통. (동사무소 또는 구청)
4. 사건본인 자녀[성인(19세 이상)인 경우만]의 가족관계증명서(상세) 각 1통. (동사무소 또는 구청)·
5. 사건본인의 주민등록등본 (동사무소 또는 구청) 1통.
6. 소명자료(신청이유를 증명할 수 있는 객관적인 자료 및 개명하고자 하는 이름으로 사용하고 있는 객관적인 자료)
※ 대리인이 제출 할 때에는 사건본인의 위임장, 사건본인의 신분증, 도장 지참.

　　　　　　　　　년   월   일
　　　　　　　　　　　위 신청인　　　　　　　　　(인)

_____법원   귀중

개명허가 신청서

등록기준지 :

(기본증명서 상단에 표시되어 있음, 주로 본적과 일치)

주민등록등본 주소 :

사건본인의　성　　명 : 　　　　　　　　(한자: 　　　　　　)

　　　　　주민등록번호 : 　　　　　 -

　　　　　전 화 번 호 : (휴대폰) 　　　　　　　(자택)

법정대리인(친권자)　부 : 　　　　　　　(한자: 　　　　　)

　　　　　　　　　　모 : 　　　　　　　(한자: 　　　　　)

법정대리인의 송달(등기우편)희망주소 :

전화번호 : (휴대폰) 　　　　　　　(자택)

신 청 취 지

등록기준지 : _____ 의 가족관계등록부 중

사건본인의 이름 " (현재이름)　　　　　　(한자: 　　　　)"을(를)

　　　　　　　" (바꿀이름)　　　　　　(한자: 　　　　)"(으)로

　　　　　　개명하는 것을 허가하여 주시기 바랍니다.

* 주 의

1. 개명하고자 하는 이름은 대법원확정 표준 인명용 한자를 사용하여야 합니다.
2. 모든 글씨(한자)는 또박또박 바르게 써주시기 바랍니다(정자로 기재).

신 청 이 유

(신청이유를 구체적으로 기재하시기 바랍니다.

필 수 소 명 자 료

1. 사건본인의 기본증명서(상세) 1통. (동사무소 또는 구청)
2. 사건본인의 가족관계증명서(상세) 1통. (동사무소 또는 구청)
3. 사건본인 부(父)와 모(母) 각각의 가족관계증명서(상세)(2007년 이전에 사망시 제적등본, 2008년 이후 사망시 가족관계증명서) 1통. (동사무소 또는 구청)
4. 사건본인의 주민등록등본 (동사무소 또는 구청) 1통.

※ 부(父)또는 모(母)가 단독으로 제출 할 때에는 배우자의 위임장, 배우자의 신분증 및 도장 지참.

년　　　월　　　일

미성년자의 법정대리인 친권자　부 : 　　　　　　(인)

　　　　　　　　　　　　　　모 : 　　　　　　(인)

_____법원　귀중

■ 이름의 한글은 그대로 두고 한자를 변경하고 싶습니다. 어떻게 해야 하나요?

Q 이름의 한글은 그대로 두고 한자를 변경하고 싶습니다. 어떻게 해야 하나요?

A 등록부에 기재되어 있는 한글이름은 그대로 두고 한자만을 바꾸려는 경우에도 개명에 해당합니다.
따라서 주소지를 관할하는 가정법원에 개명허가신청을 한 후 허가결정을 얻어 개명신고를 하면 됩니다. 다만, 구체적인 사건에서 개명을 허가할 것인지의 여부는 재판에 관한 사항이므로 재판부가 판단할 사항임을 알려드립니다.

(관련판례)
개명신청을 하는 사람이 신청이유로 제시하는 바가 개인적인 평가 또는 판단에서 나왔다고 하더라도 그것이 일시적·즉흥적인 착상이 아니고 신중한 선택에 기하였다고 판단되는 한 그것이 그 자체로 현저히 불합리한 것이 아니라면 그것만으로 이를 개명의 상당한 이유에 해당하지 않는다고 볼 수 없다(대법원 2009. 10. 16. 자 2009스90 결정).

Q 저는 늦게 결혼하여 아들을 낳았으나, '이름을 천하게 지어야 장수한다.'는 말을 듣고 '개똥'이라고 이름을 지어 출생신고를 하였습니다. 그런데 아들이 커가면서 이름으로 인하여 친구들로부터 놀림을 받는 등 문제가 심각하여 이름을 바꾸어 주려고 하는데, 어떻게 하여야 하는지요?

A 사람의 성명은 사회생활을 하는데 있어서 대단히 중요한 것이라서 함부로 고칠 수 있게 해서는 안 될 것입니다. 그러나 어떠한 경우에도 이름을 바꿀 수 없다고 하면 여러 가지 불합리한 점이 발생할 수 있으므로, 민법은 가정법원의 허가를 받아 개명할 수 있음을 정하고 있습니다.

개명을 신청하려면 개명허가신청서에 신청취지와 그 신청이유를 납득할 수 있게 기재하고 등록사항별 증명서와 주민등록등본 등 신청이유를 뒷받침할 수 있는 자료를 첨부하여 주소지(주소지가 없는 사람은 등록기준지) 관할 가정법원에 제출하면 됩니다(가족관계의 등록 등에 관한 법률 제99조, 가족관계의 등록 등에 관한 규칙 제87조 제4항).

개명허가의 기준과 관련하여 판례는 "이름은 통상 부모에 의해서 일방적으로 결정되어지고 그 과정에서 이름의 주체인 본인의 의사가 개입될 여지가 없어 본인이 그 이름에 대하여 불만을 가지거나 그 이름으로 인하여 심각한 고통을 받은 경우도 있을 수 있는데 그런 경우에도 평생 그 이름을 가지고 살아갈 것을 강요하는 것은 정당화될 수도 없고 합리적이지도 아니한 점, 이름이 바뀐다고 하더라도 주민등록번호는 변경되지 않고 종전 그대로 존속하게 되므로 개인에 대한 혼동으로 인하여 초래되는 법률관계의 불안정은 그리 크지 않으리라고 예상되는 점, 개인보다는 사회적 · 경제적 이해관계가 훨씬 더 크고 복잡하게 얽혀질 수 있는 법인, 그 중에서도 특히, 대규모 기업 등과 같은 상사법인에 있어서도 상호의 변경에 관하여는 관계 법령에서 특별한 제한을 두고 있지 아니할 뿐만 아니라, 실제로도 자유롭게 상호를 변경하는 경우가 적지 아니한 점, 개명으로 인하여 사회적 폐단이나 부작용이 발생할 수 있다는 점을 지나치게 강조하여 개명을 엄격하게 제한할 경우 헌법상의 개인의 인격권과 행복추구권을 침해하는 결과를 초래할 우려가 있는 점 등을 종합하여 보면, 개명을 허가할 만한 상당한 이유가 있다고 인정되고, 범죄를 기도 또는 은폐하거나 법령에 따른 각종 제한을 회피하려는 불순한 의도나 목적이 개입되어 있는 등 개명신청권의 남용으로 볼 수 있는 경우가 아니라면, 원칙적으로 개명을 허가함이 상당하다고 할 것이다."라고 하였습니다(대법원 2005. 11. 16. 선고 2005스26 결정, 2009. 8. 13. 자 2009스65 결정, 대법원 2009.10.16.자 2009스90 결정).

따라서 귀하와 같은 경우, 위 판례의 개명허가 기준을 고려해 보면 개명허가 신청이 받아들여질 가능성이 크다 할 것입니다.

Q 저는 최근 파산선고를 받았습니다. 이제 새로운 이름으로 새 삶을 살고 싶어 법원에 개명을 신청하고 싶은데, 이러한 경우도 개명이 허가 될지가 궁금합니다.

A 사람의 이름은 통상 부모에 의해서 일방적으로 결정되어지고 그 과정에서 이름의 주체인 본인의 의사가 개입될 여지가 없어 불합리한 결과가 발생할 수 있으므로, 민법은 가정법원의 허가를 받으면 이름을 바꾸는 것이 가능하도록 하고 있습니다.

개명허가의 기준과 관련하여 판례는 "이름은 통상 부모에 의해서 일방적으로 결정되어지고 그 과정에서 이름의 주체인 본인의 의사가 개입될 여지가 없어 본인이 그 이름에 대하여 불만을 가지거나 그 이름으로 인하여 심각한 고통을 받은 경우도 있을 수 있는데 그런 경우에도 평생 그 이름을 가지고 살아갈 것을 강요하는 것은 정당화될 수도 없고 합리적이지도 아니한 점, 이름이 바뀐다고 하더라도 주민등록번호는 변경되지 않고 종전 그대로 존속하게 되므로 개인에 대한 혼동으로 인하여 초래되는 법률관계의 불안정은 그리 크지 않으리라고 예상되는 점, 개인보다는 사회적·경제적 이해관계가 훨씬 더 크고 복잡하게 얽혀질 수 있는 법인, 그 중에서도 특히, 대규모 기업 등과 같은 상사법인에 있어서도 상호의 변경에 관하여는 관계 법령에서 특별한 제한을 두고 있지 아니할 뿐만 아니라, 실제로도 자유롭게 상호를 변경하는 경우가 적지 아니한 점, 개명으로 인하여 사회적 폐단이나 부작용이 발생할 수 있다는 점을 지나치게 강조하여 개명을 엄격하게 제한할 경우 헌법상의 개인의 인격권과 행복추구권을 침해하는 결과를 초래할 우려가 있는 점 등을 종합하여 보면, 개명을 허가할 만한 상당한 이유가 있다고 인정되고, 범죄를 기도 또는 은폐하거나 법령에 따른 각종 제한을 회피하려는 불순한 의도나 목적이 개입되어 있는 등 개명신청권의 남용으로 볼 수 있는 경우가 아니라면, 원칙적으로 개명을 허가함이 상당하다고 할 것이다."라고 밝힌 바 있습니다(대법원 2005.11.16. 선고 2005스26 결정).

따라서, 귀하의 신청이 개명신청권의 남용에 해당하는지가 문제 되는데, 판례는 ① 파산자가 받는 공·사법상의 신분적 제한은 그에 대한 전부면책결정이 확정되어 복권됨으로써 모두 제거되고 ② 금융기관이 채권자인 면책신청사건에서

면책결정이 확정되면 전국은행연합회의 장에게 파산선고를 받은 사람의 성명 및 주민등록번호 등과 함께 그 사실을 통보됨으로써 그에 관한 정보가 통합하여 관리되고 있어서, 금융기관과의 관계에서 파산선고 및 면책결정을 받은 사실이 가려질 가능성은 아예 없다고 할 것 등을 근거로 개명신청이유의 하나로 파산선고 및 면책결정을 받았음을 스스로 밝힌 사안에서 개명신청권을 남용하였다고는 쉽사리 말할 수 없다고 한 바 있습니다(대법원 2009.10.16, 자, 2009스90 결정).

따라서, 이러한 판례의 기준에 따르면 귀하의 개명허가 신청은 받아들여질 가능성이 크다 할 것입니다.

(관련판례)

파산선고 및 면책결정을 받은 자가 자신의 이름이 '흔하고 개성이 없고 시대에 뒤떨어진다'는 등의 이유로 개명신청을 한 사안에서, 그 개명신청의 이유가 주관적이라는 사정만으로 개명을 허가할 상당한 이유에 해당하지 않는다고 볼 수 없고, 개명신청자 스스로 파산선고 및 면책결정을 받은 사실을 개명신청 이유의 하나로 표명하고 있는 등 개명신청권의 남용이 있다고 볼 수 없다는 이유로, 개명을 불허한 원심결정을 파기한 사례(대법원 2009. 10. 16. 자 2009스90 결정).

■ 이름을 '사대강'으로 개명하려는 경우, 개명허가신청의 요건이나 개명허가의 심사기준에 비추어 개명가능성이 있는 것인가?

Q 甲은 환경운동가이다. 이름을 '사대강'으로 개명하려는 개명허가신청을 서울가정법원에 하였다. 개명허가신청의 요건이나 개명허가의 심사기준에 비추어 개명가능성이 있는 것인가?

A 법률상 개명허가의 심사기준으로 규정된 것은 없으나, 대법원 결정으로 '개명허가신청에 상당한 이유가 있고, 개명신청권의 남용이 아니라면 원칙적으로 개명허가 하는 것이 상당하다'고 판시한바 있고, 이를 예규에서 개명허가의 심사기준으로 규정하고 있습니다. 통상 개명은 개인의 인격권에 근거한 것인데, '사대강'으로 개명하고자 하는 것은 환경운동을 위한 메시지로서의 의미가 크다 할 것이어서 개인의 인격권이 아닌 '표현의 자유' 영역이므로 개명허가를 받기가 어려울 것으로 보입니다.

(관련판례)

이름은 통상 부모에 의해서 일방적으로 결정되어지고 그 과정에서 이름의 주체인 본인의 의사가 개입될 여지가 없어 본인이 그 이름에 대하여 불만을 가지거나 그 이름으로 인하여 심각한 고통을 받은 경우도 있을 수 있는데 그런 경우에도 평생 그 이름을 가지고 살아갈 것을 강요하는 것은 정당화될 수도 없고 합리적이지도 아니한 점, 이름이 바뀐다고 하더라도 주민등록번호는 변경되지 않고 종전 그대로 존속하게 되므로 개인에 대한 혼동으로 인하여 초래되는 법률관계의 불안정은 그리 크지 않으리라고 예상되는 점, 개인보다는 사회적·경제적 이해관계가 훨씬 더 크고 복잡하게 얽혀질 수 있는 법인, 그 중에서도 특히, 대규모 기업 등과 같은 상사법인에 있어서도 상호의 변경에 관하여는 관계 법령에서 특별한 제한을 두고 있지 아니할 뿐만 아니라, 실제로도 자유롭게 상호를 변경하는 경우가 적지 아니한 점, 개명으로 인하여 사회적 폐단이나 부작용이 발생할 수 있다는 점을 지나치게 강조하여 개명을 엄격하게 제한할 경우 헌법상의 개인의 인격권과 행복추구권을 침해하는 결과를 초래할 우려가 있는 점 등을 종합하여 보면, 개명을 허가할 만한 상당한 이유가 있다고 인정되고, 범죄를 기도 또는 은폐하거나 법령에 따른 각종 제한을 회피하려는 불순한 의도나 목적이 개입되어 있는 등 개명신청권의 남용으로 볼 수 있는 경우가 아니라면, 원칙적으로 개명을 허가함이 상당하다고 할 것이다(대법원 2005.11.16. 자, 2005스26, 결정).

■ **다시 당초의 이름으로 개명허가 신청을 한 후 수차례 다른 이름으로 신청 취지를 변경하였는데 개명신청이 받아들여질 가능성이 있는가요?**

Q '나무력'은 5개월 전 서울가정법원의 개명허가를 얻어 '나필승'으로 개명을 하였던 사람이다. 그런데 최근 부인과 함께 찾은 철학관에서 '필승'이라는 이름을 사용하면 그 이름과 달리 하는 일마다 되는 일도 없고, 건강도 책임질 수 없다는 것이다. 오히려 예전에 쓰던 '무력'이라는 이름이 실제로는 '무력'하지 않은 좋은 기운을 가진 이름이라며 '무력'이라는 이름을 사용하라는 것이다. 결국 다시 당초의 이름으로 개명허가 신청을 한 후 수차례 다른 이름으로 신청취지를 변경하였는데 개명신청이 받아들여질 가능성이 있는가요?

A 유사사례에서 하급심판례는 수개월 전 법원의 허가로 개명을 한 성년자가 새 이름을 사용하면 건강이 악화될 수 있다는 이유 등을 내세워 다시 당초의 이름으로 개명허가 신청을 한 후 수차례 다른 이름으로 신청취지를 변경한 사안에서, 잦은 개명은 신청인의 정체성에 혼돈을 주게 되어 건전한 사회생활을 방해할 우려가 있고, 사람의 이름을 어떻게 사용하느냐에 따라 건강이 악화되거나 개선된다는 것 등은 합리적인 평균인의 입장에서 도저히 받아들일 수 없다고 하여 개명을 불허한 사례(서울남부지방법원 2008. 2. 29. 자 2008호파813)가 있습니다.

(관련판례)
이름 중에 사용된 글자가 통상 사용되는 한자가 아니어서 잘못 읽히거나 컴퓨터 등을 이용한 문서작성에 있어 어려움이 있고 성별(性別)이 착각되는 경우가 적지 않는 등 일상생활에 있어 많은 불편이 있어 개명을 허가할 만한 상당한 이유가 있다고 보여지고, 개명 신청인이 신용불량자로 등록되어 있더라도 법령상의 제한을 회피하기 위한 목적에서 개명신청을 하였다거나 다른 불순한 의도나 목적이 개입되어 있는 등 개명신청권의 남용에 해당한다고 볼 만한 사정도 찾아볼 수 없어 이를 이유로 개명을 불허할 수 없다(대법원 2005.11.16. 자, 2005스26, 결정).

■ 모의 이름으로 개명해달라는 신청을 한 경우, 개명신청이 받아들여질 가능성이 있는가요?

Q 여성인권운동가인 甲은 남편의 성에 따라 안○○라는 성명을 가진 7세 자녀에 대하여 일상생활에서 부모 또는 친외가의 구분이 없는 진정한 양성평등을 보이고 싶다는 이유로 기존 이름 '○○'에 甲 자신의 성인 '임'을 붙인 '임○○'으로 개명해 달라는 신청을 하였다. 개명신청이 받아들여질 가능성이 있는가요?

A 유사사례에서 하급심판례로 아버지의 성을 따라 노○○라는 성명을 가진 7세의 자(子)에 대하여 일상생활에서 부모 또는 친외가의 구분이 없는 진정한 양성평등을 보이고 싶다는 이유로 기존 이름 '○○'에 어머니의 성인 '최'를 붙인 '최○○'으로 개명하여 달라는 신청을 받아들이지 않은 사례(서울남부지방법원 2008. 3. 6. 선고 2008호파887)가 있습니다.

■ 한글이름을 추후 한자이름을 병기하여 등록하고 싶은데 어떤 방법을 통해 할 수 있을까요?

Q 한글이름을 추후 한자이름을 병기하여 등록하고 싶은데 어떤 방법을 통해 할 수 있을까요?

A 출생신고시 출생자의 이름을 한글로만 신고한 경우에는 한글이름만 가진경우이므로, 후에 한자이름을 함께 기록하게 하려면 추후보완신고로는 할 수 없고 개명절차를 취해야 합니다(예규 제37호 3. 다.)

(관련판례)

[1] 종래에는 사람의 성을 성염색체와 이에 따른 생식기·성기 등 생물학적인 요소에 따라 결정하여 왔으나 근래에 와서는 생물학적인 요소뿐 아니라 개인이 스스로 인식하는 남성 또는 여성으로의 귀속감 및 개인이 남성 또는 여성으로서 적합하다고 사회적으로 승인된 행동·태도·성격적 특징 등의 성 역할을 수행하는 측면, 즉 정신적·사회적 요소들 역시 사람의 성을 결정하는 요소 중의 하나로 인정받게 되었으므로, 성의 결정에 있어 생물학적 요소와 정신적·사회적 요소를 종합적으로 고려하여야 한다.

[2] 성전환증을 가진 사람의 경우에도, 남성 또는 여성 중 어느 한쪽의 성염색체를 보유하고 있고 그 염색체와 일치하는 생식기와 성기가 형성·발달되어 출생하지만 출생 당시에는 아직 그 사람의 정신적·사회적인 의미에서의 성을 인지할 수 없으므로, 사회통념상 그 출생 당시에는 생물학적인 신체적 성징에 따라 법률적인 성이 평가될 것이다. 그러나 출생 후의 성장에 따라 일관되게 출생 당시의 생물학적인 성에 대한 불일치감 및 위화감·혐오감을 갖고 반대의 성에 귀속감을 느끼면서 반대의 성으로서의 역할을 수행하며 성기를 포함한 신체 외관 역시 반대의 성으로서 형성하기를 강력히 원하여, 정신과적으로 성전환증의 진단을 받고 상당기간 정신과적 치료나 호르몬 치료 등을 실시하여도 여전히 위 증세가 치유되지 않고 반대의 성에 대한 정신적·사회적 적응이 이루어짐에 따라 일반적인 의학적 기준에 의하여 성전환수술을 받고 반대 성으로서의 외부 성기를 비롯한 신체를 갖추고, 나아가 전환된 신체에 따른 성을 가진 사람으로서 만족감을 느끼고 공고한 성정체성의 인식 아래 그 성에 맞춘 의복, 두발 등의 외관을 하고 성관계 등 개인적인 영역 및 직업 등 사회적인 영역에서 모두 전환된 성으로서의 역할을 수행함으로써 주위 사람들로부터도 그 성으로서 인식되고 있으며, 전환된 성을 그 사람의 성이라고 보더라도 다른 사람들과의 신분관계에 중대한 변동을 초래하거나 사회에 부정적인 영향을 주지 아니하여 사회적으로 허용된다고 볼 수 있다면, 이러한 여러 사정을 종합적으로 고려하여 사람의 성에 대한 평가 기준에 비추어 사회통념상 신체적으로 전환된 성을 갖추고 있다고 인정될 수 있는 경우가 있다 할 것이며, 이와 같은 성전환자는 출생시와는 달리 전환된 성이 법률적으로도 그 성전환자의 성이라고 평가받을 수 있을 것이다(대법원 2006. 6. 22. 자 2004스42 전원합의체 결정).

Q 외국인인 아버지와 한국인인 어머니를 둔 저는 아버지의 성과 외국식 이름으로 가족관계등록부를 등록했습니다. 한국인인 어머니의 성과 한국식 이름을 등록하기 위해 필요한 절차가 무엇이 있을까요?

A 외국인 부와 한국인 모 사이에 출생한 혼인중의 자가 외국인 부의 성을 따라 외국식 이름으로 기록된 가족관계등록부를 후에 한국인의 모의 성과 한국식 이름으로 변경하기 위해서는, 창성절차와 개명절차를 거쳐야 하고, 추후보완신고 또는 등록부의 정정절차를 통해서는 이를 할 수 없습니다(예규 제327호 4. 바.)

Q (한자)로 병기된 이름을 한글이름으로 바꾸는 것도 개명절차를 취하여야 합니까?

A 한글(한자)로 병기된 이름을 한글 이름으로 바꾸는 것도 개명절차를 취하여야 합니다(구호적선례 2-337)

■ 등록부와 주민등록표상의 이름이 다릅니다. 주민등록표 상의 이름을 사용하고 싶은데 어떤 절차를 거쳐야 하나요?

Q 등록부와 주민등록표상의 이름이 다릅니다. 주민등록표 상의 이름을 사용하고 싶은데 어떤 절차를 거쳐야 하나요?

A 등록부와 주문등록표상의 이름이 달라 주민등록표상의 이름으로 등록부상 이름을 사용하기 원할 경우에는 법원의 개명절차를 밟아야할 것입니다(구호적 선례 2000309-5).

■ 이름의 한자 중 음은 같으나 한자가 다른 경우 어떻게 해야하나요?

Q 이름의 한자 중 음은 같으나 한자가 다릅니다. 이경우 어떻게 해야 하나요?

A 등록부에 기록되어 있는 본인의 성명 중 한자를 고치고자 하는 경우에도 개명절차를 따라야 합니다(구호적 선례3-463)

■ 부모의 자녀의 이름을 지을 자유는 어디까지 허용되나요?

Q 딸의 이름을 개성 있게 '푫'으로 지으려고 합니다. 가능할까요?

A 가족관계의 등록 등에 관한 법률 제44조 제3항은 "자의 이름에는 한글 또는 통상 사용되는 한자를 사용하여야 한다. 통상 사용되는 한자의 범위는 대법원규칙으로 정한다."고 규정하고 있습니다.

일반적으로 자녀의 양육은 부모에게 부여된 권리이자 의무로서 자녀가 정상적인 사회적 인격체로 성장할 수 있도록 돌보는 것이고, 자녀의 사회적 인격상의 첫 단초가 이름을 가지게 되는 것인 만큼, 부모가 자녀의 이름을 지어주는 것은 자녀의 양육과 가족생활을 위하여 필수적인 것이며, 가족생활의 핵심적 요소라 할 수 있습니다. 따라서 비록 헌법에 명문으로 규정되어 있지는 않지만, '부모의 자녀의 이름을 지을 자유'는 혼인과 가족생활을 보장하는 헌법 제36조 제1항과 행복추구권을 보장하는 헌법 제10조에 의하여 보호받는다고 할 것입니다(헌재 2016. 7. 28. 2015헌마964).

다만, 이름은 그 사람을 특정해주는 공적인 호칭으로서 다른 사람과의 관계에서도 상당한 이해관계를 가지게 되는 것인바, 난해하거나 사용하기에 현저히 불편을 초래하는 것은 사용할 수 없으며, 친권자의 독특한 취향에 따라 발음이 불편하거나 통상 사용되지 아니하는 글자를 사용하여 자녀의 사회생활에 심각한 지장을 초래할 수 있는 이름으로 출생신고를 하는 경우, 이를 관계 공무원은 수리하지 아니할 수 있습니다. 따라서 한글체계상 'ㅍ'과 'ㅛ' 그리고 'ㅍ'을 조합하여 '푫'이라고 표기하는 것은 가능하다고 할지라도, 실제로 이러한 글자는 통상 사용되지 아니할 뿐만 아니라 그 발음도 불편하며 단지 가독적(可讀的)인 기호에 불과하여, 자녀가 그러한 이름으로 사회생활을 영위할 경우 심각한 어려움을 겪을 수도 있으므로, 자녀의 이름을 '푫'이라고 기재한 출생신고서는 수리되지 않을 것입니다(호적선례 제6-30호). 그러므로, 부모의 자녀의 이름을 지을 자유는 보장된다 할지라도 자녀의 이름을 '푫'이라고 짓는 것은 가능하지 않습니다.

2. 성 · 본 변경신고방법

2-1. 성·본 변경신고

2-1-1. 성·본 변경신고란?

"성·본 변경신고"란 자녀의 복리를 위해 가정법원의 허가를 얻어 자녀의 성(姓)·본(本)을 변경하기 위해 시(구)·읍·면의 장에게 신고하는 것을 말합니다.

2-1-2. 자녀의 성과 본

① 자녀는 원칙적으로 부(父)의 성과 본을 따릅니다. 다만, 부모가 혼인신고 시 모(母)의 성과 본을 따르기로 협의한 경우에는 모의 성과 본을 따릅니다.

② 부가 외국인인 경우 자녀는 모의 성과 본을 따를 수 있습니다.

③ 부를 알 수 없는 사람은 모의 성과 본을 따릅니다.

④ 부모를 알 수 없는 사람은 법원의 허가를 받아 성과 본을 창설합니다. 다만, 성과 본을 창설한 후 부 또는 모를 알게 된 경우에는 부 또는 모의 성과 본을 따를 수 있습니다.

⑤ 혼인 외의 출생자가 인지된 경우 자녀는 부모의 협의에 따라 종전의 성과 본을 계속 사용할 수 있습니다. 다만, 부모가 협의할 수 없거나 협의가 이루어지지 않은 경우에는 법원의 허가를 받아 종전의 성과 본을 계속 사용할 수 있습니다.

⑥ 자녀의 복리를 위해 자녀의 성과 본을 변경할 필요가 있을 경우에는 부, 모 또는 자녀의 청구로 법원의 허가를 받아 이를 변경할 수 있습니다.

2-2. 성·본 변경신고의 신고의무자

성·본 변경의 신고의무자는 자녀의 성(姓)·본(本)을 변경 하려는 사람입니다.

2-3. 신고기한

① 성·본 변경신고의 의무자는 성·본 변경에 대한 가정법원의 재판확정일로부터 1개월 이내에 성·본 변경신고를 해야 합니다.

② 신고의무자가 정당한 사유 없이 성·본 변경신고를 기간 내에 하지 않은 경우에는 5만원 이하의 과태료가 부과됩니다.

2-4. 성·본 변경신고하기

2-4-1. 신고장소

① 성·본 변경신고는 변경 당사자의 등록기준지 또는 신고인의 주소지나 현재지에서 할 수 있는데, 신고인의 관할 시(구)·읍·면의 사무소에 하면 됩니다.

② 다만, 외국에 거주하거나 체류하는 대한민국 국민의 경우 재외국민 가족관계등록사무소에서도 할 수 있습니다.

2-4-2. 성·본 변경신고 신청서 작성

① 성·본 변경신고는 성·본 변경신고서에 다음 사항을 기재해야 합니다.

　1) 변경 전의 성·본

　2) 변경한 성·본

　3) 재판확정일

② 첨부서류

　1) 성·본 변경허가재판의 재판서 등본 및 확정증명서

　2) 신고인의 신분증명서

📖 Summary (요점정리)

■ 자녀의 성과 본은?
① 아버지의 성과 본을 따르도록 되어 있으나 부모의 혼인신고 시 어머니의 성과 본을 따르기로 협의한 경우에는 어머니의 성과 본을 따를 수 있다.
② 혼인 외 자는 부 또는 모의 성과 본을 따를 수 있으며 친양자로 입양될 경우에는 양친의 성과 본을 따른다. 한편 자녀의 복리를 위하여 자녀의 성과 본을 변경할 필요가 있을 때에는 아버지, 어머니 또는 자녀의 청구에 의하여 법원의 허가를 받아 이를 변경할 수 있다.
③ 다만, 자녀가 미성년자이고 법정대리인이 청구할 수 없는 경우에는 친족 또는 검사가 청구할 수 있다.

■ 아내가 낳은 아이가 남편 자녀가 아닌 경우에는?
① 혼인신고하고 200일 후 또는 혼인관계 종료의 날로부터 300일 이내에 출생한 자녀는 일단 남편의 자녀로 인정되어 가족관계등록부에 기재되지만 다른 남자의 자녀인 것이 분명한 때에는 친생부인의 소를 제기하여 이를 바로잡을 수 있다. 친생부인의 소는 남편 또는 아내가 그 사유가 있음을 안 날로부터 2년 이내에 제기하여야 한다.
② 한편 "혼인관계종료의 날로부터 300일이내에 출생한 자"에 관한 부분은 2015.4.30 헌법불합치 결정을 받았으나 법률조항이 개정될 때 까지는 계속 적용된다.

■ 혼인외 자의 생부를 가족관계등록부상 밝히려면?
가족관계등록법이 정하는 바에 따라 아버지가 인지 신고를 하면 법률상 부자관계를 발생시킬 수 있다. 아버지가 임의로 인지하지 않을 경우에는 재판으로 인지를 청구할 수 있다. 만약 아버지가 사망한 경우라면 그 사망을 안 날로부터 2년 내에 검사를 상대로 인지청구의 소를 제기할 수 있다.

■ 남편의 혼인외 자가 부인이 낳은 아이로 기재되었다면?
① 이해관계인이 가정법원에 친생자관계부존재확인청구의 소를 하여 정정할 수 있다.
② 친생자관계부존재확인청구의 소는 당사자 쌍방이 살아있는 동안은 언제라도 할 수 있고 한쪽이 사망한 때에는 사망을 안 날로부터 2년 이내에 검사를 상대로 소를 제기할 수 있다.

■ 혼인신고 전 출생한 자녀의 법적 지위는?
혼인외 출생자는 부모가 후에 결혼하면 혼인 중의 출생자로 인정된다. 이와 같이 결혼 전에 낳은 아이라도 후에 부모가 법률상의 부부가 되면 당연히 혼인 중의 자가 되는 것을 준정이라고 한다.

■ 새어머니·새아버지와 전혼 자녀의 법적 관계는?
인척관계로 상속이 발생하지 않는다. 다만 입양을 통해 모(부)자 사이가 될 수 있으며, 이 경우 서로 부양, 상속관계가 생긴다.

■ 처와 혼인외 자 사이의 법적관계는?
단순한 인척관계로 상속이 발생하지 않는다.

[서식] 성·본변경신고서

성·본변경신고서 (년 월 일)						※ 신고서 작성 시 아래의 작성 방법을 참고하고, 선택항목에는 '영표(○)'로 표시하기 바랍니다.		

① 사건본인	성 명	한글	(성) / (명)		주민등록번호		-	
		한자	(성) / (명)					
	등록기준지							
	주 소							
② 성, 본	변경전 성(姓)	한글		한자	변경전 본(本)	한글	한자	
	변경한 성(姓)	한글		한자	변경한 본(本)	한글	한자	
③허가일자		년 월 일			법원명			
④기타사항								
⑤ 신고인	성 명		㉑ 또는 서명		주민등록번호		-	
	자 격		①본인 ②법정대리인 ③기타(자격 :)					
	주 소				전화		이메일	
⑥제출인	성명			주민등록번호			-	

작 성 방 법

※ 본 신고는 성.본변경허가심판서 등본을 받은 날로부터 1개월 이내에 신고하여야 합니다.
②란:사건본인의 성.본은 변경 전의 성.본과 변경한 성.본을 나누어 기재합니다.
③란:성.본 변경허가일자는 성.본변경허가심판서 등본에 기재된 연월일을 기재합니다.
④란:가족관계등록부에 기록을 분명하게 하는데 특히 필요한 사항을 기재합니다.
⑤란:본인이 신고하는 경우 성.본 변경 후의 성명으로 기재합니다. 신고인이 외국인인 경우에는 외국인등록번호(국내거소신고번호 또는 출생연월일)를 기재합니다.
⑥란:제출인(신고인이 작성한 신고서를 신고인이 아닌 사람이 제출할 경우만 기재)의 성명 및 주민등록번호를 기재합니다.[접수담당공무원은 신분증과 대조]

첨 부 서 류

1. 성.본변경허가심판서 등본 1부.
2. 신분확인[가족관계등록예규 제443호에 의함]
 - 신고인이 출석한 경우 : 신분증명서
 - 제출인이 출석한 경우 : 제출인의 신분증명서
 - 우편제출의 경우 : 신고인의 신분증명서 사본
※ 신고인이 성년후견인인 경우에는 2항의 서류 외에 성년후견인의 자격을 증명하는 서면도 함께 첨부해야 합니다.

※ 타인의 서명 또는 인장을 도용하여 허위의 신고서를 제출하거나, 허위신고를 하여 가족관계등록부에 부실의 사실을 기록하게 하는 경우에는 형법에 의하여 5년 이하의 징역 또는 1천만 원 이하의 벌금에 처해집니다.

[서식] 성·본계속사용신고서

성·본계속사용신고서 (년 월 일)						※ 신고서 작성 시 아래의 작성 방법을 참고하고, 선택항목 에는 '영표(○)'로 표시하기 바랍니다.		
① 성본 계속 사용 자	성명	한글	(성) / (명)	본 (한자)		성 별	①남 ②여	
		한자	(성) / (명)			주민등록번호	-	
						출생연월일		
	등록기준지							
	주 소					세대주 및 관계		의
②성.본 계속사용	원인 일자		년 월 일		원인	① 협의 ② ( )법원의 결정		
③기타사항								
④ 신 고 인	부		㊞ 또는 서명	주민등록번호			-	
				전 화				
				이메일				
	모		㊞ 또는 서명	주민등록번호			-	
				전 화				
				이메일				
	성명		㊞ 또는 서명	주민등록번호			-	
				전 화				
				이메일				
	자격	①소 제기자 ②기타(자격:)						
⑤제출인	성 명					주민등록번호	-	

작 성 방 법

①란:법 제25조제2항에 따라 주민등록번호란에 주민등록번호를 기재한 때에는 출생연월일의 기재를 생략할 수 있습니다.
③란:가족관계등록부에 기록을 분명하게 하는데 특히 필요한 사항을기재합니다.
④란:성.본계속사용허가의 재판이 확정된 경우에는 소 제기자 단독으로 신고 할 수 있습니다. 이 경우에도 해당 항
　　목번호에 '영표(○)'로 표시한 후 기명 날인(또는 서명)합니다. 신고인이 외국인인 경우에는 외국인등록번호(국
　　내거소신고번호 또는 출생연월일)를 기재합니다.
⑤란:제출인(신고인이 작성한 신고서를 신고인이 아닌 사람이 제출할 경우만 기재)의 성명 및 주민등록번호를 기재합
　　니다.[접수담당공무원은 신분증과 대조]

첨 부 서 류

※ 아래 1항은 가족관계등록관서에서 전산으로 그 내용을 확인할 수 있는 경우 첨부를 생략합니다
1. 성.본계속사용자의 가족관계등록부의 가족관계증명서 1통.
2. 성.본계속사용을 허가한 법원의 재판서등본 1부.
3. 성.본계속사용을 부모가 협의한 경우 - 부모 중 일방이 신고할 경우: 협의사실을 증명하는 서류 1부.
4.신분확인[가족관계등록예규 제443호에 의함]
　① 법원의 허가에 의한 성·본계속사용신고
　- 신고인이 출석한 경우 : 신분증명서
　- 제출인이 출석한 경우 : 제출인의 신분증명서
　- 우편제출의 경우 : 신고인의 신분증명서 사본
　※ 신고인이 성년후견인인 경우에는 4항의 ① 서류 외에 성년후견인의 자격을 증명하는 서면도 함께 첨부해야 합니다.
　② 부모의 협의에 의하여 성·본계속사용신고를 하는 경우
　- 신고인이 출석한 경우 : 신고인 모두의 신분증명서
　- 신고인 불출석, 제출인 출석의 경우 : 제출인의 신분증명서 및 신고인 모두의 신분증명서 또는 서명공증 또는 인감
　　증명서(신고인의 신분증명서 없이 신고서에 신고인이 서명한 경우 서명공증, 신고서에 인감 날인한 경우 인감증명)
　- 우편제출의 경우 : 신고인 모두의 서명공증 또는 인감증명서(신고서에 서명한 경우 서명공증, 인감을 날인한
　　경우는 인감증명서)

※ 타인의 서명 또는 인장을 도용하여 허위의 신고서를 제출하거나, 허위신고를 하여 가족관계등록부에 부실의 사실
　을 기록하게 하는 경우에는 형법에 의하여 5년 이하의 징역 또는 1천만 원 이하의 벌금에 처해집니다.

[서식] 협의서(자녀의 성·본계속사용을 위한)

협 의 서

부의 성명
등록기준지
주   소

모의 성명
등록기준지
주   소

피인지자 성명
등록기준지
주   소

　위 혼인외 자(피인지자)의 성과 본을 인지 전의 성과 본으로 계속 사용할 것을
협의합니다.

20   .   .   .

부　　　　　　　㊞ (서명)
모　　　　　　　㊞ (서명)

덧붙임: 1. 제출인의 신분을 확인할 수 있는 주민등록증(운전면허증,여권 등)
　　　　　　사본 각 1부.
　　　　2. 출석하지 않은 부모 일방 또는 쌍방의 인감증명서 또는 서명에
　　　　　　대한 공증서 1부. 끝.

※ 유의사항

1. 부모 중 일방 또는 쌍방이 불출석한 경우, 불출석한 당사자의 인감증명서
　또는 서명에 대한 공증서를 반드시 첨부하여야 합니다.
2. 타인의 서명 또는 인장의 도용 등으로 허위의 협의서를 작성하여 제출하는
　경우에는「형법」제231조부터 제237조의2까지의 규정에 따라 5년 이하의 징
　역 또는 1천만원 이하의 벌금형에 처해집니다.

자의 성과 본의 변경허가 심판청구

청 구 인   성명 :   (휴대전화 :   , 집전화 :   )
            주민등록번호 :
            주소 :
            등록기준지 :

사 건 본 인   성명 :
            주민등록번호 :
            주소
            등록기준지 :

청 구 취 지

'사건본인의 성을 "   (한자:)"로, 본을 "   (한자:)"로
변경할 것을 허가한다.'라는 심판을 구합니다.

청 구 원 인

1. 사건본인의 가족관계 등 (해당 □안에 √ 표시, 내용 추가)
    가. 사건본인은 (친부   )과(와) (친모   )사이에 출생한
        자입니다.
        □ 친부의   주소는 (입니다.
    나. □ (친부   )과(와) (친모   )는(은) (년 월 일) 이
        혼하였습니다.
            □ (친부   )는(은) (년 월 일) 사망하였습니다.
            □ (   )는(은) (년 월 일) 사건본인을 입양하였습니다.
2. 성과 본의 변경을 청구하는 이유 (해당 □안에 √ 표시, 내용 추가)
    사건본인이 현재의 성과 본으로 인하여 학교나 사회생활 등에서 많은 어
    려움을 겪고 있으므로 사건본인의 복리를 위하여 다음과 같이 청구합니다.
    □ (친모   )과(와) (년 월 일) 혼인하여 사건본인의 의붓아
    버지(계부)가 된 (   )의 "성"과 "본"으로 바꾸고 싶습니다.
    □ 어머니의 "성"과 "본"으로 바꾸고 싶습니다.
    □ 양부 또는 양모의 "성"과 "본"으로 바꾸고 싶습니다.

□ 위 각 경우에 해당하지 않는 경우의 이유(서술식으로 기재)
:

첨 부 서 류

1. 진술서(청구인)   1통
2. 가족관계증명서(청구인 및 사건본인) 각   1통
3. 기본증명서(사건본인)   1통
4. 혼인관계증명서(청구인)   1통
5. 주민등록등본(청구인 및 사건본인)   각   1통
(청구인과 사건본인의 주소지가 같은 경우에는 1통만 제출하면 됩니다)
6. 기타(해당사항이 있는 경우에 □안에 √ 표시를 하고 해당
서류를 첨부해주십시오)
□ 입양관계증명서   1통
(사건본인이 입양된 경우)
□ 제적등본(친부)   1통
(친부가 사망한 경우, 단 2008. 1. 1. 이후에 사망신고가 된 경우에는 폐쇄가
족관계등록부에 따른 친부의 기본증명서)

20   .   .   .
청구인   (서명 또는 날인)

○ ○ 가 정 법 원{   지방법원(지원)} 귀 중

진 술 서

청구인은 다음과 같은 내용을 **사실대로** 진술합니다.

1. 청구인과 사건본인의 가족관계 등
가. 기본 사항(사건본인과 관계있는 해당 사항만 기재하시면 됩니다.)

구분	연월일	참고 사항
( )과(와) 혼인 신고일	년 월 일	동거 시작일 년 월 일
사건본인 ( )출생일자	년 월 일	
( )과(와) 이혼 신고일	년 월 일	□ 협의이혼, □ 재판상 이혼
( )과(와) 재혼 신고일	년 월 일	동거 시작일 년 월 일

나. 사건본인의 현재 생활, 친권자, 양육자 등

구분	내용
(1) 사건본인의 나이, 학교 등	만 세, □ 유치원, □ 학교 학년 재학 중
(2) 이혼시 지정된 친권자	□ 사건본인의 아버지, □ 사건본인의 어머니
(3) 이혼시 지정된 양육자	□ 사건본인의 아버지, □ 사건본인의 어머니
(4) 현재의 실제 양육자와 양육기간	□ 사건본인의 아버지, □ 사건본인의 어머니 양육기간 : 약 년 개월(년 월 무렵 → 현재)
(5) 양육비용을 부담하고 있는 사람	
(6) 친아버지가 사건본인 또는 사건본인의 어머니에게 양육비를 지급하고 있는지 여부	□ 양육비를 지급하고 있음 □ 양육비를 지급하고 있지 아니함 ※ 양육비를 지급하고 있는 경우 그 액수 월 평균으로 따져보면 약 원
(7) 사건본인이 친아버지와 면접교섭하는지(정기적 또는 부정기적으로 만나는지) 여부	□ 면접교섭함, □ 면접교섭하지 아니함 면접교섭의 내용(면접교섭하는 경우에만 기재하여 주십시오.) □ 1년에 약 1 ~ 3회 □ 매월 약 1회, □ 매월 약 2회 이상 □ 기타( )

2. 사건본인이 현재의 성과 본으로 인하여 사회생활 등에서 어려움을 겪고 있는 구체적 사례

3. 사건본인의 성과 본의 변경이 필요한 이유(□안에 √ 표시, 내용 기재)
  □ 의붓아버지(계부)의 성과 본으로 변경하려는 경우
   (1) 의붓아버지가 사건본인을 양육하고 있는지 : □ 양육하고 있음, □ 양육하고 있지 아니함
   (2) 의붓아버지가 사건본인을 실제 양육한 기간
      약   년 개월 (년 월 무렵부터 →   년 월 무렵까지)
   (3) 성과 본의 변경이 사건본인의 행복과 이익을 위하여 필요한 이유

  □ 어머니의 성과 본으로 변경하려는 경우
   (1) 어머니가 이혼 후 사건본인을 실제 양육한 기간
      약   년 개월 (년 월 무렵부터 →   년 월 무렵까지)
   (2) 성과 본의 변경이 사건본인의 행복과 이익을 위하여 필요한 이유
  □ 양부 또는 양모의 성과 본으로 변경하려는 경우
   (1) 사건본인을 양육하고 있는지 : □ 양육하고 있음, □ 양육하고 있지 아니함

(2) 양부 또는 양모가 사건본인을 실제 양육한 기간
    약   년   개월 (년   월 무렵부터 →   년   월 무렵까지)
(3) 성과 본의 변경이 사건본인의 행복과 이익을 위하여 필요한 이유

4. 그 밖에 법원에 진술하고 싶은 사정

     20   년   월   일   청구인   (서명 또는 날인)

○ ○ 가 정 법 원{○○지방법원(지원)} 귀 중

■ 참 고 ■

제출법원	사건본인의 주소지의 가정법원 (가정법원 또는 가정지원이 설치 되지 아니한 지역은 해당 지방법 원 또는 지방법원 지원)	관 련 법 규	민법 제781조제6항, 가사소송 법 제44조
신 청 인	부, 모 또는 자의 신청.		
비 용	- 인지액 : 사건본인 1명당 5,000원(2명일 경우 10,000원) (☞가사소송 및 비송사건수수료표) - 송달료 : 청구인수×3,700원(우편료)×10회분		

기 타	1. 사건본인의 아버지에게 의견청취서를 보내어 의견을 들을 필요가 있을
	  수 있으므로 신속한 심리를 위하여, 사건본인의 아버지의 주소는 알고
	  있는 경우에 기재하되, 기재하지 아니한 경우 주소를 밝히라는 법원의
	  보정명령을 나중에 받을 수 있습니다.
	2. '성'과 '본'이 변경된다고 하여, 의붓아버지와 사이에 친자관계가 생기
	  거나 종전 부모와의 친족관계가 소멸되는 것은 아니며 가족관계등록부
	  에는 여전히 친아버지가 아버지로 기재됩니다. 또한 친권자가 변경되는
	  것도 아닙니다.		

■ 전 남편과의 사이에 자녀가 있는데 재혼을 하려고 합니다. 자녀들의 성을 새 아버지의 성으로 변경할 수 있나요?

Q 전 남편과의 사이에 자녀가 있는데 재혼을 하려고 합니다. 자녀들의 성을 새 아버지의 성으로 변경할 수 있나요?

A 네 가능합니다. 첫 번째 방법은 어머니가 법원에 성과 본의 변경심판을 청구하는 것입니다. 자녀의 복리를 위해 부 또는 모의 청구로 법원의 허가를 받아 자녀의 성과 본을 변경할 수 있습니다(민법 제781조제6항 본문). 법원의 허가 재판 등본을 첨부해 자녀의 성 변경 신고를 하면 됩니다.
두 번째 방법은 새아버지가 그 자녀를 친양자로 입양하는 것입니다. 다만, 이 경우에는 그 자녀가 15세 미만의 자녀여야 하고, 친생부의 동의서를 구비해 법원의 친양자 입양 결정을 받아야 합니다.

(관련판례)

갑이 을의 성과 본을 친모인 자신의 성과 본으로 변경하여 줄 것을 구한 사안이다. 을이 아직 만 1세에 불과하여 성과 본의 변경에 관하여 의사를 결정할 능력이 부족한 점, 모의 성·본과 자의 성·본이 다른 경우가 오히려 일반적이어서 갑의 성·본과 을의 성·본이 다르다 하여 을이 학교생활이나 사회생활에서 특별한 어려움을 겪을 것으로는 보이지 않는 점 등에 비추어 현시점에서 을의 성과 본을 변경하는 것은 보다 신중하게 판단할 필요가 있고, 성급하게 이를 변경하는 것이 을의 복리를 위하여 바람직한 것이라고 보기 어렵다고 한 사례이다(부산가정법원 2018. 5. 3. 자 2018느단223 심판).

■ 친양자 및 성·본변경제도 등의 시행으로 인하여 근친혼에 따른 문제가 예상되는데 근친혼 방지 보완 대책은 있나요?

Q 친양자 및 성·본변경제도 등의 시행으로 인하여 근친혼에 따른 문제가 예상되는데 근친혼 방지 보완 대책은 있나요?

A 친양자입양제도나 성·본변경 제도는 현실적으로 이혼가정이나 재혼가정의 평화를 위한다는 긍정적인 측면을 고려한 제도입니다. 그 중 친양자입양제도는 법적혈족관계는 단절시키지만 자연혈족관계까지 단절시키는 것은 아니므로 민법에서도 친양자 입양 전의 8촌이내 혈족사이의 혼인을 무효사유로 규정하는 등 근친혼 등을 금지(민법 제809조)하고 있습니다. 또한 성·본변경제도는 친생부모와의 혈족관계가 여전히 유효하게 유지되는 제도로써 근친혼 등의 문제가 새롭게 발생할 여지가 없습니다. 또한 혼인당사자가 신고할 때 혼인신고서에 근친혼에 해당되지 아니한다는 사실을 기재(「가족관계의 등록 등에 관한 법률」제71조)하게 하여 그 사항을 사전에 확인하도록 하여 근친혼 여부를 미리 조사할 수 있도록 하였습니다. 따라서 친양자입양제도나 성·본변경제도가 새로이 시행됨으로 인해 근친혼 문제가 부각되거나 증가될 사유는 없다고 할 것입니다.

(관련판례)

[1] 자의 성과 본의 변경은 모가 양육하고 있던 자(子)를 데리고 재혼하여 자가 계부의 성을 따르고자 하는 경우 등과 같이 가족관계가 변동되고 새로운 가족관계가 형성되는 상황에서 허용할 필요가 있는데, 특히 그러한 경우 법적 안정성에 대한 위협이 문제되지 않거나 성이 생물학적 부의 혈통을 상징하는 것보다 훨씬 더 큰 이익이라고 할 수 있는 '자의 복리'와 연관된 경우라면 성(姓)의 변경을 허용하여야 한다.

[2] 모가 양육하던 자를 데리고 재혼하여 자가 계부의 성을 따르고자 성의 변경을 신청한 사안에서, 구체적인 사정을 고려하여 볼 때 친부의 성을 계속 유지하도록 함이 오히려 자의 복리에 반할 우려가 있다고 하여 자의 성과 본의 변경을 허가한 사례(서울가정법원 2009. 5. 12. 자 2009브34 결정).

■ 어머니의 성과 본을 따를 수 있나요? 그 절차는 어떻게 됩니까?

Q 자녀가 모(母)의 성과 본을 따를 수 있나요? 그 절차는?

A 원칙적으로 자녀의 성과 본은 부(父)의 성과 본을 따르게 됩니다. 다만, 혼인 신고할 때 태어날 자녀의 성과 본을 모(母)의 성과 본을 따르기로 협의한 사실을 함께 신고하면 향후 출생신고시 모(母)의 성과 본으로 가족관계등록부에 기록됩니다. 이러한 협의가 없을 때에는 자녀의 복리를 위하여 필요하다고 인정될 때에 한하여 법원의 성·본변경 재판을 받아 어머니의 성을 따를 수도 있습니다.

■ 어머니의 성과 본을 따를 수 있나요? 그 절차는 어떻게 됩니까?

Q 전 남편과 사이의 자녀를 데리고 재혼한 경우, 자녀들의 성을 새 아버지의 성으로 변경할 수 없나요?

A 두 가지 방법으로 가능합니다. 그 중 하나는 어머니가 법원에 성과 본의 변경 심판을 청구하는 것입니다. 법원의 허가재판 등본을 첨부하여 자녀의 성 변경 신고를 하면 됩니다. 다른 하나는 새아버지가 그 자녀를 친양자로 입양하는 것입니다. 다만, 이 경우에는 그 자녀가 15세 미만의 자녀이어야 하고, 친생부의 동의서를 구비하여 법원의 친양자입양 결정을 받아야 합니다.(자녀의 복리를 위하여 부 또는 모의 청구로 법원의 허가를 받아 자녀의 성과 본을 변경할 수 있음 - 민법 제781조제6항)

■ 자녀의 성과 본 변경심판은 어느 법원에 청구해야 하나요? 또 청구비용은 얼마나 소요되는지요?

Q 자녀의 성과 본 변경심판은 어느 법원에 청구해야 하나요? 또 청구비용은 얼마나 소요되는지요?

A 자녀의 성과 본 변경심판은 '라류 가사비송사건'으로써 관할법원은 성과 본을 변경하려고 하는 자녀(사건본인)의 주소지 가정법원(가정법원 또는 가정지원이 설치되지 아니한 지역은 해당 지방법원 또는 지방법원 지원)에 청구하여야 하고, 그 청구비용은 사건본인 1명당 5,000원의 인지수수료와 청구인수 × 3,020원 × 8회분의 우편송달료를 납부하여야 합니다. 다만, 자녀의 성과 본의 변경심판을 신청한 경우에 그 허가 여부는 신청서를 심리하는 해당 법관이 신청서와 소명자료를 근거로 판단해야 하는 재판에 관한 사항입니다. 참고로 자녀의성과본변경심판청구서 양식은 대법원 홈페이지 전자민원센터의 양식모음(가사)에서 확인할 수 있습니다.

■ 협의이혼을 하려고 하는데 자녀의 성을 엄마의 성이나 재혼하는 새 아빠의 성으로 변경하면 자녀의 가족관계증명서에는 어떻게 표시되나요?

Q 협의이혼을 하려고 하는데 자녀의 성을 엄마의 성이나 재혼하는 새 아빠의 성으로 변경하면 자녀의 가족관계증명서에는 어떻게 표시되나요?

A 자녀의 성을 변경하는 것만으로는 친생부모와의 친족관계에 변동을 가져오지 않습니다. 즉, 자녀의 가족관계증명서에는 성의 변경으로 인해 친아빠의 성과 다르게 표시되더라도 여전히 친아빠가 부(父)로 기재되어 발급 됩니다. 따라서 새아빠의 성으로 표시가 되고, 다만 친부는 여전히 친아빠로 표시됩니다.

■ 재혼 가정인 경우 새아버지의 성과 본으로 변경시 자녀가 성인인 경우 성본 변경 절차는 어떻게 되나요?

Q 재혼 가정인 경우 새아버지의 성과 본으로 변경시 자녀가 성인인 경우 성본 변경 절차는 어떻게 되나요?

A 재혼 시 성인 자녀의 성본 변경은 법원에 성과 본의 변경심판을 청구하여 할 수 있습니다. 즉, 자녀의 복리를 위해 자녀의 성과 본을 변경할 필요가 있을 경우에는 부, 모 또는 자녀의 청구로 가정법원의 허가를 받아 이를 변경할 수 있습니다(민법 제781조제6항 본문).
가정법원의 허가를 받으면 재판확정일로부터 1개월 이내에 허가재판 등본을 첨부하여 관할 시(구)·읍·면의 사무소에 자녀의 성 변경 신고를 해야 합니다(가족관계의 등록 등에 관한 법률 제20조제1항 및 제100조제1항).

■ 재혼 할려고 하는데 딸아이 성을 바꿀려고 합니다. 전남편 동의 없이도 성.본 변경이 가능한가요?

Q 재혼 할려고 하는데 딸아이 성을 바꿀려고 합니다. 전남편 동의 없이도 성, 본 변경이 가능한가요?

A 재혼 시 자녀의 성 변경은 다음의 두 가지 방법으로 가능합니다.

① 첫 번째 방법은 어머니가 법원에 성과 본의 변경심판을 청구하는 것입니다. 자녀의 복리를 위해 자녀의 성과 본을 변경할 필요가 있을 경우에는 부, 모 또는 자녀의 청구로 가정법원의 허가를 받아 이를 변경할 수 있습니다 (「민법」 제781조제6항 본문). 가정법원의 허가를 받으면 재판확정일로부터 1개월 이내에 허가재판 등본을 첨부하여 관할 시(구)·읍·면의 사무소에 자녀의 성 변경 신고를 해야 합니다(가족관계의 등록 등에 관한 법률 제20조제1항 및 제100조제1항).

② 또 다른 방법은 새아버지가 그 자녀를 친양자로 입양하는 것입니다. 민법 상 친양자로 입양된 경우에는 양부의 성과 본을 따르게 되어 있어서(민법 제781조제1항 본문), 친양자로 입양을 하면 아이의 성과 본을 변경할 수 있습니다. 친양자 입양이 성립하려면 친생부의 동의서를 구비하여 가정법원에 친양자 입양의 청구를 하고, 가정법원의 허락결정을 받아 친양자 입양 신고를 하면 됩니다(민법 제908조의2제1항). 가정법원의 친양자 입양재판이 확정된 경우 친양자 입양청구를 한 사람은 그 재판의 확정일부터 1개월 이내에 재판의 등본 및 확정증명서를 첨부하여 관할 시(구)·읍·면의 사무소에 친양자 입양신고를 해야 합니다(가족관계의 등록 등에 관한 법률 제20조제1항 및 제67조).

■ 이혼후 딸아이와 살고 있습니다. 친권양육권 전부 저에게 있습니다. 딸아이의 성씨를 엄마의 성씨로 바꾸려면 절차방법이 어떻게 되나요?

Q 2012년 이혼 후 딸아이와 살고 있습니다. 친권양육권 전부 저에게 있습니다. 딸아이의 성씨를 엄마의 성씨로 바꾸려면 절차방법이 어떻게 되나요?

A 가족관계의 등록 등에 관한 법률에 따르면 성 변경을 하는 경우 가정법원의 재판확정일로부터 1개월 이내에 신고인의 관할 시(구)·읍·면의 사무소에 성·본 변경신고를 해야 합니다.

자녀의 성을 변경하려면 자녀(사건본인)의 주소지의 가정법원(가정법원 및 가정지원이 설치되지 않은 지역은 해당 지방법원 및 지방법원 지원)에 청구하시면 됩니다. 변경허가 청구 시 변경허가 청구서, 진술서, 가족관계증명서, 기본증명서, 혼인관계증명서, 주민등록등본 및 경우에 따라서는 제적등본이나 입양관계증명서 등의 서류를 1통씩 제출하시면 됩니다.

인지액은 사건본인 1명당 5,000원씩이며, 송달료는 청구인수 × 3,550원(우편료) × 8회분(송달료취급은행에 납부하고 영수증을 첨부해야 함)입니다.

■ 박(朴)씨 성을 영어식으로 표기하려면 'Park'이 되는데, 이를 가족등록부에도 반영하고자 성씨를 '밝'으로 정정하고 싶습니다. 가능할까요?

Q 저는 현재 박(朴)씨 성을 가진 사람이고 미국에 거주 중입니다. 영어식으로 제 성씨를 표기하려면 'Park'이 되는데, 이를 가족등록부에도 반영하고자 성씨를 '밝'으로 정정하고 싶습니다. 가능할까요?

A 성씨 '朴'을 '밝'으로 정정이 허용되는지와 관련하여, 그 정정을 구하는 등록부의 정정허가신청은 등록부의 정정사유나 개명사유 중 하나에 해당하여야 할 것입니다(가족관계등록예규 제307호).

가족관계의 등록 등에 관한 법률 제18조 제1항은 등록부의 정정사유로, '등록부의 기록이 법률상 무효인 것이거나 그 기록에 착오 또는 누락이 있음을 안 때'를 규정하고 있고, 개명사유와 관련하여 판례는 "개명의 경우 개명을 허가할 만한 상당한 이유가 인정되고, 범죄를 기도 또는 은폐하거나 법령에 따른 각종 제한을 회피하려는 불순한 의도나 목적이 개입되어 있는 등 개명신청권의 남용으로 볼 수 있는 경우가 아니라면, 원칙적으로 개명을 허가함이 상당하다."고 밝힌 바 있습니다(대법원 2005. 11. 16.자 2005스26 결정).

따라서 단순히 영어식 표기를 희망하여 성씨를 정정하고자 하는 경우, 등록부의 정정사유에 해당하지 않고 개명을 허가할 만한 상당한 이유라고도 볼 수 없으므로 가족관계등록부의 정정은 받아들여지지 않을 것입니다.

가족관계등록부의 창설관련 신고는 어떻게 하나요?

제8장 가족관계등록부의 창설관련 신고는 어떻게 하나요?

1. 국적취득자의 성과 본 창설신고 방법

1-1. 국적취득자의 성과 본 창설신고

1-1-1. 국적취득자의 성과 본 창설신고란?

"국적취득자의 성과 본 창설신고"란 출생, 인지, 귀화 등으로 대한민국의 국민이 된 사람이 종전의 성(姓)을 쓰지 않고 새로운 성과 본을 정하고자 법원의 허가를 받은 경우 이 사실을 시(구)·읍·면의 장에게 신고하는 것을 말합니다.

1-1-2. 국적취득방법

① 출생에 의한 국적취득

다음 중 어느 하나에 해당하는 사람은 출생과 동시에 대한민국 국적을 취득합니다.

1) 출생 당시에 부(父)또는 모(母)가 대한민국의 국민인 사람

2) 출생하기 전에 부가 사망한 경우에는 그 사망 당시 부가 대한민국의 국민이었던 사람

3) 부모가 모두 분명하지 않거나 국적이 없는 경우에는 대한민국에서 출생한 사람

4) 대한민국에서 발견된 기아(棄兒)

② 인지에 의한 국적취득

대한민국의 국민이 아닌 사람(이하 "외국인"이라 함)으로서 대한민국의 국민인 부 또는 모에 의해 인지(認知)된 사람이 다음의 요건을 모두 갖추면 법무부장관에게 신고함으로써 대한민국 국적을 취득할 수 있습니다.

1) 대한민국의 민법상 미성년일 것

2) 출생 당시에 부 또는 모가 대한민국의 국민이었을 것

③ 귀화에 의한 국적취득

- 대한민국 국적을 취득한 사실이 없는 외국인은 법무부장관의 귀화허가(歸化許可)를 받아 대한민국 국적을 취득할 수 있습니다.

- 귀화허가를 받은 사람은 법무부장관이 그 허가를 한 때에 대한민국 국적을 취득합니다.

1-1-3. 국적의 상실

① 다음에 해당하는 사람은 그 기간이 지난 때에 대한민국 국적을 상실합니다.

  1) 대한민국 국적을 취득한 외국인으로서 외국 국적을 가지고 있는 사람이 대한민국 국적을 취득한 날부터 1년 내에 그 외국 국적을 포기하지 않은 경우

  2) 다음 중 어느 하나에 해당하는 사람이 대한민국 국적을 취득한 날부터 1년 내에 외국 국적을 포기하지 않거나 법무부장관이 정하는 바에 따라 대한민국에서 외국 국적을 행사하지 않겠다는 뜻을 법무부장관에게 서약하지 않은 경우

    - 귀화허가를 받은 때에 그 배우자와 혼인한 상태로 대한민국에 2년 이상 계속해 주소가 있는 사람

    - 귀화허가를 받은 때에 그 배우자와 혼인한 후 3년이 지나고 혼인한 상태로 대한민국에 1년 이상 계속해 주소가 있는 사람

    - 귀화허가를 받은 때에 대한민국에 특별한 공로가 있는 사람

    - 귀화허가를 받은 때에 과학·경제·문화·체육 등 특정 분야에서 매우 우수한 능력을 보유한 사람으로서 대한민국의 국익에 기여할 것으로 인정되는 사람

    - 국적회복허가를 받은 사람으로서 대한민국에 특별한 공로가 있다고 법무부장관이 인정하는 사람

    - 국적회복허가를 받은 사람으로서 과학·경제·문화·체육 등 특정 분야에서 매우 우수한 능력을 보유해 대한민국의 국익에 기여할 것으로 법무부장관이 인정하는 사람

    - 대한민국의 민법상 성년이 되기 전에 외국인에게 입양된 후 외국 국적을 취득하고 외국에서 계속 거주하다가 국적회복허가를 받은 사람

    - 외국에서 거주하다가 영주할 목적으로 만 65세 이후에 입국해 국적회복허가를 받은 사람

    - 본인의 뜻에도 불구하고 외국의 법률 및 제도로 인해 외국 국적의 포기가 어려운 사람

1-1-4. 국적의 재취득

① 위와 같은 이유로 국적을 상실한 사람이 1년 내에 그 외국 국적을 포기하면 법무부장관에게 신고함으로써 대한민국 국적을 재취득할 수 있습니다.

② 신고한 사람은 그 신고를 한 때에 대한민국 국적을 취득합니다.

1-1-5. 국적 취득통보

법무부장관은 대한민국의 국적을 취득·귀화·회복한 사람이 있는 경우 지체 없이 국적을 취득·귀화·회복한 사람이 정한 등록기준지의 시(구)·읍·면의 장에게 이를 통보해야 합니다.

1-2. 성과 본 창설신고의 신고의무자

성과 본 창설신고의 신고의무자는 성과 본을 창성하려는 외국의 성을 쓰는 국적취득자입니다.

1-3. 신고기한

① 국적취득자의 성과 본 창설신고는 성과 본 창설에 대한 가정법원의 허가를 받고 허가서의 등본을 받은 날부터 1개월 이내에 해야 합니다.

② 가정법원은 심리(審理)를 위해 국가경찰관서의 장에게 성과 본 창설허가 신청인의 범죄경력 조회를 요청할 수 있고, 그 요청을 받은 국가경찰관서의 장은 지체 없이 그 결과를 회신해야 합니다.

③ 신고의무자가 정당한 사유 없이 성과 본 창설신고를 기간 내에 하지 않은 경우에는 5만원 이하의 과태료가 부과됩니다.

1-4. 국적취득자의 성과 본 창설신고하기

1-4-1. 신고장소

① 국적취득자의 성과 본 창설신고는 국적취득자의 등록기준지 또는 신고인의 주소지나 현재지에서 할 수 있는데, 신고인의 관할 시(구)·읍·면의 사무소에 하면 됩니다.

② 다만, 외국에 거주하거나 체류하는 대한민국 국민의 경우 재외국민 가족관계등록사무소에서도 할 수 있습니다.

1-4-2. 국적취득자의 성과 본 창설신고 신청서 작성

① 성과 본 창설신고는 성·본 창설신고서에 다음 사항을 기재해야 합니다.
  1) 종전의 성
  2) 창설한 성과 본
  3) 허가연월일
② 첨부서류
  1) 국적취득자의 성과 본 창설허가신청에 대한 허가서 등본
  2) 신고인의 신분증명서

📖 Summary (요점정리)

■ 외국인이 한국인과 혼인한 경우 한국 국적을 취득하려면?

남녀 모두 혼인한 상태로 대한민국에 2년 이상 계속하여 주소가 있거나 또는 혼인한 후 3년이 경과하고 혼인한 상태로 대한민국에 1년 이상 계속하여 주소가 있는 경우에 한하여 법무부 장관의 귀화허가를 얻어 대한민국의 국적을 취득할 수 있다.

■ 혼인이 파탄된 경우 간이귀화의 요건은?

① 한국인과 혼인한 상태에서 대한민국에 주소를 두고 있던 중 한국인 배우자의 사망, 실종 그 밖에 자신에게 책임이 없는 사유로 정상적인 혼인생활을 할 수 없었던 자로 대한민국에 2년 이상 주소가 있는 자 또는 혼인한 후 3년이 경과하고 혼인한 상태로 대한민국에 1년 이상 계속하여 주소가 있는 자, 그 배우자와의 혼인에 의하여 출생한 미성년의 자를 양육하고 있거나 양육하여야 할 자 등의 경우에는 관련서류를 구비하여 귀화신청을 할 수 있다.

② 배우자의 귀책사유로 혼인관계가 중단된 경우에는 배우자의 귀책사유가 나타나 있는 이혼판결문(혹은 위자료 등 한국인 배우자의 귀책사유가 나타난 이혼조정결정문), 형사판결문, 한국인 배우자의 폭행 등을 고소하여 받은 검찰의 불기소 결정문, 진단서, 상처사진, 한국인 배우자의 파산결정문, 한국인 배우자 가출신고서 혹은 공인된 여성관련단체가 발급한 혼인파탄귀책사유 확인서 등 배우자와 정상적인 혼인생활을 유지할 수 없었던 사유를 증명할 수 있는 서류를 제출해야 한다.

[서식] 국적취득자의 성과 본의 창설허가 신청서

국적취득자의 성과 본의 창설허가 신청서

신청인 겸 사건본인

성   명 : _____   주민등록번호 : _____

주   소 : _____

등록기준지 : _____

신 청 취 지

사건본인의 성(姓)을 _____ (한자: _____)(으)로, 본(本)을 _____ (한자: _____)(으)로
창설하는 것을 허가한다. 라는 결정을 구함

신 청 원 인

첨 부 서 류

1. 기본증명서(상세), 가족관계증명서(상세) 각 1통
1. 주민등록표초(등)본   1통

20 ___ . ___ . ___ .

신청인 겸 사건본인 _____ (서명 또는 날인)

(연락처: _____)

가정법원(지방법원) 귀중
_____ 지원 귀중

◇ **유 의 사 항** ◇

1) ① **관할법원**은 국적취득자의 등록기준지 . 주소지 또는 등록기준지로 하고자 하는 곳의
   가정법원입니다.
   ② 신청서에는 <u>수입인지 1,000원</u>을 붙이거나 인지액 1,000원 상당의 금액을 현금이나
   신용카드 . 직불카드 등으로 납부한 내역을 기재한 영수필확인서를 첨부하여야 하고,
   송달료로 우편료×6회분을 송달료취급은행에 납부하고 영수증을 첨부하여야 합니다.
2) 미성년자에 대하여 법정대리인이 신청하는 경우, 법정대리인과 송달받을 주소를 등록기
   준지 하단 여백에 추가로 기재하고, 다음 장 하단의 신청인 겸 사건본인란 하단 여백에
   도 법정대리인을 추가로 기재하고, 법정대리인이 서명 또는 날인(미성년자는 서명 또는
   날인할 필요 없음)하시면 됩니다.
   (예시: 등록기준지:..
         법정대리인 친권자 부○○○, 모○○○, 송달받을 주소: ○○○)
3) 기본증명서(상세)에 있는 등록기준지를 기재하시면 됩니다.
4) 새로이 성과 본을 정하고자 하는 이유를 구체적으로 기재하시면 됩니다(별지에 내용을
   기재하여 첨부하셔도 됩니다).
5) 국적취득 사항(기본), 동일한 성과 본을 쓰는 모든 자녀(가족관계) 등을 확인하기 위해
   각 **상세증명서**를 첨부하여야 합니다.
6) 연락 가능한 휴대전화번호(전화번호)를 기재하시면 간단한 절차안내 등 필요시 담당자가
   연락드리는 데 도움이 됩니다.

[서식] 국적취득자의 성·본 창설신고서

국적취득자의 성·본 창설신고서 (년 월 일)						※ 신고서 작성 시 아래의 작성 방법을 참고하고, 선택항목에는 '영표(○)'로 표시하기 바랍니다.				
① 성 · 본 창 설 자	성 명	한글	(성) / (명)			주민등록 번 호		-		
		한자	(성) / (명)							
	등록기준지									
	주 소									
② 성 · 본	종전의 성(姓)	한글	(성) / (명)	한자	(성) / (명)	종전의 본(本)	한글		한자	
	창설한 성(姓)	한글	(성) / (명)	한자	(성) / (명)	창설한 본(本)	한글		한자	
③허가일자		년 월 일		법원명						
④기타사항										
⑤ 신 고 인	성 명			㉑ 또는 서명	주민등록번호		-			
	자 격	①본인 ②법정대리인 ③기타(자격 :)								
	주 소				전화		이메일			
⑥제출인	성 명		주민등록번호		-					

작 성 방 법

※ 본 신고는 외국의 성을 쓰는 국적취득자가 그 성을 쓰지 않고 새로이 성과 본을 정하고자 하는 경우, 관할 가정법원에서 성·본창설허가결정을 받아 그 허가결정서 등본을 첨부하여 성·본창설허가결정의 고지를 받은 날로부터 1개월 이내에 하는 신고입니다.
④란:가족관계등록부에 기록을 분명하게 하는데 특히 필요한 사항을 기재합니다.
　　 :창설 전의 성과 본이 한자나 한글이 아닌 경우에 원래의 문자 표기
⑤란:본인이 신고하는 경우 창설 후(개명 후)의 성명으로 기재합니다. 신고인이 외국인인 경우에는 외국인등록번호(국내거소신고번호 또는 출생연월일)를 기재합니다.
⑥란:제출인(신고인이 작성한 신고서를 신고인이 아닌 사람이 제출할 경우만 기재)의 성명 및 주민등록번호를 기재합니다.[접수담당공무원은 신분증과 대조]

첨 부 서 류

1. 국적취득자의 성·본창설허가결정서 등본 1부.
2. 신분확인[가족관계등록예규 제443호에 의함]
 - 신고인이 출석한 경우 : 신분증명서
 - 제출인이 출석한 경우 : 제출인의 신분증명서
 - 우편제출의 경우 : 신고인의 신분증명서 사본
※ 신고인이 성년후견인인 경우에는 2항의 서류 외에 성년후견인의 자격을 증명하는 서면도 함께 첨부해야 합니다.

※ 타인의 서명 또는 인장을 도용하여 허위의 신고서를 제출하거나, 허위신고를 하여 가족관계등록부에 부실의 사실을 기록하게 하는 경우에는 형법에 의하여 5년 이하의 징역 또는 1천만 원 이하의 벌금에 처해집니다.

국 적 취 득 신 고 서 (년 월 일)	※ 신고서 작성 시 뒷면의 작성 방법을 참고하고, 선택 항목에는 '영표(○)'로 표시하기 바랍니다.

① 국 적 취 득 자	국적취득 전에 가졌던 국적					
	부	성 명	(성) / (명)		국 적 (등록기준지)	
		주민등록번호	-			
	모	성 명	(성) / (명)		국 적 (등록기준지)	
		주민등록번호	-			
	배우자	성 명	(성) / (명)		국 적 (등록기준지)	
		주민등록번호	-			
	등록기준지 (가족관계등록창설지)					
	주 소					
	성명	외국어 (한자포함)	(성) / (명)	본 (한자)	성별	① 남 ② 여
		원지음의 한글표기	(성) / (명)		주민등 록번호	-

②신분에 관한 사항	

③국적취득 연월일 및 원인	년 월 일

④기타사항	

⑤신고인	성명		㊞ 또는 서명	주민등록번호	-
	자격	① 본인 ② 법정대리인 ③ 기타(자격 :)			
	주소		전화	이메일	
⑥제출인	성명		주민등록번호		-

※ 타인의 서명 또는 인장을 도용하여 허위의 신고서를 제출하거나, 허위신고를 하여 가족
관계등록부에 부실의 사실을 기록하게 하는 경우에는 형법에 의하여 5년 이하의 징역 또
는 1천만 원 이하의 벌금에 처해집니다.

※ 본 신고서는 2008. 8. 31.까지 인지에 의한 국적취득(국적법 제3조), 국적의 재취득(국
　적법 제11조), 모계출생자에 대한 국적취득특례(국적법 부칙 제7조) 등을 원인으로 하
　여 국적취득신고를 하는 경우에 사용하는 신고서입니다.

①란:부모 및 배우자가 대한민국 국적을 가진 경우에는 국적(등록기준지)란에 등록기준지
　　를 기재합니다.
　　:부모 및 배우자가 외국인인 경우에는 주민등록번호란에 외국인등록번호(국내거소신고
　　번호 또는 출생연월일)를 기재합니다.
　　:국적취득자의 성명란 중 외국어(한자포함)란에는 국적을 취득하기 전에 외국에서 사
　　용하던 성명을 해당 외국어(한자포함)로 기재하여야 합니다(예컨대 중국의 경우에는
　　한자로 기재). 다만, 우리나라 가족관계(폐쇄)등록부나, 등록사항별 증명서에 의하여
　　그 성명을 소명한 경우에는 등록사항별 증명서에 기록된 한자를 기재합니다.
　　:국적취득자의 성명란 중 원지음의 한글표기란에는 해당 외국의 원지음을 한글로 표
　　기하여야 합니다. 다만, 우리나라 가족관계(폐쇄)등록부나, 등록사항별 증명서에 의하
　　여 그 성명을 소명한 경우에는 등록사항별 증명서에 기록된 한글을 기재합니다. 한
　　편, 중화인민공화국이 발행한 공문서(예: 거민신분증, 호구부 등)에 의하여 조선족임
　　을 소명한 중국국적자의 인명에 대하여 그에 대응하는 한국통용의 한자를 소명한 때
　　에는 한국식 발음의 한글을 그 원지음을 갈음하여 표기할 수 있습니다.
　　:국적취득자에게 본과 주민등록번호가 없는 때에는 본(한자)란과 주민등록번호란을 기
　　재하지 않습니다.
②란:이 신고서에 정한 사항 이외의 신분에 관한 모든 사항을 기재하여야 하며, 신분표를
　　첨부할 수도 있습니다. 이 경우에는 그에 관한 소명자료를 첨부하여야 합니다.
③란:국적취득 연월일 및 원인란에는 ○○년 ○월 ○일 인지에 의한 국적취득신고, ○○년 ○
　　월 ○일 국적재취득신고, 또는 ○○년 ○월 ○일 국적취득특례 등과 같이 기재합니다.
④란:가족관계등록부에 기록을 분명하게 하는데 특히 필요한 사항을 기재하며 국적취득을
　　증명하는 서면 등 신고서에 첨부할 서류의 명칭을 기재합니다.
⑥란:제출인(신고인이 작성한 신고서를 신고인이 아닌 사람이 제출할 경우만 기재)의 성명
　　및 주민등록번호를 기재합니다.[접수담당공무원은 신분증과 대조]

1. 국적취득을 증명하는 서류 1부(국적취득신고수리통지서 또는 국적취득사실을 고시한
　관보 등).
2. 국적취득신고수리통지서에 기재된 이외의 신분사항이 기재된 경우에는 그에 관한 소명
　자료 1부.
※ 아래 3항은 가족관계등록관서에서 전산으로 그 내용을 확인할 수 있는 경우 첨부를 생략합니다.
3. 국적취득자 본인이나 그의 부(父).모(母).배우자 중에서 대한민국의 가족관계등록부가 있
　거나 있었던 경우에는 그 자의 가족관계등록부의 기본증명서, 가족관계증명서 각 1통.
4.신분확인[가족관계등록예규 제443호에 의함]
　- 신고인이 출석한 경우 : 신분증명서
　- 제출인이 출석한 경우 : 제출인의 신분증명서
　- 우편제출의 경우 : 신고인의 신분증명서 사본
　※ 신고인이 성년후견인인 경우에는 4항의 서류 외에 성년후견인의 자격을 증명하는 서
　　면도 함께 첨부해야 합니다.

■ 국적취득자의 성·본 창설은 어떻게 하나요?

Q 甲은 일본인이었으나 최근에 국적을 취득한 자인바, 법무부장관의 국적취득통보로 작성된 甲의 가족관계등록부에는 '테라사와 부이치'라는 일본식 이름으로 기재되어 있다. 甲의 일본인 부인이 한류스타 '이병헌'의 열성팬이어서, 甲은 한국식 성과 이름인 '이병헌'으로 바꾸어 부인의 환심을 사고 싶어 한다. 甲은 어떻게 한국식 성과 이름으로 바꿀 수 있는가요?

A 甲은 국적취득자로서의 성·본창설허가신청을 하여 허가결정을 받고 또 개명 허가신청을 하여 허가결정을 받는 경우 '이병헌'으로 성과 이름을 변경할 수 있습니다.

Q 대한민국국민과 혼인한 외국인이 대한민국국적을 취득하려고 합니다.
그 요건과 절차가 어떻게 되는지요?

A 국적법 제6조 제2항은 "배우자가 대한민국의 국민인 외국인으로서 다음 각
호의 1에 해당하는 자는 제5조 제1호의 요건(5년 이상 거주요건)을 갖추지 아
니하여도 귀화허가를 받을 수 있다고 정하고 있습니다.

1. 그 배우자와 혼인한 상태로 대한민국에 2년 이상 계속하여 주소가 있는 자
2. 그 배우자와 혼인한 후 3년이 경과하고 혼인한 상태로 대한민국에 1년
   이상 계속하여 주소가 있는 자
3. 제1호 또는 제2호의 기간을 충족하지 못하였으나, 그 배우자와 혼인한
   상태로 대한민국에 주소를 두고 있던 중 그 배우자의 사망이나 실종
   또는 그 밖에 자신에게 책임이 없는 사유로 정상적인 혼인생활을 할 수
   없었던 자로서 제1호나 제2호의 잔여기간을 채웠고 법무부장관이 상당
   하다고 인정하는 자
4. 제1호 또는 제2호의 요건을 충족하지 못하였으나, 그 배우자와의 혼인에
   따라 출생한 미성년의 자를 양육하고 있거나 양육하여야 할 자로서 제1
   호 또는 제2호의 기간을 채웠고 법무부장관이 상당하다고 인정하는 자
   "는 법무부장관의 귀화허가를 받아 대한민국국적을 취득할 수 있습니다.

국적법 제6조 2항 각호에 해당하는 경우에도 동법 제5조 제1호의 요건만이
배제되는 것이므로 동법 제2호 내지 5호의 요건은 갖추어야 합니다. 즉 ①대
한민국의 민법에 의하여 성년일 것, ②품행이 단정할 것, ③자신의 자산이나
기능에 의하거나 생계를 같이 하는 가족에 의존하여 생계를 유지할 능력이 있
을 것, ④국어능력 및 대한민국의 풍습에 대한 이해 등 대한민국 국민으로서
의 기본소양을 갖추고 있을 것이 요구됩니다(국적법 제5조).

따라서 대한민국국민과 혼인한 외국인이 한국의 국적을 취득하기 위해서는
「국적법」 제6조 제2항에 의한 간이귀화요건에 제5호 2호 내지 5호의 귀화요
건을 갖추거나, 아니면 5년 이상 계속하여 대한민국에 주소가 있고 기타의 귀
화요건을 갖추어야만 법무부장관의 허가를 받아 대한민국국적을 취득할 수
있습니다.

위와 같은 요건 중 혼인이란 법적으로 유효한 혼인을 의미하고 사실혼관계는
이에 해당되지 아니하며, 불법체류기간은 귀화에 필요한 국내체류기간으로 인
정되지 않는다 할 것입니다. 한편 대한민국국민과 혼인하여 간이귀화요건을 갖

추어 귀화한 자가 대한민국국민 배우자와 이혼하거나 그 대한민국국민 배우자가 사망한 경우에 그 사실만으로는 대한민국국적을 상실하는 것은 아닙니다.

그러나 구 「국적법」하에서 대한민국국민의 처로서 대한민국국적을 취득한 자가 정상적인 부부로서 혼인할 의사 없이 단지 장기체류를 목적으로 위장결혼한 경우에는 공정증서원본부실기재죄로 유죄판결이 확정되거나 혼인무효확인소송이 무효로 확정된 경우에는 소급하여 대한민국국적을 상실한다고 보아야 할 것입니다.

■ 아이들도 남편과 함께 귀화절차를 밟아야만 대한민국 국적을 취득할 수 있는지요?

Q 저는 일본유학 중 일본인 남자와 현지에서 결혼하여 1남 1녀의 자녀를 두고 있으나, 남편과 함께 귀국하여 대한민국에서 생활을 하려고 합니다. 귀국한 후 아이들을 대한민국국적을 지닌 대한민국국민으로 키우고 싶은데, 아이들도 남편과 함께 귀화절차를 밟아야만 대한민국 국적을 취득할 수 있는지요?

A 현행 「국적법」은 부모양계혈통주의를 취하고 있어, 부모 중 어느 한 쪽이 한국 국적을 가지고 있으면 그 자녀는 출생에 의하여 자동으로 대한민국국적을 갖게 됩니다(국적법 제2조 제1항 제1호).

그런데 위 규정은 1998년 6월 14일부터 시행되었으므로 시행일 이후의 출생자에게만 적용됩니다.

따라서 귀하의 자녀들이 1998년 6월 14일 이후 출생하였다면 법무부장관에게 소정의 서류들[①국적취득신고서(법무부 소정양식), ②자녀가 외국인임을 증명하는 서류, ③모와 친자관계에 있음을 증명하는 서류, ④모의 가족관계기록사항에 관한 증명서 또는 제적등본, ⑤모의 대한민국 여권사본(모의 주민등록등본으로 확인이 불가능한 경우)]을 제출하면 귀하의 자녀는 대한민국국적을 취득하며 출생신고에 의해 가족관계등록부를 작성하게 됩니다.

자녀의 성(姓)은 외국인 부의 성(姓)을 따라 부의 나라의 신분등록관계장부가 작성되어 있는 경우이든 아직 출생신고를 하지 않아 부의 나라의 신분등록관계장부가 작성되어 있지 않은 경우이든 불문하고, 외국인 부의 성을 따르거나 한국인 모의 성과 본을 따라 신고할 수 있도록 하고 있습니다(국적법 부칙 제8조, 민법 제781조 제2항, 대법원 가족관계등록예규 제434호).

주의할 것은 대한민국국적을 취득한다고 하여 자동적으로 외국국적을 상실하는 것은 아니기 때문에 자녀는 이중국적자가 되므로 만 22세가 되기 전까지 외국국적을 포기하지 않으면 대한민국 국적을 상실하므로 만 22세가 되기 전까지는 국적을 선택하여야만 합니다, 다만 병역법 제8조에 따라 제1국민역에 편입된 자는 편입된 때로부터 3개월 이내 또는 국적법 제 12조 제3항 각호에 해당하게 된 때에는 그 때로부터 2년 이내에 하나의 국적을 선택하여야 합니다. (국적법 제12조).

■ 혼인 전 출생한 자녀도 한국 국적을 취득할 수 있는지요?

Q 저는 프랑스 국적의 여성으로 얼마 전 한국인과 재혼했습니다. 결혼전에 출생한 본국의 자녀도 한국 국적을 취득할 수 있는 방법이 있는지요?

A 한국인 배우자가 본국의 자녀를 입양하는 방법과, 본인이 국적 신청을 할 때 자녀의 국적 신청을 함께하는 방법이 있습니다.

① 한국인 배우자가 본국의 자녀를 입양하는 경우
국적법 제7조 제1항 제1호는 "부 또는 모가 대한민국의 국민인 자"는 귀화허가를 받을 수 있음을 규정하고 있으므로, 본국의 자녀가 대한민국 국적을 취득하려면 한국인 남편이 그 자녀를 입양하고, 그 자녀가 국내에 입국하여 법무부장관에게 특별귀화허가를 신청하면 됩니다. 입양은 입양신고서를 남편의 본적지 호적관서에 제출하면 되며 다만 이 때 자녀는 만 20세 미만이어야 합니다(국적법 제7조 제1항 제1호 단서).

② 본인이 자녀의 국적신청을 함께 하는 경우
국적법 제8조 제1항은 "외국인의 자(子)로서 대한민국의 「민법」상 미성년인 자는 부 또는 모가 귀화허가를 신청할 때 함께 국적 취득을 신청할 수 있다."고 정함과 동시에 제2항에서 "제1항에 따라 국적 취득을 신청한 자는 법무부장관이 부 또는 모에게 귀화를 허가한 때에 함께 대한민국 국적을 취득한다."고 규정하고 있습니다.

따라서 ① 부 또는 모가 법무부장관에게 귀화허가 신청서에 수반취득하려는 뜻을 표시하고(동법 시행령 제7조 제1항), ② 귀화신청자와 수반취득 신청자 간에 친자관계가 있는 사실을 증명하는 서류를 첨부하면 됩니다.

Q 저는 한국인 남성과 결혼한 일본인으로 1녀를 두고 있으나, 최근 남편의 부정행위로 혼인한지 1년 만에 소송상 이혼을 하였습니다. 이러한 경우도 국적취득이 가능한 지요?

A 국적법 제6조 제2항은 "배우자가 대한민국의 국민인 외국인으로서 다음 각 호의 어느 하나에 해당하는 자는 제5조제1호의 요건을 갖추지 아니하여도 귀화허가를 받을 수 있다.

1. 그 배우자와 혼인한 상태로 대한민국에 2년 이상 계속하여 주소가 있는 자
2. 그 배우자와 혼인한 후 3년이 지나고 혼인한 상태로 대한민국에 1년 이상 계속하여 주소가 있는 자
3. 제1호나 제2호의 기간을 채우지 못하였으나, 그 배우자와 혼인한 상태로 대한민국에 주소를 두고 있던 중 그 배우자의 사망이나 실종 또는 그 밖에 자신에게 책임이 없는 사유로 정상적인 혼인 생활을 할 수 없었던 자로서 제1호나 제2호의 잔여기간을 채웠고 법무부장관이 상당(相當)하다고 인정하는 자
4. 제1호나 제2호의 요건을 충족하지 못하였으나, 그 배우자와의 혼인에 따라 출생한 미성년의 자(子)를 양육하고 있거나 양육하여야 할 자로서 제1호나 제2호의 기간을 채웠고 법무부장관이 상당하다고 인정하는 자 "라고 규정하고 있습니다.

따라서 혼인상태가 1년만 지속했다하더라도, 한국인 배우자의 사망, 실종 기타 외국인 배우자의 귀책사유 없이 혼인이 종료된 경우 혹은 그 혼인에 기하여 출생한 미성년의 자를 양육하고 있거나 양육하여야할 경우에는 대한민국 국적을 취득할 수 있습니다.

국적법 제6조 제2항 제3호에 따라 간이귀화를 신청하는 경우, ① 판결문, ② 한국인 배우자의 폭행 등을 고소하여 받은 검찰의 불기소 결정문이나 진단서, ③ 한국인 배우자의 파산 결정문 등, ④ 한국인 배우자의 가출신고서나 출국 사실 증명원, ⑤ 한국인 배우자의 4촌 이내 친족이나 혼인관계 단절 당시의 주거지 통(반)장이 작성한 확인서, ⑥ 공인된 여성 관련 단체가 작성한 별지 제4호 서식의 확인서, ⑦ 그 밖에 자신의 귀책사유 없이 정상적인 혼인생활을 할 수 없었음을 증명하는 자료 등을 제출하여 자신의 귀책사유 없이 정상적인 혼인생활을 할 수 없었음을 증명하여야 합니다. 마찬가지로, 법 제6조 제2항 제4호에 따라 미성년의 자를 양육하여야 할 자임을 이유로 귀화를 신청할 경우에 판결문, 이혼 신고서 및 확인서등본, 한국인 배우자의 4촌 이내 친족 또는 주거지 통(반)장이 작성한 확인서 등에 의하여 그 사실을 증명하여야 합니다(국적업무처리지침 제11조 제2항 및 제3항).

■ 외국인이 대한민국 국민과 혼인하면 곧바로 대한민국의 국적을 취득하게 되나요?

Q 외국인이 대한민국 국민과 혼인하면 곧바로 대한민국의 국적을 취득하게 되나요?

A 외국인이 대한민국 국민과 혼인해서 대한민국에 거주하게 되면 대한민국 국민의 배우자로서의 지위를 가지게 되지만 곧바로 대한민국의 국적을 취득하는 것은 아닙니다. 다만, 대한민국 국민인 배우자와 적법하게 혼인신고를 한 후 대한민국에서 2년 거주 또는 3년 경과 1년 거주한 외국인의 경우에는 간이귀화를 통해 대한민국 국적을 취득할 수 있습니다.

① 간이귀화의 요건
- 국민인 배우자와 결혼한 상태일 것
- 대한민국에 계속해서 거주할 것
- 대한민국의 「민법」상 성년(만 20세)일 것
- 품행이 단정할 것
- 생계능력이 있을 것
- 대한민국 국민으로서 기본 소양을 갖추고 있을 것

② 간이귀화 허가 신청
- 대한민국 국민인 배우자와 혼인신고를 하고 정상적인 결혼생활을 하고 있는 외국인이 간이귀화 허가를 신청하려면 귀화허가 신청서에 외국인임을 증명하는 서류 등을 첨부해서 출입국관리사무소장 또는 출입국관리사무소 출장소장에게 제출하면 됩니다.

■ 대한민국 국적을 취득하면 전에 갖고 있던 국적을 꼭 포기해야 하나요?

Q 대한민국 국적을 취득하면 전에 갖고 있던 국적을 반드시 포기해야 하나요?

A 대한민국 국적을 취득한 외국인으로서 외국 국적을 가지고 있는 사람은 대한민국 국적을 취득한 날부터 1년 내에 그 외국 국적을 포기해야 하고, 이를 불이행하면 그 기간이 지난 때에 대한민국 국적을 상실(喪失)합니다
대한민국 국적을 취득하고도 외국 국적의 포기 절차를 마치지 않은 사람에게는 출입국, 체류, 주민등록 또는 여권발급 등에서 대한민국 국민으로서의 처우가 제한될 수 있습니다.

① 외국 국적 포기 의무
대한민국 국적을 취득한 외국인으로서 외국 국적을 가지고 있는 사람은 대한민국 국적을 취득한 날부터 1년 내에 그 외국 국적을 포기해야 합니다. 이 외국 국적 포기 의무를 이행하지 않은 사람은 그 기간이 지난 때에 대한민국 국적을 상실(喪失)합니다.

② 외국 국적 포기 방법
외국 국적을 포기하려는 사람은 그 기간 내에 외국 국적을 포기하거나 상실하는 절차를 마치고, 그 외국의 영사나 관련 공무원이 발급한 국적포기(상실)증명서 또는 이에 준하는 서류를 지체 없이 법무부장관에게 제출해야 합니다.

③ 외국 국적 미포기자 등에 대한 처우 제한
대한민국 국적을 취득하고도 외국 국적의 포기 절차를 마치지 않은 사람에게는 관계 법령에서 정하는 바에 따라 출입국, 체류, 주민등록 또는 여권발급 등에서 대한민국 국민으로서의 처우가 제한될 수 있습니다.

Q 사할린 동포 1세 중 영주귀국허가를 받은 사람은 국적판정절차로 간편하게 한국 국적을 취득할 수 있다던데 어떤 절차인가요?

A 국적 판정이란 과거에 대한민국 국적을 취득한 사실이 있는지, 현재 대한민국 국적을 가지고 있는지 등이 불분명한 사람의 국적을 법무부장관이 심사·판정하는 것을 말합니다.

국적보유 판정을 받은 사람은 대한민국 국민이므로 별도의 국적취득 절차를 거칠 필요가 없으며, 국적상실 또는 국적취득사실 부존재 판정을 받은 사람은 외국인이므로 대한민국 국적을 취득하고자 할 경우 별도로 국적 회복 또는 귀화 절차를 밟아야 합니다.

◇ 개념

"국적판정"이란 어떤 사람에 대하여 그 사람이 과거에 대한민국 국적을 취득한 사실이 있는지, 현재 그가 대한민국 국적을 가지고 있는지 여부 등이 분명하지 않은 경우에 본인의 신청에 따라 법무부장관이 이를 심사한 후 판정하는 것을 말합니다.

◇ 국적판정의 신청

① 국적 판정의 신청을 하려는 사람은 다음의 서류들을 지방출입국·외국인관서의 장에게 제출해야 합니다.

  1. 국적판정신청서
  2. 본인 또는 국내거주 친족의 가족관계기록사항에 관한 증명서나 그 밖에 출생 당시의 혈통관계를 소명할 수 있는 서류
  3. 외국 국적을 취득한 적이 있는 때에는 그 사실을 증명하는 서류(그 외국의 여권 사본으로 이에 대신할 수 있음) 및 그 외국 국적을 취득하게 된 경위서
  4. 외국에 거주하다가 대한민국에 입국하여 주소 또는 거소를 두고 있는 사람은 입국 당시에 사용한 외국여권·여행증명서 또는 입국허가서의 사본
  5. 「가족관계의 등록 등에 관한 법률」 제98조에 따른 국적판정의 통보 및 가족관계등록부의 작성 등에 필요한 서류
  6. 그 밖에 국적판정에 참고가 되는 자료

◇ 심사 및 판정

① 법무부장관은 국적판정 신청자에 관하여 다음의 사항 등을 심사한 후 현재도 대한민국 국적을 보유하고 있는지를 판정합니다.

1. 혈통관계
2. 국외이주 경위
3. 대한민국 국적 취득 여부
4. 대한민국 국적을 취득한 후 스스로 외국국적을 취득함으로써 대한민국 국적을 상실한 사실이 있는지 여부

② 국적보유판정을 받은 사람은 별도의 국적취득 절차를 거치지 않고 「가족관계의 등록 등에 관한 법률」에서 정하는 바에 따라 가족관계등록창설을 할 수 있습니다.

③ 국적상실 또는 국적취득사실 부존재 판정을 받은 사람은 외국인에 해당하므로 대한민국 국적을 취득하고자 할 경우 별도로 국적 회복 또는 귀화절차를 밟아야 합니다.

■ 미국과 한국 국적을 모두 갖고 있는데 국적선택을 어떠한 방식으로 할 수 있나요?

Q 미국과 한국 국적을 모두 갖고 있는데 국적선택을 어떠한 방식으로 할 수 있나요?

A "국적선택제도"란 대한민국 국적과 외국 국적을 함께 가지게 된 복수국적자에 대해 국적선택 기간 안에 반드시 하나의 국적을 선택하도록 요구하는 제도를 말합니다. 만 20세가 되기 전에 복수국적자가 된 사람은 만 22세가 되기 전까지, 만 20세가 된 후에 복수국적자가 된 사람은 그 때부터 2년 내에 대한민국 국적을 선택한다는 뜻 또는 대한민국 국적을 이탈한다는 뜻을 법무부장관에게 신고해야 합니다.

■ 출생과 동시에 국적을 취득할 수 있는 방법에는 무엇이 있나요?

Q 출생과 동시에 대한민국 국적을 취득할 수 있는 방법은 없나요?

A 다음의 어느 하나에 해당하는 자는 출생과 동시에 대한민국 국적(國籍)을 취득합니다(국적법 제2조제1항).
- 출생 당시에 부(父) 또는 모(母)가 대한민국의 국민인 자
- 출생하기 전에 부가 사망한 경우에는 그 사망 당시에 부가 대한민국의 국민이었던 자
- 부모가 모두 분명하지 않은 경우나 국적이 없는 경우에는 대한민국에서 출생한 자

■ 한국인 부가 후에 인지를 하여 부자관계가 확정되면 출생당시부터 대한민국의 국적을 취득하였다고 볼 것인지요?

Q 한국인 남자와 일본인 여자 사이의 혼인 외 출생자가 일본인 모의 호적에 입적되어 있는 경우 한국인 부가 후에 인지를 하여 부자관계가 확정되면 이는 「국적법 제2조제1호」에 의하여 자는 출생당시부터 대한민국의 국적을 취득하였다고 볼 것인지의 여부가 궁금합니다.

A 모의 신고가 있었다고 하더라도 부의 인지에 의하여 한국 국적을 취득하되 6월 이내에 일본국적을 이탈하여야 하고 6월이 지나면 국적회복 허가신청을 할 수 있습니다.

[서식] 국적회복신고서

| 국 적 회 복 신 고 서
(년 월 일) | | | | | ※ 신고서 작성 시 뒷면의 작성 방법을 참고하고, 선택
항목에는 '영표(○)'로 표시하기 바랍니다. | | | |

<table>
<tr><td rowspan="13">① 국 적 회 복 자</td><td colspan="3">국적회복 전에 가졌던 국적</td><td colspan="4"></td></tr>
<tr><td rowspan="2">부</td><td rowspan="2">성명</td><td rowspan="2">(성) / (명)</td><td colspan="2">국적(등록기준지)</td><td colspan="2"></td></tr>
<tr><td colspan="2">주민등록번호</td><td colspan="2">-</td></tr>
<tr><td rowspan="2">모</td><td rowspan="2">성명</td><td rowspan="2">(성) / (명)</td><td colspan="2">국적(등록기준지)</td><td colspan="2"></td></tr>
<tr><td colspan="2">주민등록번호</td><td colspan="2">-</td></tr>
<tr><td rowspan="2">배우자</td><td rowspan="2">성명</td><td rowspan="2">(성) / (명)</td><td colspan="2">국적(등록기준지)</td><td colspan="2"></td></tr>
<tr><td colspan="2">주민등록번호</td><td colspan="2">-</td></tr>
<tr><td colspan="3">등록기준지(가족관계등록창설지)</td><td colspan="4"></td></tr>
<tr><td colspan="3">주 소</td><td colspan="4"></td></tr>
<tr><td rowspan="2">성명</td><td>외국어
(한자포함)</td><td>(성) / (명)</td><td rowspan="2">본
(한자)</td><td></td><td>성별</td><td>1남 2여</td></tr>
<tr><td>원지음의
한글표기</td><td>(성) / (명)</td><td></td><td>주민등
록번호</td><td>-</td></tr>
<tr><td colspan="3">한국국적상실 연월일 및 원인</td><td colspan="4">년 월 일</td></tr>
</table>

②신분에 관한 사항	

③국적회복허가연월일	년 월 일

<table>
<tr><td rowspan="7">④
수반취득자
또는
국적회복자</td><td colspan="2">성 명</td><td rowspan="2">본
(한자)</td><td rowspan="2">생년월일</td><td rowspan="2">부의
성명</td><td rowspan="2">모의
성명</td><td rowspan="2">국적회복자
와의 관계</td></tr>
<tr><td>외국어
(한자포함)</td><td>원지음의
한글표기</td></tr>
<tr><td>(성) / (명)</td><td>(성) / (명)</td><td></td><td></td><td></td><td></td><td></td></tr>
<tr><td>(성) / (명)</td><td>(성) / (명)</td><td></td><td></td><td></td><td></td><td></td></tr>
<tr><td>(성) / (명)</td><td>(성) / (명)</td><td></td><td></td><td></td><td></td><td></td></tr>
<tr><td>(성) / (명)</td><td>(성) / (명)</td><td></td><td></td><td></td><td></td><td></td></tr>
</table>

⑤기타사항		

<table>
<tr><td rowspan="3">⑥신고인</td><td>성 명</td><td colspan="2">㉑ 또는 서명</td><td>주민등록번호</td><td>-</td></tr>
<tr><td>자 격</td><td colspan="4">1본인 2법정대리인 3 기타(자격:)</td></tr>
<tr><td>주 소</td><td></td><td>전화</td><td>이메일</td><td></td></tr>
<tr><td>⑦제출인</td><td>성 명</td><td colspan="2">주민등록번호</td><td colspan="2">-</td></tr>
</table>

※ 타인의 서명 또는 인장을 도용하여 허위의 신고서를 제출하거나, 허위신고를 하여 가족관계등록부에 부실의 사실을 기록하게 하는 경우에는 형법에 의하여 5년 이하의 징역 또는 1천만 원 이하의 벌금에 처해집니다.

※ 본 신고서는 2008. 8. 31.까지 국적회복한 자가 이를 신고하는 양식입니다.

①란:부모 및 배우자가 대한민국 국적을 가진 경우에는, 국적(등록기준지)란에 등록기준지
     를 기재합니다.
   :부모 및 배우자가 외국인인 경우에는 주민등록번호란에 외국인등록번호(국내거소신
     고번호 또는 출생연월일)를 기재합니다.
   :등록기준지란에는 국적회복자의 가족관계등록부를 작성할 주소의 소재지를 기재합니다.
   :국적회복자의 성명란 중 외국어(한자포함)란에는 국적회복하기 전에 외국에서 사용
     하던 성명을 해당 외국어(한자포함)로 기재하여야 합니다(예컨대 중국의 경우에는
     한자로 기재). 다만, 우리나라 가족관계(폐쇄)등록부나, 등록사항별 증명서에 의하
     여 그 성명을 소명한 경우에는 등록사항별 증명서에 기록된 한자를 기재합니다.
   :국적회복자의 성명란 중 원지음의 한글표기란에는 해당 외국의 원지음을 한글로
     표기하여야 합니다. 다만, 우리나라 가족관계(폐쇄)등록부나, 등록사항별 증명서에
     의하여 그 성명을 소명한 경우에는 등록사항별 증명서에 기록된 한글을 기재합니
     다. 한편, 중화인민공화국이 발행한 공문서(예: 거민신분증, 호구부 등)에 의하여
     조선족임을 소명한 중국국적자의 인명에 대하여 그에 대응하는 한국통용의 한자를
     소명한 때에는 한국식 발음의 한글을 그 원지음을 갈음하여 표기할 수 있습니다.
   :국적회복자에게 본과 주민등록번호가 없는 때에는 본(한자)란과 주민등록번호란을
     기재하지 않습니다.
   :한국국적 상실연월일 및 원인란에는 "○○년 ○월 ○일 미국 국적취득", "○○년
     ○월 ○일 대한민국 국적포기" 등과 같이 기재합니다.
②란:이 신고서에 정한 사항 이외의 신분에 관한 모든 사항을 기재하여야 하며, 신분표를
     첨부할 수도 있습니다. 이 경우에는 그에 관한 소명자료를 첨부하여야 합니다.
④란:국적회복자와 함께 대한민국 국적을 취득하거나 회복한 미성년의 자녀가 있는 경우
     에 기재합니다.
⑤란:가족관계등록부에 기록을 분명하게 하는데 특히 필요한 사항을 기재하며, 국적회복
     허가를 증명하는 서면 등 신고서에 첨부한 서류의 명칭을 기재합니다.
⑦란:제출인(신고인이 작성한 신고서를 신고인이 아닌 사람이 제출할 경우만 기재)의 성명
     및 주민등록번호를 기재합니다.[접수담당공무원은 신분증과 대조]

1. 국적회복허가통지서 1부.
2. 국적회복허가통지서에 기재된 사항 이외의 신분사항이 기재된 경우에는 그에 관한 소
   명자료 1부(외국정부기관이 발행한 제신분증명서의 등본 또는 국적상실로 제적된 제
   적등본 등).
※ 아래 3항은 가족관계등록관서에서 전산으로 그 내용을 확인할 수 있는 경우 첨부를 생략합니다.
3. 국적회복자 본인이나 그의 부(父).모(母).배우자 중에서 대한민국의 가족관계등록부가 있
   거나 있었던 경우에는 그 사람의 가족관계등록부의 기본증명서, 가족관계증명서 각 1통.
4.신분확인[가족관계등록예규 제443호에 의함]
 - 신고인이 출석한 경우 : 신분증명서
 - 제출인이 출석한 경우 : 제출인의 신분증명서
 - 우편제출의 경우 : 신고인의 신분증명서 사본
※ 신고인이 성년후견인인 경우에는 4항의 서류 외에 성년후견인의 자격을 증명하는 서
   면도 함께 첨부해야 합니다.

Q 저는 외국남자와 혼인하여 외국국적을 취득하고 대한민국국적을 상실하였으나 가족관계등록부상 국적상실의 기록이 되어 있지 않다고 합니다. 저는 다시 대한민국국적을 회복하고 싶은데 그 방법과 등록부 관계는 어떻게 되는지요?

A 국적회복이란 과거에 한국사람이었으나 대한민국국적을 상실하였던 자, 혹은 이중국적자로서 대한민국국적을 이탈하였던 자가 법무부장관의 허가를 받아 다시 대한민국국적을 취득하는 제도입니다.

국적회복허가신청을 하고자 할 때에는 ①국적회복신청서 ② 외국인임을 증명하는 서류 ③ 가족관계기록사항에 관한 증명서·제적등본 또는 신청인이 대한민국 국민이었던 사실을 증명할 수 있는 서류 ④ 국적상실의 원인 및 연월일을 증명하는 서류 ⑤ 수반취득을 신청하는 자가 있는 때에는 그 관계를 증명하는 서류 ⑥ 신원진술서 2통 등의 서류를 제출하여야 합니다(국적법시행규칙 제6조 제2항).

국적회복의 경우 구 「호적법」 시행 당시에는 국적회복허가를 받은 당사자가 국적회복신고를 하여야 호적이 편제되었으나, 2008. 1. 1.부터 시행중인 「가족관계의 등록 등에 관한 법률」은 법무부장관은 국적회복을 허가한 경우 지체없이 국적회복을 한 사람이 정한 등록기준지의 시(구)·읍·면의 장에게 대법원규칙으로 정하는 사항을 통보하고, 시(구)·읍·면의 장은 통보사항을 기초로 등록부를 작성하도록 하였습니다(같은 법 제95조). 다만, 이러한 통보제의 시행은 2008. 9. 1.로 정하고 있습니다(같은 법 부칙 제1조 단서).

한편, 귀하의 경우처럼 등록부상 국적상실의 원인기록이 없어 회복정리를 할 수 없는 경우에는, 먼저 「가족관계의 등록 등에 관한 법률」 제38조에 따라 배우자 또는 4촌 이내의 친족 등에게 국적상실신고를 하도록 최고하고, 최고를 하여도 그 신고를 하지 아니하거나 또는 최고를 할 수 없을 때(신고의무자가 없는 때 또는 외국거주 등으로 소재불명일 때) 등에는 가족관계의 등록 등에 관한 법률 제18조 제2항에 따라 감독법원의 허가를 받아 직권으로 국적상실의 처리를 한 다음에 국적회복허가 통보에 의해 등록부를 정리해야 할 것이며, 국적상실기록(폐쇄)이 되어 있지 아니하다고 하여 국적회복신고를 불수리할 것은 아니며, 대한민국 국적상실 원인 및 연월일과 인적사항은 법무부장관의 통지서에 나타나므로 직권으로 기록할 사항은 그 통지서 내용에 의하여 처리(폐쇄)한 다음 국적회복절차에 따라 새로이 등록부를 작성하도록 하고 있습니다(대법원 가족관계등록예규 제432호).

그리고 국적회복허가를 받은 날로부터 1년 내에 국적회복 직전에 가지고 있던 외국국적에 대하여는 포기절차를 마쳐야 합니다. 1년 내에 그 외국국적을 포기하지 않으면 회복했던 대한민국국적이 다시 상실되기 때문입니다.

그러나 대한민국의 국적을 상실한 자가 그 후 1년 내에 그 외국 국적을 포기한 때에는 법무부장관에게 신고함으로써 대한민국의 국적을 재취득할 수 있는바, 국적의 재취득을 신고한 자는 그 신고를 한 때에 대한민국의 국적을 취득한다 하겠습니다(국적법 제11조).

참고로 현행 「국적법」 제9조 제2항은 ①국가 또는 사회에 위해(危害)를 끼친 사실이 있는 자, ②품행이 단정하지 못한 자, ③병역을 기피할 목적으로 대한민국국적을 상실하였거나 이탈하였던 자 ④국가안전보장, 질서유지 또는 공공복리를 위하여 법무부장관이 국적회복을 허가함이 적당하지 아니하다고 인정하는 자에 대하여서는 국적회복을 허가하지 아니한다고 규정하고 있습니다.

그리고 판례는 국적회복절차에 의한 국적취득의 효력은 국적회복허가로서 즉시 발생한다고 하였습니다(대법원 1991.12.27.선고 91다32596 판결).

[서식] 국적상실신고서

국 적 상 실 신 고 서 (년 월 일)				※ 신고서 작성 시 아래의 작성 방법을 참고하고, 선택 항목에는 '영표(○)'로 표시하기 바랍니다.			

① 국 적 상 실 자	성 명	한글	(성) / (명)	한자	(성) / (명)	주민등록 번호	-
	등록기준지						
	주 소				세 대 주 및 관계		의

②국적상실연월일 및 원인			년 월 일	
③취득한 외국 국적				
④기타사항				

⑤ 신 고 인	성 명		㉛ 또는 서명	주민등록번호		-
	자 격	①본인 ②배우자 ③4촌 이내의 친족				
	주 소			전화	이메일	

⑥제출인	성명		주민등록번호		-

작 성 방 법

②란:"○○년 ○월 ○일 ○○국 국적취득" 등과 같이 국적상실연월일 및 원인을 기재합니다.

④란:아래 사항 및 그 밖의 가족관계등록부에 기록을 분명하게 하는데 특히 필요한 사항을 기재하며, 국적상실을 증명하는 서면 등 신고서에 첨부한 서류의 명칭을 기재합니다.
　　:국적상실을 증명하는 서면 등 신고서에 첨부한 서류의 명칭을 기재합니다.

⑤란:신고인이 외국인인 경우에는 외국인등록번호(국내거소신고번호 또는 출생연월일)를 기재합니다.

⑥란:제출인(신고인이 작성한 신고서를 신고인이 아닌 사람이 제출할 경우만 기재)의 성명 및 주민등록번호를 기재합니다.[접수담당공무원은 신분증과 대조]

첨 부 서 류

1. 국적상실을 증명하는 서면 1부[외국국적취득증명서(귀화허가등본 등) 또는 주재영사의 확인서, 국적상실을 고시한 관보 등].

※ 아래 2항은 가족관계등록관서에서 전산으로 그 내용을 확인할 수 있는 경우 첨부를 생략합니다.

2. 신고인의 자격을 증명하는 서면 1부(등록사항별 증명서-가족관계등록부의 기본증명서, 가족관계증명서).

3.신분확인[가족관계등록예규 제443호에 의함]
 - 신고인이 출석한 경우 : 신분증명서
 - 제출인이 출석한 경우 : 제출인의 신분증명서
 - 우편제출의 경우 : 신고인의 신분증명서 사본

※신고인이 성년후견인인 경우에는 3항의 서류 외에 성년후견인의 자격을 증명하는 서면도 함께 첨부해야 합니다.

■ 혼인으로 외국국적을 취득한 경우, 대한민국국적은 상실되나요?

Q 사촌여동생은 일본인 남자와 결혼하였습니다. 외국인과 결혼하여 그 외국국적을 취득하면 대한민국국적이 상실된다고 하는데, 사촌여동생의 경우에도 국적이 상실되는지요?

A 국적상실이란 대한민국 국민으로서 자진하여 외국국적을 취득하는 등 국적법에 규정된 국적상실사유에 해당하는 사실이 있는 때에 당사자의 신고여부에 관계없이 자동으로 대한민국 국적을 상실하게 되는 것을 말합니다. 그런데 국적법 제15조 제2항 제1호는 "대한민국 국민으로서 외국인과의 혼인으로 인하여 그 배우자의 국적을 취득하게 된 자는 그 외국국적을 취득한 때부터 6월 내에 법무부장관에게 대한민국 국적을 보유할 의사가 있다는 뜻을 신고하지 아니하면 그 외국국적을 취득한 때에 소급하여 대한민국 국적을 상실한다." 라고 규정하고 있습니다. 이 경우 외국국적의 취득일을 알 수 없는 때에는 그가 사용하는 외국여권의 최초발급일에 그 외국국적을 취득한 것으로 추정하게 됩니다(국적법 제15조 제3항).

그리고 국적상실자는 법무부장관에게 국적상실신고를 하여야 하며, 공무원이 그 직무상 국적상실자를 발견한 때에는 지체 없이 법무부장관에게 국적상실의 통보를 하여야 하고, 법무부장관은 그 직무상 국적상실자를 발견하거나 위와 같은 신고 또는 통보를 받은 때에는 가족관계등록관서 및 주민등록관서에 통보하여야 합니다(국적법 제16조).

따라서 국적을 상실하면 가족관계등록과 주민등록이 말소되게 됩니다.

또한, 국적상실자는 국적을 상실한 때부터 대한민국의 국민만이 누릴 수 있는 권리는 향유할 수 없으며, 이러한 권리 중 대한민국 국민이었을 때에 취득한 것으로서 양도 가능한 것은 그 권리와 관련된 법령이 별도로 정한 바가 없는 한 3년 내에 대한민국 국민에게 양도하여야 합니다(국적법 제18조).

그러므로 귀하의 사촌동생은 대한민국 국적을 상실하게 되는 것이 원칙이나, 다만 6월내에 법무부장관에게 대한민국 국적을 보유할 의사가 있다는 국적보유신고를 하게 되면 국적법 제12조 내지 제14조의 국적선택제도의 적용대상이 되어 국적선택 기간 내(20세가 되기 전에 이중국적자가 된 자는 22세가 되기 전까지, 20세가 된 후에 이중국적자가 된 자는 이중국적이 된 때로부터 2년 내)에 한하여 대한민국 국적을 선택할 수 있습니다.

국적선택제도에 따라 대한민국 국적을 선택하려면 우선 외국국적을 포기하는 절차를 마치고 그 증빙자료를 첨부하여 법무부장관에게 국적선택신고서를 제출하여야 합니다(국적법 제13조).

■ **외국여자와 혼인하여 외국국적을 취득하고 대한민국국적을 상실하였습니다. 국적을 상실한 경우 상속관계는 어떻게 되는지요?**

Q 저는 외국여자와 혼인하여 외국국적을 취득하고 대한민국국적을 상실하였습니다. 국적을 상실한 경우 상속관계는 어떻게 되는지요?

A 국적법 제18조 제1항은 "대한민국 국적을 상실한 자는 국적을 상실한 때부터 대한민국의 국민만이 누릴 수 있는 권리를 누릴 수 없다."고 규정하고 있습니다. 즉, 대한민국 국적을 상실한 사람은 더 이상 대한민국 국민이 아니므로 대한민국 국민만이 가질 수 있는 권리(선거권, 피선거권, 광업권 등)를 갖지 못합니다. 또한 대한민국 국적을 상실한 사람은 대한민국 여권을 사용할 수 없고 대한민국에 출입할 때나 체류할 때도 비자를 받아야 하며(비자를 필요로 하는 경우에 한함) 그 밖에 대한민국에서 취업을 하는 경우에도 외국인의 신분을 가지므로 관계 법률에 따라 각종 규제를 받습니다.

다만, 대한민국 국적을 상실한 사람은 대한민국 국민에게만 인정되는 공법상 권리를 갖지 못할 뿐 기존에 형성되어 있던 사법상의 지위(친자관계, 친족관계, 재산관계 등)까지 잃게 되는 것은 아닙니다.

따라서, 자(子)가 외국 국적을 취득하여 대한민국 국적을 상실하였더라도 대한민국 국민인 부모와의 친자관계는 여전히 유효하며, 부모가 사망한 경우 그 아들은 상속을 받을 수 있습니다.

■ 미국과 한국 국적을 모두 갖고 있는데 고민 끝에 한국 국적을 이탈하려고 합니다. 어떻게 하면 되나요?

Q 미국과 한국 국적을 모두 갖고 있는데 고민 끝에 한국 국적을 이탈하려고 합니다. 어떻게 하면 되나요?

A 복수국적자로서 대한민국 국적을 이탈하려는 사람은 국적이탈 신고서를 작성하여 주소지 관할 재외공관의 장에게 제출해야 하고, 재외공관의 장은 지체 없이 이를 법무부장관에게 송부해야 합니다.
법무부장관은 국적이탈 신고가 국적이탈 요건을 갖춘 경우 이를 수리하고, 국적 이탈의 신고를 한 사람은 그 신고를 한 때에 대한민국 국적을 상실합니다.

◇ 대한민국 국적의 이탈신고

① 복수국적자로서 대한민국 국적을 이탈한다는 뜻을 신고하려는 사람은 국적이탈 신고서를 작성하여 주소지 관할 재외공관의 장에게 제출해야 하고, 재외공관의 장은 지체 없이 이를 법무부장관에게 송부해야 합니다.

② 다만, 「병역법」 제8조에 따라 병역준비역에 편입된 사람은 편입된 때부터 3개월 이내에, 다음의 어느 하나에 해당하는 때부터 2년 이내에 국적이탈 신고를 할 수 있습니다.

   1. 현역, 상근예비역 또는 보충역으로 복무를 마치거나 마친 것으로 보게 되는 때

   2. 전시근로역에 편입된 때

   3. 병역면제처분을 받은 때

③ 직계존속(直系尊屬)이 외국에서 영주(永住)할 목적 없이 체류한 상태에서 출생한 사람은 병역의무의 이행과 관련하여 다음의 어느 하나에 해당하는 경우에만 국적이탈 신고를 할 수 있습니다.

   1. 현역 · 상근예비역 또는 보충역으로 복무를 마치거나 마친 것으로 보게 되는 경우

   2. 전시근로역에 편입된 경우

   3. 병역면제처분을 받은 경우

◇ 신고수리 및 국적상실

① 법무부장관은 위에 따른 국적이탈 신고가 「국적법」 제14조제1항에 따른 국적이탈 요건을 갖춘 경우에만 수리합니다.

② 국적 이탈의 신고를 한 사람은 그 신고를 한 때에 대한민국 국적을 상실합니다.

Q 국제결혼으로 한국국적을 포기하고 프랑스 국적을 취득하였다가 얼마 전 이혼을 하고 한국으로 돌아왔습니다. 국적회복을 하려는데 절차가 어떻게 되나요?

A 국적회복허가를 신청하려는 사람은 국적회복허가신청서 등 필요한 서류들을 작성하여 지방출입국 · 외국인관서의 장에게 제출해야 합니다.

법무부장관은 국적회복허가 신청을 받으면 이를 심사하고 신청자에 대하여 국적 회복을 허가할 경우 그 사실을 지체 없이 본인과 등록기준지 가족관계등록관서의 장에게 통보합니다.

◇ 국적회복허가의 신청

국적회복허가를 신청하려는 사람은 다음의 서류를 작성하여 지방출입국 · 외국인관서의 장에게 제출해야 합니다.

1. 국적회복허가신청서
2. 외국인임을 증명하는 서류
3. 가족관계기록사항에 관한 증명서, 제적등본 또는 그 밖에 본인이 대한민국의 국민이었던 사실을 증명하는 서류
4. 국적 상실의 원인 및 연월일을 증명하는 서류(외국 국적을 취득한 때에는 그 국적을 취득한 원인 및 연월일을 증명하는 서류)
5. 수반취득을 신청하는 사람이 있는 경우에는 그 관계를 증명하는 서류
6. 신원진술서 2통
7. 국적회복 허가의 통보 및 가족관계등록부의 작성 등에 필요한 다음의 서류
   - 국적회복허가 신청자가 자필로 작성한 가족관계통보서
   - 국적회복허가 신청자의 부모, 배우자, 자녀, 혼인 또는 미혼, 입양 등의 신분사항에 관한 소명자료
   - 국적회복허가 신청자가 출생 월일을 새로이 특정할 경우 원 국적국의 대사관 또는 영사관에서 발급한 증명서 등 출생 월일에 관한 소명자료

◇ 국적회복허가 신청에 대한 심사

법무부장관은 국적회복허가 신청을 받으면 심사한 후 다음의 어느 하나에 해당하는 사람에게는 국적 회복을 허가하지 않습니다.

1. 국가나 사회에 위해(危害)를 끼친 사실이 있는 사람
2. 품행이 단정하지 못한 사람
3. 병역을 기피할 목적으로 대한민국 국적을 상실하였거나 이탈하였던 사람
4. 국가안전보장, 질서유지 또는 공공복리를 위하여 법무부장관이 국적 회복을 허가하는 것이 적당하지 않다고 인정하는 사람

◇ 국적회복허가

① 법무부장관은 국적회복허가 신청자에 대하여 국적 회복을 허가하였으면 그 사실을 지체 없이 본인과 등록기준지 가족관계등록관서의 장에게 통보하고, 관보에 고시합니다.
② 국적회복허가를 받은 사람은 법무부장관이 허가를 한 때에 대한민국 국적을 취득합니다.

[서식] 귀화신고서

| 귀 화 신 고 서
(년 월 일) | | | | | | ※ 신고서 작성 시 뒷면의 작성 방법을 참고하고, 선택항
목에는 '영표(○)'로 표시하기 바랍니다. | | | |

① 귀 화 자	귀화 전에 가졌던 국적								
	부	성명	(성) / (명)	국적(등록기준지)					
				주민등록번호		-			
	모	성명	(성) / (명)	국적(등록기준지)					
				주민등록번호		-			
	배우자	성명	(성) / (명)	국적(등록기준지)					
				주민등록번호		-			
	등록기준지(가족관계등록창설지)								
	주소								
	성명	외국어 (한자포함)	(성) / (명)	본 (한자)		성별	① 남 ② 여		
		원지음의 한글표기	(성) / (명)			주민등록 번 호	-		

②신분에 관한 사항	

③귀화허가연월일	년 월 일

④ 수 반 국 적 취 득 자	성 명		생년월일	부의성명	모의성명	귀화자와의 관 계
	외국어 (한자포함)	원지음의 한글표기				
	(성) / (명)	(성) / (명)				
	(성) / (명)	(성) / (명)				
	(성) / (명)	(성) / (명)				
	(성) / (명)	(성) / (명)				

⑤기타사항	

⑥신고인	성 명		㉑ 또는 서명	주민등록번호	-	
	자 격	① 본인 ② 법정대리인 ③ 기타(자격 :)				
	주 소			전 화		이메일

⑦제출인	성 명		주민등록번호	-

※ 타인의 서명 또는 인장을 도용하여 허위의 신고서를 제출하거나, 허위신고를 하여 가족관계등록부
에 부실의 사실을 기록하게 하는 경우에는 형법에 의하여 5년 이하의 징역 또는 1천만 원 이하의
벌금에 처해집니다.

※ 본 신고서는 2008. 8. 31.까지 귀화한 자가 이를 신고하는 양식입니다.

①란:부모 및 배우자가 대한민국 국적을 가진 경우에는 국적(등록기준지)란에 등록기준지를 기재합니다.

　　　:부모 및 배우자가 외국인인 경우에는 주민등록번호란에 외국인등록번호(국내거소신고 번호 또는 출생연월일)를 기재합니다.

　　　:귀화자의 성명란 중 외국어(한자포함)란에는 귀화하기 전에 외국에서 사용하던 성명 을 해당 외국어(한자포함)로 기재하여야 합니다(예컨대, 중국의 경우에는 한자로 기 재). 다만, 우리나라 가족관계(폐쇄)등록부나, 등록사항별 증명서에 의하여 그 성명을 소명한 경우에는 등록사항별 증명서에 기록된 한자를 기재합니다.

　　　:귀화자의 성명란 중 원지음의 한글표기란에는 해당 외국의 원지음을 한글로 표기하 여야 합니다. 다만, 우리나라 가족관계(폐쇄)등록부나, 등록사항별 증명서에 의하여 그 성명을 소명한 경우에는 등록사항별 증명서에 기록된 한글을 기재합니다. 한편, 중화인민공화국이 발행한 공문서(예: 거민신분증, 호구부 등)에 의하여 조선족임을 소명한 중국국적자의 인명에 대하여 그에 대응하는 한국통용의 한자를 소명한 때에 는 한국식 발음의 한글을 그 원지음을 갈음하여 표기할 수 있습니다.

　　　:귀화자에게 본과 주민등록번호가 없는 때에는 본(한자)란과 주민등록번호란을 기재하 지 않습니다.

②란:이 신고서에 정한 사항 이외의 신분에 관한 모든 사항을 기재하여야 하며, 신분표를 첨부할 수도 있습니다. 이 경우에는 그에 관한 소명자료를 첨부하여야 합니다.

④란:귀화자와 함께 대한민국 국적을 취득하는 자가 있는 경우에 기재합니다.

⑤란:가족관계등록부에 기록을 분명하게 하는데 특히 필요한 사항을 기재하며, 귀화사실을 증명하는 서면 등 신고서에 첨부한 서류의 명칭을 기재합니다.

⑦란:제출인(신고인이 작성한 신고서를 신고인이 아닌 사람이 제출할 경우만 기재)의 성명 및 주민등록번호를 기재합니다.[접수담당공무원은 신분증과 대조]

1. 귀화사실을 증명하는 서면 1부(귀화허가통지서 또는 귀화허가고시관보 등).
2. 귀화허가통지서에 기재된 이외의 신분사항이 기재된 경우에는 그에 관한 소명자료 1부.
※ 아래 3항은 가족관계등록관서에서 전산으로 그 내용을 확인할 수 있는 경우 첨부를 생략합니다.
3. 귀화자의 부(父).모(母).배우자 중에서 대한민국의 가족관계등록부가 있는 경우에는 그 자의 가족관계등록부의 기본증명서, 가족관계증명서 각 1통.
4.신분확인[가족관계등록예규 제443호에 의함]
 - 신고인이 출석한 경우 : 신분증명서
 - 제출인이 출석한 경우 : 제출인의 신분증명서
 - 우편제출의 경우 : 신고인의 신분증명서 사본
※ 신고인이 성년후견인인 경우에는 4항의 서류 외에 성년후견인의 자격을 증명하는 서 면도 함께 첨부해야 합니다.

■ 운동선수는 특별귀화를 할 수 있다고 들었습니다. 특별귀화 허가요건이 어떻게 되나요?

Q 한국의 프로 농구팀에서 뛰고 있는 미국국적의 농구선수인데, 한국으로 귀화하고 싶어 알아보니 저와 같은 운동선수는 특별귀화를 할 수 있다고 들었어요. 특별귀화 허가요건이 어떻게 되나요?

A "특별귀화에 의한 국적취득" 부 또는 모가 현재 대한민국의 국민인 사람이나 대한민국에 특별한 공로가 있는 사람이 귀화에 의해 대한민국 국적을 취득하고자 하는 경우 국적취득 요건을 완화해주는 것을 말합니다.

체육 등 특정 분야에서 매우 우수한 능력을 보유한 사람으로서 대한민국의 국익에 기여할 것으로 인정되는 사람의 경우 품행이 단정할 것 등 다른 요건을 갖추면 특별귀화 허가를 신청할 수 있습니다.

◇ 특별귀화에 의한 국적취득의 요건

① 특별귀화의 허가를 받고자 하는 사람은 다음의 요건을 갖추어야 합니다.

　　1. 품행이 단정할 것

　　2. 국어능력과 대한민국의 풍습에 대한 이해 등 대한민국 국민으로서의 기본 소양(素養)을 갖추고 있을 것

　　3. 다음의 어느 하나에 해당하는 외국인으로서 대한민국에 주소가 있는 사람일 것

　　　- 대한민국에 특별한 공로가 있는 사람

　　　- 본인 또는 그 배우자나 직계존비속이 다음의 어느 하나에 해당하는 사람

　　　　가. 「독립유공자예우에 관한 법률」 제4조에 따른 독립유공자

　　　　나. 「국가유공자 등 예우 및 지원에 관한 법률」 제4조에 따른 국가유공자로서 국가유공으로 관계 법률에 따라 대한민국 정부로부터 훈장·포장 또는 표창을 받은 사람

　　4. 국가안보·사회·경제·교육 또는 문화 등 여러 분야에서 대한민국의 국익에 기여한 공로가 있는 사람

　　5. 그 밖에 1. 및 2.에 준하는 공로가 있다고 법무부장관이 인정하는 사람

　　　- 부 또는 모가 대한민국의 국민인 사람

　　　- 과학·경제·문화·체육 등 특정 분야에서 매우 우수한 능력을 보유한 사람으로서 대한민국의 국익에 기여할 것으로 인정되는 사람

■ **5년 넘게 한국에 살면서 고등학교 원어민 강사로 근무하고 있는 미국인입니다. 한국에 귀화를 하고 싶은데, 귀화요건이 어떻게 되나요?**

Q 5년 넘게 한국에 살면서 고등학교 원어민 강사로 근무하고 있는 미국인입니다. 한국이 좋아서 귀화를 하고 싶은데, 귀화요건이 어떻게 되나요?

A 사안의 경우, 대한민국 국민이 되고자 하는 외국인은 대한민국 법무부장관으로부터 일반귀화허가를 받아야 합니다. 외국인이 일반귀화허가를 받으려면 ① 5년 이상 계속하여 대한민국에 주소가 있을 것, ② 나이가 대한민국 「민법」상 성년일 것, ③ 품행이 단정할 것, ④ 생계를 유지할 능력이 있을 것, ⑤ 대한민국 국민으로서의 기본 소양을 갖추고 있을 것의 요건을 갖추어야 합니다.

◇ 일반귀화에 의한 국적취득 요건
외국인이 일반귀화허가를 받기 위해서는 다음의 요건을 갖추어야 합니다.

1. 5년 이상 계속하여 대한민국에 주소가 있을 것: 이 기간은 외국인이 적법하게 입국하여 외국인등록을 마치고 국내에서 계속 체류한 기간으로 하되, 다음의 어느 하나에 해당하는 경우에는 국내에서 계속 체류한 것으로 보아 전후의 체류기간을 통산합니다.
   - 국내에서 체류 중 체류기간 만료 전에 재입국허가를 받고 출국한 후 그 허가기간 내에 재입국한 경우
   - 국내에서 체류 중 체류기간 연장이 불가능한 사유 등으로 일시 출국하였다가 1개월 이내에 입국비자를 받아 재입국한 경우
   - 위의 두 경우에 준하는 사유로 법무부장관이 전후의 체류기간을 통산함이 상당하다고 인정하는 경우
2. 나이가 대한민국의 「민법」상 성년(만 19세가 된 사람을 말함)일 것
3. 품행이 단정할 것
4. 자신의 자산(資産)이나 기능(技能)에 의하거나 생계를 같이하는 가족에 의존하여 생계를 유지할 능력이 있을 것
5. 국어능력과 대한민국의 풍습에 대한 이해 등 대한민국 국민으로서의 기본 소양(素養)을 갖추고 있을 것

■ **볼리비아 국적을 취득하여 한국 국적은 상실한 경우, 형제들과 함께 상속 받은 부동산이 있는데 이 소유권을 계속하여 보유할 수 있는지요?**

Q 저는 볼리비아로 이민을 가서 볼리비아 국적을 취득했으며 한국 국적은 상실하였습니다. 대한민국에 형제들과 함께 상속받은 부동산이 있는데 이 소유권을 계속하여 보유할 수 있는지요?

A 외국국적을 취득하여 한국 국적을 상실한 자가 우리나라에서 상속받은 토지를 계속 보유하고자 하는 경우, 외국인토지법이 적용됩니다.

외국인토지법 제6조는 "대한민국 안의 토지를 가지고 있는 대한민국국민이나 대한민국의 법령에 따라 설립된 법인 또는 단체가 외국인등으로 변경된 경우 그 외국인등이 해당 토지를 계속보유하려는 경우에는 외국인등으로 변경된 날부터 6개월 이내에 대통령령으로 정하는 바에 따라 시장·군수 또는 구청장에게 신고하여야 한다."고 규정하고 있습니다.

토지의 계속보유 신고를 하지 않거나 거짓으로 신고하는 경우 100만원 이하의 과태료가 부과될 수 있으나(외국인토지법 제9조 제2항), 소유권을 상실하는 것은 아닙니다.

따라서 상속일로부터 6개월 이내에 토지계속보유신고서를 토지 소재지를 관할하는 시장, 군수 또는 구청장에게 제출하면(외국인토지법 시행령 제3조) 과태료의 부과 없이 상속받은 토지를 계속하여 보유하실 수 있습니다.

2. 가족관계등록 창설 신고방법

2-1. 가족관계등록 창설신고

2-1-1. 가족관계등록 창설신고란?

"가족관계등록 창설신고"란 대한민국의 국민으로 가족관계등록부가 없는 사람이 처음으로 가족관계등록부를 갖고자 법원의 허가를 받은 경우 이 사실을 시(구)·읍·면의 장에게 신고하는 것을 말합니다.

2-1-2. 가족관계등록 창설허가 신청

① 신청요건

    1) 대한민국의 국민일 것(외국인 또는 무국적자 제외)

    2) 가족관계등록부에 기록되지 않은 사람

    3) 출생신고 의무자가 없거나 출생신고를 기대할 수 없는 경우

    4) 생존하고 있을 것

② 신청인 및 관할법원

    가족관계등록 창설허가신청은 가족관계등록부에 등록되지 않은 사람이 등록을 하려는 곳을 관할하는 가정법원에 신청하는 것이 원칙입니다.

2-2. 가족관계등록 창설의 신고의무자

① 가족관계등록 창설신고는 가정법원에 가족관계등록 창설허가 신청을 해서 허가를 받은 사람이 해야 합니다.

② 가족관계등록 창설허가의 재판을 얻은 사람이 등록창설의 신고를 하지 않는 경우에는 배우자 또는 직계혈족이 할 수 있습니다.

2-3. 신고기한

① 가족관계등록 창설신고는 가정법원의 허가를 받고 허가서의 등본을 받은 날부터 1개월 이내에 해야 합니다.

② 가족관계등록 창설에 관해 확정판결을 받은 경우에는 판결확정일로부터 1개월 이내에 가족관계등록 창설신고를 해야 합니다.

③ 신고의무자가 정당한 사유 없이 가족관계등록 창설신고를 기간 내에 하지 않은 경우에는 5만원 이하의 과태료가 부과됩니다(「가족관계의 등록 등에 관한 법률」 제122조).

2-4. 가족관계등록 창설신고하기

2-4-1. 신고장소

① 가족관계등록 창설신고는 가족관계등록 창설허가를 받은 사람이 등록하려는 등록기준지 또는 신고인의 주소지나 현재지에서 할 수 있는데, 신고인의 관할 시(구)·읍·면의 사무소에 하면 됩니다.

② 다만, 외국에 거주하거나 체류하는 대한민국 국민의 경우 재외국민 가족관계등록사무소에서도 할 수 있습니다.

2-4-2. 가족관계등록 창설신고 신청서 작성

① 가족관계등록 창설신고는 가족관계등록 창설신고서에 다음 사항을 기재해야 합니다.

1) 등록기준지

2) 성명·본·성별·출생연월일 및 주민등록번호

3) 출생·혼인·사망 등 가족관계의 발생 및 변동에 관한 사항

4) 가족으로 기록할 사람이 대한민국 국민이 아닌 사람(이하 "외국인"이라 함)인 경우 성명·성별·출생연월일·국적 및 외국인등록번호(외국인등록을 하지 않은 외국인의 경우에는 국내거소신고번호)

5) 등록창설허가의 연월일(또는 판결확정일)

6) 그 밖에 가족관계에 관한 사항

② 첨부서류

1) 가족관계등록 창설허가 신청에 대한 허가서 등본

2) 확정판결에 의한 창설일 경우에는 판결의 등본 및 확정증명서

3) 신고인의 신분증명서

[서식] 가족관계등록창설신고서

<table>
<tr>
<td colspan="5" rowspan="2" style="text-align:center">가족관계등록창설신고서
(　　년　　월　　일)</td>
<td colspan="4">※ 신고서 작성 시 아래의 작성 방법을 참고하고, 선택항목에는 '영표(○)'로 표시하기 바랍니다.</td>
</tr>
<tr>
<td colspan="4"></td>
</tr>
<tr>
<td rowspan="8" style="text-align:center">①
가족관
계등록
창설자</td>
<td colspan="2" rowspan="2">본인
성명</td>
<td>한글</td>
<td>(성) / (명)</td>
<td rowspan="2">본
(한자)</td>
<td></td>
<td>성 별</td>
<td colspan="2">①남 ②여</td>
</tr>
<tr>
<td>한자</td>
<td>(성) / (명)</td>
<td></td>
<td>주민등록번호</td>
<td colspan="2">-</td>
</tr>
<tr>
<td colspan="4"></td>
<td></td>
<td>출생연월일</td>
<td colspan="2"></td>
</tr>
<tr>
<td colspan="2">등록기준지</td>
<td colspan="7"></td>
</tr>
<tr>
<td colspan="2">주　소</td>
<td colspan="7"></td>
</tr>
<tr>
<td rowspan="4" style="text-align:center">부
모</td>
<td>부(父)</td>
<td>성명</td>
<td>(성) / (명)</td>
<td colspan="2">등 록 기 준 지</td>
<td colspan="3"></td>
</tr>
<tr>
<td></td>
<td></td>
<td></td>
<td colspan="2">주민등록번호</td>
<td colspan="3">-</td>
</tr>
<tr>
<td>모(母)</td>
<td>성명</td>
<td>(성) / (명)</td>
<td colspan="2">등 록 기 준 지</td>
<td colspan="3"></td>
</tr>
<tr>
<td></td>
<td></td>
<td></td>
<td colspan="2">주민등록번호</td>
<td colspan="3">-</td>
</tr>
<tr>
<td colspan="3">②신분에 관한 사항</td>
<td colspan="6"></td>
</tr>
<tr>
<td colspan="3">③허가 또는
재판확정일자</td>
<td colspan="3" style="text-align:center">년　　월　　일</td>
<td>법원명</td>
<td colspan="2"></td>
</tr>
<tr>
<td colspan="3">④기타사항</td>
<td colspan="6"></td>
</tr>
<tr>
<td rowspan="3" style="text-align:center">⑤신고인</td>
<td colspan="2">성 명</td>
<td colspan="3">⑩ 또는 서명</td>
<td>주민등록번호</td>
<td colspan="2">-</td>
</tr>
<tr>
<td colspan="2">자 격</td>
<td colspan="6">①본인　②배우자　③직계혈족　④기타(자격 :　　　　　)</td>
</tr>
<tr>
<td colspan="2">주 소</td>
<td colspan="3"></td>
<td>전화</td>
<td>이메일</td>
<td></td>
</tr>
<tr>
<td style="text-align:center">⑥제출인</td>
<td colspan="2">성 명</td>
<td colspan="3" style="text-align:center">주민등록번호</td>
<td colspan="3">-</td>
</tr>
</table>

작 성 방 법

※ 가족관계등록창설허가결정 등본을 받은 날부터 1개월 이내에 신고하여야 합니다.
①란:가족관계등록창설신고는 원칙적으로 사건본인 각자가 가족관계등록창설허가와 함께 가족관계등록창설신고를 하여야 합니다.
　　:법 제25조제2항에 따라 주민등록번호란에 주민등록번호를 기재한 때에는 출생연월일 의 기재를 생략할 수 있습니다.
②란:이 신고서에서 정한 이외의 신분에 관한 모든 사항을 기재하여야 하며, 별지로 첨부 한 가족관계등록창설허가결정서(신분표)로 대신할 수 있습니다.
④란:가족관계등록부에 기록을 분명하게 하는데 특히 필요한 사항을 기재합니다.
⑥란:제출인(신고인이 작성한 신고서를 신고인이 아닌 사람이 제출할 경우만 기재)의 성명 및 주민등록번호를 기재합니다.[접수담당공무원은 신분증과 대조]

첨 부 서 류

1. 가족관계등록창설허가결정 등본 1부(확정판결로 인하여 가족관계등록창설신고를 할 경우에 는 판결등본 및 확정증명서).
2. 신분확인[가족관계등록예규 제443호에 의함]
 - 신고인이 출석한 경우 : 신분증명서
 - 제출인이 출석한 경우 : 제출인의 신분증명서
 - 우편제출의 경우 : 신고인의 신분증명서 사본
※ 신고인이 성년후견인인 경우에는 2항의 서류 외에 성년후견인의 자격을 증명하는 서면 도 함께 첨부해야 합니다.

[서식] 가족관계등록부 존재신고서

가족관계등록부 존재신고서 (년 월 일)					※ 신고서 작성 시 아래의 작성 방법을 참고 하고, 선택항목에는 '영표(○)'로 표시하기 바랍니다.	
① 가족관계등록 연결대상자	성 명	한글 (성) / (명) 한자 (성) / (명)		주민등록 번 호	-	
	등록 기준지				신고인과의 관계	
	주 소					
	성 명	한글 (성) / (명) 한자 (성) / (명)		주민등록 번 호	-	
	등록 기준지				신고인과의 관계	
	주 소					
	성 명	한글 (성) / (명) 한자 (성) / (명)		주민등록 번 호	-	
	등록 기준지				신고인과의 관계	
	주 소					
	성 명	한글 (성) / (명) 한자 (성) / (명)		주민등록 번 호	-	
	등록 기준지				신고인과의 관계	
	주 소					
②기타사항						
③ 신 고 인	등록기준지					
	성 명		㉵ 또는 서명	주민등록번호	-	
	주 소		전 화		이메일	
④제출인	성 명		주민등록번호		-	

작 성 방 법

※ 본 신고는 가족관계등록부가 없는 사람 또는 등록불명자에 대한 신고가 된 후 그 자가
가족관계등록을 창설한 때, 또는 가족관계등록이 판명된 때에 그 신고인 또는 신고사
건 본인이 그 사실을 안 날로부터 1개월 이내에 하는 신고입니다.

①란:신고인과의 가족구성을 요구하는 상대방을 기록합니다.

②란:기타 사항은 가족관계등록부에 기록을 분명하게 하는데 특히 필요한 사항을 기재 합니다.

③란:가족관계등록창설자(또는 판명자)의 상대방도 신고인이 될 수 있습니다.

④란:제출인(신고인이 작성한 신고서를 신고인이 아닌 사람이 제출할 경우만 기재)의 성명
및 주민등록번호를 기재합니다.[접수담당공무원은 신분증과 대조]

첨 부 서 류

1.신분확인[가족관계등록예규 제443호에 의함]
 - 신고인이 출석한 경우 : 신분증명서
 - 제출인이 출석한 경우 : 제출인의 신분증명서
 - 우편제출의 경우 : 신고인의 신분증명서 사본

※ 신고인이 성년후견인인 경우에는 1항의 서류 외에 성년후견인의 자격을 증명하는 서면
도 함께 첨부해야 합니다.

※ 타인의 서명 또는 인장을 도용하여 허위의 신고서를 제출하거나, 허위신고를 하여 가족관계등록부
에 부실의 사실을 기록하게 하는 경우에는 형법에 의하여 5년 이하의 징역 또는 1천만 원 이하의
벌금에 처해집니다.

가족관계등록창설허가 신청서

주소:
신청인 겸
사건본인의 성명: (한자:)
　　　　　주민등록번호　　　　　　-
　　　　　전화번호:(휴대폰)　　　　　　　　　　　　(자택)

신 청 취 지

등록기준지를　　　　　　도(시)　　　　시(군, 구)　　　　　동(읍, 면)　　　리
　　번지로 정하고 신청인 겸 사건본인에 대하여 별지 신분표와 같이 가족관계
등록창설을 허가하여 주시기를 바랍니다.

신 청 이 유

첨부서류

1. 가족관계등록신분표
2. 가족관계등록부 부존재증명서(시(구).읍.면장 발행)　　　　　　　　1통
3. 주민등록신고확인서(읍.면장 발행)　　　　　　　　　　　　　　　1통
4. 성·본창설허가 심판서 등본(부모를 알 수 없는 무적자인 경우)　　1통
5. 성장환경진술서　　　　　　　　　　　　　　　　　　　　　　　1통
6. 성장과정을 뒷받침하는 소명자료(작성자의 주소, 전화번호 기재)　1통
7. 재적확인서(군사분계선이북지역에 본적을 가졌던 자의 가족관계등록부
　　창설의 경우에 한함 : 이북5도지사가 발행)　　　　　　　　　　1통
8. 멸실 당시 재적증명　　　　　　　　　　　　　　　　　　　　　1통
(멸실호적취적의 경우에 한함:시(구).읍.면장이 발행)

　　　　　　　　　　　　　　　　　　　　　년　　　월　　　일
　　　　　　　　　　　　　　　위 신청인　　　　　　　(인)

　　　　　　　　법원　　　　　지원 귀중

가족관계등록신분표 (1)

1. 기본사항

등록기준지	시 구 동 번지

가족관계등록부사항

구분	상 세 내 용

특정등록사항

구분	성명	출생연월일	주민등록번호	성별	본
본인	김본인(金本人)	년 월 일	-	남	金海

일반등록사항

구분	상 세 내 용
출생	【출생장소】 시 구 동 번지

2. 가족관계사항

구분	성명	출생연월일	주민등록번호	성별	본
부	김일남(金一男)	년 월 일	-	남	金海
모	이일녀(李一女)	년 월 일	-	여	全州

작성시 유의사항
1. 가족관계등록창설을 하고자 하는 사람이 고아인 경우에는 2. 가족관계사항은 생략할 수 있다.
2. 혼인중의 자(또는 혼인외 자)로서 출생신고의무자가 없어 가족관계등록부를 작성할 수 없는 경우의 가족관계등록창설은 기본사항과 가족관계사항에 위와 같은 형태로 기재하여 신분표를 작성한다. 다만 혼인외의 자는 모에 관한 특정등록사항(성명, 출생연월일, 주민등록번호, 성별, 본)만을 기재한다.
3. 위의 형태는 예시에 불과하므로 신분에 관한 사항은 사실에 따라 그 내용을 기재해야 합니다.

가족관계등록신분표 (2)

1. 기본사항

등록기준지	시 구 동 번지

가족관계등록부사항

구분	상 세 내 용
작성	【원적】 도 군 면 리 번지

특정등록사항

구분	성명	출생연월일	주민등록번호	성별	본
본인	김본인(金本人)	년 월 일	-	남	金海

일반등록사항

구분	상 세 내 용
가족관계 등록창설	【출생장소】 도 군 면 리 번지

2. 가족관계사항

구분	성명	출생연월일	주민등록번호	성별	본
부	김일남(金一男)	년 월 일	-	남	金海
모	이일녀(李一女)	년 월 일	-	여	全州

배우자	박여인(朴女人)	년 월 일	-	여	密陽

3. 혼인관계사항

구분	상 세 내 용
혼인	【신고일】 년 월 일 【배우자】박여인 (군사분계선이북지역거주, 도 군 면 리 번지 【배우자의출생연월일】 년 월 일

작성시 유의사항 : 북한이탈주민의보호및정착지원에관한법률에 의하여 가족관계등록창설신고시에는 해당 당사자의 신분사항에 따라 기본사항, 가족관계사항, 혼인에 관한 내용이 있는 경우에는 혼인관계사항에 위와 같은 형태로 기재하여 가족관계등록신분표를 작성한다. 위와 같은 형태는 예시에 불과하므로 신분에 관한 사항을 사실에 따라 그 내용을 기재하여야 합니다.

가족관계등록신고(신청)지연사유서

1. 신고(신청)의무자
   가. 성 명: 주민등록번호:
   나. 주 소:
   다. 지연신고(신청)사건:
   라. 사건발생일:
   마. 신고(신청)일:
   바. 지연기간:
   사. 지연신고(신청)사유:

2. 신고(신청)대상자
   가. 성 명: 주민등록번호:
   나. 주 소:
   다. 신고(신청)의무자와의 관계:

3. 과태료 부과 금액:
   위 사건에 관하여「가족관계의 등록 등에 관한 규칙」제50조제6항에 따라 사유서를 제출하오니 과태료금액을 감경하여 주시기 바랍니다.

20 .   .   .

   신고(신청)인: ㉚

※ 지연신고(신청)사유는 구체적으로 기재합니다.
※ 과태료 부과금액은 시(구)·읍·면의 장이 최종적으로 기재합니다.

■ 가족관계등록 창설신고란 무엇인가요?

Q 가족관계등록 창설신고란 무엇인가요?

A 가족관계등록 창설신고란 대한민국의 국민으로 가족관계등록부가 없는 사람이 처음으로 가족관계등록부를 갖고자 법원의 허가를 받은 경우 이 사실을 시(구)·읍·면의 장에게 신고하는 것을 말합니다.

■ 가족관계등록 창설허가요건은 어떻게 되나요?

Q 가족관계등록 창설허가요건은 어떻게 되나요?

A 허가요건으로는 첫째, 대한민국의 국민일 것(외국인 또는 무국적자 제외), 둘째 가족관계등록부에 기록되지 않은 사람일 것, 셋째 출생신고 의무자가 없거나 출생신고를 기대할 수 없는 경우일 것, 넷째 생존하고 있을 것을 그 요건으로 합니다.

(관련판례)
가족관계등록창설 허가신청은 가족관계등록이 되어 있지 아니한 사람(이하 '무등록자'라 한다) 자신이 신청하는 것이고, 무등록자가 이미 사망하였다면 가족관계등록창설이 허용되지 아니한다(대법원 2011. 3. 28. 자 2011스25 결정).

■ 가족관계등록 창설신청서에는 어떤 사항을 기재해야 하나요?

Q 가족관계등록 창설신고시에 신청서에는 어떤 사항을 기재해야 하나요?

A 가족관계의 등록 등에 관한 법률 제101조 제2항 및 제9조 제2항에 따라 "1. 등록기준지, 2. 성명·본·성별·출생연월일 및 주민등록번호, 3. 출생·혼인·사망 등 가족관계의 발생 및 변동에 관한 사항, 4. 가족으로 기록할 사람이 대한민국 국민이 아닌 사람(이하 "외국인"이라 함)인 경우 성명·성별·출생연월일·국적 및 외국인등록번호(외국인등록을 하지 않은 외국인의 경우에는 국내거소신고번호), 5. 등록창설허가의 연월일(또는 판결확정일), 6. 그 밖에 가족관계에 관한 사항"을 적으시면 됩니다.

■ 가족관계등록창설신고는 언제까지 할 수 있나요?

Q 가족관계등록창설신고는 언제까지 할 수 있나요?

A 가족관계의 등록 등에 관한 법률 제101조 제1항에 따라 등록이 되어 있지 아니한 사람은 등록을 하려는 곳을 관할하는 가정법원의 허가를 받고 그 등본을 받은 날부터 1개월 이내에 가족관계 등록 창설(이하 "등록창설"이라 한다)의 신고를 하여야 합니다. 또한 동법 제103조 제1항에 따라 가족관계등록 창설에 관해 확정판결을 받은 경우에는 판결확정일로부터 1개월 이내에 가족관계등록 창설신고를 해야 합니다.

■ 가족관계등록창설의 허가 및 신고는 어디서 하나요?

Q 가족관계등록창설의 허가 및 신고는 어디서 하나요?

A 가족관계등록 창설허가신청은 가족관계등록부에 등록되지 않은 사람이 등록을 하려는 곳을 관할하는 가정법원에 신청하는 것이 원칙입니다. 또한 가족관계의 등록 등에 관한 법률 제20조에 따라 이 법에 따른 신고는 신고사건 본인의 등록기준지 또는 신고인의 주소지나 현재지에서 할 수 있습니다. 다만, 재외국민에 관한 신고는 재외국민 가족관계등록사무소에서도 할 수 있습니다.

■ 재외국민으로서 등록기준지가 없거나 분명하지 않은 상태입니다. 저의 경우 가족관계등록을 창설하기 위해서는 어떻게 하여야 하나요?

Q 저는 재외국민으로서 등록기준지가 없거나 분명하지 않은 상태입니다. 저의 경우 가족관계등록을 창설하기 위해서는 어떻게 하여야 하나요?

A 재외국민의 가족관계등록 창설, 가족관계등록부 정정 및 가족관계등록부 정리에 관한 특례법 제3조 제1항에 따라, 등록기준지(재외국민등록부의 등록기준지가 군사분계선 이남지역인 때에는 그 등록기준지. 등록부의 등록기준지가 군사분계선 이북지역인 때에는 군사분계선 이남지역에 선정한 등록기준지)를 정하고 주소지를 관할하는 재외공관의 장에게 가족관계등록 창설허가신청서를 제출하면 됩니다. 다만, 신청인의 편의에 따라 신청인이 정한 등록기준지를 관할하는 가정법원 또는 시·구·읍·면의 장에게 가족관계등록 창설허가신청서를 직접 제출할 수 있습니다.

■ 재외국민은 가족관계등록창설신청시에 어떤 서류를 제출하면 되나요?

Q 저는 재외 국민인데요, 가족관계등록창설신청시에 어떤 서류를 제출하면 되나요?

A 재외국민의 가족관계등록 창설, 가족관계등록부 정정 및 가족관계등록부 정리에 관한 특례법 제4조 제1항에 따라, 1. 신분표 2. 등록부 등본 3. 거류국의 영주권 사본(영주권자만 해당한다) 또는 외국인등록부 등본을 제출하시면 됩니다.

■ 친자관계의 판결에 의한 가족관계등록창설은 어떻게 해야 하나요?

Q 저는 최근에 생부를 찾게 되어, 등록부상 부모와 친생자관계부존재확인판결을 받아 등록부가 폐쇄되었고, 이제 생부의 출생신고에 의해서 새로이 등록부를 작성하고자 합니다. 그러나 생부는 의뢰인의 생모에 대한 인적사항을 기억하고 있지 못하는 상황이고 모 불상의 출생신고는 수리될 수 없다고 합니다. 저는 어떻게 등록부 창설을 해야 하나요?

A 친생자관계부존재확인판결과 같은 친자관계의 판결에 의해 등록부가 폐쇄되고 출생신고를 기대할 수 없는 자의 경우, 신청서에 사건본인의 폐쇄등록부의 등록사항별 증명서, 친자관계의 판결문 및 확정증명서를 첨부하여야 합니다. 가족관계등록 창설허가시에는 등록부 폐쇄에 따른 가족관계등록 창설허가임을 알 수 있도록 결정문사건본인란에 폐쇄등록부상 사건본인의 성명, 등록기준지를 병기하여야 합니다.

■ 실종아동의 경우에도 가족관계등록창설허가를 받을 수 있나요?

Q 실종아동의 경우에도 가족관계등록창설허가를 받을 수 있나요?

A 가족관계등록창설허가를 받으려고 하는 자가 실종아동등의보호및지원에관한 법률 제2조제2호에 규정된 실종아동이란 것과 그 실종아동에 대하여 같은 법 제2조제3호에서 규정된 보호자가 확인된 경우는 허가대상이 아닙니다. 왜냐하면 이러한 실종아동의 경우 누군가에 의해 출생신고가 되었을 가능성이 크고, 더불어 가족관계등록이 작성되었을 것이기 때문입니다.

■ 가족관계등록창설 시 신청취지에는 무엇을 적어야 하나요?

Q 가족관계등록창설 시 신청취지에는 무엇을 적어야 하나요?

A 신청취지에는 등록창설하려고 하는 등록기준지의 명칭과 지번, 배우자 등 가족이 특정될 수 있도록 기재하여야 합니다. 친생자관계부존재확인판결이 확정되어 등록부가 폐쇄된 자가 등록창설하는 경우 판결문상에 친생부모의 성명이 기재되어 있다면 부의 성과 본을 따를 수 있으나, 부의 이름을 기록할 수 없고, 모의 이름만 기록할 수 있습니다. 그리고 부모를 모르는 고아는 법원의 성 본 창설허가를 얻어야 합니다.

■ 부모도 모른 채 가족관계등록도 없이 20년을 살아 온 경우, 지금이라도 가족관계등록창설신고를 하려고 하는데 어떻게 하면 되는지요?

Q 저는 부모도 모른 채 가족관계등록도 없이 20년을 살았으나, 사회 생활을 하기에 너무 많은 애로사항이 있습니다. 지금이라도 가족관계등록창설신고를 하려고 하는데 어떻게 하면 되는지요?

A 가족관계등록창설이라 함은 대한민국 국민으로서 등록이 되어 있지 아니한 사람에 대하여 처음으로 등록이 되도록 하는 제도를 말합니다. 가족관계등록창설은 다른 제도를 이용할 수 없는 경우에 인정되는 예외적이고 보완적인 제도이므로, 출생신고의 해태 중에 있는 자 또는 착오에 의하여 사망의 기재를 한 자 등은 가족관계등록창설을 할 수 없습니다.

또한, 등록이 되어 있지 아니한 사람은 등록부를 확정적으로 갖지 않은 자를 말하므로 등록불분명자는 등록의 유무가 판명될 때까지 가족관계등록창설을 할 수 없습니다. 등록절차는 부모를 알 수 없어서 출생신고의무자가 불분명한 유아인 기아(棄兒)의 경우에는 기아발견사실의 통보를 받은 시(구)·읍·면의 장은 기아발견조서를 작성한 다음 그 조서를 신고서로 하여 그 기아에 대한 등록을 하게 됩니다(가족관계의 등록 등에 관한 법률 제52조).

그때에 기아의 성과 본은 시(구)·읍·면의 장이 가정법원에 '성 및 본의 창설허가심판청구'를 하고, 그에 따른 '성 및 본의 창설허가재판서등본'의 송부를 받아서 등록부에 기재하게 됩니다.

귀하와 같이 기아가 아닌 경우로서 부모를 알 수 없는 경우에는 가정법원의 성 및 본의 창설허가와 가족관계등록창설허가를 얻은 다음 그 등본을 첨부하여 1월 이내에 가족관계등록창설신고를 할 수 있습니다(민법 제781조 제4항, 가족관계의 등록 등에 관한 법률 제101조, 제103조).

그러나 부모를 알 수 있는 경우에는 출생신고에 의하여 부 또는 모의 성과 본을 따라 등록부를 작성함이 원칙이나 부모의 출생신고를 기대할 수 없는 경우에는 본인이 가족관계등록창설허가를 얻어 가족관계등록창설신고를 함으로써 등록부를 작성할 수 있습니다.

가족관계등록창설신고인은 등록창설허가결정을 받은 본인이며, 신고지는 신고사건 본인의 등록기준지 또는 신고인의 주소지나 현재지 등록관서에 신고하여야 합니다(같은 법 제20조). 등록창설신고서에는 가족관계의 등록 등에 관한 법률 제9조 제2항에 규정된 사항 외에 등록창설허가의 연월일을 기재하여야 하며, 신고서에는 법원의 등록창설허가의 등본을 첨부하여야 합니다(같은 법 제101조).

- 436 -

■ 북한이탈주민의 경우 가족관계등록창설의 방식은 무엇인가요?

Q 북한이탈주민의 경우 가족관계등록창설의 방식은 무엇인가요?

A 가족관계등록예규 제219호에 의하면, 「북한이탈주민의 보호 및 정착지원에 관한 법률」 제19조에 따라 가족관계등록창설시 단신보호대상자는 그 사람에 대해서만, 가족이 함께 북한을 벗어나 보호대상자가 다수인 경우에는 각각 가족관계등록부를 작성하고, 가족관계등록부사항란에 원적지를 기록해야 하며, 보호대상자의 배우자가 북한에 거주하고 있는 경우에는 사건본인의 가족관계등록부 특정등록사항란에 배우자 성명 등을 기록하는 것 이외에 일반등록사항란에 그 혼인사유, 배우자의 성명, 출생연월일 및 배우자가 군사분계선 이북지역에 거주하고 있는 취지와 그 거주지를 기록해야 합니다.

■ 군사분계선 이북지역을 본적지로 종전의 호적을 가졌던 사람은 가족관계
등록창설을 어떻게 해야 하나요?

Q 군사분계선 이북지역을 본적지로 종전의 호적을 가졌던 사람은 가
족관계등록창설을 어떻게 해야 하나요?

A 가족관계등록예규 제217호에 따르면, 군사분계선 이북지역을 본적지로 종전의
호적을 가졌던 사람의 가족관계등록 창설은 그 본적이 북위 38도선 이북의
군사분계선 이북지역인 경우에는 1945년 8월 15일을, 북위 38도선 이남의 군
사분계선 이북지역인 경우에는 1950년 6월 25을 각 기준하여 군사분계선 이
북지역에 거주하는 종전 호적의 호주 또는 가족도 가족관계등록부를 작성하
고, 가족관계등록부 일반등록사항란에 "군사분계선 이북지역 거주" 라고 기록
하며, 가족관계등록부사항란에 원적지를 기록해야 합니다. 군사분계선 이북지
역 본적지로 종전의 호적을 가졌던 사람의 가족관계등록 창설은 종전 호적상
의 호주 또는가족이 다른 가족 또는 호주에 대한 가족관계등록창설허가 신청
및 신고를 할 수 있으나 사망자에 대한 가족관계등록창설은 할 수 없습니다.
가족관계등록창설허가신청서에 붙이는 인지액은 각 1명 1건에 의한 인지액을
붙여야 합니다. 가족관계등록부에 "미수복지구 거주" 또는 "군사분계선 이북
지역 거주" 라고 기록되어 있는 자가 월남한 경우 가족관계등록신고는 추후
보완신고에 의합니다.

■ 가족관계등록부 재작성시 등에 빠진 사람은 어떻게 가족관계등록창설을 할 수 있나요?

Q 가족관계등록부 재작성시 등에 빠진 사람은 어떻게 가족관계등록창설을 할 수 있나요?

A 가족관계등록예규 제215호에 따르면, 호적 및 호적에 관한 신고서류가 화재 또는 그 밖의 사변으로 인하여 멸실되었으므로 시(구)·읍·면의 장이 호적에 관하여 신고할 것을 알렸음에도 정해진 기간 내에 신고를 하지 않아 호적재제시 빠진자가 있는 경우 또는 시(구)·읍·면의 장이 가족관계등록부 및 가족관계등록에 관한 신고서류의화재 또는 그 밖의 사변으로 인한 손상을 이유로 가족관계등록에 관하여 신고할 것을 알렸음에도 정해진 기간 내에 신고를 하지 않아 가족관계등록부 재작성시 빠진자에 대하여는 가족관계등록창설을 하여야 합니다.

Q 저는 6년 전 집 앞에 버려진 2세 된 甲을 발견하여 지금까지 양육하고 있습니다. 저는 당시 미혼이었기 때문에 甲에 대한 출생신고를 하지 않았고, 현재 甲은 가족관계등록이 되어있지 않아 취학을 못하고 있습니다. 甲을 저희 가족으로 등록시키려고 하는데 어떻게 하여야 하는지요?

A 질문의 경우 부모를 알 수 없는 기아(棄兒)를 입양을 하고 싶다는 것인데, 기아를 입양하기 위해서는 먼저 기아의 가족관계등록부를 만든 다음 입양신고를 하여야 합니다. 기아의 가족관계등록부를 창설하는 절차는 다음과 같습니다. 우선 기아를 발견한 사람 또는 기아발견의 통지를 받은 경찰공무원이 24시간 이내에 그 사실을 시(구)·읍·면의 장에게 통보하고, 이 통보를 받은 시(구)·읍·면의 장은 그와 함께 있던 소지품, 발견장소, 발견연월시, 기타의 상황, 성별, 출생의 추정연월일 등을 조서에 기재합니다. 그리고 나면 시(구)·읍·면의 장은 기아발견조서의 등본을 첨부하여 가정법원에 성·본의 창설허가재판 청구를 하여야 합니다. 그 후 가정법원으로부터 성·본의 창설허가 재판서 등본의 송부를 받게 되면, 담당공무원은 이를 문서건명부에 기록한다음 보관 중인 기아발견조서에 첨부하여 해당 조서를 신고서로서 접수장에 접수함과 동시에 가족관계등록부를 작성합니다. 이때 부모의 성명란은 빈칸으로 하고 성별란에는 남 또는 여를 기록합니다(가족관계등록예규 제413호 제1조 내지 5조).

따라서 귀하가 보호하고 있는 어린이 甲이 비록 초등학교 취학연령에 달하였다 하더라도 최초로 발견할 당시 그 연령이 2세에 불과하였다면 甲은 성과 본을 알 수 없는 기아라고 보이므로, 귀하는 우선 기아발견사실을 시(구)·읍·면의 장에게 통보하여 甲의 가족관계등록부를 만든 후, 입양절차를 거쳐 귀하의 양자로 할 수 있을 것입니다.

참고로 「가족관계의 등록 등에 관한 법률」 시행으로 폐지된 구 「호적법」상의 선례도 부모를 알 수 없는 갓난아이를 발견하여 초등학교 취학연령에 달할 때까지 양육한 후 호적을 가지게 하는 방법에 관하여 "보호하고 있는 어린이가 초등학교 취학연령에 달하였다 하더라도 최초로 발견할 당시 갓난아이였다면 그 어린이는 성·본을 알 수 없는 기아라고 할 것이므로, 보호자(양육자)는 호적법 제57조에 따라 기아발견 사실을 관할 시(구)·읍·면의 장에게 보고하여야 하고, 위 보고를 받은 시(구)·읍·면의 장이 법원의 허가를 얻어 기아의 성과 본을 창설한 후 이름과 본적을 정하여 이를 호적에 기재함으로써 그 어린이가 호적을 가질 수 있으며, 그 후 입양절차를 거쳐 보호자(양육자)의 양자로 할 수 있을 것이다."라고 하였습니다(1996. 3. 14. 호적선례 3-154).

Q 6·25사변 때 저희 오빠의 호적이 멸실되었는데, 최근 오빠에 대한 실종선고 심판이 확정되었습니다. 그런데, 오빠의 사망 사실이 공시가 안되어 상속절차가 복잡해지지 않을까 걱정됩니다. 이런 경우 제가 오빠의 가족관계등록창설 신청을 하면 허가가 될지요?

A 가족관계등록부는 국민의 출생·혼인·사망 등 가족관계의 발생 및 변동사항에 관한 등록과 그 증명을 위한 것으로, 가족관계의 등록 등에 관한 법률 제101조 제1항은 가족관계의 발생 및 변동사항의 등록이 되어 있지 아니한 사람은 등록을 하려는 곳을 관할하는 가정법원의 허가를 받아 가족관계등록창설을 할 수 있도록 규정하고 있습니다.

한편 가족관계등록창설을 할 수 없는 경우라도 사망진단서 또는 검안서를 첨부하거나 이를 얻을 수 없는 때에는 사망사실을 증명할 만한 서면을 첨부하여 사망신고를 할 수 있고, 사망진단서 또는 검안서나 사망사실을 증명할 만한 서면을 첨부할 수 없어 사망신고를 할 수 없는 경우에는 사건본인의 주소지를 관할하는 가정법원으로부터 실종선고의 재판을 받아 재판확정일부터 1개월 이내에 재판서등본 및 확정증명서를 첨부하여 실종선고신고를 할 수 있으므로 그 신고서를 가족관계의 등록 등에 관한 규칙 제69조 제1항 소정의 특종신고서류 편철장에 편철하여 보존하면서 당해 신분사항을 공시·공증하게 될 것입니다.

따라서 가족관계등록창설 허가신청은 가족관계등록이 되어 있지 아니한 사람 자신이 신청하는 것이고, 무등록자가 이미 사망하였다면 가족관계등록창설이 허용되지 아니할 것입니다.

Q 저는 3살 때 사망한 자매의 호적으로 출생신고 되어 현재까지 사회
생활을 계속하고 있습니다. 이제는 제 가족관계등록부를 가지고 싶
은데 어떻게 해야 되는지요?

A 출생 후 현재까지 자신의 가족관계등록부 없이 과거에 사망한 자매의 가족관
계 등록부를 사용한 경우, 우선 사망한 자매에 대한 사망신고를 하여(가족관
계의 등록 등에 관한 법률 제84조, 제85조) 그 가족관계등록부를 폐쇄하고
부모의 출생신고로 귀하의 가족관계등록부를 새로이 작성하여야 합니다.
이 때, 출생신고 의무자인 부모가 모두 사망하거나 출생신고를 할 수 없다면
등록하려는 곳을 관할하는 가정법원에 가족관계등록부창설허가신청을 하여
그 허가를 받은 날로부터 1개월 이내에 시(구)·읍·면의 장에게 등록창설의
신고를 하여야 합니다(동법 제 101조).

Q 가족관계등록창설허가(가족관계등록부정정허가)를 받았으나 그 신
고 전에 사망한 사람에 대한 가족관계등록창설신고(가족관계등록부
정정신고)는 누가 해야 하나요?

A 가족관계등록예규 제213호에 따르면 사망한 자의 배우자 또는 직계혈족이 가
족관계등록창설신고(가족관계등록부정정신고)를 하여야 합니다.

가족관계등록부의 정정 또는
불복신청은 어떻게 하나요?

제9장 가족관계등록부의 정정 또는 불복신청은 어떻게 하나요?

1. 가족관계등록부에 대한 정정신청방법

1-1. 가족관계등록부의 정정신청

1-1-1. 가족관계등록부의 정정신청이란?

"가족관계등록부의 정정신청"이란 등록부에 ① 법률상 허가될 수 없는 내용이 기재되었거나 ② 그 기재에 착오나 누락이 있는 경우 또는 ③ 등록부에 기록된 행위가 무효임이 명백한 경우에 법원의 허가를 받아 가족관계등록부의 기재내용을 수정하고자 신청하는 것을 말합니다.

1-1-2. 가족관계등록부 정정허가신청의 대상

다음과 같이 등록부의 기록이 법률상 허가될 수 없는 것이거나 그 기재에 착오나 누락이 있는 경우에는 가정법원에 가족관계등록부의 정정허가를 신청할 수 있는 대상이 됩니다.

1) 가족관계등록부의 기록사항이 아닌 전과관계, 학사, 병사, 사산 등에 관한 기록이 기재된 경우
2) 위조, 변조된 신고서에 의해 등록부가 기록된 경우
3) 권한이 없는 사람이 등록부에 기록한 경우
4) 사망자 또는 신고의무자가 아닌 사람의 신고에 의해 등록부가 기록된 경우
5) 그 밖에 등록부에 기록된 사항 자체가 당연 무효로 판단되는 경우
6) 출생연월일이나 출생장소의 기록이 착오로 잘못 기록된 경우
7) 성별이나 본의 기재가 착오로 잘못 기록된 경우
8) 혼인 중의 자가 혼인 외의 자로 잘못 기록된 경우
9) 신고 또는 신청을 받았으나 담당 공무원이 잘못 기록한 경우
10) 등록부를 작성하면서 담당공무원이 기록사항을 누락한 경우
11) 혼인, 인지 입양 등의 신고로 등록부에 기재됐으나 그 행위가 무효가 된 경우

1-1-3. 신청인

① 가정법원에 가족관계등록부의 정정허가를 신청할 수 있는 사람은 이해관계인입니다.
② "이해관계인"이란 본인, 신고인 그 밖에 해당 가족관계등록부 기록에 신분상 또는 재산상 이해관계를 가진 사람입니다.

1-1-4. 법원의 심리

가정법원은 심리(審理)를 위해 국가경찰관서의 장에게 정정신청인의 범죄경력 조회를 요청할 수 있고, 그 요청을 받은 국가경찰관서의 장은 지체 없이 그 결과를 회신해야 합니다.

1-2. 가족관계등록부 정정의 신청의무자

가족관계등록부 정정의 신청의무자는 가정법원에 정정을 위해 허가신청을 한 이해관계인입니다,

1-3. 신청기한

① 가족관계등록부 정정신청은 가정법원의 허가를 받고 재판서의 등본을 받은 날부터 1개월 이내에 해야 합니다.

② 가족관계등록부 정정신청에 관해 확정판결을 받은 경우에는 판결확정일로부터 1개월 이내에 가족관계등록부 정정신청을 해야 합니다.

③ 신청의무자가 정당한 사유 없이 가족관계등록부 정정신청을 기간 내에 하지 않은 경우에는 5만원 이하의 과태료가 부과됩니다.

1-4. 가족관계등록부의 정정신청하기

1-4-1. 신청장소

① 가족관계등록부 정정신청은 정정허가신청을 한 당사자의 등록기준지 또는 신고인의 주소지나 현재지에서 할 수 있는데, 신고인의 관할 시(구)·읍·면의 사무소에 하면 됩니다.

② 다만, 외국에 거주하거나 체류하는 대한민국 국민의 경우 재외국민 가족관계등록사무소에서도 할 수 있습니다.

1-4-2. 가족관계등록부 정정신청서 작성

① 가족관계등록부 정정신청은 등록부정정신청서에 다음 사항을 기재해야 합니다.

　1) 정정사항(신청서 내 기재사항 참조)

　2) 신청연월일

　3) 신청인의 출생연월일·주민등록번호·등록기준지 및 주소

　4) 신청인과 신청사건의 본인이 다른 경우 신청사건의 본인의 등록기준지·주소·성명·출생연월일 및 주민등록번호와 신고인의 자격

② 첨부서류
    1) 가족관계등록부 정정허가신청에 대한 재판서 등본
    2) 확정판결에 의한 정정일 경우에는 판결의 등본 및 확정증명서
    3) 신고인의 신분증명서

[서식] 등록부정정신청서

<table>
<tr><td colspan="4" rowspan="2">등 록 부 정 정 신 청 서
(년   월   일)</td><td colspan="2">※ 신청서 작성 시 아래의 작성 방법을 참고하고, 선택항목에는 '영표(○)'로 표시하기 바랍니다.</td></tr>
<tr></tr>
<tr><td rowspan="5">①
사
건
본
인</td><td rowspan="2">성 명</td><td>한글</td><td>(성)   / (명)</td><td>주민등록
번 호</td><td>-</td></tr>
<tr><td>한자</td><td>(성)   / (명)</td><td></td><td></td></tr>
<tr><td>등록기준지</td><td colspan="4"></td></tr>
<tr><td>주 소</td><td colspan="4"></td></tr>
<tr><td colspan="5"></td></tr>
<tr><td colspan="2">②정정사항</td><td colspan="4"></td></tr>
<tr><td colspan="2">③허가 또는
재판확정일자</td><td colspan="2">년   월   일</td><td>법원명</td><td></td></tr>
<tr><td colspan="2">④기타사항</td><td colspan="4"></td></tr>
<tr><td rowspan="3">⑤
신
청
인</td><td>성 명</td><td colspan="2">㊞ 또는 서명</td><td>주민등록번호</td><td>-</td></tr>
<tr><td>자 격</td><td colspan="4">①본인 ②법정대리인 ③소 제기자 ④기타(자격 :   )</td></tr>
<tr><td>주 소</td><td colspan="2"></td><td>전화</td><td>이메일</td></tr>
<tr><td>⑥제출인</td><td>성 명</td><td colspan="2"></td><td>주민등록번호</td><td>-</td></tr>
</table>

작 성 방 법

①란:③, ④, ⑤항이 모두 동일한 사안에 대하여 사건본인이 수인인 경우에는 성명란에 "별지와 같음"이라고 기재한 후 별지에 사건본인 전부 및 정정사항을 기재하여야 합니다.

②란:정정을 하고자 하는 사항을 기재하며 허가 또는 판결에 의한 경우 '주문'에 나타난 가족관계등록 정정사항을 기재하되 기재할 사항이 많은 경우 "별지 첨부 허가결정 또는 판결주문과 같음"이라고 기재합니다. 사건본인이 수인인 경우 별지의 각 정정사항란에 기재합니다.

④란:가족관계등록부에 기록을 분명하게 하는데 특히 필요한 사항을 기재합니다.

⑤란:신청인이 외국인인 경우에는 외국인등록번호(국내거소신고번호 또는 출생연월일)를 기재합니다.

⑥란:제출인(신청인이 작성한 신청서를 신청인이 아닌 사람이 제출할 경우만 기재)의 성명 및 주민등록번호를 기재합니다.[접수담당공무원은 신분증과 대조]

첨 부 서 류

1. 등록부정정허가결정등본 1부(확정판결로 인하여 가족관계등록부의 정정을 할 때는 판결등본 및 확정증명서 각 1부).
2. 신분확인[가족관계등록예규 제443호에 의함]
 - 신청인이 출석한 경우 : 신분증명서
 - 제출인이 출석한 경우 : 제출인의 신분증명서
 - 우편제출의 경우 : 신청인의 신분증명서 사본
※ 신청인이 성년후견인인 경우에는 2항의 서류 외에 성년후견인의 자격을 증명하는 서면도 함께 첨부해야 합니다.

※ 타인의 서명 또는 인장을 도용하여 허위의 신고서를 제출하거나, 허위신고를 하여 가족관계등록부에 부실의 사실을 기록하게 하는 경우에는 형법에 의하여 5년 이하의 징역 또는 1천만 원 이하의 벌금에 처해집니다.

<별지>

사건본인	성 명	한글	(성) / (명)	주민등록번호	-
		한자	(성) / (명)		
	등록기준지				
	주 소				
	정정사항				
사건본인	성 명	한글	(성) / (명)	주민등록번호	-
		한자	(성) / (명)		
	등록기준지				
	주 소				
	정정사항				
사건본인	성 명	한글	(성) / (명)	주민등록번호	-
		한자	(성) / (명)		
	등록기준지				
	주 소				
	정정사항				
사건본인	성 명	한글	(성) / (명)	주민등록번호	-
		한자	(성) / (명)		
	등록기준지				
	주 소				
	정정사항				
사건본인	성 명	한글	(성) / (명)	주민등록번호	-
		한자	(성) / (명)		
	등록기준지				
	주 소				
	정정사항				

등록부정정허가 신청서

등록기준지 :
주   소 :
신 청 인 :   (한자:)   주민등록번호   -

등록기준지   위와 같은 곳
주   소
사 건 본인 :   (한자:)   주민등록번호   -

신 청 취 지

신 청 이 유

첨 부 서 류

1. 정정과 관련된 등록사항별 증명서(상세) 각 1통.
1. 주민등록등본   1통.
1. 기타 소명자료

년   월   일
위 신청인   (서명 또는 날인)

법원   지원   귀중

Q 자녀의 출생신고를 했는데 나중에 확인해 보니 등록기준지의 한자가 잘못 기재되었습니다. 어떻게 해야 하나요?

A 관할 가정법원에 가족관계등록부 정정허가신청을 하여 법원의 허가를 받아 시(구) · 읍 · 면의 장에게 정정신청을 하면 됩니다.

◇ 가족관계등록부 정정허가신청의 대상

다음과 같이 등록부의 기록이 법률상 허가될 수 없는 것이거나 그 기재에 착오나 누락이 있는 경우에는 가정법원에 가족관계등록부의 정정허가를 신청할 수 있는 대상이 됩니다.

1. 가족관계등록부의 기록사항이 아닌 전과관계, 학사, 병사, 사산 등에 관한 기록이 기재된 경우
2. 위조, 변조된 신고서에 의해 등록부가 기록된 경우
3. 권한이 없는 사람이 등록부에 기록한 경우
4. 사망자 또는 신고의무자가 아닌 사람의 신고에 의해 등록부가 기록된 경우
5. 그 밖에 등록부에 기록된 사항 자체가 당연 무효로 판단되는 경우
6. 출생연월일이나 출생장소의 기록이 착오로 잘못 기록된 경우
7. 성별이나 본의 기재가 착오로 잘못 기록된 경우
8. 혼인 중의 자가 혼인 외의 자로 잘못 기록된 경우
9. 신고 또는 신청을 받았으나 담당 공무원이 잘못 기록한 경우
10. 등록부를 작성하면서 담당공무원이 기록사항을 누락한 경우
11. 혼인, 인지 입양 등의 신고로 등록부에 기재됐으나 그 행위가 무효가 된 경우

◇ 가족관계등록부 정정신청

가정법원의 정정허가를 받으면 재판서의 등본을 받은 날부터 1개월 이내에 당사자의 등록기준지 또는 신고인의 주소지나 현재지의 시(구) · 읍 · 면의 사무소에 가족관계등록부 정정신청을 해야 합니다.

(관련판례)

출생기록이 있는 자녀와 부 또는 모 사이에 친생자관계부존재 확인판결이 확정된 경우 가족관계등록관서는 친생자관계부존재가 확인된 자녀의 가족관계등록부에 친생자관계가 부존재하는 부 또는 모의 특정등록사항을 말소한 후 그 가족관계등록부를 폐쇄한다[가족관계의 등록 등에 관한 규칙 제17조 제2항, 친자관계의 판결에 의한 가족관계등록부 정정절차 예규(가족관계등록예규 제300호) 제1조 제2항, 제4조 제1항, 제2항, 제5조 참조].

나아가 위와 같이 가족관계등록부가 폐쇄된 자녀에게 진정한 출생신고의무자가 있는 경우 출생신고를 다시 하여 가족관계등록부를 새롭게 작성하여야 하고, 출생신고의무자와 자녀 사이에 친생자관계존재확인의 확정판결이 존재한다고 하여 그것만으로 가족관계의 등록 등에 관한 법률 제107조에 따른 등록부 정정의 대상이 되는 것은 아니다[친자관계의 판결에 의한 가족관계등록부 정정절차 예규(가족관계등록예규 제300호) 제2조 제1항 참조].(대법원 2018. 11. 6. 자 2018스32 결정)

■ 가족관계등록부의 정정의 의의는 무엇인가요?

Q 가족관계등록부의 정정의 의의는 무엇인가요?

A 등록부의 정정이란 등록부의 기록이 법률상 허가될 수 없는 것 또는 그 기록에 착오나 누락이 있다고 인정한 때에 시 읍 면의 장의 직권 또는 이해관계인 등의 신청에 의해 진정한 신분관계와 일치되도록 바로잡는 절차를 말합니다. 등록부에 기록된 사항은 일응 진실하다는 추정을 받기 때문에 등록부에 진정한 신분관계와 일치하지 않는 기록이 있다 하더라도 엄격한 법적절차에 의하여서만 등록부를 정정할 수 있습니다.

■ 등록부정정사유 중 직권에 의한 정정사유에는 무엇이 있나요?

Q 등록부정정사유 중 직권에 의한 정정사유에는 무엇이 있나요?

A 직권정정사유는 가족관계의 등록 등에 관한 법률 제18조에 따라 등록부의 기록이 법률상 무효인 것이거나 그 기록에 착오 도는 누락이 있는 것을 의미합니다. 신고인의 잘못으로 인한 것이든 시 읍 면의 장의 잘못으로 인한 것이든 모두 해당됩니다. 다만 후자의 경우에는 바로 직권정정을 할 수 있지만 전자의 경우에는 지체 없이 신고인 또는 신고사건의 본인에게 그 사실을 통지하여야 합니다.

(관련판례)
중국 국적의 조선족 여성과 혼인한 것으로 신고한 자가, 혼인할 의사가 전혀 없음에도 그 여성을 한국에 입국시킬 목적으로 혼인신고를 하여 공전자기록에 불실의 사실을 기재하게 하였다는 등의 범죄사실로 유죄판결을 받아 확정된 사안에서, 위 혼인은 혼인의사의 합치가 결여되어 무효임이 명백하므로 혼인무효판결을 받지 않았더라도 가족관계의 등록 등에 관한 법률 제105조에 따라 가정법원의 허가를 받아 가족관계등록부를 정정할 수 있다(대법원 2009. 10. 8. 자 2009스64 결정).

■ 가족관계등록부상 생년월일과 주민등록번호 앞자리가 불일치한 경우 정정하는 절차는 어떻게 되나요?

Q 가족관계등록부상 생년월일(640309)과 주민등록번호 앞자리(640308)가 불일치하고 실제 생년월일이 주민등록번호 앞자리 이므로 가족관계등록부상 주민등록번호(생년월일)을 주민등록표상의 주민등록번호로 정정하는 절차에 대해 알고 싶습니다.

A 귀하의 질의 내용은 귀하의 가족관계등록부상 생년월일과 주민등록번호 의 생년월일이 불일치하며 실제 생년월일이 주민등록번호 앞자리 이므로 가족관계등록부상 주민등록번호(생년월일)을 주민등록표상의 주민등록번호로 정정하는 절차에 대하여 문의하시는 것으로 보입니다.

주민등록제도는 주민의 거주관계 등을 등록하여 인구의 동태를 파악하고 주민생활의 편익을 증진시키며 행정사무의 적정한 처리를 도모함을 목적으로 하는 제도(주민등록법 제1조)인 반면 가족관계등록제도는 국민의 출생·혼인·사망 등 가족관계의 발생 및 변동사항에 관한 등록과 그 증명을 통하여 신분관계를 공시·공증하는 제도(가족관계의 등록 등에 관한 법률 제1조)입니다.

따라서 국민의 출생년월일에 대한 공시·공증은 가족관계등록부상의 출생년월일에 의하여야 할 것인바, 가족관계등록부와 주민등록표상의 주민등록번호(생년월일 부분)가 불일치할 경우 사안에 따라 아래와 같은 방법이 있을 것입니다.

불일치하는 주민등록번호(생년월일)중 가족관계등록부상의 주민등록번호(생년월일)에 따라 주민등록표의 주민등록번호를 정정하고자 하는 경우에는 주민등록관서(동사무소)에 정정신청 함으로써 일치시킬 수 있습니다.(주민등록법 제8조, 제14조)

출생당시 출생신고의무자가 현재 주민등록표상 생년월일을 출생의 연월일로 신고하였으나 당시 담당 공무원의 과오로 잘못 기재한 것이 당시 제출된 출생신고서와 그 첨부서면인 출생증명서등에 의하여 명백히 소명된다면 등록관서의 간이직권정정절차에 따라 정정할 수 있습니다(가족관계등록등에관한법률 제18조, 가족관계등록등에관한규칙 제60조) 또한 출생신고에 따라 출생년월일이 바르게 기재 되었다가 이기되는 과정에서 잘못 기재되었음이 전 제적부나 가족관계증명서에 의하여 확인되는 경우에도 간이직권정정절차에 의하여 정정이 가능합니다. 7. 그러나 출생신고서 등이 보존되어 있지 않다면 실제 출생년월일을 충분히 입증할 만한 소명자료에 의하여 사건본인의 등록기준지를 관할하는 가정법원에서 제적부 및 가족관계등록부 정정허가결정을 받아 결정서 등본을 받은 날로부터 1개월 이내에 그 등본을 첨부하여 등록기준지 또는 주소지나 현재지 시(구)·읍·면의 장에게 정정신청을 함으로써 생년월일을 정정할 수 있습니다(가족관계등록등에관한법률 제104조)

참고로 2008. 1. 1. 이전 신고서류는 본적지를 관할하는 감독법원(가정법원)에서 보관하였는바, 호적법 시행규칙 제94조(본적지신고서류편철부의 보존기간은 27년)에 따라 귀하의 출생신고서 보존 여부를 확인하시기 바랍니다.

■ **가족관계증명서를 발급받아 보니 가족 중에 누락 또는 착오 기재된 가족이 있는데 이를 추가 또는 정정할 수 있는 절차 및 방법이 있나요?**

Q 가족관계증명서를 발급받아 보니 가족 중에 누락 또는 착오 기재된 가족이 있는데 이를 추가 또는 정정할 수 있는 절차 및 방법이 있나요?

A 가족관계증명서상에 누락되거나 착오 기재된 가족이 있는 경우에는 등록기준지 시(구)·읍·면의 사무소에 가족관계등록부 추가기록신청 및 정정신청을 하면 됩니다. 이 경우에는 간이직권정정절차에 의하여 곧바로 가족관계등록부에 추가기록 및 정정을 할 수 있습니다.

■ 정정신청에 의한 정정사유에는 무엇이 있나요?

Q 정정신청에 의한 정정사유에는 무엇이 있나요?

A 가족관계의 등록 등에 관한 법률 제104조에 의해 등록부의 기록이 법률상 허가될 수 없는 것 또는 그 기재에 착오나 누락이 있다고 인정한 때에는 이해관계인은 사건 본인의 등록기준지를 관할하는 가정법원의 허가를 받아 등록부의 정정을 신청할 수 있습니다. 또한 동법 제105조에 의해 신고로 인하여 효력이 발생하는 행위에 관하여 등록부에 기록하였으나 그 행위가 무효임이 명백한 때에는 신고인 또는 신고사건의 본인은 사건 본인의 등록기준지를 관할하는 가정법원의 허가를 받아 등록부의 정정을 신청할 수 있습니다. 마지막으로 동법 제107조에 의하여 확정판결로 인하여 등록부를 정정하여야 할 때에는 소를 제기한 사람은 판결확정일부터 1개월 이내에 판결의 등본 및 그 확정증명서를 첨부하여 등록부의 정정을 신청하여야 합니다.

(관련판례)

가족관계의 등록 등에 관한 법률(이하 '법'이라 한다) 제104조는 가정법원의 허가에 의한 가족관계등록부의 정정신청에 관하여, 제107조는 확정판결에 의한 가족관계등록부의 정정신청에 관하여 각각 규정하고 있다. 법원의 허가에 의한 가족관계등록부의 정정은 그 절차의 간이성에 비추어 정정할 사항이 경미한 경우에 허용되는 것이므로, 친족법상 또는 상속법상 중대한 영향을 미칠 수 있는 사항에 대하여는 법 제107조에 따라 확정판결에 의하여만 가족관계등록부의 정정신청을 할 수 있다(대법원 1993. 5. 22.자 93스14, 15, 16 결정 등 참조). 그런데 이 사건 신청 중 사건본인 부모의 성명을 진정한 것으로 정정하여 달라는 신청은 사건본인에게 친족법상, 상속법상 중대한 영향을 미치는 것으로서 가사소송법 제2조에 규정된 사항에 해당하므로, 이에 관하여 가정법원의 허가를 받아 가족관계등록부를 정정할 수는 없다(춘천지방법원 2018. 4. 12. 자 2017브35 결정).

■ 실제로 존재하지 아니하는 자의 출생신고가 수리되어 가족관계등록부에 기재된 경우 어떻게 하면 그 등록부를 정정할 수 있는지요?

Q 실제로 존재하지 아니하는 자의 출생신고가 수리되어 가족관계등록부에 기재된 경우 어떻게 하면 그 등록부를 정정할 수 있는지요?

A 가족관계등록부 정정은 다음과 같이 구분됩니다.

첫째 법원의 허가에 의한 정정으로 이는 비송절차에 의한 것으로 사안이 경미하여 신분상 중대한 영향을 미치지 않을 뿐만 아니라 착오임이 명백한 경우에만 허용되며, 둘째 법원의 판결에 의한 정정으로 그 정정사항이 친족법상·상속법상 중대한 영향을 미칠 때 하며, 셋째 직권정정은 시(구)·읍·면장의 과오 등에 의한 정정으로 감독법원의 허가나 직권에 의해 정정하게 됩니다(가족관계의 등록 등에 관한 법률 제18조). 그리고 「재외국민의 가족관계등록창설, 가족관계등록부 정정 및 가족관계등록부 정리에 관한 특례법」등 특례법에 의한 정정이 있습니다.

가족등록부 정정에 관하여 「가족관계의 등록 등에 관한 법률」 시행으로 폐지된 구 「호적법」상의 판례는 "정정하려고 하는 호적기재사항이 친족법상 또는 상속법상 중대한 영향을 미치는 것인지의 여부는 정정하려고 하는 호적기재사항과 관련된 신분관계의 존부에 관하여 직접적인 쟁송방법이 가사소송법 제2조에 규정되어 있는지의 여부를 기준으로 하여, 위 법조에 규정되어 있는 가사소송사건으로 판결을 받게 되어 있는 사항은 친족법상 또는 상속법상 중대한 영향을 미치는 것으로 보아 그와 같은 사항에 관하여는 호적법 제123조에 따라 확정판결에 의하여서만 호적정정의 신청을 할 수 있고, 가사소송법 제2조에 의하여 판결을 받을 수 없는 사항에 관한 호적기재의 정정은 호적법 제120조에 따라 법원의 허가를 얻어 정정을 신청할 수 있다고 보는 것이 상당하고, 실재하지 아니한 자의 출생신고를 수리하여 호적기재를 한 후 그 호적을 정리하는것에 관하여는 직접적인 쟁송방법이 가사소송법은 물론 다른 법률이나 대법원규칙에도 정하여진 바가 없을 뿐더러 허무인을 상대로 소를 제기하거나 허무인이 소를 제기할 수는 없는 노릇이므로, 이와 같은 사항에 관한 호적기재의 정정은 호적법 제120조에 따라서 처리할 수밖에 없다."라고 하였습니다(대법원 1995. 4. 13.자 95스5 결정).

그리고 「가족관계의 등록 등에 관한 법률」 제104조를 보면, "등록부의 기록이 법률상 허가될 수 없는 것 또는 그 기재에 착오나 누락이 있다고 인정한 때에는 이해관계인은 사건 본인의 등록기준지를 관할하는 가정법원의 허가를 받아 등록부의 정정을 신청할 수 있다."라고 규정하고 있습니다.

(관련판례)

갑과 을은 2001년에 자녀 병을 낳았으나, 당시 갑이 제3자와 혼인관계에 있어 출생신고를 하지 못하다가 갑과 을의 혼인신고 후 2003년에 병이 출생한 것으로 신고한 사안이다. 갑이 2001년 출산한 병에 관한 출생증명서 중 출생아의 '부'란이 공란으로 되어 있는 점, 병이 2003년생이라면 불과 만 4세에 초등학교에 입학한 셈이어서 경험칙에 반하는 점, 병이 초등학교에 입학할 때부터 현재까지 2003년생이 아닌 2001년생들과 함께 학교생활을 하고 있는 것으로 보이는 점 등에 비추어 보면, 병의 실제 출생년은 2001년으로 봄이 상당하고, 제1심 결정 이후 확정된 친생부인의 허가심판으로 인하여 병이 더 이상 갑의 전 남편의 친생자로 추정되지 않아 가족관계등록부상 병의 출생년을 정정하는 것이 가족관계등록선례 제200912-4호에 반한다고 볼 수 없으므로, 잘못 기재된 병의 가족관계등록부상 출생년은 실제와 같이 2001년으로 정정되어야 한다고 한 사례이다(서울가정법원 2018. 7. 6. 자 2018브19 결정).

■ 혼인 외의 자가 혼인 중의 자로 등재된 경우 가족관계등록 정정방법은 어떻게 되나요?

Q 저는 남편과 사별한 후 배우자 있는 乙(처음에는 배우자 있는 사실을 몰랐음)과 사귀면서 乙과의 사이에 甲을 낳았으나, 출생신고를 못한 채 양육하여 오던 중 乙이 甲을 초등학교에 입학시킨다면서 데려가, 일방적으로 乙의 친생자로 출생신고를 하였습니다. 甲의 가족관계등록부에는 乙과 乙의 배우자인 丙이 부모로 등재되어 있는데 이 경우 乙이 동의하지 않는다면 제가 甲의 가족관계등록부에 모(母)로 등재될 수 없는지요?

A 사안의 경우, 乙과 乙의 배우자인 丙이 甲을 친생자로 신고하였다고 하더라도 丙이 甲의 친모가 아닌 이상 친생자관계가 성립할 수 없기 때문에 친생자관계부존재확인소송을 통해서 丙이 甲의 친모가 아니라는 사실을 확인받을 수 있습니다. 다만, 乙과 丙이 甲을 입양할 의사로 친생자신고를 하였다면, 위 출생신고로 양친자관계가 성립되었는지 여부가 문제됩니다.

양친자관계를 창설한 친생자 출생신고와 관련하여 대법원은 "당사자가 양친자관계를 창설할 의사로 친생자 출생신고를 하고 거기에 입양의 실질적 요건이 모두 구비되어 있다면 그 형식에 다소 잘못이 있더라도 입양의 효력이 발생하고, 양친자관계는 파양에 의하여 해소될 수 있는 점을 제외하고는 법률적으로 친생자관계와 똑같은 내용을 갖게 되므로 이 경우의 허위의 친생자 출생신고는 법률상의 친자관계인 양친자관계를 공시하는 입양신고의 기능을 발휘하게 되는 것이지만, 여기서 입양의 실질적 요건이 구비되어 있다고 하려면 입양의 합의가 있을 것, 15세(현행민법은 13세) 미만자는 법정대리인의 대낙이 있을 것, 양자는 양부모의 존속 또는 연장자가 아닐 것 등 민법 제883조 각 호 소정의 입양의 무효사유가 없어야 함은 물론 감호·양육 등 양친자로서의 신분적 생활사실이 반드시 수반되어야 하는 것으로서, 입양의 의사로 친생자 출생신고를 하였다 하더라도 위와 같은 요건을 갖추지 못한 경우에는 입양신고로서의 효력이 생기지 아니한다."라고 판시한바 있습니다(대법원 2010.3.11. 선고 2009므4099 판결).

■ 사망한 의부의 친생자로 신고된 경우, 가족관계등록 정정은 어떤 절차로 해야 되는지요?

Q 저는 48세로 가족관계등록상 甲의 친자로 등재되어 있으나, 최근에 저의 생부가 甲이 아니라 乙임을 알았습니다. 저의 어머니는 乙과의 동거생활 중 저를 출산하여 양육하던 중 甲과 혼인하면서 저를 甲의 친생자로 출생신고 하였던 것입니다. 甲은 3년 전 사망하였고, 저는 친부(親父)인 乙의 성(姓)을 찾아 가족관계등록부를 정정하고 싶은데 가능한지요?

A 가족관계등록부의 성을 정정하는 것과 관련하여 구 호적법상의 판례는 "호적상의 성을 바꾸는 것은 친족법상 또는 상속법상 중대한 영향을 미치는 호적기재사항의 정정이므로 호적법 제123조(현행 가족관계의 등록 등에 관한 법률 제107조)에 의하여 확정판결을 받아 정정하여야 할 것이지 법원의 허가를 얻어 정정할 수 있는 것이 아니다."라고 하였습니다(대법원 1992. 8. 17.자 92스13 결정).

따라서 귀하는 친생자관계부존재확인의 소를 제기해볼 수 있었으나, 「민법」 제865조 제2항에서 당사자 일방이 사망한 때에는 그 사망을 안 날로부터 2년 내에 검사를 상대로 제기하여야 한다고 규정하고 있으므로 귀하는 제소할 수 있는 기간이 이미 경과하여 위 소송은 불가능하다고 하겠습니다.

그러나 판례는 "민법 제777조 소정의 친족은 특단의 사정이 없는 한, 그와 같은 신분관계를 가졌다는 사실만으로써 당연히 친자관계존부확인의 소를 제기할 소송상의 이익이 있다."라고 하였으며(대법원 1981. 10. 13. 선고 80므60 전원합의체 판결), "이해관계 있는 제3자가 친생자관계부존재확인을 구하는 심판청구에 있어서는 친·자 쌍방이 피심판청구인의 적격이 있다 할 것이므로 친·자 쌍방이 다 생존하고 있는 경우에는 필요적 공동소송의 경우에 해당된다."라고 하였고(대법원 1983. 9. 15.자 83즈2 결정), "친생자관계존부확인청구소송에 있어서 친·자 중의 일방이 타방을 상대로 확인청구를 하는 것이 아니고 이해관계 있는 제3자로서 확인을 청구하는 경우와 같이 친생자관계가 없음에도 불구하고 친생자관계가 있는 것처럼 호적상 기재되어 있음을 전제로 한 때에는 그 친·자 쌍방이 피청구인으로서의 적격이 있다 할 것이고 그 친·자 중의 어느 한편이 사망하였을 때에는 생존자만을 상대로 친생자관계부존재확인의 소를 제기할 수 있으며, 친·자가 모두 사망하였을 경우에는 검사를 상대로 위의 소를 제기할 수 있다."라고 하였습니다(대법원 1971. 7. 27. 선고 71므13 판결, 1983. 3. 8. 선고 81므77 판결). 따라서 위 사안에서 甲의 「민법」 제777조 소정의 친족이 있어서 귀하를 상대로 친생자관계부존재확인의 소를 제기하고 그 판결문을 제출하여 귀하는 가족관계등록부를 정정할 수 있습니다.

■ **생년월일이 실제와 가족관계등록부상 불일치하는 경우, 가족관계등록부를 정정하려고 하는데 그 절차는 어떻게 되어 있는지요?**

Q 저희 아들은 2000년 6월 23일 출생하였으나, 1년이 경과된 2001년 7월 31일에야 출생신고를 함으로써 가족관계등록부상 출생일자가 실제와 다르게 되어 있습니다. 아들의 취학문제로 실제의 출생일자대로 가족관계등록부를 정정하려고 하는데 그 절차는 어떻게 되어 있는지요?

A 가족관계등록부상 출생일자가 잘못 기재된 경우에 출생일자를 정정하려면 먼저 등록기준지 관할법원의 등록부 정정허가를 얻어야 하며, 법원의 허가를 얻은 다음에는 1개월 이내에 허가서등본을 첨부하여 시(구)·읍·면의 장에게 등록부 정정신청을 하여야 합니다(가족관계의 등록 등에 관한 법률 제104조, 106조).
이와 관련하여 판례는 출생연월일, 사망일시가 문제된 사건에서 기록사항에 관련된 신분관계의 존부에 관하여 직접적인 쟁송방법이 가사소송법 등에 마련되어 있는 경우에는 법 제107조 에 따라 그 사건의 확정판결 등에 의해서만 가족관계등록부의 기록사항을 정정할 수 있고 이와 달리 가족관계등록부의 기록사항과 관련하여 가사소송법 등에 직접적인 쟁송방법이 없는 경우에는 법 제104조 에 따라 정정할 수 있다고 하면서 가사소송법 등이 사람이 태어난 일시 또는 사망한 일시를 확정하는 직접적인 쟁송방법을 별도로 정하고 있지 아니하므로 특별한 사정이 없는 한 가족관계등록부 기록사항 중 출생연월일﹒사망일시는 법 제104조 에 의한 가족관계등록부 정정 대상으로 봄이 타당하다라고 판시하였으므로(대법원 2012. 4. 13. 자 2011스160 결정) 이 사건과 같이 출생일자를 정정하는 것은 가족관계의 등록 등에 관한 법률 제104조의 정정의 대상이 됩니다.
한편 위 사안과 관련하여 구 호적선례는 "호적부에 기재되어 있는 출생연월일이 출생신고의 잘못으로 실제와 달리 기재되어 있는 경우 사건본인을 비롯한 이해관계인은 호적기재가 실제와 다름을 증명하는 서면을 첨부하여 그 호적이 있는 지(地)를 관할하는 법원으로부터 호적정정의 허가를 얻어 호적정정신청을 함으로써 호적의 기재를 실제와 같이 정정할 수 있을 것이나, 어떠한 서면이 그러한 사실을 증명함에 족한 서면인지 여부에 대하여는 당해 재판절차에서 판단할 사항이다."라고 하였습니다(1993. 2. 15. 호적선례3-513).

그러므로 법원으로부터 출생일자의 정정허가를 얻으려면 당사자의 주장만으로는 불가능하고, 여러 가지 자료에 의해 실제 출생일자가 가족관계등록부상의 출생일자와 다르다는 것을 입증하여야 하는데, 귀하의 아들이 의료기관에서 출생하고 그 의료기관이 출생 당시의 출산기록을 보존하고 있다면 비교적 입증이 쉬울 수도 있으나, 그렇지 못할 경우에는 전문의의 연령감정을 받아야 할 것이고, 위 사안과 같은 1년 정도의 연령상 오차를 밝히는 것은 현실적으로 그 입증이 쉽지 않을 것으로 보입니다.

한편 사안의 경우는 2001년 7월 31일에 출생신고를 하면서 출생연월일을 허위로 신고하였고 후에 실제대로 정정하려고 하는 것으로 보이는데 이 경우 신고를 게을리 한 책임을 면하기 위해 허위로 출생신고를 한 것으로 판단된다면 과태료가 부과될 수 있습니다(가족관계등록예규 제425호).

Q 저는 1980년 생으로, 2006년 남편 乙과 혼인신고를 하면서 가족관계등록공무원의 착오로 제 이름 중 '슉'자를 '슈'자로 기재하여 현재까지도 가족관계등록부상으로는 그대로 입니다. 그러나 주민등록등본과 주민등록증에는 원래의 이름대로 되어 있는데 잘못된 가족관계등록부상의 이름을 바로 하려면 어떻게 하여야 하는지요?

A 신분관계를 등록·공증하는 유일한 공부인 가족관계등록부의 기재는 진실하다는 추정력이 인정되어 강한 증명력을 갖는 것으로 등록부 기재내용은 실제의 신분관계와 부합되어야 하는 것입니다. 그러므로 실제의 신분관계와 부합하지 않는 등록부 기재가 있는 경우에는 등록부 정정을 통해 등록부 기재 내용과 실제의 신분관계의 일치를 도모하고 있습니다.

위 사안의 경우 가족관계등록부의 정정에 해당하는바, 등록부정정에는 가족관계등록비송에 의한 정정, 확정판결에 의한 정정, 직권에 의한 정정이 있는데, 위 사안은 직권에 의한 정정 중 감독법원의 허가 없이 할 수 있는 직권정정 즉, 간이직권정정사항에 해당한다고 볼 수 있습니다(가족관계의 등록 등에 관한 법률 제18조, 제104조 내지 제107조).

즉, 다음과 같은 경미한 사항에 대하여는 감독법원의 허가 없이 시(구)·읍·면장이 직권으로 정정할 수 있으며, 정정 후 감독법원에 보고하도록 되어 있습니다(같은 법 제18조, 같은 법 규칙 제60조 제2항).

1. 등록부의 기록이 오기되었거나 누락되었음이 법 시행 전의 호적(제적)이나 그 등본에 의하여 명백한 때,
2. 규칙 제54조 또는 제55조에 의한 기록이 누락되었음이 신고서류 등에 의하여 명백한 때,
3. 한쪽 배우자의 등록부에 혼인 또는 이혼의 기록이 있으나 다른 배우자의 등록부에는 혼인 또는 이혼의 기록이 누락된 때,
4. 부 또는 모의 본이 정정되거나 변경되었음이 등록사항별 증명서에 의하여 명백함에도 그 자녀의 본란이 정정되거나 변경되지 아니한 때,
5. 신고서류에 의하여 이루어진 등록부의 기록에 오기나 누락된 부분이 있음이 해당 신고서류에 비추어 명백한 때,

따라서 귀하의 경우는 위 제1호에 해당된다 할 것이므로 해당 사건을 처리한 시(구)·읍·면에 말 또는 서면으로 직권정정신청을 하여 잘못된 이름을 바로 잡을 수 있을 것으로 보입니다.

■ 본을 정정하고자 할 경우, 법원에 가족관계등록부 정정허가신청을 하여야 하는지요?

Q 저의 아버지께서 법원에 가족관계등록부 정정허가신청을 하여 '경주 김씨'에서 '김해 김씨'로 본을 정정하셨습니다. 저 또한 '김해 김씨'로 정정하고자 하는데, 법원에 가족관계등록부 정정허가신청을 하여야 하는지요?

A 가족관계등록부에 성(姓)과 본(本)이 사실과 달리 기재되어 있는 경우에는 등록기준지를 관할하는 가정법원에 등록부 정정허가신청을 하여 법원의 등록부 정정허가를 받아 성과 본을 동시에 정정하는 신청을 하여 정정할 수 있습니다 (가족관계의 등록 등에 관한 법률 제104조).

그러나 이 사안의 경우에는 귀하의 부(父)가 이미 등록부 정정허가를 받아 성과 본에 대한 등록부 정정을 하였으므로, 가족관계의 등록 등에 관한 규칙 제60조 제2항 제4호에 의하여 귀하가 법원에 가족관계등록부 정정허가신청을 할 필요는 없고 시(구)·읍·면장의 직권정정으로 정정이 가능합니다.

참고로 성과 본의 정정과 관련하여 구 호적선례는 "사건본인의 본(本)이 변경된 경우 그 형제자매와 방계혈족의 본의 정정은 간이직권정정절차에 의해 정정할 수 없고 별도로 등록부 정정허가를 받아야 정정이 가능하며(호적선례 3-622), 사건본인의 본(本)이 법원의 정정허가를 받아 정정되었더라도 사건본인의 부(父)의 본은 간이직권정정절차에 의하여 정정될 수 없고 별도의 등록부 정정허가에 의하여 정정할 수 있다(호적선례 3-629)."라고 하였습니다.

■ 가족관계등록이 편제된 미아가 부모를 찾은 경우, 가족관계등록부 정리는 어떻게 하면 되는지요?

Q 저는 미아로서 구 호적법 시행 당시 법원의 취적허가를 받아 호적 (현행 가족관계등록부)을 만들었고, 현재는 혼인하여 처와 자녀를 두고 있습니다. 그런데 최근에 친부모님을 찾았기에 가족관계등록부 를 정리하려고 하는데 어떻게 하면 되는지요?

A 가족관계의 등록 등에 관한 법률 제104조는 "등록부의 기록이 법률상 허가될 수 없는 것 또는 그 기재에 착오나 누락이 있다고 인정한 때에는 이해관계인은 사건 본인의 등록기준지를 관할하는 가정법원의 허가를 받아 등록부의 정정을 신청할 수 있다."라고 규정하고 있고, 대법원 가족관계등록예규 제105호는 "기 아 아닌 고아 등이 부모를 찾은 경우에는 가족관계의 등록 등에 관한 법률 제 104조에 따른 등록부정정절차를 취하여야 한다."라고 규정하고 있습니다.

따라서 귀하의 경우 출생신고가 되어 있지 않다면 부모의 출생신고 후 법원으 로부터 가족관계등록부 정정허가를 받아 등록부 정정신청을 함으로써 올바르 게 가족관계등록부를 정리할 수 있을 것입니다.

참고로 기아 아닌 고아의 경우에도 2008. 1. 1.부터 시행되는 민법 제781조 제4항의 규정에 의하여 당사자의 선택에 따라 고아가 성·본 창설한 후 부 또는 모를 알게 된 경우 부 또는 모의 성·본을 계속 사용할 수도 있습니다.

■ 이중으로 출생신고 된 이중가족관계등록부의 등록부 정정은 어떤 절차로 해야 하나요?

Q 저는 甲과 乙의 혼인외 자로 모(母)인 乙의 출생신고에 의하여 가족관계등록부가 작성되었으나, 다시 부(父)인 甲의 출생신고에 의하여 이중으로 가족관계등록부가 작성되었습니다. 이 경우 등록부 정정을 어떻게 하여야 하는지요?

A 가족관계등록부의 기록이 진정한 신분관계와 부합되지 아니한 때에는 법원의 허가를 얻은 후 그 허가재판의 등본을 첨부하여 시(구)·읍·면의 장에게 등록부정정을 신청할 수 있습니다. 이중으로 등록된 가족관계등록부의 정정은 착오된 등록부를 폐쇄하여야 하고 당사자가 임의로 선택할 수는 없습니다(가족관계등록예규 제244호).

귀하의 경우처럼 혼인외 자에 대하여 모의 출생신고 후 다시 부가 출생신고하여 이중등록부가 작성된 경우에는 "모의 출생신고가 부의 출생신고보다 먼저 수리된 이상 모의 출생신고에 의하여 등록부가 작성된 것은 정당한 것이므로 그 등록부를 말소할 수 없고, 부의 출생신고에 의하여 작성된 등록부는 이중등록부로 위법한 것이므로 전부 말소되어야 하지만, 혼인외 자에 대한 친생자 출생신고는 인지(認知)의 효력을 가지는 것이고(가족관계의 등록 등에 관한 법률 제57조), 그것이 중복된 출생신고라 하더라도 그에 따른 출생사유의 기재만을 할 수 없을 뿐이지 인지의 효력발생까지 부정할 수는 없는 것이므로, 인지의 효력발생에 따라 모의 출생신고에 의하여 작성된 자녀의 등록부의 특정등록사항란 부(父)란을 기록하고, 성과 본이 바뀐 경우에는 그 내용을 기록하며 일반등록사항란에 인지의 효력 있는 출생신고의 사유와 성과 본이 바뀐 경우의 그 사유를 기록하고, 부(父)의 등록부 일반등록사항란에는 인지의 효력 있는 출생신고 사유를 기록하여야 합니다. 그리고 이 절차는 「가족관계의 등록 등에 관한 법률」 제18조 또는 제104조에 따라 이루어져야 합니다(가족관계등록예규 제245호, 구 호적선례 2-419).

■ 사망사실미확인 미수복지구거주자 가족관계등록부정리는 어떻게 하여야 하는지요?

Q 저는 미수복지구(함경남도)에 본적을 가지고 있다가 월남한 후 구 호적법 시행 당시 그 지역에 거주하고 있는 부(父)를 호주로 하여 취적하였습니다. 현재까지 부(父)의 사망사실을 알 수 없어 가족관계등록부를 정리하지 못하고 있는데, 이 경우 어떻게 하여야 하는지요?

A 가족관계등록부에 군사분계선 이북지역 거주자로 기록된 자가 잔류자임이 분명할 경우 등록부를 폐쇄하려면 「부재선고등에관한특별조치법」에 따라 가족이나 검사가 잔류자의 등록기준지 가정법원에 부재선고의 청구를 하여 가정법원으로부터 부재선고를 받아야 하며, 이때에 부재선고신청에는 가족관계등록부의 증명서와 원본적지 관할도지사가 발행하는 잔류자확인서를 첨부하여야 합니다.

위 부재선고를 받은 자는 상속 및 혼인에 관하여 실종선고를 받은 것으로 간주되므로 이에 따라 가족관계등록부를 정리할 수 있습니다.참고로 등록부에 군사분계선 이북지역 거주자로 기록된 자의 사망사실이 확인 목격된 때에는 부재선고나 실종으로 처리할 수는 없고, 사망신고의무자가 사망진단서 또는 검안서를 첨부하여 사망신고를 하여야 하나, 부득이한 사정으로 진단서나 검안서를 얻을 수 없는 때에는 사망의 사실을 증명할 만한 서면(2인 이상의 인우보증서 등)을 첨부하여 사망신고를 함으로써 등록부를 폐쇄하여야 합니다 (구 호적선례 2-243).

■ 재외국민은 가족관계등록부를 현지에서 정정할 수 있는 방법은 없는지요?

Q 본인은 1960년 11월 19일 미국에서 태어났고, 1년 후 모국의 친지를 통해 출생신고를 의뢰하였으나 친지의 착오로 가족관계등록부상 출생연월일이 실제와 다르게 기재되었고, 현재의 가족관계등록부에도 실제와 다르게 등록이 되어 있습니다. 이에 이를 정정하려고 하는바, 현지에서 정정할 수 있는 방법은 없는지요?

A 가족관계의 등록 등에 관한 법률 제104조는 "등록부의 기록이 법률상 허가될 수 없는 것 또는 그 기재에 착오나 누락이 있다고 인정한 때에는 이해관계인은 사건 본인의 등록기준지를 관할하는 가정법원의 허가를 받아 등록부의 정정을 신청할 수 있다."고 규정하고 있으며, 특히 「재외국민의 가족관계등록창설·가족관계등록부정정 및 가족관계등록부 정리에 관한 특례법」에서는 재외국민의 가족관계등록창설 등에 관한 특례를 규정하여 이들의 등록부 정정절차를 간소화하고 있습니다.

즉, 가족관계등록비송절차에 있어 첨부서류를 특정화하여 간소하게 하고, 법원의 허가를 요하는 등록부 정정사항 중 일정한 사항에 대하여는 재외공관의 장의 조사확인서를 첨부하면 법원의 허가 없이 등록부 정정을 할 수 있도록 하고, 그 비용은 국가 또는 지방자치단체에게 부담하게 하는 등의 내용을 규정하고 있습니다.

귀하의 경우는 「가족관계의 등록 등에 관한 법률」 제104조에서 정하고 있는 정정사항으로, 등록부 정정허가신청서에 등록사항별 증명서, 재외국민등록부등본, 거류국의 외국인등록부등본(또는 영주권사본), 사유서 등을 첨부하여 재외공관의 장에게 제출할 수 있고, 그 신청서를 접수한 재외공관의 장은 이를 외교통상부장관을 경유하여 등록기준지를 관할하는 가정법원에 송부하여야 하고(다만, 등록부 정정허가 여부는 사안에 따라 결정될 것임), 다만, 재외공관장이 등록부 기록의 착오 또는 누락된 사실을 확인하였을 때에는 그 조사확인서를 첨부하여 직접 등록기준지 관할 시(구)·읍·면장(재외국민 가족관계등록사무소의 가족관계등록관을 포함한다)에게 송부하여 이에 관한 정정을 구할 수 있습니다(재외국민의 가족관계등록창설·가족관계등록부 정정 및 가족관계등록부 정리에 관한 특례법 제5조 제1항, 제6조).

Q 저는 40세인 자로서 가족관계등록부에는 여자로 기재되어 있지만, 유년시절부터 동성에 호감을 갖는 등 성(性)주체성의 계속적인 장해로(성전환증: 남성으로 살아가고자 하는 지속적인 신념을 가진 자) 결국에는 얼마 전 자궁 및 난소적출술, 유방적출술, 남성성기 및 고환성형술 등을 포함한 성전환수술을 받았습니다. 현재는 사실상 아내와 동거중이고 가정적으로나 사회적으로 남성으로서 역할을 정상적으로 수행하며 남성으로서의 성생활도 유지하고 있지만, 가족관계등록부상 여성이라는 이유로 많은 불편과 불이익 속에 살아가고 있으므로 여성에서 남성으로 등록부를 정정할 수 있는지요?

A 여성과 남성의 성(性)의 구분에 관하여 2006. 6. 22. 대법원은 "출생 후의 성장에 따라 일관되게 출생 당시의 생물학적인 성에 대한 불일치감 및 위화감, 혐오감을 갖고 반대의 성에 귀속감을 느끼면서 반대의 성으로서의 역할을 수행하며 성기를 포함한 신체 외관 역시 반대의 성으로서 형성하기를 강력히 원하여 정신과적으로 성전환증의 진단을 받고 상당기간 정신과적 치료나 호르몬 치료 등을 실시하여도 여전히 위 증세가 치유되지 않고 반대의 성에 대한 정신적, 사회적 적응이 이루어짐에 따라 일반적인 의학적 기준에 의하여 성전환수술을 받고 반대 성으로서의 외부 성기를 비롯한 신체를 갖추고, 나아가 전환된 신체에 따른 성을 가진 사람으로서 만족감을 느끼고 공고한 성정체성의 인식 아래 그 성에 맞춘 의복, 두발 등의 외관을 하고 성관계 등 개인적인 영역 및 직업 등 사회적인 영역에서 모두 전환된 성으로서의 역할을 수행함으로써 주위 사람들로부터도 그 성으로서 인식되고 있으며, 전환된 성을 그 사람의 성이라고 보더라도 다른 사람들과의 신분관계에 중대한 변동을 초래하거나 사회에 부정적인 영향을 주지 아니하여 사회적으로 허용된다고 볼 수 있다면, 이러한 여러 사정을 종합적으로 고려하여 사회통념상 신체적으로 전환된 성을 갖추고 있다고 인정될 수 있는 경우가 있다 할 것이며, 이와 같은 성전환자는 출생시와는 달리 전환된 성이 법률적으로도 그 성전환자의 성이라고 평가받을 수 있을 것이고 위와 같이 성전환자에 해당함이 명백한 사람에 대하여는 호적정정에 관한 호적법 제120조의 절차에 따라 호적의 성별란 기재의 성을 전환된 성에 부합하도록 수정할 수 있도록 허용함이 상당하다. 이 경우 호적정정 허

가는 성전환에 따라 법률적으로 새로이 평가받게 된 현재의 진정한 성별을 확인하는 취지의 결정이므로 호적정정 허가결정이나 이에 기초한 호적상 성별란 정정의 효과는 기존의 신분관계 및 권리의무에 영향을 미치지 않는다고 해석함이 상당하고, 또한 위와 같은 성전환자의 이름이 정정된 성에 부합하도록 하는 개명 역시 허가될 수 있다."라고 하여 호적(현행 가족관계등록부)정정을 허용하는 결정을 내렸습니다(대법원 2006. 6. 22.자 2004스42 결정).

따라서 구체적인 사안을 심리한 결과 전환된 성이 법률적으로도 그 성전환자의 성이라고 평가될 만큼 성전환자에 해당함이 명백하다고 증명되는 경우에는 여성에서 남성으로의 가족관계등록부정정이 가능할 것으로 보입니다.

참고로 판례는, 성전환자가 혼인 중에 있거나 미성년자인 자녀가 있는 경우에는, 가족관계등록부에 기재된 성별을 정정하여, 배우자나 미성년자인 자녀의 법적 지위와 그에 대한 사회적 인식에 곤란을 초래하는 것까지 허용할 수는 없으므로, 현재 혼인 중에 있거나 미성년자인 자녀를 둔 성전환자의 성별정정은 허용되지 않는다고 하였습니다(대법원 2011. 9. 2.자 2009스117 전원합의체 결정).

Q 저는 최근 노르웨이 국적을 취득하여 대한민국 국적을 상실하였습니다. 현재 대한민국 국민이 아닌데도 가족관계등록부의 정정을 신청할 수 있는지요?

A 가족관계의 등록등에 관한 법률 제104조 제1항은 "등록부의 기록이 법률상 허가될 수 없는 것 또는 그 기재에 착오나 누락이 있다고 인정한 때에는 이해관계인은 사건 본인의 등록기준지를 관할하는 가정법원의 허가를 받아 등록부의 정정을 신청할 수 있다."고 규정하고 있습니다. 따라서, 우리나라의 국적을 소지하지 아니한 사람도 사건본인 또는 재산상·신분상 이해관계가 있는 사람에 해당한다면 등록기준지를 관할하는 가정법원에 가족관계등록부의 정정을 신청할 수 있습니다.

예컨대 국적상실로 제적된 사람의 제적부상 국적상실일이 실제와 다른 경우에는 사건본인 또는 이해관계인은 법무부장관의 공문서 등 국적상실에 관한 소명자료를 첨부하여 그 제적이 있는 곳을 관할하는 가정법원에 제적정정허가신청을 하고 그 허가를 얻어 결정등본을 받은 날부터 1개월 이내에 제적정정신청을 함으로써 이를 정정할 수 있습니다(가족관계등록선례 제200809-1호).

Q 저의 딸 甲은 2007. 5. 18. 태어났는데, 제가 출생신고를 할 때 2011. 10. 26. 으로 신고하였습니다. 지금이라도 이를 정정하고 싶은데 이런 경우도 정정 대상이 되는지요?

A 가족관계의 등록등에 관한 법률 제104조 제1항은 "등록부의 기록이 법률상 허가될 수 없는 것 또는 그 기재에 착오나 누락이 있다고 인정한 때에는 이해관계인은 사건 본인의 등록기준지를 관할하는 가정법원의 허가를 받아 등록부의 정정을 신청할 수 있다."고 규정하고 있고, 동법 제107조는 "확정판결로 인하여 등록부를 정정하여야 할 때에는 소를 제기한 사람은 판결확정일부터 1개월 이내에 판결의 등본 및 그 확정증명서를 첨부하여 등록부의 정정을 신청하여야 한다."고 하고 있습니다.

즉, 정정하려고 하는 가족관계등록부의 기록사항이 신분관계에 중대한 영향을 미쳐 기록사항에 관련된 신분관계의 존부에 관하여 직접적인 쟁송방법이 가사소송법 등에 마련되어 있는 경우는 제107조에 의한 확정판결에 의하여 정정을 할 것이고, 이와 달리 직접적인 쟁송방법이 없는 경우는 간이한 절차인 제104조에 따라 정정을 할 수 있습니다.

현행 가사소송법은 사람의 출생일시 또는 사망일시를 확정하는 직접적인 쟁송방법을 별도로 정하지 않고 있으므로 귀하의 경우, 제104조에 의한 가족관계등록부 정정 대상에 해당되어 간이하게 정정을 할 수 있습니다. 유사한 사안에서 판례 역시 "가사소송법 등이 사람이 태어난 일시 또는 사망한 일시를 확정하는 직접적인 쟁송방법을 별도로 정하고 있지 아니하므로 특별한 사정이 없는 한 가족관계등록부 기록사항 중 출생연월일·사망일시는 법 제104조에 의한 가족관계등록부 정정 대상으로 봄이 타당하다."고 설시한바 있습니다(대법원 2012.4.13, 자, 2011스160, 결정).

따라서, 귀하께서는 동법 제104조에 따라 간이하게 딸의 출생일을 정정하실 수 있을 것입니다.

Q 저는 중국 국적의 조선족 여성을 한국에 입국시킬 목적으로 혼인신고를 하였다가 최근 공전자기록불실기재 등의 범죄사실로 유죄판결을 받아 확정되었습니다. 이제는 가족관계등록부를 정정하고 싶은데 어떻게 해야 되는지요?

A 민법 제815조 1호는 당사자간에 혼인의 합의가 없는 때 혼인이 무효로 됨을 규정하고 있습니다. 이러한 취지에서 판례는 甲과 乙이 참다운 부부관계를 설정하려는 의사 없이 단지 한국에 입국하여 취업하기 위한 방편으로 혼인신고에 이르렀다고 봄이 상당한 사안에서, "설령 乙이 한국에 입국한 후 한 달 동안 甲과 계속 혼인생활을 해왔다고 하더라도 이는 乙이 진정한 혼인의사 없이 위와 같은 다른 목적의 달성을 위해 일시적으로 혼인생활의 외관을 만들어 낸 것이라고 보일 뿐이므로, 甲과 乙 사이에는 혼인의사의 합치가 없어 그 혼인은 민법 제815조 제1호에 따라 무효"라고 판단한 바 있습니다(대법원 2010. 6. 10. 선고 2010므574 판결).

한편, 가족관계등록부의 정정사항이 친족법상 또는 상속법상 중대한 영향을 미치는 사항이라면 가족관계의 등록 등에 관한 법률 제107조에 따라 확정판결에 의하여 정정할 수 있음이 원칙이지만, 신고로 인하여 효력이 발생하는 행위에 관한 가족관계등록부상 기재사항의 경우에 그 행위가 확정된 형사판결(약식명령 포함)에 의하여 무효임이 명백하게 밝혀진 때에는 법 제105조에 따라 사건 본인의 등록기준지를 관할하는 가정법원의 허가를 받아 가족관계등록부를 정정할 수 있습니다(호적선례 200208-1, 가족관계등록선례 200906-3 등 참조).

따라서 귀하의 경우, 귀하의 혼인은 혼인의사의 합치가 결여되어 무효임이 명백하게 밝혀진 때에 해당하므로(대법원 2009.10.8, 자, 2009스64 결정), 혼인무효판결을 받지 않았더라도 가족관계의 등록 등에 관한 법률 제105조에 따라 가정법원의 허가를 받아 가족관계등록부를 정정할 수 있을 것입니다.

■ 호주상속이 무효인 경우 제적부 및 가족관계등록부의 정정방법은 무엇인지요?

Q 호주상속이 무효인 경우 제적부 및 가족관계등록부의 정정방법이 무엇이 있는지 궁금합니다.

A 2005. 3. 31. 법률 제7427호로 「민법」이 일부 개정되어 2008. 1. 1.부터 호주승계(상속)제도가 폐지되고, 「가사소송법」도 일부 개정되어 "호주승계의 무효 또는 회복의 소"가 가사소송사건에서 삭제되었으며, 2007. 5. 17. 법률 제8435호로 「가족관계의 등록 등에 관한 법률」이 2008. 1. 1.부터 시행됨에 따라 제정된 "제적부 기재의 정정방법 예규"는 호주승계(상속)와 관련하여 제적부 기재에 무효 사유가 있는 경우에는 「가족관계의 등록 등에 관한 법률」제104조에 따라 관할 가정법원의 허가를 받아 가족관계등록부나 제적부를 정정할 수 있는 것으로 하되, 가족관계등록제도의 시행으로 폐지된 호적신고를 2008. 1. 1. 이후에 수리하는 것을 전제로 한 제적부 정정은 허용되지 않는 것으로 하였습니다(가족관계등록예규 제297호).

따라서 관할 가정법원에서 호주승계(상속) 무효를 이유로 가족관계등록부나 제적부의 정정허가를 하더라도 폐지된 호주승계(상속)신고를 2008. 1. 1. 이후 수리하는 것을 전제로 한 정정결정{예컨대, 적법한 호주승계(상속)인을 호주로 한 신 호적의 편제를 허가하는 결정}은 더 이상 할 수 없습니다.

Q 구 호적에 한자로 적혀있던 이름 중 '烈'자가 잘못 병기되어 '렬'이 아닌 '열'로 표시되고 지금까지도 가족관계등록부에 '열'로 남아 있습니다. '렬'로 표기를 정정할 수 있는 방법이 있는지 궁금합니다.

A 구 「호적법시행규칙」(1994. 10. 17. 대법원규칙 제1315호로 일부개정되어 1994. 10. 17.부터 시행되기 전의 것, 이하 같음) 제70조 제2항에 의하여 구 호적의 성명란의 기재방법이 한글과 한자를 병기하는 것으로 개정된 적이 있습니다. 귀하의 경우 호적에 한자로 적혀있던 '烈' 자가 '열'로 병기되고 이후 가족관계등록부에도 그대로 이기된 것으로 보입니다.

이름자에 사용된 한자에 대한 한글음을 구 호적에 기재하거나 현재의 가족관계등록부에 기록함에 있어 한글 맞춤법상의 두음법칙은 적용되지 않으므로 해당 한자의 한글음 첫소리(초성)가 'ㄴ' 또는 'ㄹ'인 한자는 이름자의 첫 음으로 사용된 경우이든 나중 음으로 사용된 경우이든 불문하고 각각 소리 나는 바에 따라 'ㅇ' 또는 'ㄴ'으로 선택하여 사용할 수 있고, '렬' 자(字)의 한글음 표기도 '렬' 또는 '열' 모두 가능합니다(가족관계의 등록 등에 관한 규칙 제37조 제1항 제2호 별표 1 말미 "주").

한편, 구 「호적법시행규칙」의 시행에 따른 당시의 「호적에 성명을 기재하는 방법」예규는 호적의 성명란에 한글과 한자를 병기하는 방법에 관하여 한자성명의 한글표기가 명백하지 않은 경우에는 호적관서에서 신고인에게 정확한 한글표기를 확인하여 한글표기를 하도록 하고 정확한 한글표기를 확인할 수 없는 경우에는 종전대로 한자만을 기재하도록 하며, 착오로 잘못된 한글표기를 한 때에는 간이직권정정절차에 의하여 이를 정정하도록 규정하고 있었으므로(구 호적예규 제499호), 지금이라도 주민등록표 등·초본, 학적부, 졸업증명서, 예금통장 등 '렬' 자(字)의 한글음 표기를 실제 '렬'로 사용하였음을 소명할 수 있는 자료를 첨부하여 가족관계등록부 및 제적부 정정신청을 한다면 관할 등록관서에서 간이직권정정절차에 의하여 이를 정정할 수 있을 것입니다.

■ 혼인외 출생자의 모의 이름을 생모로 정정할 수 있는지요?

Q 저는 현재 혼인 중인 甲과의 사이에서 딸 丙을 낳았습니다. 가족관계등록부에는 丙이 甲과 법률상 처인 乙의 모(母)로 등재되어있는데, 이를 제 이름으로 정정할 수 있는지 궁금합니다.

A 현재 혼인관계가 종료하지 아니하여 甲과의 사이에서 출생한 丙의 모의 이름을 남자의 법률상 처인 乙에서 귀하로 정정하고 혼인관계가 종료하지 아니한 甲이 乙과의 혼인관계를 해소하기 위해서는 우선 귀하를 비롯한 이해관계인이 "乙과 丙사이에 친생자 관계가 부존재 한다."는 법원(피고의 주소지 관할법원)의 판결을 받아 그 판결등본 및 확정증명원을 첨부하여 시(구) · 읍 · 면 사무소에 가족관계등록부정정신청을 하여야 합니다(민법 제865조, 가족관계의 등록 등에 관한 법률 제107조 참조).

이 경우, 판결이유에 丙의 생모로 귀하(귀하의 성명 및 주민등록번호 또는 귀하의 성명 및 등록기준지가 판결 이유에 반드시 기재되어 있어야 합니다)가 특정될 수 있도록 명시되어 있다면 따님의 가족관계등록부상 모의 성명을 귀하로 정정할 수 있습니다.

아울러 위 정정절차로 丙의 부모가 甲과 귀하로 정정되고, 추후 甲이 乙과 이혼하고 귀하와 혼인신고를 하게 되면 그 시점부터 丙은 甲과 귀하의 혼인 중 출생자가 됩니다.

■ 노르웨이 현지에서의 출생연월일로 정정하는 것이 가능한지요?

Q 저의 아들인 乙은 노르웨이 오슬로에서 출생하여 대한민국과 노르웨이의 국적을 가지고 있습니다. 가족관계등록부상 출생연월일이 한국시간으로 환산되어 기재되었는데 이를 노르웨이 현지에서의 출생연월일로 정정하는 것이 가능한지요?

A 가족관계등록부 특정등록사항란의 "출생연월일"란에는 현지 출생연월일을 서기 및 태양력으로 기록하여야 합니다(가족관계등록예규 제318호). 따라서 종래의 예규에 따라 가족관계등록부상 출생연월일이 한국시각으로 환산된 일자로 기록된 자가 현지 출생연월일로 정정하고자 하는 때에는 「가족관계의 등록 등에 관한 법률」제104조에 따라 사건본인의 등록기준지를 관할하는 가정법원에 등록부정정허가신청을 하여 그 허가를 받아야 할 것입니다.

Q 허위의 출생신고에 의하여 동일인이 부모가 각각 다르게 기재된 이중가족관계등록부를 정리하는 방법은 무엇입니까?

A 이중가족관계등록부는 1인 1가족관계등록 편제원칙에 반하여 법률상 허용될 수 없기 때문에 그 정정이 필요합니다. 이 경우 법원의 허가에 의한 가족관계등록부정정은 그 정정할 사항이 경미한 경우에 한하고(가족관계의 등록 등에 관한 법률 제104조), 그 정정할 사항이 친족법상 또는 상속법상 중대한 영향을 미치는 것일 경우에는 법원의 허가에 의한 간이한 정정절차에 의할 수 없고 반드시 확정판결에 의하여서만 정정할 수 있습니다(동법 제107조). 마찬가지로 위법한 이중가족관계등록부를 폐쇄하여 본래의 가족관계등록부로 단일화하기 위한 경우에도 그 정정으로 인하여 신분관계에 중대한 영향을 미치는 사항이 정정되는 경우에는 역시 확정판결에 의하여서만 정정할 수 있다할 것입니다.

사안과 같이 동일인이 허위의 출생신고에 의하여 이중가족관계등록부상 부모가 각각 다르게 기재 및 기록된 경우에, 법원의 허가에 의한 간이한 정정절차에 의하여 위법한 이중가족관계등록부를 폐쇄한다면 폐쇄된 가족관계등록부상의 친자관계를 사실상 부정하는 결과가 되어 신분관계에 중대한 영향을 미치게 되므로 친자관계에 관한 확정판결에 의하여 이중가족관계등록부를 정리하여야 할 것입니다(가족관계등록선례 제200907-2호).

따라서 위와 같은 경우 관할 가정법원에 친생자관계가 존재하지 아니한다는 취지의 친생자관계부존재확인의 소를 제기하여 동 판결이 확정되면 소를 제기한 사람이 판결확정일부터 1개월 이내에 판결등본 및 확정증명서를 첨부하여 사건본인의 등록기준지 또는 정정신청인의 주소지나 현재지의 시(구)·읍·면의 장에게 가족관계등록부정정신청을 하여야 할 것입니다.

■ 가족관계증명서에 외국인인 배우자가 누락된 경우 정정할 수 있는 방법은 없나요?

Q 저는 대한민국 국적의 남성으로 일본인인 처를 두고 있습니다. 제 가족관계등록부에 현재 처의 인적사항이 누락되어 있는데 이를 추가로 기재할 수 있는지 궁금합니다.

A 가족관계의 등록 등에 관한 법률 제15조 1항은 가족관계증명서에 기록될 사항으로 배우자, 자녀의 성명·성별·본·출생연월일 및 주민등록번호(동조항 제1호 다목)를 규정하고 있으므로, 가족관계증명서에는 배우자의 성명과 기타 인적사항이 기록되어야 합니다. 따라서 비록 배우자가 외국인이라고 하여도 본인의 가족관계등록부에 누락되어 있다면, 이해관계인의 신청을 받은 시(구)·읍·면의 장은 간이직권절차로 본인의 가족관계등록부상 배우자를 추가로 기록하여야 할 것입니다(가족관계의 등록 등에 관한 규칙 제60조 제2항 참조).

■ 등록부정정허가신청절차의 신청인은 누구인가요?

Q 등록부정정허가신청절차의 신청인은 누구인가요?

A 가족관계의 등록 등에 관한 법률 제104조에 의한 등록부정정허가신청은 이해관계인이 할 수 있습니다. 이 때 이해관계인이란 사건본인, 신고인, 그 밖에 당해가족관계등록부의 기록에 관하여 신분상 또는 재산상 이해관계를 가진 자를 말합니다. 동법 제105조에 의한 등록부정정허가신청은 신고인 또는 신고사건의 본인이 할 수 있습니다. 다만 미성년자의 경우에는 동법 규칙 제87조 제1항 및 제2항에서 제외하고 있으므로 정정신청 할 수 없습니다.

■ 혼외자와 이중가족관계등록부의 정정은 어떻게 하나요?

Q 제 남편은 저와 혼인하기 전에 저와의 사이에 A를 출생하였고 그를 출생신고 하였습니다. 저는 이후 다른 남자를 만나 결혼하였습니다. 이때 A를 그 남자와의 사이에 혼인 중 출생한 자로 출생신고를 하였습니다. 어떻게 바로 잡아야 할까요?

A 이중가족관계등록부의 정정에 관한 사무처리지침에 따르면 이중가족관계등록부의 폐쇄는 착오된 가족관계등록부를 폐쇄하여야 하고 당사자가 임의로 택일할 수 없습니다. 따라서 후자의 가족관계등록부는 착오로 잘못작성된 것이므로 직권에 의하거나 가족관계의 등록 등에 관한 법률 제104조에 따른 가정법원의 허가를 받아 정정하면 될 것입니다.

■ 출생연월일의 정정은 가능한 것인가요?

Q 저는 생년월일이 1971. 2. 2.로 출생신고일은 1971. 5. 4. 로 가족관계등록부에 각 기재되어 있다. 그런데 실제 생년월일은 1972. 2. 2. 이므로 실제 생년월일로 정정하고자 합니다. 가능한 것인가요?

A 실제 생년월일이 1972년도로 정정하도록 허가한다면 출생신고일이 1971년도로 되는바, 태어나기도 전에 출생신고를 하였다는 것이 되어 출생신고일은 변경하지 않는 이상 가족관계등록부의 정정이 어려울 것으로 판단됩니다.

Q 저는 2001. 12. 1. 혼인 중에 아이를 출산하였으나 2002. 6. 6. 남편과 협의이혼한 후 2003. 7. 7. 위 아이를 혼인 외 자로 출생신고 하였습니다. 그 아이는 사실 초등학교 동창과의 아이입니다. 이 때 아이의 출생연월일을 실제의 2001. 12. 1. 로 정정하고자 하는데, 가능한 것인지요?

A 판례는 "가족관계의 등록 등에 관한 법률(이하 '법'이라 한다) 제104조 는 가족관계등록부의 기록이 법률상 허가될 수 없는 것 또는 기재에 착오나 누락이 있다고 인정한 때에는 이해관계인은 사건 본인의 등록기준지를 관할하는 가정법원의 허가를 받아 등록부의 정정을 신청할 수 있도록 규정하고 있다. 법이 이러한 간이한 절차에 의해 가족관계등록부의 기록사항을 정정할 수 있도록 한 취지를 고려하면, 정정하려고 하는 가족관계등록부의 기록사항이 신분관계에 중대한 영향을 미치기 때문에 그 기록사항에 관련된 신분관계의 존부에 관하여 직접적인 쟁송방법이 가사소송법 등에 마련되어 있는 경우에는 법 제107조 에 따라 그 사건의 확정판결 등에 의해서만 가족관계등록부의 기록사항을 정정할 수 있다. 그러나 이와 달리 가족관계등록부의 기록사항과 관련하여 가사소송법 등에 직접적인 쟁송방법이 없는 경우에는 법 제104조 에 따라 정정할 수 있는데, 가사소송법 등이 사람이 태어난 일시 또는 사망한 일시를 확정하는 직접적인 쟁송방법을 별도로 정하고 있지 아니하므로 특별한 사정이 없는 한 가족관계등록부 기록사항 중 출생연월일·사망일시는 법 제104조 에 의한 가족관계등록부 정정 대상으로 봄이 타당하다(대법원 2012. 4. 13. 자 2011스160)." 고 하는바, 이에 따르면 가정법원의 허가를 받아서 정정절차를 밟으면 될 것으로 판단됩니다.

■ 가족관계등록부상 주민등록번호의 기록 및 정정절차는 어떻게 되나요?

Q 가족관계등록부상 주민등록번호의 기록 및 정정절차는 어떻게 되나요?

A 가족관계등록예규 제508호에 따라 그 정정절차에 관해서는 주민등록번호의 기록누락규정을 준용하는바, 본인 또는 동거하는 친족이 주민등록표 등·초본을 첨부하여 그 기록을 신청하는 때에는 가족관계등록공무원은 감독법원의 허가 없이 직권으로 이를 기록합니다. 다만, 본인이 신청하는 경우에는 주민등록표 등·초본의 첨부 없이 주민등록증을 제시받아 가족관계등록공무원이 그 내용을 확인한 후 주민등록증을 복사하여 신청서에 첨부하고 기록의 절차를 취하여야 합니다.

■ 등록담당공무원이 착오로 출생신고한 경우, 어떻게 정정하면 될까요?

Q 저는 2011. 5. 5. 혼인 중 출생자인 아들에 대한 출생신고서를 등록관서에 제출하였습니다. 그런데 등록담당공무원은 2011. 5. 6. 출생신고를 수리하면서 2011. 5. 6. 출생한 다른 아이를 제 가족관계등록부상 자녀란에 기재하였습니다. 이를 어떻게 정정하면 될까요?

A 공무원의 과실로 출생신고서에 기재된 내용과 다르게 기재한 것이 명백하므로, 가족관계등록법 제18조 제2항 및 규칙 제60조 제2항 제5호에 따라 간이 직권절차로 정정하면 됩니다.

■ 혼외자의 경우, 등록부정정은 어떻게 하여야 하나요?

Q 갑은 을과 혼인신고 한 후 을에게서 출생한 병을 혼인 중 자로 출생신고 하였습니다. 그러나 병은 을이 갑과 혼인하기 전에 사겼던 정과 사이에 출산한 혼외자로 밝혀졌습니다. 등록부정정은 어떻게 하여야 하나요?

A 부자관계를 단절하기 위해서는 민법상 친생부인의 소 등을 제기하여 판결을 받고, 가족관계등록법 제107조에 따라 확정판결에 의한 등록부의 정정을 하면 됩니다.

■ 가족관계등록부상 부란의 부 성명이 실제 성명과 다르게 되어 있습니다. 부의 이름은 어떻게 정정할 수 있나요?

Q 저의 가족관계등록부상 부란의 부 성명이 실제 성명과 다르게 되어 있습니다. 부의 이름은 어떻게 정정할 수 있나요?

A 착오로 인해 오기로 이름이 다르게 된 경우는 가족관계법 제104조에 따라, 그 기재에 착오나 누락이 있다고 인정한 때에는 이해관계인은 사건 본인의 등록기준지를 관할하는 가정법원의 허가를 받아 등록부의 정정을 신청할 수 있습니다.

Q 제 아내는 독일인으로 최근 독일인이었던 양모와 파양하여 성(姓)이 변경되었습니다. 제 가족관계등록부에 아내의 변경된 성을 정정해서 기록할 수 있는지요?

A 가족관계의 등록등에 관한 규칙 제54조는 "한쪽 배우자에 대하여 다음의 신고가 있는 때에는 다른 배우자의 등록부에도 그 취지를 기록하여야 한다"고 규정하면서, 그 경우로 ① 사망, 실종선고·부재선고 및 그 취소, ② 국적취득과 그 상실, ③ 성명의 정정 또는 개명을 들고 있습니다. 따라서 일방 배우자에 대하여 성 변경을 가져온 신분변동의 경우 규정은 없으나 본 규정을 준용 내지 유추적용하여 다른 배우자의 등록부에도 성 변경의 취지를 기록할 수 있을 것입니다(가족관계등록선례 제200903-1호).

다만, 귀하와 같이 외국인 배우자가 외국에서 외국인 양모와 파양한 경우는, '가족관계의 등록 등에 관한 법률'이 적용될 외국적 요소가 있는 신분행위가 아니므로 외국인 배우자가 동법에 따라 우리나라의 등록관서에 파양신고를 할 수 없고, 그 결과 한국인 배우자의 가족관계등록부에 변경된 외국인 배우자의 성을 직권으로 기록할 수도 없습니다.

한편, 가족관계의 등록 등에 관한 법률이 규정하는 등록부정정절차는(제18조 및 제104조) 등록부에 기록될 당시에 존재하는 잘못을 시정하기 위한 절차이므로 귀하의 경우처럼 후발적으로 신분사항이 불일치하게 된 경우는 그 사유가 될 수 없음이 원칙입니다. 그러나, 국민 개개인의 신분관계를 빠짐없이, 진정한 신분관계에 부합하도록 등록부에 기록하여 이를 공시·공증하여야 한다는 가족관계등록제도의 이념에 비추어 볼 때, 등록부에 기록된 신분사항의 후발적 불일치가 있으나 통상의 신고에 의한 기록절차에 의하여 이를 등록부에 반영할 수 없는 예외적인 경우에는 등록부 정정사유 중 "등록부의 기록이 법률상 허가될 수 없는 것"에 등록부 기록 후 사정변경에 의하여 법률상 허가될 수 없음이 명백하게 된 경우도 포함되는 것으로 보아 가족관계의 등록 등에 관한 법률 제104조의 절차에 따라 변경된 내용을 등록부에 반영하는 것이 가능할 것입니다. 다만, 이러한 등록부정정허가 여부는 재판에 관한 사항으로 구체적인 사건에서 관할 재판부가 신청서와 소명자료를 바탕으로 판단할 사항입니다.

2. 가족관계등록에 대한 불복신청방법

2-1. 가족관계등록에 대한 불복신청절차

2-1-1. 신청서 제출

① 가족관계등록에 관해 이해관계인은 시(구)·읍·면의 장의 위법 또는 부당한 처분에 대해 관할 가정법원에 불복신청을 할 수 있습니다.

② 공개된 불복신청서 양식이 없으므로 < 등록부정정신청서 > 양식을 불복신청서로 변경해 사용하시기 바랍니다.

2-1-2. 시(구)·읍·면의 장에게 통보

신청을 받은 가정법원은 신청에 관한 서류를 시(구)·읍·면의 장에게 송부해 그 의견을 구할 수 있습니다.

2-1-3. 시(구)·읍·면의 조치

① 신청을 인정하는 경우

시(구)·읍·면의 장은 그 신청이 이유 있다고 인정하는 경우 지체 없이 처분을 변경하고 그 취지를 법원과 신청인에게 통지해야 합니다

② 신청을 인정하지 않는 경우

시(구)·읍·면의 장은 그 신청이 이유 없다고 인정되는 경우 의견을 붙여 지체 없이 그 서류를 법원에 반환해야 합니다.

2-1-4. 법원의 결정

① 신청을 인정하는 경우

가정법원은 신청이 이유 있다고 판단하는 경우 시(구)·읍·면의 장에게 상당한 처분을 명해야 합니다.

② 신청을 인정하지 않는 경우

가정법원은 신청이 이유 없다고 판단하는 경우 각하합니다.

2-1-5. 결정의 통지

가정법원은 신청의 각하 또는 처분을 명하는 재판을 결정으로써 하고, 시(구)·읍·면의 장 및 신청인에게 송달합니다.

Q 저는 최근 혼인무효판결에 기하여 강남구청장에게 가족관계등록부 정정신청을 하여 가족관계등록부 중 혼인관계증명서 부분을 정정하였습니다. 그런데 정정된 혼인관계증명서에는 기존의 혼인신고 사실만 주말되었을 뿐, 당초의 혼인신고 기재내용 및 정정사유 등은 그대로 남아있는 것을 발견하였습니다. 가족관계등록부 재작성을 신청하려 하는데 신청이 승인될지, 불승인 된다면 불복방법은 무엇인지 궁금합니다.

A 가족관계의 등록 등에 관한 법률은 확정판결에 의한 가족관계등록부의 정정신청 및 대법원규칙으로 정한 사유의 발생시 가족관계등록부의 폐쇄를 규정하고(제107조, 제11조 제2항), '가족관계의 등록 등에 관한 규칙'은 정정된 가족관계등록부가 이해관계인에게 현저히 부당하다고 인정되는 경우 가족관계등록부의 재작성 및 폐쇄에 관하여 규정하고 있습니다(제17조 제2항 제3호). 또한, '가족관계등록부의 재작성에 관한 사무처리지침'은 정정사유 등이 기재되어 있는 가족관계등록부를 그대로 존치하여 공시하는 것이 사회통념상 이해관계인에게 현저히 부당하여 가족관계등록부를 재작성하여야 할 사유가 발생하였을 경우에 그 재작성의 절차 및 방법에 관한 사무 처리를 규정함을 목적으로 하여 제정되었는데(제1조), 위 지침은 당사자 사이에 혼인의사의 합의가 없음을 원인으로 하는 혼인무효판결에 의한 가족관계등록부 정정신청으로 해당 가족관계등록부가 정정된 때를 가족관계등록부 재작성 사유로 정하고(제2조 제1호), 이러한 사유로 가족관계등록부를 재작성하고자 하는 이해관계인은 시(구) · 읍 · 면의 장에게 가족관계등록부 재작성신청을 하도록 하면서(제3조 제1항 본문), 이에 따른 재작성신청시 혼인무효판결 · 확정증명 및 '그 혼인무효사유가 한쪽 당사자나 제3자의 범죄행위로 인한 것임을 소명하는 서면(형사판결문 또는 검사의 기소유예처분 결정문 등)'을 첨부하도록 명시하고 있습니다.

따라서, 이와 같은 관련규정을 종합하면, 정정사유가 기재되어 있는 가족관계등록부를 그대로 존치하여 공시하는 것이 '사회통념상 이해관계인에게 현저히 부당한 경우'에 비로소 가족관계등록부 재작성을 신청할 수 있는데, 그 현저히 부당한 경우란 한정적으로 열거되어 있는 '혼인무효사유가 한쪽 당사자나 제3자의 범죄행위로 인한 경우'로 제한된다고 할 것이므로, 이에 해당하지 않는 이상 신청이 승인될 것으로는 보이지 않습니다.

한편, 행정법상 처분이라 함은 공권력의 행사로서 국민의 권리, 의무에 대해서 직접적인 변동을 초래하는 작용을 의미하므로, 가정법원이 등록관서에 불승인 통지를 한 경우, 이러한 불승인 통지를 등록관서가 그대로 신청인에게 통보하는 행위는 직접성이 있다고 볼 수 없어 이를「가족관계의 등록 등에 관한 법률」제109조 상의 '처분'이라고 볼 수 없습니다. 따라서 재작성 신청인에 대한 등록관서의 불승인 결정 통보는 이를 신청에 대한 불수리 '처분'으로 볼 수 없으므로 이를「가족관계의 등록 등에 관한 법률」상의 불복절차로 다툴 수 없어, 결국 현행 가족관계등록 법령상에는 재작성 불승인에 대해서 다툴 방법이 없으며(가족관계등록선례 제201308-1호), 위와 같이 '사회통념상 이해관계인에게 현저히 부당한 경우'에 해당하지 않는다면 위 거부행위(불승인)는 헌법소원심판의 대상이 되는 공권력행사에 해당되지 아니하여 헌법소원으로도 다툴 수 없습니다(헌재 2016.9.13. 2016헌마708).

(관련판례 1)
부부인 갑과 을이 갑과 을의 수정란을 대리모인 병에게 착상시켜 병이 정을 낳았는데, 갑이 정의 모(모)를 '을'로 기재하여 출생신고를 하였으나, 가족관계등록공무원이 신고서에 기재한 모(모)의 성명(을)과 출생증명서에 기재된 모(모)의 성명(병)이 일치하지 않는다는 이유로 불수리처분을 한 사안에서, 출생신고에 관한 가족관계의 등록 등에 관한 법령의 문언이나 취지를 고려할 때에 출생신고서 및 출생증명서에 '모의 성명 및 출생연월일'을 기재하게 한 것은 우리 민법상 모자관계를 결정하는 기준인 '모의 출산사실'을 출생신고에 의하여 확인하고, 출산에 의하여 자연적으로 형성된 모자관계를 법률적으로도 일치시키기 위한 조치이므로, 출생신고서에 기재된 모의 인적사항과 출생증명서에 기재된 모의 인적사항은 동일하여야 하고, 만일 그것이 일치하지 않을 때에는 출생신고서를 수리하여서는 아니 되는바, 정의 출생신고서에 기재된 모(을)의 인적사항과 출생증명서에 기재된 모(병)의 인적사항이 일치하지 아니하므로, 갑의 출생신고를 수리하지 아니한 처분은 적법하고, 한편 우리 민법상 모자관계의 결정 기준이 '모의 출산사실'인 점, 가족관계의 등록 등에 관한 법률상 출생신고를 할 때에는 출생신고서에 첨부하는 출생증명서 등에 의하여 모의 출산사실을 증명하여야 하는 점, 인간의 존엄과 가치를 침해하는 것을 방지함으로써 생명윤리와 안전을 확보하고 국민의 건강과 삶의 질 향상에 이바지하고자 하는 생명윤리 및 안전에 관한 법률의 입법 목적 등을 종합하여 볼 때, 남편이 배우자 아닌 여성과의 성관계를 통하여 임신을 유발시키고 자녀를 낳게 하는 고전적인 대리모의 경우뿐만 아니라, 부부의 정자와 난자로 만든 수정체를 다른 여성의 자궁에 착상시킨 후 출산케 하는 이른바 '자궁(출산)대리모'도 우리 법령의 해석상 허용되지 아니하고, 이러한 대리모를 통한 출산을 내용으로 하는 계약은 선량한 풍속 기타 사회질서에 위반하는 것으로써 민법 제103조에 따라 무효라고 한 사례(서울가정법원 2018. 5. 9. 자 2018브15 결정).

(관련판례 2)

남성으로 동성인 갑과 을의 혼인신고에 대하여 관할 구청장이 신고불수리 통지를 하자, 갑과 을이 불복신청을 한 사안에서, 혼인제도가 다양하게 변천되어 왔지만 혼인이 기본적으로 남녀의 결합관계라는 본질에는 변화가 없었고, 아직까지는 일반 국민들의 인식도 이와 다르지 않은 점 등의 여러 사정을 종합하면, 헌법, 민법 및 가족관계의 등록 등에 관한 법률에 규정되어 있는 '혼인'은 '남녀의 애정을 바탕으로 일생의 공동생활을 목적으로 하는 도덕적, 풍속적으로 정당시되는 결합'을 가리키는 것으로 해석되고, 이를 넘어 '당사자의 성별을 불문하고 두 사람의 애정을 바탕으로 일생의 공동생활을 목적으로 하는 결합'으로 확장하여 해석할 수 없으므로, 현행법의 통상적인 해석으로는 동성(동성)인 신청인들의 합의를 혼인의 합의라고 할 수 없고 합의에 따른 신고를 적법한 혼인신고라고 할 수 없다(서울서부지방법원 2016. 5. 25. 자 2014호파1842 결정).

2-2. 법원결정에 대한 항고

2-2-1. 항고이유

① 가족관계등록의 불복신청결정에 대해 항고를 하려는 사람은 가정법원의 결정이 법령을 위반한 재판이라는 이유로만 비송사건절차법에 따라 항고를 할 수 있습니다.

② 비송사건절차법에 따른 항고의 경우 특별한 규정이 있는 경우를 제외하고는 항고에 관한 민사소송법의 규정을 준용합니다.

2-2-2. 항고심 제기

① "항고"란 판결 이외의 재판인 결정·명령이 위법임을 주장하고 그 취소 또는 변경을 구하는 독립의 상소방법을 말합니다.

② 항고제기

항고는 항고장에 다음의 사항을 적어 원심법원에 제출하면 제기 됩니다.

- 항고인과 법정대리인
- 항고 대상이 되는 결정 또는 명령의 취지

③ 심리 : 항고심의 소송절차는 특별한 규정이 없으면 항소심 소송절차에 준해 진행됩니다.

2-2-3. 항고심 종결

① 항고각하

부적법한 항고로서 흠을 보정할 수 없으면 변론 없이 결정으로 항고는 각하됩니다.

② 항고기각

항고법원이 다음과 같이 판단하면 항고는 기각됩니다.

- 항고 대상이 된 결정 또는 명령이 정당하다고 인정한 경우
- 항고 대상이 된 결정 또는 명령의 이유가 정당하지 않더라도 다른 이유에 따라 그 결정이 정당하다고 인정되는 경우

③ 항고인용

원심법원이 항고에 정당한 이유가 있다고 인정하는 경우에는 그 결정명령을 경정해야 합니다.

가족관계등록부의 폐쇄는 어떻게 하나요?

제10장 가족관계등록부의 폐쇄는 어떻게 하나요?

1. 가족관계등록부의 폐쇄사유

가족관계등록부는 다음에 해당하는 사유가 발생하면 폐쇄됩니다.

1) 본인이 사망한 경우

2) 본인이 실종선고 또는 부재선고를 받은 경우

3) 본인이 국적을 이탈하거나 상실한 경우

4) 가족관계등록부가 이중으로 작성된 경우

5) 가족관계등록부가 착오 또는 부적법하게 작성된 경우

6) 정정된 등록부가 이해관계인에게 현저히 부당하다고 인정되어 재작성하는 경우

2. 가족관계등록부의 폐쇄방법

① 시(구)·읍·면의 장이 등록부를 폐쇄하는 경우에는 가족관계등록부사항란 및 일반등록 사항란에 그 취지와 사유를 기록합니다.

② 폐쇄된 가족관계등록부에 대한 등록사항별 증명서를 발급하는 경우에는 증명서의 우 측상단에 "폐쇄"라고 표시됩니다.

Q 조부님의 가족관계등록부를 발급받았더니 폐쇄라고 적혀 있던데 가족관계등록부가 폐쇄되기도 하는 건가요?

A 네, 가족관계등록부는 본인이 사망하는 등의 사유가 발생하면 폐쇄됩니다.

◇ 가족관계등록부의 폐쇄사유

1. 본인이 사망한 경우
2. 본인이 실종선고 또는 부재선고를 받은 경우
3. 본인이 국적을 이탈하거나 상실한 경우
4. 이중으로 작성된 경우
5. 착오 또는 부적법하게 작성된 경우
6. 정정된 등록부가 이해관계인에게 현저히 부당하다고 인정되어 재작성 하는 경우

과태료처분 등은 왜 하나요?

제11장 과태료처분 등은 왜 하나요?

1. 과태료처분절차 및 벌칙

1-1. 의의

과태료처분절차라 함은 법률의 벌칙에 의하여 과태료를 부과하는 절차를 말합니다.

1-2. 과태료 부과 및 징수

법률에 의한 신고의무자가 정당한 이유없이 기간 내에 해야 할 신고 또는 신청을 하지 않은 때에는 5만원 이하의 과태료를 부과하고, 시(구)·읍·면의 장이 법률 제38조 또는 제108조에 따라 기간을 정하여 신고 또는 신청의 최고를 한 경우에 정당한 사유없이 그 기간 내에 신고 또는 신청을 하지 아니한 사람에게는 10만원 이하의 과태료를 부과합니다.

1-3. 과태료 부과 및 징수권자

신고 또는 신청을 수리하거나 이를 최고한 시(구)·읍·면의 장이 하고, 동의 장이 출생신고 또는 사망신고를 수리한 경우에는 그 동의 장은 관할 시장 또는 구청장을 대행하여 과태료를 부과·징수합니다. 다만, 재외국민 가족관계등록사무소의 가족관계등록관이 과태료 부과 대상이 있음을안 때에는 신고의무자의 등록기준지 시·읍·면의 장에게 그 사실을 통지하고, 통지를 받은 시·읍·면의 장이 과태료를 부과·징수합니다.

1-4. 부과기준표

게을리한 기간	과태료	
	제122조 위반	제121조 위반
7일 미만	10,000 원	20,000 원
7일 이상 1월 미만	20,000 원	40,000 원
1월 이상 3월 미만	30,000 원	60,000 원
3월 이상 6월 미만	40,000 원	80,000 원
6월 이상	50,000 원	100,000 원

1-5. 과태료처분 금액의 감경

① 시(구)·읍·면의 장은 과태료처분대상자의 위반행위의 동기와 결과를 참작하여 위의

부과기준표에 따른 과태료의 2분의 1에 해당하는 금액을 감경할 수 있습니다. 다만, 이 경우에는 과태료처분대상자가 작성한 위반행위에 대한 사유서를 첨부하여야 합니다.

② 이와 같이 과태료처분 금액의 감경은 각 사건당사자의 사정 등을 고려하지 않은 획일적인 과태료 부과가 민원을 야기하고 있는 점을 고려하여 두게 된 규정입니다.

1-6. 과태료 처분에 대한 불복절차

과태료 처분에 불복하는 사람은 30일 이내에 해당 시(구)·읍·면의 장에게 과태료처분이의서를 제출하여야 하며, 이를 접수한 시(구)·읍·면의 장은 이의가 이유 없다고 인정되는 경우에는 지체 없이 과태료 처분을 받은 사람의 주소 또는 거소를 관할하는 가정법원에 그 사실을 통보하여야 합니다. ② 과태료 처분에 대한 이의통보서를 받은 가정법원은 비송사건으로 접수하여비송사건절차법에 따른 과태료 재판을 합니다.

[서식] 과태료처분 이의서

과 태 료 처 분 이 의 서

      귀 시(구)·읍·면의 과태료처분에 대하여「가족관계의 등록 등에 관한 법률」제124조제2항에 따라 아래와 같이 이의를 제기합니다.

- 아 래 -

1. 이의신청인:
     주 소:
2. 이의대상인 과태료처분
   가. 과태료 납부통지일:
   나. 과태료 금액:
   다. 게을리 한 신고(신청)사건의 내용:
   라. 게을리 한 기간:
3. 이의신청사유:

20   .   .   .
위 이의신청인 ○ ○ ○   ⑪

○○시(구)·읍·면장 ○ ○ ○ 귀 하

2. 벌칙

① 다음 어느 하나에 해당하는 사람은 3년 이하의 징역 또는 1천만원 이하의 벌금에 처합니다.

   1) 가족관계등록등에관한법률 제11조제6항을 위반한 사람

   2) 가족관계등록등에관한법률 제13조제2항을 위반한 사람

   3) 가족관계등록등에관한법률 제14조제1항·2항 및 제42조를 위반하여 거짓이나, 그 밖의 부정한 방법으로 다른 사람의 신고서류를 열람하거나 신고서류에 기재되어 있는 사항 또는 등록부 등의 기록사항에 관한 증명서를 교부받은 사람

   4) 가족관계등록등에관한법률에 따른 등록사무처리의 권한에 관한 승인절차 없이 전산정보처리조직에 가족관계등록정보를 입력·변경하여 정보처리를 하거나 기술적 수단을 이용하여 가족관계 등록정보를 알아낸 사람

② 등록부의 기록을 요하지 아니하는 사항에 관하여 거짓의 신고를 한 사람, 등록의 신고와 관련된 사항에 관하여 거짓으로 보증을 한 사람 및 외국인에 대한 사항에 관하여 거짓의 신고를 한 사람은 1년 이하의 징역 또는 300만원 이하의 벌금에 처합니다.

③ 양벌규정

   법인의 대표자 또는 법인이나 개인의 대리인·사용인 및 그 밖의 종업원이 그 법인이나 개인의 업무에 관하여 위 ①, ②의 위반행위를 한 때에는 행위자를 벌하는 외에 그 법인이나 개인에 대하여도 해당 조의 벌금형을 과합니다.

■ **등록담당공무원이 개명신고기간의 도과를 이유로 과태료를 부과하였습니다. 위 과태료 부과는 적법한가요?**

Q 제가 최근 서울가정법원에서 개명허가결정을 받아서 강남구청에 개명신고를 하였는데 등록담당공무원이 개명신고기간의 도과를 이유로 과태료를 부과하였습니다. 위 과태료 부과는 적법한가요?

A 신고는 신고의무자와 신고기간이 정해져 있는 보고적 신고와 그러한 제한이 없는 창설적 신고로 분류됩니다. 보고적 신고는 신고의무자와 신고기간이 법정화 되어 있어서 신고 해태시에 과태료를 부과하고 있습니다. 우리 가족관계의 등록 등에 관한 법률은 개명신고를 1개월 내에 하도록 법정화 하고 있습니다. 따라서 개명신고는 보고적 신고이므로 신고해태시에 과태료부과가 가능합니다.

부록 : 관련법령
- 가족관계 등록 등에 관한 법률

가족관계의 등록 등에 관한 법률

[시행 2017. 10. 31] [법률 제14963호, 2017. 10. 31, 일부개정]

제1장 총칙

제1조(목적) 이 법은 국민의 출생·혼인·사망 등 가족관계의 발생 및 변동사항에 관한 등록과 그 증명에 관한 사항을 규정함을 목적으로 한다.

제2조(관장) 가족관계의 발생 및 변동사항에 관한 등록과 그 증명에 관한 사무(이하 "등록사무"라 한다)는 대법원이 관장한다.

제3조(권한의 위임) ① 대법원장은 등록사무의 처리에 관한 권한을 시·읍·면의 장(도농복합형태의 시에 있어서 동지역에 대하여는 시장, 읍·면지역에 대하여는 읍·면장으로 한다. 이하 같다)에게 위임한다.

② 특별시 및 광역시와 구를 둔 시에 있어서는 이 법 중 시, 시장 또는 시의 사무소라 함은 각각 구, 구청장 또는 구의 사무소를 말한다. 다만, 광역시에 있어서 군 지역에 대하여는 읍·면, 읍·면의 장 또는 읍·면의 사무소를 말한다.

③ 대법원장은 등록사무의 감독에 관한 권한을 시·읍·면의 사무소 소재지를 관할하는 가정법원장에게 위임한다. 다만, 가정법원지원장은 가정법원장의 명을 받아 그 관할 구역 내의 등록사무를 감독한다.

제4조(등록사무처리) 제3조에 따른 등록사무는 가족관계의 발생 및 변동사항의 등록(이하 "등록"이라 한다)에 관한 신고 등을 접수하거나 수리한 신고지의 시·읍·면의 장이 처리한다.

제4조의2(재외국민 등록사무처리에 관한 특례) ① 제3조 및 제4조에도 불구하고, 대법원장은 외국에 거주하거나 체류하는 대한민국 국민(이하 "재외국민"이라 한다)에 관한 등록사무를 법원서기관, 법원사무관, 법원주사 또는 법원주사보(이하 "가족관계등록관"이라 한다)로 하여금 처리하게 할 수 있다.

② 재외국민에 관한 등록사무의 처리 및 지원을 위하여 법원행정처에 재외국민 가족관계등록사무소를 두고, 그 구성, 운영 등 필요한 사항은 대법원규칙으로 정한다.

③ 재외국민 가족관계등록사무소 가족관계등록관의 등록사무처리에 관하여는 시·읍·면의 장의 등록사무처리에 관한 규정 중 제3조제3항, 제5조, 제11조, 제14조, 제18조, 제22조, 제23조의3, 제29조, 제31조, 제38조부터 제43조까지, 제109조부터 제111조까지, 제114조부터 제116조까지를 준용한다.

제5조(직무의 제한) ① 시·읍·면의 장은 등록에 관한 증명서 발급사무를 제외하고 자기 또는 자기와 4촌 이내의 친족에 관한 등록사건에 관하여는 그 직무를 행할 수 없다.

② 등록사건 처리에 관하여 시·읍·면의 장을 대리하는 사람도 제1항과 같다.

제6조(수수료 등의 귀속) ① 이 법의 규정에 따라 납부하는 수수료 및 과태료는 등록사무를 처리하는 해당 지방자치단체의 수입으로 한다. 다만, 다음 각 호의 어느 하

나에 해당하는 경우에는 그러하지 아니하다. <개정 2015. 2. 3.>

    1. 제12조제2항에 따라 전산정보중앙관리소 소속 공무원이 증명서를 발급하는 경우

    1의2. 제4조의2에 따른 재외국민 가족관계등록사무소에 수수료를 납부하는 경우

    2. 제120조 및 제123조에 따라 가정법원이 과태료를 부과하는 경우

    3. 제124조제3항에 따라 가정법원이 「비송사건절차법」에 따른 과태료 재판을 하는 경우

② 제1항의 수수료의 금액은 대법원규칙으로 정한다.

제7조(비용의 부담) 제3조에 따라 시·읍·면의 장에게 위임한 등록사무에 드는 비용은 국가가 부담한다.

제8조(대법원규칙) 이 법 시행에 관하여 필요한 사항은 대법원규칙으로 정한다.

제2장 가족관계등록부의 작성과 등록사무의 처리

제9조(가족관계등록부의 작성 및 기록사항) ① 가족관계등록부(이하 "등록부"라 한다)는 전산정보처리조직에 의하여 입력·처리된 가족관계 등록사항(이하 "등록사항"이라 한다)에 관한 전산정보자료를 제10조의 등록기준지에 따라 개인별로 구분하여 작성한다.

② 등록부에는 다음 사항을 기록하여야 한다.

    1. 등록기준지

    2. 성명·본·성별·출생연월일 및 주민등록번호

    3. 출생·혼인·사망 등 가족관계의 발생 및 변동에 관한 사항

    4. 가족으로 기록할 자가 대한민국 국민이 아닌 사람(이하 "외국인"이라 한다)인 경우에는 성명·성별·출생연월일·국적 및 외국인등록번호(외국인등록을 하지 아니한 외국인의 경우에는 대법원규칙으로 정하는 바에 따른 국내거소신고번호 등을 말한다. 이하 같다)

    5. 그 밖에 가족관계에 관한 사항으로서 대법원규칙으로 정하는 사항

제10조(등록기준지의 결정) ① 출생 또는 그 밖의 사유로 처음으로 등록을 하는 경우에는 등록기준지를 정하여 신고하여야 한다.

② 등록기준지는 대법원규칙으로 정하는 절차에 따라 변경할 수 있다.

제11조(전산정보처리조직에 의한 등록사무의 처리 등) ①시·읍·면의 장은 등록사무를 전산정보처리조직에 의하여 처리하여야 한다.

② 본인이 사망하거나 실종선고·부재선고를 받은 때, 국적을 이탈하거나 상실한 때 또는 그 밖에 대법원규칙으로 정한 사유가 발생한 때에는 등록부를 폐쇄한다.

③ 등록부와 제2항에 따라 폐쇄한 등록부(이하 "폐쇄등록부"라 한다)는 법원행정처장이 보관·관리한다.

④ 법원행정처장은 등록부 또는 폐쇄등록부(이하 "등록부등"이라 한다)에 기록되어 있는 등록사항과 동일한 전산정보자료를 따로 작성하여 관리하여야 한다.

⑤ 등록부등의 전부 또는 일부가 손상되거나 손상될 염려가 있는 때에는 법원행정처장은 대법원규칙으로 정하는 바에 따라 등록부등의 복구 등 필요한 처분을 명할 수 있다.

⑥ 등록부등을 관리하는 사람 또는 등록사무를 처리하는 사람은 이 법이나 그 밖의

법에서 규정하는 사유가 아닌 다른 사유로 등록부등에 기록된 등록사항에 관한 전산정보자료(이하 "등록전산정보자료"라 한다)를 이용하거나 다른 사람(법인을 포함한다)에게 자료를 제공하여서는 아니 된다.

제12조(전산정보중앙관리소의 설치 등) ① 등록부등의 보관과 관리, 전산정보처리조직에 의한 등록사무처리의 지원 및 등록전산정보자료의 효율적인 활용을 위하여 법원행정처에 전산정보중앙관리소(이하 "중앙관리소"라 한다)를 둔다. 이 경우 국적 관련 통보에 따른 등록사무처리에 관하여는 대법원규칙으로 정하는 바에 따라 법무부와 전산정보처리조직을 연계하여 운영한다.
② 법원행정처장은 필요한 경우 중앙관리소 소속 공무원으로 하여금 제15조에 규정된 증명서의 발급사무를 하게 할 수 있다.

제13조(등록전산정보자료의 이용 등) ① 등록전산정보자료를 이용 또는 활용하고자 하는 사람은 관계 중앙행정기관의 장의 심사를 거쳐 법원행정처장의 승인을 받아야 한다. 다만, 중앙행정기관의 장이 등록전산정보자료를 이용하거나 활용하고자 하는 경우에는 법원행정처장과 협의하여야 한다.
② 제1항에 따라 등록전산정보자료를 이용 또는 활용하고자 하는 사람은 본래의 목적 외의 용도로 이용하거나 활용하여서는 아니 된다.
③ 제1항에 따른 등록전산정보자료의 이용 또는 활용과 그 사용료 등에 관하여 필요한 사항은 대법원규칙으로 정한다.

제14조(증명서의 교부 등) ① 본인 또는 배우자, 직계혈족(이하 이 항에서는 "본인등"이라 한다)은 제15조에 규정된 등록부등의 기록사항에 관하여 발급할 수 있는 증명서의 교부를 청구할 수 있고, 본인등의 대리인이 청구하는 경우에는 본인등의 위임을 받아야 한다. 다만, 다음 각 호의 어느 하나에 해당하는 경우에는 본인등이 아닌 경우에도 교부를 신청할 수 있다.
    1. 국가 또는 지방자치단체가 직무상 필요에 따라 문서로 신청하는 경우
    2. 소송·비송·민사집행의 각 절차에서 필요한 경우
    3. 다른 법령에서 본인등에 관한 증명서를 제출하도록 요구하는 경우
    4. 그 밖에 대법원규칙으로 정하는 정당한 이해관계가 있는 사람이 신청하는 경우
② 제15조제1항제5호의 친양자입양관계증명서는 다음 각 호의 어느 하나에 해당하는 경우에 한하여 교부를 청구할 수 있다.
    1. 친양자가 성년이 되어 신청하는 경우
    2. 혼인당사자가 「민법」 제809조의 친족관계를 파악하고자 하는 경우
    3. 법원의 사실조회촉탁이 있거나 수사기관이 수사상 필요에 따라 문서로 신청하는 경우
    4. 그 밖에 대법원규칙으로 정하는 경우
③ 제1항 및 제2항에 따라 증명서의 교부를 청구하는 사람은 수수료를 납부하여야 하며, 증명서의 송부를 신청하는 경우에는 우송료를 따로 납부하여야 한다.
④ 시·읍·면의 장은 제1항 및 제2항의 청구가 등록부에 기록된 사람에 대한 사생활의 비밀을 침해하는 등 부당한 목적에 의한 것이 분명하다고 인정되는 때에는 증명

서의 교부를 거부할 수 있다.

⑤ 제15조에 규정된 등록부등의 기록사항에 관하여 발급하는 증명서를 제출할 것을 요구하는 자는 사용목적에 필요한 최소한의 등록사항이 기록된 일반증명서 또는 특정증명서를 요구하여야 하며, 상세증명서를 요구하는 경우에는 그 이유를 설명하여야 한다. 제출받은 증명서를 사용목적 외의 용도로 사용하여서는 아니 된다.

⑥ 제1항부터 제5항까지의 규정은 폐쇄등록부에 관한 증명서 교부의 경우에도 준용한다.

⑦ 본인 또는 배우자, 부모, 자녀는 대법원규칙으로 정하는 바에 따라 등록부등의 기록사항의 전부 또는 일부에 대하여 전자적 방법에 의한 열람을 청구할 수 있다. 다만, 친양자입양관계증명서의 기록사항에 대하여는 친양자가 성년이 된 이후에만 청구할 수 있다.

제14조의2(인터넷에 의한 증명서 발급) ① 등록사항별 증명서의 발급사무는 인터넷을 이용하여 처리할 수 있다.

② 제1항에 따른 발급은 본인 또는 배우자, 부모, 자녀가 신청할 수 있다.

③ 제1항에 따른 발급의 범위, 절차 및 방법 등 필요한 사항은 대법원규칙으로 정한다.

제14조의3(무인증명서발급기에 의한 증명서 발급) ① 시·읍·면의 장은 신청인 스스로 입력하여 등록사항별 증명서를 발급받을 수 있는 장치를 이용하여 증명서의 발급사무를 처리할 수 있다.

② 제1항에 따른 발급은 본인에게만 할 수 있다.

③ 제1항에 따른 발급의 범위, 절차 및 방법 등 필요한 사항은 대법원규칙으로 정한다.

제15조(증명서의 종류 및 기록사항) ① 등록부등의 기록사항은 다음 각 호의 증명서별로 제2항에 따른 일반증명서와 제3항에 따른 상세증명서로 발급한다. 다만, 외국인의 기록사항에 관하여는 성명·성별·출생연월일·국적 및 외국인등록번호를 기재하여 증명서를 발급하여야 한다.

    1. 가족관계증명서

    2. 기본증명서

    3. 혼인관계증명서

    4. 입양관계증명서

    5. 친양자입양관계증명서

② 제1항 각 호의 증명서에 대한 일반증명서의 기재사항은 다음 각 호와 같다.

    1. 가족관계증명서

   가. 본인의 등록기준지·성명·성별·본·출생연월일 및 주민등록번호

   나. 부모의 성명·성별·본·출생연월일 및 주민등록번호(입양의 경우 양부모를 부모로 기록한다. 다만, 단독입양한 양부가 친생모와 혼인관계에 있는 때에는 양부와 친생모를, 단독입양한 양모가 친생부와 혼인관계에 있는 때에는 양모와 친생부를 각각 부모로 기록한다)

다. 배우자, 생존한 현재의 혼인 중의 자녀의 성명·성별·본·출생연월일 및 주민
　　　　등록번호
　　2. 기본증명서
　　　가. 본인의 등록기준지·성명·성별·본·출생연월일 및 주민등록번호
　　　나. 본인의 출생, 사망, 국적상실에 관한 사항
　　3. 혼인관계증명서
　　　가. 본인의 등록기준지·성명·성별·본·출생연월일 및 주민등록번호
　　　나. 배우자의 성명·성별·본·출생연월일 및 주민등록번호
　　　다. 현재의 혼인에 관한 사항
　　4. 입양관계증명서
　　　가. 본인의 등록기준지·성명·성별·본·출생연월일 및 주민등록번호
　　　나. 친생부모·양부모 또는 양자의 성명·성별·본·출생연월일 및 주민등록번호
　　　다. 현재의 입양에 관한 사항
　　5. 친양자입양관계증명서
　　　가. 본인의 등록기준지·성명·성별·본·출생연월일 및 주민등록번호
　　　나. 친생부모·양부모 또는 친양자의 성명·성별·본·출생연월일 및 주민등록번호
　　　다. 현재의 친양자 입양에 관한 사항
③ 제1항 각 호의 증명서에 대한 상세증명서의 기재사항은 제2항에 따른 일반증명
서의 기재사항에 다음 각 호의 사항을 추가한 것으로 한다.
　　1. 가족관계증명서: 모든 자녀의 성명·성별·본·출생연월일 및 주민등록번호
　　2. 기본증명서: 국적취득 및 회복 등에 관한 사항
　　3. 혼인관계증명서: 혼인 및 이혼에 관한 사항
　　4. 입양관계증명서: 입양 및 파양에 관한 사항
　　5. 친양자입양관계증명서: 친양자 입양 및 파양에 관한 사항
④ 제1항에도 불구하고 같은 항 각 호의 증명서 중 대법원규칙으로 정하는 증명서
에 대해서는 해당 증명서의 상세증명서 기재사항 중 신청인이 대법원규칙으로 정하
는 바에 따라 선택한 사항을 기재한 특정증명서를 발급한다.
⑤ 제2항부터 제4항까지의 규정에 따른 일반증명서·상세증명서·특정증명서, 가족관
계에 관한 그 밖의 증명서 및 가족관계 기록사항에 관하여 필요한 사항은 대법원규
칙으로 정한다.

제3장 등록부의 기록

제16조(등록부의 기록절차) 등록부는 신고, 통보, 신청, 증서의 등본, 항해일지의 등본
　또는 재판서에 의하여 기록한다.

제17조(등록부가 없는 사람) 가족관계등록이 되어 있지 아니한 사람에 대하여 등록사
　항을 기록하여야 할 때에는 새로 등록부를 작성한다.

제18조(등록부의 정정) ① 등록부의 기록이 법률상 무효인 것이거나 그 기록에 착오
　또는 누락이 있음을 안 때에는 시·읍·면의 장은 지체 없이 신고인 또는 신고사건의

본인에게 그 사실을 통지하여야 한다. 다만, 그 착오 또는 누락이 시·읍·면의 장의 잘못으로 인한 것인 때에는 그러하지 아니하다.

② 제1항 본문의 통지를 할 수 없을 때 또는 통지를 하였으나 정정신청을 하는 사람이 없는 때 또는 그 기록의 착오 또는 누락이 시·읍·면의 장의 잘못으로 인한 것인 때에는 시·읍·면의 장은 감독법원의 허가를 받아 직권으로 정정할 수 있다. 다만, 대법원규칙으로 정하는 경미한 사항인 경우에는 시·읍·면의 장이 직권으로 정정하고, 감독법원에 보고하여야 한다. <개정 2013. 7. 30.>

③ 국가 또는 지방자치단체의 공무원이 그 직무상 등록부의 기록에 착오 또는 누락이 있음을 안 때에는 지체 없이 신고사건의 본인의 등록기준지의 시·읍·면의 장에게 통지하여야 한다. 이 경우 통지를 받은 시·읍·면의 장은 제1항 및 제2항에 따라 처리한다.

제19조(등록부의 행정구역, 명칭 등의 변경) ① 행정구역 또는 토지의 명칭이 변경된 때에는 등록부의 기록은 정정된 것으로 본다. 이 경우 시·읍·면의 장은 그 기록사항을 경정하여야 한다.

② 시·읍·면의 장은 지번의 변경이 있을 때에는 등록부의 기록을 경정하여야 한다.

제4장 신고
제1절 통칙

제20조(신고의 장소) ① 이 법에 따른 신고는 신고사건 본인의 등록기준지 또는 신고인의 주소지나 현재지에서 할 수 있다. 다만, 재외국민에 관한 신고는 재외국민 가족관계등록사무소에서도 할 수 있다. <개정 2015. 2. 3.>

② 외국인에 관한 신고는 그 거주지 또는 신고인의 주소지나 현재지에서 할 수 있다.

제21조(출생·사망의 동 경유 신고 등) ① 시에 있어서 출생·사망의 신고는 그 신고의 장소가 신고사건 본인의 주민등록지 또는 주민등록을 할 지역과 같은 경우에는 신고사건 본인의 주민등록지 또는 주민등록을 할 지역을 관할하는 동을 거쳐 할 수 있다.

② 제1항의 경우 동장은 소속 시장을 대행하여 신고서를 수리하고, 동이 속하는 시의 장에게 신고서를 송부하며, 그 밖에 대법원규칙으로 정하는 등록사무를 처리한다.

제22조(신고 후 등록되어 있음이 판명된 때 등) 등록되어 있는지가 분명하지 아니한 사람 또는 등록되어 있지 아니하거나 등록할 수 없는 사람에 관한 신고가 수리된 후 그 사람에 관하여 등록되어 있음이 판명된 때 또는 등록할 수 있게 된 때에는 신고인 또는 신고사건의 본인은 그 사실을 안 날부터 1개월 이내에 수리된 신고사건을 표시하여 처음 그 신고를 수리한 시·읍·면의 장에게 그 사실을 신고하여야 한다.

제23조(신고방법) ① 신고는 서면이나 말로 할 수 있다.

② 신고로 인하여 효력이 발생하는 등록사건에 관하여 신고사건 본인이 시·읍·면에 출석하지 아니하는 경우에는 신고사건 본인의 주민등록증·운전면허증·여권, 그 밖에 대법원규칙으로 정하는 신분증명서(이하 이 항에서 "신분증명서"라 한다)를 제시하거나 신고서에 신고사건 본인의 인감증명서를 첨부하여야 한다. 이 경우 본인의 신

분증명서를 제시하지 아니하거나 본인의 인감증명서를 첨부하지 아니한 때에는 신고서를 수리하여서는 아니 된다.

제23조의2(전자문서를 이용한 신고) ① 제23조에도 불구하고 대법원규칙으로 정하는 등록에 관한 신고(등록부의 정정신청을 포함한다. 이하 이 조에서 같다)는 전산정보처리조직을 이용하여 전자문서로 할 수 있다.

② 제1항에 따른 신고는 신고사건 본인의 등록기준지 시·읍·면의 장이 처리한다. 다만, 신고사건 본인의 등록기준지가 없는 경우에는 신고인의 주소지 시·읍·면의 장이 처리하고, 재외국민에 관한 신고인 경우에는 재외국민 가족관계등록사무소의 가족관계등록관이 처리하며, 외국인에 관한 신고인 경우에는 그 거주지 시·읍·면의 장이 처리한다.

③ 제1항에 따른 신고는 이 법 및 대법원규칙으로 정하는 정보가 전산정보처리조직에 저장된 때에 접수된 것으로 본다.

④ 제1항에 따른 신고의 불수리 통지는 제43조에도 불구하고 전산정보처리조직을 이용하여 전자문서로 할 수 있다.

제23조의3(첨부서류의 전자적 확인) ① 시·읍·면의 장이 등록사무를 처리하는 전산정보처리조직을 통하여 첨부서류에 대한 정보를 확인할 수 있는 경우에는 그 확인으로 해당 서류의 첨부를 갈음한다.

② 제1항에 따라 확인이 가능한 첨부서류의 종류는 대법원규칙으로 정한다.

제24조(신고서 양식) 신고서 양식은 대법원예규로 정한다. 이 경우 가족관계에 관한 등록신고가 다른 법령으로 규정한 신고를 갈음하는 경우에 당해 신고서 양식을 정함에 있어서는 미리 관계부처의 장과 협의하여야 한다.

제25조(신고서 기재사항) ① 신고서에는 다음 사항을 기재하고 신고인이 서명하거나 기명날인하여야 한다.

　　1. 신고사건
　　2. 신고연월일
　　3. 신고인의 출생연월일·주민등록번호·등록기준지 및 주소
　　4. 신고인과 신고사건의 본인이 다른 때에는 신고사건의 본인의 등록기준지·주소·성명·출생연월일 및 주민등록번호와 신고인의 자격

② 이 법에 따라 신고서류를 작성한 경우 그 신고서류에 주민등록번호를 기재한 때에는 출생연월일의 기재를 생략할 수 있다.

제26조(신고하여야 할 사람이 미성년자 또는 피성년후견인인 경우) ① 신고하여야 할 사람이 미성년자 또는 피성년후견인인 경우에는 친권자, 미성년후견인 또는 성년후견인을 신고의무자로 한다. 다만, 미성년자 또는 피성년후견인 본인이 신고를 하여도 된다.

② 제1항 본문에 따라 친권자, 미성년후견인 또는 성년후견인이 신고하는 경우에는 신고서에 다음 각 호의 사항을 적어야 한다.

　　1. 신고하여야 할 미성년자 또는 피성년후견인의 성명·출생연월일·주민등록번호 및 등록기준지

2. 신고하여야 할 사람이 미성년자 또는 피성년후견인이라는 사실

3. 신고인이 친권자, 미성년후견인 또는 성년후견인이라는 사실

제27조(동의가 불필요한 미성년자 또는 피성년후견인의 신고) ① 미성년자 또는 피성년후견인이 그 법정대리인의 동의 없이 할 수 있는 행위에 관하여는 미성년자 또는 피성년후견인이 신고하여야 한다.

② 피성년후견인이 신고하는 경우에는 신고서에 신고사건의 성질 및 효과를 이해할 능력이 있음을 증명할 수 있는 진단서를 첨부하여야 한다.

[전문개정 2013. 7. 30.]

제28조(증인을 필요로 하는 신고) 증인을 필요로 하는 사건의 신고에 있어서는 증인은 신고서에 주민등록번호 및 주소를 기재하고 서명하거나 기명날인하여야 한다.

제29조(부존재 또는 부지의 사항) 신고서에 기재하여야 할 사항으로서 존재하지 아니하거나 알지 못하는 것이 있을 때에는 그 취지를 기재하여야 한다. 다만, 시·읍·면의 장은 법률상 기재하여야 할 사항으로서 특히 중요하다고 인정되는 사항을 기재하지 아니한 신고서는 수리하여서는 아니 된다.

제30조(법령 규정사항 이외의 기재사항) 신고서에는 이 법 또는 다른 법령으로 정하는 사항 외에 등록부에 기록하여야 할 사항을 더욱 분명하게 하기 위하여 필요한 사항이 있으면 이러한 사항도 기재하여야 한다.

제31조(말로 하는 신고 등) ① 말로 신고하려 할 때에는 신고인은 시·읍·면의 사무소에 출석하여 신고서에 기재하여야 할 사항을 진술하여야 한다.

② 시·읍·면의 장은 신고인의 진술 및 신고연월일을 기록하여 신고인에게 읽어 들려주고 신고인으로 하여금 그 서면에 서명하거나 기명날인하게 하여야 한다.

③ 제1항 및 제2항의 경우에 신고인이 질병 또는 그 밖의 사고로 출석할 수 없는 때에는 대리인으로 하여금 신고하게 할 수 있다. 다만, 제55조, 제56조, 제61조, 제63조, 제71조 및 제74조의 신고는 그러하지 아니하다.

제32조(동의, 승낙 또는 허가를 요하는 사건의 신고) ① 신고사건에서 부모 또는 다른 사람의 동의나 승낙이 필요한 경우에는 신고서에 그 동의나 승낙을 증명하는 서면을 첨부하여야 한다. 이 경우 동의나 승낙을 한 사람으로 하여금 신고서에 그 사유를 적고 서명 또는 기명날인하게 함으로써 그 서면의 첨부를 갈음할 수 있다. <개정 2013. 7. 30.>

② 신고사건, 신고인 또는 신고사항 등에 있어서 재판 또는 관공서의 허가를 요하는 사항이 있는 경우에는 신고서에 그 재판서 또는 허가서의 등본을 첨부하여야 한다.

제33조(신고서에 관한 준용규정) 신고서에 관한 규정은 제31조제2항 및 제32조제1항의 서면에 준용한다.

제34조(외국에서 하는 신고) 재외국민은 이 법에서 정하는 바에 따라 그 지역을 관할하는 대한민국재외공관(이하 "재외공관"이라 한다)의 장에게 신고하거나 신청을 할 수 있다.

제35조(외국의 방식에 따른 증서의 등본) ① 재외국민이 그 나라의 방식에 따라 신고 사건에 관한 증서를 작성한 경우에는 3개월 이내에 그 지역을 관할하는 재외공관의 장에게 그 증서의 등본을 제출하여야 한다. <개정 2015. 2. 3.>

② 대한민국의 국민이 있는 지역이 재외공관의 관할에 속하지 아니하는 경우에는 3 개월 이내에 등록기준지의 시·읍·면의 장 또는 재외국민 가족관계등록사무소의 가족 관계등록관에게 증서의 등본을 발송하여야 한다. <개정 2015. 2. 3.>

제36조(외국에서 수리한 서류의 송부) ① 재외공관의 장은 제34조 및 제35조에 따라 서류를 수리한 때에는 1개월 이내에 외교부장관을 경유하여 재외국민 가족관계등록 사무소의 가족관계등록관에게 송부하여야 한다.

② 제1항에 따른 서류의 송부는 대법원규칙으로 정하는 바에 따라 전산정보처리조 직을 이용하여 할 수 있다. 이 경우 해당 서류 원본의 보존, 그 밖에 필요한 사항은 대법원규칙으로 정한다. <신설 2015. 2. 3.>

제37조(신고기간의 기산점) ① 신고기간은 신고사건 발생일부터 기산한다.

② 재판의 확정일부터 기간을 기산하여야 할 경우에 재판이 송달 또는 교부 전에 확정된 때에는 그 송달 또는 교부된 날부터 기산한다.

제38조(신고의 최고) ① 시·읍·면의 장은 신고를 게을리 한 사람을 안 때에는 상당한 기간을 정하여 신고의무자에 대하여 그 기간 내에 신고할 것을 최고하여야 한다.

② 신고의무자가 제1항의 기간 내에 신고를 하지 아니한 때에는 시·읍·면의 장은 다 시 상당한 기간을 정하여 최고할 수 있다.

③ 제18조제2항은 제2항의 최고를 할 수 없는 때 및 최고를 하여도 신고를 하지 아니한 때에, 같은 조 제3항은 국가 또는 지방자치단체의 공무원이 신고를 게을리 한 사람이 있음을 안 때에 준용한다.

제39조(신고의 추후 보완) 시·읍·면의 장은 신고를 수리한 경우에 흠이 있어 등록부에 기록을 할 수 없을 때에는 신고인 또는 신고의무자로 하여금 보완하게 하여야 한 다. 이 경우 제38조를 준용한다.

제40조(기간경과 후의 신고) 시·읍·면의 장은 신고기간이 경과한 후의 신고라도 수리 하여야 한다.

제41조(사망 후에 도달한 신고) ① 신고인의 생존 중에 우송한 신고서는 그 사망 후 라도 시·읍·면의 장은 수리하여야 한다.

② 제1항에 따라 신고서가 수리된 때에는 신고인의 사망시에 신고한 것으로 본다.

제42조(수리, 불수리증명서와 서류의 열람) ① 신고인은 신고의 수리 또는 불수리의 증명서를 청구할 수 있다.

② 이해관계인은 시·읍·면의 장에게 신고서나 그 밖에 수리한 서류의 열람 또는 그 서류에 기재한 사항에 관하여 증명서를 청구할 수 있다.

③ 증명서를 청구할 때에는 수수료를 납부하여야 한다.

④ 이해관계인은 법원에 보관되어 있는 신고서류에 대한 열람을 청구할 수 있다.

⑤ 제2항 및 제4항의 이해관계인의 자격과 범위 등에 관하여는 제14조제1항부터

제4항까지의 규정을 준용한다.

제43조(신고불수리의 통지) 시·읍·면의 장이 신고를 수리하지 아니한 때에는 그 사유를 지체 없이 신고인에게 서면으로 통지하여야 한다.

제2절 출생

제44조(출생신고의 기재사항) ① 출생의 신고는 출생 후 1개월 이내에 하여야 한다.
② 신고서에는 다음 사항을 기재하여야 한다. <개정 2010. 5. 4.>
　　1. 자녀의 성명·본·성별 및 등록기준지
　　2. 자녀의 혼인 중 또는 혼인 외의 출생자의 구별
　　3. 출생의 연월일시 및 장소
　　4. 부모의 성명·본·등록기준지 및 주민등록번호(부 또는 모가 외국인인 때에는 그 성명·출생연월일·국적 및 외국인등록번호)
　　5. 「민법」 제781조제1항 단서에 따른 협의가 있는 경우 그 사실
　　6. 자녀가 복수국적자(複數國籍者)인 경우 그 사실 및 취득한 외국 국적
③ 자녀의 이름에는 한글 또는 통상 사용되는 한자를 사용하여야 한다. 통상 사용되는 한자의 범위는 대법원규칙으로 정한다.
④ 출생신고서에는 의사나 조산사가 작성한 출생증명서를 첨부하여야 한다. 다만, 다음 각 호의 어느 하나에 해당하는 서면을 첨부하는 경우에는 그러하지 아니하다.
　　1. 분만에 직접 관여한 자가 모의 출산사실을 증명할 수 있는 자료 등을 첨부하여 작성한 출생사실을 증명하는 서면
　　2. 국내 또는 외국의 권한 있는 기관에서 발행한 출생사실을 증명하는 서면
⑤ 제4항 단서에 따라 첨부하는 서면에 관한 구체적인 사항은 대법원규칙으로 정한다.

제44조의2(출생증명서가 없는 경우의 출생신고) ① 제44조제4항에 따른 출생증명서 또는 서면을 첨부할 수 없는 경우에는 가정법원의 출생확인을 받고 그 확인서를 받은 날부터 1개월 이내에 출생의 신고를 하여야 한다.
② 가정법원은 제1항의 출생확인을 위하여 필요한 경우에는 직권으로 사실을 조사할 수 있으며, 지방자치단체의 장, 국가경찰관서의 장 등 행정기관이나 그 밖에 상당하다고 인정되는 단체 또는 개인에게 필요한 사항을 보고하게 하거나 자료의 제출을 요청할 수 있다.
③ 가정법원의 출생확인 절차와 신고에 필요한 사항은 대법원규칙으로 정한다.

제45조(출생신고의 장소) ① 출생의 신고는 출생지에서 할 수 있다.
② 기차나 그 밖의 교통기관 안에서 출생한 때에는 모가 교통기관에서 내린 곳, 항해일지가 비치되지 아니한 선박 안에서 출생한 때에는 그 선박이 최초로 입항한 곳에서 신고할 수 있다.

제46조(신고의무자) ① 혼인 중 출생자의 출생의 신고는 부 또는 모가 하여야 한다.
② 혼인 외 출생자의 신고는 모가 하여야 한다.
③ 제1항 및 제2항에 따라 신고를 하여야 할 사람이 신고를 할 수 없는 경우에는 다

음 각 호의 어느 하나에 해당하는 사람이 각 호의 순위에 따라 신고를 하여야 한다.

    1. 동거하는 친족

    2. 분만에 관여한 의사·조산사 또는 그 밖의 사람

④ 신고의무자가 제44조제1항에 따른 기간 내에 신고를 하지 아니하여 자녀의 복리가 위태롭게 될 우려가 있는 경우에는 검사 또는 지방자치단체의 장이 출생의 신고를 할 수 있다.

제47조(친생부인의 소를 제기한 때) 친생부인의 소를 제기한 때에도 출생신고를 하여야 한다.

제48조(법원이 부를 정하는 때) ① 「민법」 제845조에 따라 법원이 부(父)를 정하여야 할 때에는 출생의 신고는 모가 하여야 한다.

② 제46조제3항은 제1항의 경우에 준용한다.

제49조(항해 중의 출생) ① 항해 중에 출생이 있는 때에는 선장은 24시간 이내에 제44조제2항에서 정한 사항을 항해일지에 기재하고 서명 또는 기명날인하여야 한다.

② 제1항의 절차를 밟은 후 선박이 대한민국의 항구에 도착하였을 때에는 선장은 지체 없이 출생에 관한 항해일지의 등본을 그 곳의 시·읍·면의 장 또는 재외국민 가족관계등록사무소의 가족관계등록관에게 발송하여야 한다. <개정 2015. 2. 3.>

③ 선박이 외국의 항구에 도착하였을 때에는 선장은 지체 없이 제2항의 등본을 그 지역을 관할하는 재외공관의 장에게 발송하고 재외공관의 장은 지체 없이 외교부장관을 경유하여 재외국민 가족관계등록사무소의 가족관계등록관에게 발송하여야 한다.

④ 제3항에 따른 서류의 송부는 대법원규칙으로 정하는 바에 따라 전산정보처리조직을 이용하여 할 수 있다. 이 경우 해당 서류 원본의 보존, 그 밖에 필요한 사항은 대법원규칙으로 정한다.

제50조(공공시설에서의 출생) 병원, 교도소, 그 밖의 시설에서 출생이 있었을 경우에 부모가 신고할 수 없는 때에는 당해 시설의 장 또는 관리인이 신고를 하여야 한다.

제51조(출생신고 전에 사망한 때) 출생의 신고 전에 자녀가 사망한 때에는 출생의 신고와 동시에 사망의 신고를 하여야 한다.

제52조(기아) ① 기아(棄兒)를 발견한 사람 또는 기아발견의 통지를 받은 국가경찰공무원은 24시간 이내에 그 사실을 시·읍·면의 장에게 통보하여야 한다.

② 제1항의 통보를 받은 시·읍·면의 장은 소지품, 발견장소, 발견연월일시, 그 밖의 상황, 성별, 출생의 추정연월일을 조서에 기재하여야 한다. 이 경우 그 조서를 신고서로 본다.

③ 시·읍·면의 장은 「민법」 제781조제4항에 따라 기아의 성과 본을 창설한 후 이름과 등록기준지를 정하여 등록부에 기록하여야 한다.

제53조(부모가 기아를 찾은 때) ① 부 또는 모가 기아를 찾은 때에는 1개월 이내에 출생의 신고를 하고 등록부의 정정을 신청하여야 한다.

② 제1항의 경우에는 시·읍·면의 장이 확인하여야 한다.

제54조(기아가 사망한 때) 제52조제1항 또는 제53조의 절차를 밟기 전에 기아가 사망

하였을 때에는 사망의 신고와 동시에 그 절차를 밟아야 한다.

제3절 인지

제55조(인지신고의 기재사항) ① 인지의 신고서에는 다음 사항을 기재하여야 한다.

1. 자녀의 성명·성별·출생연월일·주민등록번호 및 등록기준지(자가 외국인인 때에는 그 성명·성별·출생연월일·국적 및 외국인등록번호)
2. 사망한 자녀를 인지할 때에는 사망연월일, 그 직계비속의 성명·출생연월일·주민등록번호 및 등록기준지
3. 부가 인지할 때에는 모의 성명·등록기준지 및 주민등록번호
4. 인지 전의 자녀의 성과 본을 유지할 경우 그 취지와 내용
5. 「민법」 제909조제4항 또는 제5항에 따라 친권자가 정하여진 때에는 그 취지와 내용

② 제1항제4호 및 제5호의 경우에는 신고서에 그 내용을 증명하는 서면을 첨부하여야 한다. 다만, 가정법원의 성·본 계속사용허가심판 또는 친권자를 정하는 재판이 확정된 때에는 제58조를 준용한다.

제56조(태아의 인지) 태내에 있는 자녀를 인지할 때에는 신고서에 그 취지, 모의 성명 및 등록기준지를 기재하여야 한다.

제57조(친생자출생의 신고에 의한 인지) ①부가 혼인 외의 자녀에 대하여 친생자출생의 신고를 한 때에는 그 신고는 인지의 효력이 있다. <개정 2015. 5. 18.>

② 모의 성명·등록기준지 및 주민등록번호를 알 수 없는 경우에는 부의 등록기준지 또는 주소지를 관할하는 가정법원의 확인을 받아 제1항에 따른 신고를 할 수 있다.

③ 가정법원은 제2항에 따른 확인을 위하여 필요한 사항을 직권으로 조사할 수 있고, 지방자치단체, 국가경찰관서 및 행정기관이나 그 밖의 단체 또는 개인에게 필요한 사항을 보고하게 하거나 자료의 제출을 요구할 수 있다.

④ 다음 각 호의 어느 하나에 해당하는 경우에는 신고의무자가 1개월 이내에 출생의 신고를 하고 등록부의 정정을 신청하여야 한다. 이 경우 시·읍·면의 장이 확인하여야 한다.

1. 출생자가 제3자로부터 「민법」 제844조의 친생자 추정을 받고 있음이 밝혀진 경우
2. 그 밖에 대법원규칙으로 정하는 사유에 해당하는 경우

⑤ 확인절차 및 신고에 필요한 사항은 대법원규칙으로 정한다.

제58조(재판에 의한 인지) ① 인지의 재판이 확정된 경우에 소를 제기한 사람은 재판의 확정일부터 1개월 이내에 재판서의 등본 및 확정증명서를 첨부하여 그 취지를 신고하여야 한다.

② 제1항의 신고서에는 재판확정일을 기재하여야 한다.

③ 제1항의 경우에는 그 소의 상대방도 재판서의 등본 및 확정증명서를 첨부하여 인지의 재판이 확정된 취지를 신고할 수 있다. 이 경우 제2항을 준용한다.

제59조(유언에 의한 인지) 유언에 의한 인지의 경우에는 유언집행자는 그 취임일부터 1개월 이내에 인지에 관한 유언서등본 또는 유언녹음을 기재한 서면을 첨부하여 제

55조 또는 제56조에 따라 신고를 하여야 한다.

제60조(인지된 태아의 사산) 인지된 태아가 사체로 분만된 경우에 출생의 신고의무자는 그 사실을 안 날부터 1개월 이내에 그 사실을 신고하여야 한다. 다만, 유언집행자가 제59조의 신고를 하였을 경우에는 유언집행자가 그 신고를 하여야 한다.

제4절 입양

제61조(입양신고의 기재사항) 입양의 신고서에는 다음 사항을 기재하여야 한다.
> 1. 당사자의 성명·본·출생연월일·주민등록번호·등록기준지(당사자가 외국인인 때에는 그 성명·출생연월일·국적 및 외국인등록번호) 및 양자의 성별
> 2. 양자의 친생부모의 성명·주민등록번호 및 등록기준지

제62조(입양의 신고) ① 양자가 13세 미만인 경우에는 「민법」 제869조제2항에 따라 입양을 승낙한 법정대리인이 신고하여야 한다.
② 「민법」 제867조에 따라 미성년자를 입양하는 경우 또는 같은 법 제873조에 따라 피성년후견인이 입양을 하거나 양자가 되는 경우에는 가정법원의 허가서를 첨부하여야 한다.
③ 「민법」 제871조제2항에 따라 부모의 동의를 갈음하는 심판이 있는 경우에는 가정법원의 심판서를 첨부하여야 한다.

제5절 파양

제63조(파양신고의 기재사항) 파양의 신고서에는 다음 사항을 기재하여야 한다.
> 1. 당사자의 성명·본·출생연월일·주민등록번호 및 등록기준지(당사자가 외국인인 때에는 그 성명·출생연월일·국적 및 외국인등록번호)
> 2. 양자의 친생부모의 성명·등록기준지 및 주민등록번호

제64조 삭제 <2013. 7. 30.>

제65조(준용규정) ① 제63조는 입양취소의 신고에 준용한다.
② 제58조는 입양취소의 재판이 확정된 경우에 준용한다.

제66조(준용규정) 제58조는 파양의 재판이 확정된 경우에 준용한다.

제6절 친양자의 입양 및 파양

제67조(친양자의 입양신고) ① 「민법」 제908조의2에 따라 친양자를 입양하고자 하는 사람은 친양자 입양재판의 확정일부터 1개월 이내에 재판서의 등본 및 확정증명서를 첨부하여 제61조의 신고를 하여야 한다.
② 제1항의 신고서에는 재판확정일을 기재하여야 한다.

제68조(준용규정) 제58조는 친양자의 입양신고에 준용한다.

제69조(친양자의 파양신고) ① 「민법」 제908조의5에 따라 친양자 파양의 재판이 확정

된 경우 소를 제기한 사람은 재판의 확정일부터 1개월 이내에 재판서의 등본 및 확정증명서를 첨부하여 제63조의 신고를 하여야 한다.

② 제1항의 신고서에는 재판확정일을 기재하여야 한다.

③ 제1항의 경우에는 그 소의 상대방도 재판서의 등본 및 확정증명서를 첨부하여 친양자 파양의 재판이 확정된 취지를 신고할 수 있다. 이 경우 제2항을 준용한다.

제70조(준용규정) 제69조는 친양자의 입양취소의 재판이 확정된 경우에 준용한다.

제7절 혼인

제71조(혼인신고의 기재사항 등) 혼인의 신고서에는 다음 사항을 기재하여야 한다. 다만, 제3호의 경우에는 혼인당사자의 협의서를 첨부하여야 한다.

　　1. 당사자의 성명·본·출생연월일·주민등록번호 및 등록기준지(당사자가 외국인인 때에는 그 성명·출생연월일·국적 및 외국인등록번호)

　　2. 당사자의 부모와 양부모의 성명·등록기준지 및 주민등록번호

　　3. 「민법」 제781조제1항 단서에 따른 협의가 있는 경우 그 사실

　　4. 「민법」 제809조제1항에 따른 근친혼에 해당되지 아니한다는 사실

제72조(재판에 의한 혼인) 사실상 혼인관계 존재확인의 재판이 확정된 경우에는 소를 제기한 사람은 재판의 확정일부터 1개월 이내에 재판서의 등본 및 확정증명서를 첨부하여 제71조의 신고를 하여야 한다.

제73조(준용규정) 제58조는 혼인취소의 재판이 확정된 경우에 준용한다.

제8절 이혼

제74조(이혼신고의 기재사항) 이혼의 신고서에는 다음 사항을 기재하여야 한다.

　　1. 당사자의 성명·본·출생연월일·주민등록번호 및 등록기준지(당사자가 외국인인 때에는 그 성명·국적 및 외국인등록번호)

　　2. 당사자의 부모와 양부모의 성명·등록기준지 및 주민등록번호

　　3. 「민법」 제909조제4항 또는 제5항에 따라 친권자가 정하여진 때에는 그 내용

제75조(협의상 이혼의 확인) ① 협의상 이혼을 하고자 하는 사람은 등록기준지 또는 주소지를 관할하는 가정법원의 확인을 받아 신고하여야 한다. 다만, 국내에 거주하지 아니하는 경우에 그 확인은 서울가정법원의 관할로 한다.

② 제1항의 신고는 협의상 이혼을 하고자 하는 사람이 가정법원으로부터 확인서등본을 교부 또는 송달받은 날부터 3개월 이내에 그 등본을 첨부하여 행하여야 한다.

③ 제2항의 기간이 경과한 때에는 그 가정법원의 확인은 효력을 상실한다.

④ 가정법원의 확인 절차와 신고에 관하여 필요한 사항은 대법원규칙으로 정한다.

제76조(간주규정) 협의이혼신고서에 가정법원의 이혼의사확인서등본을 첨부한 경우에는 「민법」 제836조제2항에서 정한 증인 2인의 연서가 있는 것으로 본다.

제77조(준용규정) 제74조는 혼인취소의 신고에 준용한다.

제78조(준용규정) 제58조는 이혼의 재판이 확정된 경우에 준용한다.

제9절 친권 및 미성년후견

제79조(친권자 지정 및 변경 신고 등) ① 부모가 「민법」 제909조제4항에 따라 친권자를 정한 때에는 1개월 이내에 그 사실을 신고하여야 한다. 부모 중 일방이 신고하는 경우에는 그 사실을 증명하는 서면을 첨부하여야 한다.

② 다음 각 호의 재판이 확정된 경우에는 그 재판을 청구한 사람이나 그 재판으로 친권자 또는 그 임무를 대행할 사람으로 정하여진 사람이 그 내용을 신고하여야 한다. 이 경우 신고기간, 신고서의 첨부서류 등에 관하여는 제58조를 준용한다.

    1. 「민법」 제909조제4항부터 제6항까지의 규정에 따라 친권자를 정하거나 변경하는 재판

    2. 「민법」 제909조의2(「민법」 제927조의2제1항에 따라 준용되는 경우를 포함한다), 제927조의2제2항 및 제931조제2항에 따라 친권자 또는 그 임무를 대행할 사람을 지정하거나 선임하는 재판

    3. 「민법」 제924조, 제924조의2 및 제926조에 따른 친권의 상실, 일시 정지, 일부 제한 및 그 회복에 관한 재판

    4. 「민법」 제925조, 제926조 및 제927조에 따른 법률행위의 대리권이나 재산관리권의 상실·사퇴 및 그 회복에 관한 재판

제80조(미성년후견 개시신고의 기재사항) ① 미성년후견 개시의 신고는 미성년후견인이 그 취임일부터 1개월 이내에 하여야 한다.

② 신고서에는 다음 각 호의 사항을 적어야 한다.

    1. 미성년자와 미성년후견인의 성명·출생연월일·주민등록번호 및 등록기준지(당사자가 외국인인 때에는 그 성명·출생연월일·국적 및 외국인등록번호)

    2. 미성년후견 개시의 원인 및 연월일

    3. 미성년후견인이 취임한 연월일

제81조(미성년후견인 경질신고 등) ① 미성년후견인이 경질된 경우에는 후임자는 취임일부터 1개월 이내에 그 취지를 신고하여야 한다. <개정 2013. 7. 30.>

② 제1항의 신고에는 제80조제2항을 준용한다.

③ 「민법」 제939조 또는 제940조에 따라 미성년후견인이 사임하거나 변경된 경우 신고인, 신고기간과 신고서의 첨부서류 등에 관하여는 제79조제2항을 준용한다. 이 경우 "친권자 또는 그 임무를 대행할 사람으로 정하여진 사람"은 "선임된 미성년후견인"으로 본다.

제82조(유언 또는 재판에 따른 미성년후견인의 선정) ① 유언에 의하여 미성년후견인을 지정한 경우에는 지정에 관한 유언서 그 등본 또는 유언녹음을 기재한 서면을 신고서에 첨부하여야 한다. <개정 2013. 7. 30.>

② 미성년후견인 선임의 재판이 있는 경우에는 재판서의 등본을 신고서에 첨부하여야 한다.

제83조(미성년후견 종료신고) ① 미성년후견 종료의 신고는 미성년후견인이 1개월 이내에 하여야 한다. 다만, 미성년자가 성년이 되어 미성년후견이 종료된 경우에는 그러하지 아니하다.

② 신고서에는 다음 각 호의 사항을 적어야 한다.

1. 미성년자와 미성년후견인의 성명·등록기준지 및 주민등록번호(당사자가 외국인인 때에는 그 성명·국적 및 외국인등록번호)
2. 미성년후견 종료의 원인 및 연월일

제83조의2(미성년후견감독 개시신고) ① 미성년후견감독 개시의 신고는 미성년후견감독인이 그 취임일부터 1개월 이내에 하여야 한다.

② 신고서에는 다음 각 호의 사항을 적어야 한다.

1. 미성년후견감독인, 미성년후견인 및 미성년자의 성명·출생연월일·주민등록번호 및 등록기준지(당사자가 외국인인 때에는 그 성명·출생연월일·국적 및 외국인등록번호)
2. 미성년후견감독 개시의 원인 및 연월일
3. 미성년후견감독인이 취임한 연월일

제83조의3(미성년후견감독인의 경질신고 등) ① 미성년후견감독인이 경질된 경우에는 후임자는 취임일부터 1개월 이내에 그 취지를 신고하여야 한다.

② 제1항의 신고에 관하여는 제83조의2제2항을 준용한다.

③ 「민법」 제940조의7에 따라 준용되는 같은 법 제939조 또는 제940조에 따라 미성년후견감독인이 사임하거나 변경된 경우 신고인, 신고기간과 신고서의 첨부서류 등에 관하여는 제79조제2항을 준용한다. 이 경우 "친권자 또는 그 임무를 대행할 사람으로 정하여진 사람"은 "선임된 미성년후견감독인"으로 본다.

제83조의4(유언 또는 재판에 따른 미성년후견감독인의 선정) 유언으로 미성년후견감독인을 지정한 경우 또는 미성년후견감독인 선임의 재판이 있는 경우에 신고서의 첨부서류에 관하여는 제82조를 준용한다.

제83조의5(미성년후견감독 종료신고) ① 미성년후견감독 종료의 신고는 미성년후견감독인이 1개월 이내에 하여야 한다. 다만, 미성년자가 성년이 되어 미성년후견감독이 종료된 경우에는 그러하지 아니하다.

② 신고서에는 다음 각 호의 사항을 적어야 한다.

1. 미성년후견감독인, 미성년후견인 및 미성년자의 성명·출생연월일·주민등록번호 및 등록기준지(당사자가 외국인인 경우에는 그 성명·출생연월일·국적 및 외국인등록번호)
2. 미성년후견감독 종료의 원인 및 연월일

제10절 사망과 실종

제84조(사망신고와 그 기재사항) ① 사망의 신고는 제85조에 규정한 사람이 사망의 사실을 안 날부터 1개월 이내에 진단서 또는 검안서를 첨부하여 하여야 한다.

② 신고서에는 다음 사항을 기재하여야 한다.
  1. 사망자의 성명, 성별, 등록기준지 및 주민등록번호
  2. 사망의 연월일시 및 장소
③ 부득이한 사유로 제2항의 신고서에 제1항의 진단서나 검안서를 첨부할 수 없는 때에는 사망의 사실을 증명할 만한 서면으로서 대법원규칙으로 정하는 서면을 첨부하여야 한다. 이 경우 제2항의 신고서에 진단서 또는 검안서를 첨부할 수 없는 사유를 기재하여야 한다.

제85조(사망신고의무자) ① 사망의 신고는 동거하는 친족이 하여야 한다.
② 친족·동거자 또는 사망장소를 관리하는 사람, 사망장소의 동장 또는 통·이장도 사망의 신고를 할 수 있다.

제86조(사망신고의 장소) 사망의 신고는 사망지·매장지 또는 화장지에서 할 수 있다. 다만, 사망지가 분명하지 아니한 때에는 사체가 처음 발견된 곳에서, 기차나 그 밖의 교통기관 안에서 사망이 있었을 때에는 그 사체를 교통기관에서 내린 곳에서, 항해일지를 비치하지 아니한 선박 안에서 사망한 때에는 그 선박이 최초로 입항한 곳에서 할 수 있다.

제87조(재난 등으로 인한 사망) 수해, 화재나 그 밖의 재난으로 인하여 사망한 사람이 있는 경우에는 이를 조사한 관공서는 지체 없이 사망지의 시·읍·면의 장에게 통보하여야 한다. 다만, 외국에서 사망한 때에는 사망자의 등록기준지의 시·읍·면의 장 또는 재외국민 가족관계등록사무소의 가족관계등록관에게 통보하여야 한다. <개정 2015. 2. 3.>

제88조(사형, 재소 중 사망) ① 사형의 집행이 있는 때에는 교도소장은 지체 없이 교도소 소재지의 시·읍·면의 장에게 사망의 통보를 하여야 한다.
② 제1항은 재소 중 사망한 사람의 사체를 찾아갈 사람이 없는 경우에 준용한다. 이 경우 통보서에 진단서 또는 검안서를 첨부하여야 한다.

제88조의2(무연고자 등의 사망) 「장사 등에 관한 법률」 제12조에 따라 시장등이 무연고 사망자 등을 처리한 경우에는 지체 없이 사망지·매장지 또는 화장지의 시·읍·면의 장에게 통보하여야 한다.

제89조(통보서의 기재사항) 제87조, 제88조 및 제88조의2에서 규정한 통보서에는 제84조제2항에서 정한 사항을 기재하여야 한다. <개정 2014. 12. 30.>

제90조(등록불명자 등의 사망) ① 사망자에 대하여 등록이 되어 있는지 여부가 분명하지 아니하거나 사망자를 인식할 수 없는 때에는 국가경찰공무원은 검시조서를 작성·첨부하여 지체 없이 사망지의 시·읍·면의 장에게 사망의 통보를 하여야 한다.
② 사망자가 등록이 되어 있음이 판명되었거나 사망자의 신원을 알 수 있게 된 때에는 국가경찰공무원은 지체 없이 사망지의 시·읍·면의 장에게 그 취지를 통보하여야 한다.
③ 제1항의 통보가 있은 후에 제85조에서 정한 사람이 사망자의 신원을 안 때에는 그 날부터 10일 이내에 사망의 신고를 하여야 한다.

제91조(준용규정) 제49조 및 제50조는 사망의 신고에 준용한다.

제92조(실종선고의 신고) ① 실종선고의 신고는 그 선고를 청구한 사람이 재판확정일부터 1개월 이내에 재판서의 등본 및 확정증명서를 첨부하여 하여야 한다.

② 실종선고의 신고서에는 다음 사항을 기재하여야 한다.

　　1. 실종자의 성명·성별·등록기준지 및 주민등록번호

　　2. 「민법」 제27조에서 정한 기간의 만료일

③ 제58조는 실종선고취소의 재판이 확정된 경우에 그 재판을 청구한 사람에게 준용한다.

제11절 국적의 취득과 상실

제93조(인지 등에 따른 국적취득의 통보 등) ① 법무부장관은 「국적법」 제3조제1항 또는 같은 법 제11조제1항에 따라 대한민국의 국적을 취득한 사람이 있는 경우 지체 없이 국적을 취득한 사람이 정한 등록기준지의 시·읍·면의 장에게 대법원규칙으로 정하는 사항을 통보하여야 한다.

② 제1항의 통보를 받은 시·읍·면의 장은 국적을 취득한 사람의 등록부를 작성한다.

제94조(귀화허가의 통보 등) ① 법무부장관은 「국적법」 제4조에 따라 외국인을 대한민국 국민으로 귀화허가한 경우 지체 없이 귀화허가를 받은 사람이 정한 등록기준지의 시·읍·면의 장에게 대법원규칙으로 정하는 사항을 통보하여야 한다.

② 제1항의 통보를 받은 시·읍·면의 장은 귀화허가를 받은 사람의 등록부를 작성한다.

제95조(국적회복허가의 통보 등) ① 법무부장관은 「국적법」 제9조에 따라 대한민국의 국적회복을 허가한 경우 지체 없이 국적회복을 한 사람이 정한 등록기준지의 시·읍·면의 장에게 대법원규칙으로 정하는 사항을 통보하여야 한다.

② 제1항의 통보를 받은 시·읍·면의 장은 국적회복을 한 사람의 등록부를 작성한다. 다만, 국적회복을 한 사람의 등록부등이 있는 경우에는 등록부등에 기재된 등록기준지의 시·읍·면의 장에게 그 사항을 통보하여야 한다.

제96조(국적취득자의 성과 본의 창설 신고) ① 외국의 성을 쓰는 국적취득자가 그 성을 쓰지 아니하고 새로이 성(姓)·본(本)을 정하고자 하는 경우에는 그 등록기준지·주소지 또는 등록기준지로 하고자 하는 곳을 관할하는 가정법원의 허가를 받고 그 등본을 받은 날부터 1개월 이내에 그 성과 본을 신고하여야 한다.

② 대한민국의 국적을 회복하거나 재취득하는 경우에는 종전에 사용하던 대한민국식 성명으로 국적회복신고 또는 국적재취득신고를 할 수 있다.

③ 제2항의 경우 신고서에는 종전에 사용하던 대한민국식 성명을 소명하여야 한다.

④ 신고서에는 다음 사항을 기재하여야 한다.

　　1. 종전의 성

　　2. 창설한 성·본

　　3. 허가의 연월일

⑤ 제4항의 신고서에는 제1항에 따른 허가의 등본을 첨부하여야 한다.

⑥ 제1항의 경우에 가정법원은 심리(審理)를 위하여 국가경찰관서의 장에게 성·본 창설허가 신청인의 범죄경력 조회를 요청할 수 있고, 그 요청을 받은 국가경찰관서의 장은 지체 없이 그 결과를 회보하여야 한다. <신설 2013. 7. 30.>

제97조(국적상실신고의 기재사항) ① 국적상실의 신고는 배우자 또는 4촌 이내의 친족이 그 사실을 안 날부터 1개월 이내에 하여야 한다.

② 신고서에는 다음 각 호의 사항을 기재하여야 한다.

1. 국적상실자의 성명·주민등록번호 및 등록기준지

2. 국적상실의 원인 및 연월일

3. 새로 외국국적을 취득한 때에는 그 국적

③ 제2항의 신고서에는 국적상실을 증명하는 서면을 첨부하여야 한다.

④ 국적상실자 본인도 국적상실의 신고를 할 수 있다.

제98조(국적선택 등의 통보) ① 법무부장관은 다음 각 호의 어느 하나에 해당하는 사유가 발생한 경우 그 사람의 등록기준지(등록기준지가 없는 경우에는 그 사람이 정한 등록기준지)의 시·읍·면의 장에게 대법원규칙으로 정하는 사항을 통보하여야 한다.

1. 「국적법」 제13조에 따라 복수국적자로부터 대한민국의 국적을 선택한다는 신고를 수리한 때

2. 「국적법」 제14조제1항에 따라 국적이탈신고를 수리한 때

3. 「국적법」 제20조에 따라 대한민국 국민으로 판정한 때

② 대한민국 국민으로 판정받은 사람이 등록되어 있지 아니한 때에는 그 통보를 받은 시·읍·면의 장은 등록부를 작성한다.

제12절 개명 및 성(姓)·본(本) 변경

제99조(개명신고) ① 개명하고자 하는 사람은 주소지(재외국민의 경우 등록기준지)를 관할하는 가정법원의 허가를 받고 그 허가서의 등본을 받은 날부터 1개월 이내에 신고를 하여야 한다.

② 신고서에는 다음 사항을 기재하여야 한다.

1. 변경 전의 이름

2. 변경한 이름

3. 허가연월일

③ 제2항의 신고서에는 허가서의 등본을 첨부하여야 한다.

④ 제1항의 경우에 가정법원의 심리에 관하여는 제96조제6항을 준용한다.

제100조(성·본 변경신고) ① 「민법」 제781조제6항에 따라 자녀의 성(姓)·본(本)을 변경하고자 하는 사람은 재판확정일부터 1개월 이내에 재판서의 등본 및 확정증명서를 첨부하여 신고하여야 한다.

② 신고서에는 다음 사항을 기재하여야 한다.

1. 변경 전의 성·본

2. 변경한 성·본

3. 재판확정일

제13절 가족관계 등록 창설

제101조(가족관계 등록 창설신고) ① 등록이 되어 있지 아니한 사람은 등록을 하려는 곳을 관할하는 가정법원의 허가를 받고 그 등본을 받은 날부터 1개월 이내에 가족관계 등록 창설(이하 "등록창설"이라 한다)의 신고를 하여야 한다.

② 신고서에는 제9조제2항에 규정된 사항 외에 등록창설허가의 연월일을 기재하여야 한다.

③ 제2항의 신고서에는 등록창설허가의 등본을 첨부하여야 한다.

④ 제1항의 경우에 가정법원의 심리에 관하여는 제96조제6항을 준용한다.

제102조(직계혈족에 의한 등록창설신고) 등록창설허가의 재판을 얻은 사람이 등록창설의 신고를 하지 아니한 때에는 배우자 또는 직계혈족이 할 수 있다.

제103조(판결에 의한 등록창설의 신고) ① 확정판결에 의하여 등록창설의 신고를 하여야 할 경우에는 판결확정일부터 1개월 이내에 하여야 한다.

② 신고서에는 제9조제2항에 규정된 사항 외에 판결확정일을 기재하여야 한다.

③ 제2항의 신고서에는 판결의 등본 및 확정증명서를 첨부하여야 한다.

제5장 등록부의 정정

제104조(위법한 가족관계 등록기록의 정정) ①등록부의 기록이 법률상 허가될 수 없는 것 또는 그 기재에 착오나 누락이 있다고 인정한 때에는 이해관계인은 사건 본인의 등록기준지를 관할하는 가정법원의 허가를 받아 등록부의 정정을 신청할 수 있다.

② 제1항의 경우에 가정법원의 심리에 관하여는 제96조제6항을 준용한다.

제105조(무효인 행위의 가족관계등록기록의 정정) ①신고로 인하여 효력이 발생하는 행위에 관하여 등록부에 기록하였으나 그 행위가 무효임이 명백한 때에는 신고인 또는 신고사건의 본인은 사건 본인의 등록기준지를 관할하는 가정법원의 허가를 받아 등록부의 정정을 신청할 수 있다.

② 제1항의 경우에 가정법원의 심리에 관하여는 제96조제6항을 준용한다.

제106조(정정신청의 의무) 제104조 및 제105조에 따라 허가의 재판이 있었을 때에는 재판서의 등본을 받은 날부터 1개월 이내에 그 등본을 첨부하여 등록부의 정정을 신청하여야 한다.

제107조(판결에 의한 등록부의 정정) 확정판결로 인하여 등록부를 정정하여야 할 때에는 소를 제기한 사람은 판결확정일부터 1개월 이내에 판결의 등본 및 그 확정증명서를 첨부하여 등록부의 정정을 신청하여야 한다.

제108조(준용규정) 제20조제1항, 제22조, 제25조부터 제27조까지, 제29조부터 제33조까지 및 제37조부터 제42조까지의 규정은 등록부의 정정신청에 준용한다.

제6장 불복절차

제109조(불복의 신청) ① 등록사건에 관하여 이해관계인은 시·읍·면의 장의 위법 또는 부당한 처분에 대하여 관할 가정법원에 불복의 신청을 할 수 있다.

② 제1항의 신청을 받은 가정법원은 신청에 관한 서류를 시·읍·면의 장에게 송부하며 그 의견을 구할 수 있다.

제110조(불복신청에 대한 시·읍·면의 조치) ① 시·읍·면의 장은 그 신청이 이유 있다고 인정하는 때에는 지체 없이 처분을 변경하고 그 취지를 법원과 신청인에게 통지하여야 한다.

② 신청이 이유 없다고 인정하는 때에는 의견을 붙여 지체 없이 그 서류를 법원에 반환하여야 한다.

제111조(불복신청에 대한 법원의 결정) ① 가정법원은 신청이 이유 없는 때에는 각하하고 이유 있는 때에는 시·읍·면의 장에게 상당한 처분을 명하여야 한다.

② 신청의 각하 또는 처분을 명하는 재판은 결정으로써 하고, 시·읍·면의 장 및 신청인에게 송달하여야 한다.

제112조(항고) 가정법원의 결정에 대하여는 법령을 위반한 재판이라는 이유로만 「비송사건절차법」에 따라 항고할 수 있다.

제113조(불복신청의 비용) 불복신청의 비용에 관하여는 「비송사건절차법」의 규정을 준용한다.

제7장 신고서류의 송부와 법원의 감독

제114조(신고서류 등의 송부) 시·읍·면의 장은 등록부에 기록할 수 없는 등록사건을 제외하고는 대법원규칙으로 정하는 바에 따라 등록부에 기록을 마친 신고서류 등을 관할 법원에 송부하여야 한다.

제115조(신고서류 등의 조사 및 시정지시) ① 법원은 시·읍·면의 장으로부터 신고서류 등을 송부받은 때에는 지체 없이 등록부의 기록사항과 대조하고 조사하여야 한다.

② 법원은 제1항의 조사결과 그 신고서류 등에 위법·부당한 사실이 발견된 경우에는 시·읍·면의 장에 대하여 시정지시 등 필요한 처분을 명할 수 있다.

③ 신고서류조사 또는 시정지시 및 신고서류 보관절차에 관하여 필요한 사항은 대법원규칙으로 정한다.

제116조(각종 보고의 명령 등) 법원은 시·읍·면의 장에 대하여 등록사무에 관한 각종 보고를 명하는 등 감독상 필요한 조치를 취할 수 있다.

제8장 벌칙

제117조(벌칙) 다음 각 호의 어느 하나에 해당하는 사람은 3년 이하의 징역 또는 1천만원 이하의 벌금에 처한다. <개정 2013. 7. 30.>

1. 제11조제6항을 위반한 사람
2. 제13조제2항을 위반한 사람
3. 제14조제1항·제2항·제7항, 제14조의2 및 제14조의3을 위반하여 거짓이나 그 밖의 부정한 방법으로 다른 사람의 등록부등의 기록사항을 열람하거나 증명서를 교부받은 사람
3의2. 제42조를 위반하여 거짓이나 그 밖의 부정한 방법으로 다른 사람의 신고서류를 열람하거나 신고서류에 기재되어 있는 사항에 관한 증명서를 교부받은 사람
4. 이 법에 따른 등록사무처리의 권한에 관한 승인절차 없이 전산정보처리조직에 가족관계 등록정보를 입력·변경하여 정보처리를 하거나 기술적 수단을 이용하여 가족관계 등록정보를 알아낸 사람

제118조(벌칙) ① 등록부의 기록을 요하지 아니하는 사항에 관하여 거짓의 신고를 한 사람 및 등록의 신고와 관련된 사항에 관하여 거짓으로 보증을 한 사람은 1년 이하의 징역 또는 1천만원 이하의 벌금에 처한다. <개정 2014. 1. 7.>
② 외국인에 대한 사항에 관하여 거짓의 신고를 한 사람도 제1항과 같다.

제119조(양벌규정) 법인의 대표자나 법인 또는 개인의 대리인, 사용인, 그 밖의 종업원이 그 법인 또는 개인의 업무에 관하여 제117조 또는 제118조의 위반행위를 하면 그 행위자를 벌하는 외에 그 법인 또는 개인에게도 해당 조문의 벌금형을 과(科)한다. 다만, 법인 또는 개인이 그 위반행위를 방지하기 위하여 해당 업무에 관하여 상당한 주의와 감독을 게을리하지 아니한 경우에는 그러하지 아니하다.

제120조(과태료) 다음 각 호의 어느 하나에 해당하는 시·읍·면의 장에게는 50만원 이하의 과태료를 부과한다.
1. 제115조제2항에 따른 명령을 위반한 때
2. 제116조에 따른 명령을 위반한 때

제121조(과태료) 시·읍·면의 장이 제38조 또는 제108조에 따라 기간을 정하여 신고 또는 신청의 최고를 한 경우에 정당한 사유 없이 그 기간 내에 신고 또는 신청을 하지 아니한 사람에게는 10만원 이하의 과태료를 부과한다.

제122조(과태료) 이 법에 따른 신고의 의무가 있는 사람이 정당한 사유 없이 기간 내에 하여야 할 신고 또는 신청을 하지 아니한 때에는 5만원 이하의 과태료를 부과한다.

제123조(과태료 재판) 제120조의 과태료 재판은 과태료를 부과할 시·읍·면의 장의 사무소 소재지를 관할하는 가정법원이 「비송사건절차법」에 따라 행한다.

제124조(과태료 부과·징수) ① 제121조 및 제122조에 따른 과태료는 대법원규칙으로 정하는 바에 따라 시·읍·면의 장(제21조제2항에 해당하는 때에는 출생·사망의 신고를 받는 동의 관할 시장·구청장을 말한다. 이하 이 조에서 같다)이 부과·징수한다. 다만, 재외국민 가족관계등록사무소의 가족관계등록관이 과태료 부과 대상이 있음을 안 때에는 신고의무자의 등록기준지 시·읍·면의 장에게 그 사실을 통지하고, 통지를 받은 시·읍·면의 장이 과태료를 부과·징수한다. <개정 2015. 2. 3.>

② 제1항에 따른 과태료 처분에 불복하는 사람은 30일 이내에 해당 시·읍·면의 장에게 이의를 제기할 수 있다.

③ 제1항에 따라 시·읍·면의 장으로부터 과태료 처분을 받은 사람이 제2항에 따라 이의를 제기한 때에는 당해 시·읍·면의 장은 지체 없이 과태료 처분을 받은 사람의 주소 또는 거소를 관할하는 가정법원에 그 사실을 통보하여야 하며, 그 통보를 받은 가정법원은 「비송사건절차법」에 따른 과태료 재판을 한다.

④ 제2항에 따른 기간 이내에 이의를 제기하지 아니하고 과태료를 납부하지 아니한 때에는 지방세 체납처분의 예에 따라 징수한다.

부 칙

<제14963호, 2017. 10. 31.>

이 법은 공포한 날부터 시행한다.

가족관련
법률적 해결과 생활법률지식

초판 1쇄 인쇄 2020년 1월 5일
초판 1쇄 발행 2020년 1월 10일

공 저 김창범
발행인 김현호
발행처 법문북스
공급처 법률미디어

주소 서울 구로구 경인로 54길4(구로동 636-62)
전화 02)2636-2911~2, **팩스** 02)2636-3012
홈페이지 www.lawb.co.kr

등록일자 1979년 8월 27일
등록번호 제5-22호

ISBN 978-89-7535-770-1 (13360)

정가 28,000원

이 도서의 국립중앙도서관 출판예정도서목록(CIP)은 서지정보유통지원시스템 홈페이지(http://seoji.nl.go.kr)와 국가자료종합목록 구축시스템(http://kolis-net.nl.go.kr)에서 이용하실 수 있습니다. (CIP제어번호 : CIP2019035766)